경계 짓기와 경계 넘기

숙명여자대학교 인문학연구소
HK+사업단 학술연구총서 ⑩

경계 짓기와 경계 넘기

인종, 젠더 혐오와 대항의 담론들

김혜진·이진아 기획

김경옥·김지영·김혜윤·김혜진·안지나·
예지숙·육성희·윤수민·이승훈·이진아·
이행미·임소연·전유정 지음

한울
아카데미

Making Boundaries and Crossing Boundaries

Discourse and Counterdiscourse on Race and Gender

차례

머리말

『경계 짓기와 경계 넘기: 인종, 젠더 혐오와 대항의 담론』은 숙명여자대학교 인문학연구소의 '혐오 시대, 인문학의 대응' 인문한국플러스(HK+) 사업단 산하 '인종 젠더 혐오 분과'가 기획한 두 번째 총서다. 첫 번째 총서 『반영과 굴절 사이: 혐오 정동과 문화 재현』이 혐오와 밀접한 관련이 있는 네 가지 감정, '쾌/불쾌', '원한', '슬픔', '수치심'을 중심으로 소설, 공연 예술, 영화, TV 드라마 등 현대의 다양한 텍스트에 반영된 혐오 재현의 복잡성을 분석하고 있다면, 이번 책은 오늘날 제도와 문화 속에 은폐되어 작동하는 인종주의와 젠더 위계에 기반한 혐오의 메커니즘을 비판적으로 들여다본다.

오늘날의 혐오는 타자에 대한 노골적인 증오로만 나타나지 않는다. 걱정으로 포장되거나 관습에 숨어 작동하는 등, 사회의 승인·묵인·방조를 통해 교묘히 증식된다. 특히 인종과 젠더 혐오는 관용주의와 조응하며 그 정도와 범위를 임의로 재단하고, 문제 제기를 오히려 지나친 집단 이기주의로 치환시켜 불합리한 현실을 은폐한다. 이러한 양상 속에서 혐오는 점점 더 포착되기 어려워지고 있다. 명백한 증오 범죄조차 그것은 '보통'의 범죄이지 증오 범죄가 아니라 부인되기 일쑤다. 이런 현상은 가시적 혐오보다 잠재적으로 더 위험하다. 이번 총서는 제도와 관행 속에 은밀히 작동하고 조장되는 혐오 문제를 해부하고, 이를 타계할 수 있는 연대의 가능성을 타진하는 학문적 실천이다.

책은 총 3부로 구성된다. 제1부 '비틀어 본 경계 짓기'는 안과 밖, 가해와 피해, 강자와 약자의 이분법으로는 더 이상 포착할 수 없는 오늘날의 인종 혐오, 젠더 혐오의 양상을 문학 작품을 경유해 들여다본다. 자긍심과 자기 혐오 사이를 오가는 정체성 형성의 복잡성과 교차하는 소수자성 안에서 쉽게 포착할 수 없는 정치적 위치성의 문제를, 한국계 미국인 작가 레너드 장(Leonard Chang)의 『식료품점(The Fruit 'N Food)』, 스테프 차(Steph Cha)의 『너의 집이 대가를 치를 것이다(Your House Will Pay)』, 커밍아웃한 일본 작가 후시미 노리아키(伏見憲明)의 『마녀의 아들(魔女の息子)』을 분석하며 논한다.

제2부 '경계를 흔드는 실천'에서는 사회적으로 구성된 인종 위계와 젠더 규범, 그 강제된 통약성의 안팎을 오가며 경계를 흔드는 실천들을 살핀다. 그간 연구되지 않았던 식민지 시대 여성 노동자의 쟁투와 연대의 의미를 다시 생각하고, 인종주의와 섹슈얼리티를 본질주의적 토대 위에서 왜곡하고 악용한 독일 극우주의 이데올로기를 재검토한다. 또, IT 분야의 '너드 남성성'과 트랜스젠더 소속감을 중심으로 남성성의 작동 방식을 비틀어 보며, 예술성과 보편성이라는 이름으로 관습과 제도가 은폐해 온 인종주의를 성찰하고 비판하는 한국 연극의 새로운 흐름을 고찰한다.

혐오를 넘어서는 대항 담론의 가능성은 제3부 '경계 넘기와 연대의 상상력'에서 다룬다. 여기에서는 혐오를 정면으로 마주하면서 이를 극복할 예술적 상상력을 보여주는 작품들을 분석한다. 일본의 인종·젠더 혐오에 맞서는 재일코리안 여성 작가 후카자와 우시오(深沢潮)의 소설들, 미국의 인종 혐오와 그 극복을 다루는 영화 〈버든(Burden)〉, 젠더 정체성을 해체하고 유동적 여성 주체의 가능성을 보여주는 조애나 러스(Joanna Russ)의 『여성남자(The Female Man)』, 심미성과 코미디로 무장한 채 코스모폴리탄적 연대를 꿈꾸는 영화 〈그랜드 부다페스트 호텔(The Grand Budapest Hotel)〉을 통해 우리는 혐오를 넘는 연대의 상상력을 찾을 수 있을 것이다.

이 책은 인종 젠더 혐오 분과 소속 연구자들이 지난 3년간 함께 읽고 토론하고 연구한 결과물이다. 지금은 연구소를 떠나 국내외 대학에서 연구와 교육을 이어나가고 있는 여러 선생님이 이번 총서에 학문적 우정으로 함께한 것을 매우 기쁘게 생각한다. 이제 연구의 성과가 학문장을 넘어 사회에 작은 질문을 던질 수 있기를 바란다.

기획의 변으로
김혜진·이진아

제**1**부

비틀어 본 경계 짓기

제1장

레너드 장의 『식료품점』에 나타난 한국계 미국인의 인종화와 인종적 위치*

육성희

1. 들어가며

레너드 장(Leonard Chang)¹은 1996년에 출간한 데뷔작 『식료품점(The Fruit 'N Food)』에서 한국계 이민자가 운영하는 식료품점을 중심으로 벌어지는 한 인과 흑인 간의 인종 갈등을 다룬다. 소설은 영세업자 이(Rhee) 씨 부부가 뉴욕시 퀸스 카스단(Kasdan, Queens, New York city)에서 운영하는 식료품점에 서 토머스 박(Thomas Pak, 이하 톰으로 표기)이 일자리를 얻으면서 시작된다. 톰 이 어린 시절에 살았던 과거의 카스단은 이탈리아인 중심의 중산층 지역이

---

* 이 글은 육성희, 「레너드 장의 『식료품점』에 나타난 한국계 미국인의 인종화와 인종적 위치」, ≪미국학≫, 45권, 2호(2022)를 일부 수정·보완한 것이다.
1 레너드 장은 첫 번째 소설인 『식료품점』을 1996년에 출간한 이후로 앨런 시리즈(Allen series)로 불리는 범죄 소설(*Over the Shoulder*, 2001; *Underkill*, 2003; *Fade to Clear*, 2004) 을 발표하며 장르 소설 작가로서 입지를 다졌고, 2013년에 자전적 소설 『트립라인스(Triplines)』를 출간한 바 있다.

었다면, 20대 중반에 다시 돌아온 카스단은 도로의 연석들이 무너지고 쓰레기와 깨진 유리 조각들이 나뒹굴며 오래된 건물의 외벽은 낙서로 뒤덮인 낙후된 공간으로 그려진다.[2] 도시의 쇠퇴와 함께 이 공간의 주 거주자도 백인에서 흑인 중심으로 변화되어 이 씨 부부가 4년 전부터 운영해 온 상점의 주된 고객층은 흑인들을 포함한 소수 인종들이다. 소설은 가게를 운영하는 이 씨 부부의 모습을 통해 소규모 자영업자로서 경제적인 성장을 이룩한, '모범적 소수 민족 신화(model minority myth)'에 부합하는 1세대 한인 이민자들의 모습을 충실하게 그려낸다. 하지만 이민자로서 이 씨 부부의 삶은 모범적 소수 민족의 전형성에 갇히지 않는 2세대 인물들과 현격히 대비된다. 대표적인 2세대 인물로는 이 씨 부부의 딸 정미(Jung-Me)와 톰이 등장하는데, 특히 초점 화자인 톰은 한국계 미국 문학에서 그동안 많이 다뤄졌던 1세대와 2세대의 갈등 구조에서 벗어나 있는, 한인 공동체에서 분리되어 부표하는 새로운 유형의 인물로 소개된다. 한국계이지만 자신의 민족적 정체성으로부터 거리를 유지해 왔던 톰은 상대적인 외부자의 시선으로 1세대 한인들과 상점의 주 고객인 흑인들의 긴장 관계를 탐색하며, 한·흑 갈등이 불매 운동을 거쳐 폭력과 약탈로 악화하는 가운데 그 소용돌이의 중심으로 휩쓸려가면서 그동안 회피하고 있었던 한국계 미국인의 인종적 위치를 확인한다.

소설에서 다뤄지는 한·흑 간의 갈등과 폭력은 1990년대에 뉴욕과 로스앤젤레스(Los Angeles)에서 빈번하게 일어났던 한·흑 갈등, 대표적으로 뉴욕 브루클린(Blooklyn)에서 발생한 "레드 애플 보이콧(Red Apple Boycott)"[3]과 LA

---

2   Leonard Chang, *The Fruit 'N Food* (Washington: Black Heron Press, 1996), p. 42.

3   1990년 1월, 브루클린 플랫부시(Flatbush) 지역에 한인이 소유한 '패밀리 레드 애플(Family Red Apple)' 식료품점에서 한국계 상점 주인과 절도 혐의를 받은 아이티 출신의 미국 여성의 갈등에서 촉발되었고, 이후 1년이 넘는 기간 동안 한인 상점 불매 운동이 펼쳐졌다. 상점의 이름을 따서 '레드 애플 보이콧', 또는 지역의 이름을 따서 '플랫부시 보이콧'으로 불

폭동⁴을 상기시킨다. 레너드 장은 "1990년대 브루클린에서 있었던 한국인 식료품상의 불매 운동을 다루는 언론 보도를 접하면서, 한국계 식료품상들의 의견이 있어야 할 곳에 미심쩍은 침묵이 흐르고" 있음을 느꼈다고 밝히며 이러한 "불매 운동을 낳은 인종적 긴장 상태를 탐구해 보고" 싶었다고 밝힌 바 있다.⁵ 사건의 내부로 들어가 안에서 나오는 목소리를 탐색하고자 했던 작가의 의도는 이 소설이 사회 소설 부문에서 '블랙 헤론 문학상(Black Heron Press Award for social fiction)'을 수상했다는 점에서 어느 정도 성공한 것으로 보인다.

그러나 소설이 출간된 당시의 서평은 작가의 이러한 의도를 간파하지 못한다. ≪퍼블리셔스 위클리(Publishers Weekly)≫는 인종 갈등에 대한 균형적

리며, 레너드 장의 소설에서도 직접적으로 언급된다(Chang, *The Fruit 'N Food*, p. 25). 클레어 진 김(Claire Jean Kim)의 「정의가 없으면 평화도 없다!: 흑인-한인 갈등의 정치학」(No Justice, No Peace: The Politics of Black-Korean Conflict, 1993)과 『쓴 과일: 뉴욕시의 흑인-한인 갈등의 정치학』(Bitter Fruit: The Politics of Black-Korean Conflict in New York City, 2000) 참고.

4   1991년 3월 3일 과속으로 운전하던 흑인 로드니 킹(Rodney King)에 대한 백인 경찰의 과잉 진압 사건이 발생했다. 당시 무력으로 진압하던 모습이 TV로 방송되면서 대중의 공분을 불러일으켰고, 1992년 4월 사건에 연루된 백인 경찰관들이 모두 무죄로 판결되면서 흑인 사회의 분노가 폭동으로 점화되었다. 로드니 킹 사건으로 촉발되었지만 한인이 LA 폭동의 주요 표적이 된 것은 로드니 킹 사건이 발생한 지 얼마 지나지 않은 1991년 3월 16일에 LA의 한인 가게(Empire Liquor Store)에서 절도범으로 오인받아 실랑이 끝에 총격으로 사망한 라타샤 할린스(Latasha Harlins) 사건 때문이다. 총격을 가한 가게 주인인 한국계 여성(두순자)은 400시간의 사회봉사 명령과 5년간의 집행 유예로 풀려나게 되면서 한·흑 갈등의 빌미가 되었다. 1992년 4월 29일 로드니 킹 판결로 인해 폭발해 5월 4일까지 진행되었던 LA 폭동은 미디어와 언론이 라타샤 할린스 사건을 집중 보도하기 시작하면서 분노의 대상이 백인에서 한인으로 우회되고 흑백 갈등은 흑인과 한인 간의 인종 갈등으로 격화되었다. 1980년대 후반부터 1990년에 이르기까지 서부와 동부에서 벌어진 인종 갈등의 양상에 관한 연구로는 이찬행, 「한흑갈등, 베이크웰, 그리고 로스앤젤레스 로컬 정부」, ≪인문과학≫, 66호(2017) 참고.

5   유선모, 『한국계 미국 작가론』(신아사, 2004), 523쪽.

인 시각을 유지하려는 작가의 시도가 서투르다고 평가하면서 다음 소설에서는 "정치적 올바름에 대한 요구보다는 자신의 이야기에 더 주의를 기울"[6]이기를 요구한다. 작가가 한·흑 갈등의 당사자 그룹에 속함에도 불구하고 '정치적 올바름'보다는 '자신의 이야기'를 풀어내기를 바라는 것은 한국계 미국 작가가 다룰 수 있는 작품의 주제를 인종과 민족적 정체성 범주에 한정시키고 한국계 미국인(더 나아가 아시아계 미국인)을 정치적 논쟁과 동떨어진 존재로 보는 인종주의적 시각을 부지불식간에 드러내는 것이다. 한편, "좋은 이야기로 가르치는 사회 소설"이라는 제목의 서평은 사회적 이슈나 쟁점이 되는 한·흑 갈등을 픽션으로 풀어내고 그 주제에 대한 교훈이나 메시지를 전달하는 이 소설의 사회적 기능을 짚어낸다. 이 서평은 소설에 나타난 한·흑 갈등을 '크랩 멘털리티(crab mentality)'에 빗대어 소개한다는 점이 인상적인데, 크랩 멘털리티는 어부의 양동이 안에 잡힌 게들은 하나가 탈출하려고 양동이를 기어오르면 다른 게가 아래에서 잡아당기는 상황이 반복되기 때문에 양동이 뚜껑을 덮지 않아도 게들이 탈출하지 못한다는 비유이다. 서평의 저자 고드윈 추(Godwin Chu)는 소설에서 한인과 흑인이 시기와 질투에 갇혀 반목하기 때문에 "더 크고 더 위협적인 적을 인식"[7]하지 못한다고 설명한다. 그의 이러한 평가는 외부에 그들을 통제하고 위협하는 '적'이 존재함을 시사하고는 있지만, 그 '적'이 작품에서 재현되는 방식을 간파하기보다는 작품 속 한·흑 간의 갈등을 시기와 질투심에 공멸하는 관계로 파악하면서 미성숙한 인종 간의 싸움으로 격하시킨다는 점에서 아쉽다.

한·흑 갈등의 문제를 외부자가 아닌 내부자의 시선으로 드러내고자 하는 작가의 의도와 노력에도 불구하고 이 소설은 미국 평단과 대중의 관심을 불

---

6 "The Fruit 'N Food," *Publishers Weekly*, Vol. 243, No. 44, October 28, 1996, p. 59.
7 Godwin Chu, "Social Fiction That Teaches with a Good Story: *The Fruit 'N Food*," *International Examiner*, May 6, 1997, p. 14.

러일으키지 못했다. 한국계 미국 문학에서 주목받는 다른 작가들에 비하면 이 소설에 대한 국내의 비평적 관심 또한 미미하다.[8] 한국계 미국인의 인종 갈등 경험과 문제를 전면적으로 다루는 주제의 희소성 측면에서라도 레너드 장의 『식료품점』은 더 많은 국내외의 비평적 관심을 기울여야 하는 작품이다. 과거의 한·흑 갈등과 같은 불매 운동이나 대규모의 폭력 사태는 아니더라도 조지 플로이드(George Floyd) 사건으로 드러나는 지속적인 백인 경찰의 흑인 과잉 진압과 '흑인의 목숨도 중요하다(Black Lives Matter)' 운동, 코로나19 팬데믹 이후에 불거진 아시아인에 대한 혐오 범죄에서도 과거와 유사한 맥락의 인종 갈등을 어렵지 않게 목격하기 때문이다. 미국 사회에서 끊임없이 출현하는 인종에 기반한 문제들은 사회 소설로서 본 작품이 여전히 현대 사회에 호소력을 지니고 있음을 방증하고 있다.

이 글은 '중간 상인 소수 민족(middleman minority)' 이론에 근거해 한국계 미국인의 중간자적 위치를 분석한 임진희의 「한흑 도시공간으로서의 레너드 장의 『식료품점』」(2010)의 논의에 동의하면서, 소설에 나타난 인종화된 한국계 미국인의 정체성과 한·흑 갈등을 통해 드러나는 미국 사회의 인종 지형도에서 한국계 미국인들의 위치 탐색을 시도한다. 중간 상인 소수 민족 이론을 모범적 소수 민족 신화와 '황화론(yellow peril)'과 함께, 아시아계 이민자들의 문화적 특징에 주목해 이들을 아시아계 미국인이라는 특정 집단으

8　레너드 장의 『식료품점』에 대한 국내외 연구로는 소설에 나타난 백인성을 다루는 클라라 스만코(Klara Szmańko)의 「레너드 장의 『식료품점』에 나타난 꿈과 현실의 백색 공포」(Dreaming and Living White Terror in Leonard Chang's *The Fruit 'N Food* , 2015), 한국계 이민자를 경제적·정치적·인종적 중간자로 분석하는 임진희의 「한흑 도시공간으로서의 레너드 장의 『식료품점』」(2010), 폭력을 통한 남성성 회복 신화와 한국계 미국 남성의 관계를 논증하는 정혜연(Hyeyurn Chung)의 「레너드 장의 『식료품점』에 나타난 한국계 미국인 카우보이와 재생적 폭력의 오류」(The Korean American Cowboy and the Fallacy of Regenerative Violence in Leonard Chang's *The Fruit 'N Food* , 2010)가 있다.

로 인종화하는 담론으로 제시하고, 이러한 담론을 통해 소설 속 1세대 인물들이 인종으로 형성되는 과정을 탐색한다. 이어지는 논의에서는 인종화된 한국계 미국인의 전형성에서 벗어나 있는 2세대 인물이자 초점 화자인 톰의 시선을 통해서 '한국계 미국인으로서 정체성을 형성한다'는 것의 의미를 탐색해 본다. 또한, 소설 속 한·흑 갈등과 폭력 사태를 분석하면서 보이지 않는 힘이자 권력으로 존재하는 백인성을 가시화하고, 클레어 진 김(Claire Jean Kim)의 이론을 적용해 백인, 흑인과 삼각 구도를 형성하는 한국계(아시아계) 미국인의 인종적 위치를 확인해 본다. 한·흑 갈등을 개별적 인종 간의 문제로 보지 않고 미국 사회의 인종주의와 인종적 위계질서 내에서 살펴보는 것은 한·흑 갈등을 크랩 맨털리티로 보기를 거부하고 양동이의 한정적 범주가 아닌 양동이 밖의 세계를 포함한 큰 그림과 구조에서 파악하려는 작업이 될 것이다.

2. 한국계 미국인의 인종화 프로젝트

1966년 윌리엄 피터슨(William Petersen)에 의해 처음 사용된 '모범적 소수민족'이라는 용어는 미국 사회의 다른 소수 민족과 비교해 상대적으로 높은 수준의 성공을 이룩한 아시아계 미국인을 가리켜왔다. "성공 이야기, 일본계 미국인 스타일(Success Story, Japanese-American Style)"이라는 기사에서 피터슨은 일본계 미국인들이 그들에게 가해진 차별과 역경에도 불구하고 가족 중심의 문화와 타고난 근면 성실함을 통해 많은 고난을 극복하고 미국 사회에서 성공할 수 있었다고 강조한다.[9] 프랭크 우(Frank H. Wu)는 "어쨌든 당신

---

9   William Petersen, "Success Story, Japanese-American Style," *The New York Times Magazine*, January 9, 1966.

들, 아시아인들은 잘하고 있어(You Asians are all doing well anyway)"라는 문장이 모범적 소수 민족 신화를 집약한다면서, 오늘날 아시아인들은 "지적이고 수학과 과학에 재능이 있으며 예의 바르고 열심히 일하며 가족 중심적이고 법을 준수하며 성공적인 기업가"로 인식된다고 설명한다.[10] 전쟁이나 가난, 또는 정치적인 망명 등 각자의 이유를 가지고 미국의 땅에 도착한 아시아계 이민자들은 고향에서 이룩한 사회·문화적인 자산인 교육 경력이나 직업적 지식과 경험, 모두를 인정받지 못한다. 많은 한국계 미국인들의 경우에는 단순노동직에서 출발해 세탁소나 식료품점과 같은 작은 규모의 사업을 운영하는 영세업자로서 사회 경제적인 입지를 마련하고, 미국에서 태어나거나 성장한 자녀들의 교육에 열정적이며 자신들이 성취하지 못했던 주류 사회로의 편입과 성공을 자녀들에게 투사한다. 한국계 이민 1세대들의 성공 이야기로 요약할 수 있는 이러한 서사는 이들을 미국 사회의 근본 가치에 해당하는 아메리칸드림을 성취하는 대표적인 예시이자 모범으로 제시한다.

레너드 장의 소설에서 식료품점을 운영하는 이 씨 부부는 모범적 소수 민족의 개념을 체화하는 인물이다. 이들은 새벽 5시까지 가게에 도착해서 물건을 납품받아 개점 준비를 하고 밤 10시에 가게를 닫고 자정이 넘어서야 집으로 되돌아가는 삶을 산다. 한국에서 각각 전기 공학을 전공하고 간호사가 되려고 했던 이 씨 부부에게 한국에서의 고등 교육과 직업적 기술은 미국에서 그 가치를 잃어버린다. 또한, 언어에 따른 소통의 장벽은 그들이 참여할 수 있는 경제 활동의 범위를 육체적인 단순노동으로 축소한다. 4년 전 은행 대출이 불가능한 상태에서 이 씨 부부는 그들의 전 재산과 친척에게 빌린 돈, 그리고 한국 이민자들의 사금융인 '계'를 통해 빌린 자금으로 식료품점을 마련했다. 식료품점은 이 씨 부부에게 현재의 안정적인 삶과 정미의

---

10 Frank H. Wu, *Yellow: Race in America Beyond Black and White* (New York: Basic, 2002), p. 40.

미래를 보장할 대학 교육비의 원천이며 롱아일랜드(Long Island)에 집을 구매해 은퇴 후 편안한 노후를 꿈꾸게 하는 유일한 수단이다. 즉, 이들의 현재와 미래가 달려 있는 사업이기에 잠자는 시간을 제외하고는 상점에 매달릴 수밖에 없으며, 생명을 위협하는 몇 차례의 절도와 강도 사건도 이들을 굴복시키지 못한다. 안전에 대한 제도적인 지원을 받지 못하면서도 그때그때 일시적으로 위기를 모면하며 뉴저지(New Jersey)에 2호점을 열어 사업을 확장하려고 하는 이 씨 부부의 삶은 근면 성실함과 인내심을 무기로 경제적 성공을 이룩한 모범적인 아시아계 미국인의 모습에 부합한다.

그러나 이 씨 부부의 강인한 생활력은 긍정적으로만 보이지 않는다. 정미와 톰에게 그들은 인생을 즐길 줄 모르는 "일생이 일, 일, 일"[11]뿐인 일벌레로 비춰진다. 또한 이 씨 부부의 상점 앞에서 불매 운동을 벌이는 흑인들은 이들을 "탐욕스런 한국인! 인종주의자!"[12]라고 비난하며, 돈 버는 데 혈안이 되어 고객을 존중하지도, 공동체에 이바지하지도 않는 탐욕스럽고 비윤리적인 사람들로 바라본다. 흑인들에게 한인 영세업자는 자신들의 주거지에 들어와 일자리 기회를 빼앗고 경제적 이득만 취해 나가는 이기적인 집단이자 '황색위협'으로 비춰진다. 이는 모범적 소수 민족이라는 한인들의 긍정적 이미지 이면에 존재하는, 위기 또는 경쟁의 순간에 드러나는 부정적인 이미지이다. 1960년대 후반 모범적 소수 민족 신화가 대표적인 인종 담론으로 형성되기 이전까지 아시아계 미국인들은 미국인에게 주어진 기회와 자원을 빼앗는 위협으로 여겨졌다. 19세기 말 유럽과 미국을 대적할 만한 권력으로 부상한 일본과 미국의 횡단 철도와 기간산업에 값싼 노동을 제공했던 중국계 이주 노동자들의 유입으로 인해 불거진 황화론은 푸 만추 박사(Dr. Fu Manchu)의 이미지로 대표되며, 사악하고 교활하며 번뜩이는 지능의

---

11 Chang, *The Fruit 'N Food*, p. 71.
12 Chang, 같은 책, p. 151.

스파이나 범죄자로 미국 사회의 질서와 평화, 정의를 교란시키고 위협하는 부정적인 이미지를 생산한다.[13] 성공 신화를 실현한 모범적 소수 민족의 이미지를 체화한 이 씨 부부와 그들을 황색 위협으로 바라보고 불매 운동을 벌이는 흑인 간의 갈등은 동전의 양면으로 존재하는 모범적 소수 민족 신화와 황화론의 공존을 그대로 드러낸다.

모범적 소수 민족 신화와 황화론에 입각한 아시아계 미국인의 전형성(stereotype)은 소설 속 인물들의 역학 관계에 따라서 체현되고 강화되기도 하며 동시에 거부되거나 수정 또는 변형되기도 한다. 이는 마이클 오미(Michael Omi)와 하워드 와이넌트(Howard Winant)가 "*인종적 정체성이 만들어지고 유지되고 변형되고 파괴되는 사회 역사적 과정*"[14]이라고 설명하는 인종 형성 과정과 다름없다.[15] 인종은 사회적 구성물로서 표현형(phenotype)에 의한 다양한 유형의 신체와 그 신체에 "*연결된 사회적 갈등과 이해를 의미하고 상징하는 개념*"이며, "인종 형성은 인간의 신체와 사회 구조가 표현되고 조직

---

13 Lok Siu and Claire Chun, "Yellow Peril and Techno-orientalism in the Time of Covid-19: Racialized Contagion, Scientific Espionage, and Techno-Economic Warfare," *Journal of Asian American Studies*, Vol. 23, No. 3(2020), p. 425.

14 Michael Omi and Howard Winant, *Racial Formation in the United States*, 3rd Ed.(New York: Routledge, 2015), p. 109. 강조는 원문.

15 『미국의 인종 형성(Racial Formation in the United States)』에서 오미와 와이넌트는 인종을 일종의 이데올로기적 구성물로서 우리가 완전히 극복할 수 있는 환상(illusion)도 아니고, 생물학적 또는 유전적 특성에 의해 각인된 객관적이고 고정된 본질(essence)도 아니라고 설명한다. 이들은 인종이 환상이 아닌 사회적으로 실재하는 것이며 신체적 특징과 같은 표현형적 표시(phenomic markers)에 기반하지만 이것으로 모든 것이 환원되지는 않는다고 설명하면서, 인종을 생물학적 특징이나 유전자형에 의해 자연적으로 정해진 개념이 아닌 사회적 구성물로서 역사·사회·문화·경제·정치적 힘에 의해 임의적으로 만들어지고 수정되고 변형되는 것으로 파악한다. 『미국의 인종 형성』은 1986년에 출간된 이래로 1994년에 두 번째 판, 그로부터 20여 년이 지난 2015년에는 그동안의 미국의 상황을 반영한 세 번째 판이 출간되었다.

되는, 역사적으로 위치한 프로젝트 과정"[16]이다. 따라서 아시아계 미국인들을 모범적 소수 민족이나 황색 위협으로 규정하는 인종 담론은 아시아계 미국인들이 특정한 사회 역사적 시공간에서 벌어지는 일상생활에서의 경험, 문화적으로 재현되는 방식, 다층적 분야와 층위에서 실천되는 법과 제도 등이 만나 "인종적 의미가 사회적 구조로 번역되고 인종적으로 의미화되는, 동시적이고 상호 구성적인"[17] 인종 프로젝트라고 할 수 있다. 아시아계 이민자들의 신체상의 표현형적 표시들과 인종 담론이 그들의 신체에 부여하는 사회적 의미와 실천 들이 결합할 때, 아시아계 이민자들은 하나의 인종적 집단으로 형성되고 아시아계 미국인으로서의 정형화된 집단 정체성은 인종적 차이가 된다.

인종이 "사회적 구조와 문화적 재현이 만나는 교차로"[18]라면, 오미와 와이넌트가 설명하듯이, 새로운 인종 개념의 탄생과 아시아계 미국인과 같은 한 집단을 인종화하는 것은 타자화(othering)의 과정이다.[19] 따라서 이 씨 부부에게 투영된 모범적 소수 민족의 긍정적 이미지는 이들 집단에 보내는 찬사처럼 들리지만 사회·문화적으로 반복·재생산되는 보이지 않는 통제의 틀로 작용하며, 이 범주를 벗어나는 아시아계 미국인들의 경험과 현실을 부정하고 아시아계 미국인들이 그들의 신화적 이미지에 부응하는 삶을 살아가도록 압박한다. 많은 연구자들이 지적하듯이, 긍정적인 이미지라 할지라도 모범적 소수 민족 신화가 내포하는 전형성은 많은 문제점과 위험성을 지닌다. 먼저 '신화'라는 꼬리표가 제시하듯이, 모범적 소수 민족 신화는 아시아계 미국인의 성공에 대한 잘못되거나 과장된 통계에 기반하고 있으며 지나친

---

16 Michael Omi and Howard Winant, *Racial Formation in the United States*, 2nd Ed.(New York: Routledge, 1994), pp. 55~56. 강조는 원문.

17 Omi and Winant, *Racial Formation in the United States*, 3rd Ed., p. 109.

18 Omi and Winant, 같은 책, p. 124.

19 Omi and Winant, 같은 책, p. 105.

"총체적 단순화(gross simplification)"[20]를 시도한다. 또한 집단의 동질성이 부각되어 "아시아계 미국인 공동체에 존재하는 사회 경제적 다양성을 흐려"[21] 놓으며, 아메리칸드림을 성취한 "아시아계 미국인들이 인종 차별을 경험한다는 것을 부정하고"[22] "아시아계 미국인들이 차별을 언급하면 존재하지 않거나 심각하지 않은 것에 대해서 불평하는 것으로"[23] 폄하한다. 모범적 소수민족 신화는 이민자들이 미국 사회에서 성공했다는 것 자체를 이들에 대한 인종 차별이 없음을 방증하는 것으로 인식하고, 이들이 일상에서 경험하는 차별에 관해 이야기할 기회와 목소리를 박탈한다. 또한 "열심히 일하면 보상받는다는 이미지를 홍보함으로써 아메리칸드림을 강화"[24]하지만, 이민자들의 성공은 물질적 또는 교육적 측면에서의 성공일 뿐 그들을 정치적인 주체로 형성하지는 못한다.[25] 이 신화는 아시아계 이민자들의 제한된 범주의 성공만을 허락하는 보이지 않는 유리 천장을 형성하며, 수학을 못하거나 컴퓨터를 다룰 줄 모르고 게으르며 자신의 목소리를 내는 데 주저함이 없으며 성적 욕망에 자유로운 아시아계 미국인의 현실은 주류 사회에서 쉽게 거부당하고 지워진다. 앞서 언급했던 ≪퍼블리셔스 위클리≫의 서평도 이러한 전형성에 근거해 아시아계 작가의 상상력과 창조성이 인종 문제와 같은 정치적 주제와는 어울리지 않는다는 사회·문화적인 압박을 보여주는 예시가 된다.

---

20 Wu, *Yellow*, p. 49.
21 Sapna Cheryan and Galen Bodenhausen, "Model Minority," in Stephen M. Caliendo and Charlton D. McIlwain(eds.), *The Routledge Companion to Race and Ethnicity*(New York: Routledge, 2011), p. 175.
22 Wu, *Yellow*, p. 49.
23 Cheryan and Bodenhausen, 같은 글, p. 174.
24 Cheryan and Bodenhausen, 같은 글, p. 175.
25 Claire Jean Kim, "The Racial Triangulation of Asian Americans," *Politics & Society*, Vol. 27, No. 1(1999), p. 118.

3. 2세대와 한국계 미국인의 인종적 정체성

프랭크 우는 "모범적인 소수 민족이라는 칭찬의 칭호를 거절하는 것이 아시아계 미국인의 자율성을 얻는 데 근본적인"[26] 작업이 된다고 주장한다. 긍정적이든 부정적이든, 아시아계 미국인의 전형성을 형성하는 인종 담론은 개별적인 개인의 모습을 아시아계 미국인의 인종적 정체성으로 덮어버리기 때문이다. 레너드 장은 『식료품점』에서 톰이 일련의 사건을 겪으면서 자신의 인종적 정체성과 맺는 긴장 관계를 통해 한국계 미국인의 인종 형성 과정을 보여준다. 작가는 톰을 2세대 한국계 미국인이지만 한국계 이민자들의 공동체와 문화로부터 벗어나 있는 인물로 설정하는데, 이는 톰이 이 씨 부부의 상점에 일자리를 문의하기 위해 도착한 시점에 자신이 지갑을 잃어버렸다는 사실을 알게 되는 설정에서부터 드러난다. 지갑을 찾기 위해 왔던 길을 되돌아가 자신의 아파트에 도착한 톰은 공기 매트리스와 커피 테이블, 그리고 휴대용 흑백 TV로 구성된 자신의 단출한 세간살이를 살펴본다. 전 재산인 50달러와 신분증이 들어 있었던 지갑을 끝내 찾지 못하는 톰은 어느 곳에도 소속되거나 정착하지 못한 채로 부표하는 존재로 그려진다. 지갑을 잃어버린 것은 톰이 신분증을, 즉 정체성을 잃어버린 현재의 상황을 은유적으로 표현하는 것이고, 이는 더 나아가 "지갑이 없는 지금 그는 존재하지 않았다"는 것으로 확장된다.[27]

'정체성이 없다'는 톰의 현재 모습은 한국계 미국인으로서의 인종적 정체성을 내면화하지 않았다는 표현이다. 스물여섯 살 청년인 톰은 부모를 모두 여읜 혈혈단신이다. 다섯 살에 어머니가 돌아가신 후 LA에 있는 이모와 한국의 할머니에게 보내져 3년을 지냈던 톰은 이후에 아버지와 재회했지만,

---

26 Wu, *Yellow*, p. 49.
27 Chang, *The Fruit 'N Food*, pp. 8~9.

서로가 이방인처럼 살아가며 친밀한 부자 관계를 회복하지 못한다. 그들은 지극히 일상적인 필요에 의한 대화만 이어갈 뿐 어머니의 죽음과 같은, 둘이 공통으로 느끼고 있는 아픔이나 상실감에 관해서는 이야기하지 않는다.[28] 톰은 부모의 돌봄과 사랑이 결핍된 채로 성장하고, 고등학교 시절부터 아버지에게서 오는 돈에만 관심이 있을 뿐이어서 아버지의 장례식에도 참석하지 않았다. 이러한 부모와의 관계 단절은 톰의 부표하는 삶의 궤적에 시발점이 된다. 현재 시점의 톰은 한국말을 할 줄 모르고 한국에 대한 기억도 없으며 연락이 되는 친인척도 없다. 대학을 중퇴한 후에 톰은 레스토랑에서의 서빙직, 소형 슈퍼마켓에서의 근무, 그리고 이 씨 부부가 운영하는 식료품점에서의 일자리와 같이, 때로는 시급에도 못 미치는 급여를 받으며 파트타임 일자리를 전전하고 있다. 현재 그에게는 "음식과 월세 등을 낼 수 있는 충분한 돈"[29]만이 중요하다. 이 씨 부부의 10대 딸인 정미가 구상하는 미래, 즉 직업과 가족을 포함한 미래는 톰에게 그려지지 않는다. 미래를 꿈꾸고 계획하는 것이 불가능할 만큼, 톰은 "끊임없이 돈과 구직을 걱정하는"[30] 상황에 처해 있을 뿐이다.

모범적 소수 민족의 전형성에서 벗어나 있는 2세대 인물들은 부모 세대의 생활 방식을 이해하지 못할 뿐만 아니라 자신들이 부모의 삶을 반복하기를 원치 않는다. 즉, 일과 돈, 자식의 교육 외에는 다른 어떤 것도 안중에 없는 1세대의 삶의 방식을 2세대들은 이어받지 않는다. 흑인들의 불매 운동이 거세지며 상황이 악화될 때에도 정미는 부모가 지금까지 이뤄놓은 기반을 잃는 것에 대한 걱정보다는 "가게가 파산하면 누가 내 대학 등록금을 내주지?"라면서 부모가 자신에게 "교육, 직업, 돈"[31]에 대한 생각만을 주입했

---

28 Chang, 같은 책, p. 13.
29 Chang, 같은 책, p. 138.
30 Chang, 같은 책, p. 8.

다고 변명한다. 고학력자임에도 불구하고 미국에 도착해서 육체노동에 기대어 삶을 개척하는 이 씨 부부는, 많은 1세대 부모들이 그러하듯, 딸을 통해서 자신이 이루지 못한 꿈을 이루기를 바라지만, 정미는 바쁜 부모의 눈을 속여 여름 학교를 빼먹기도 하며 톰과 잠자리를 갖는 등, 부모가 기대하는 이상적인 자녀 상을 벗어난다. 부모의 생활 터전이 파괴될 위험 앞에서도 가족에 대한 걱정과 염려보다는 자신의 실리를 먼저 따져보는 정미, 미성년자인 정미의 유혹에 크게 고민하지 않고 성관계를 갖는 톰, 이 씨 부인이 흑인 손님들에게 보이는 인종주의적 언사와 행동을 객관적으로 비판하는 톰과 정미의 모습은 순종적이고 가족 중심적이며 근면 성실하고 준법정신이 투철한 아시아계 미국인의 전형적인 이미지를 탈피한다. 특히 톰이 보여주는 전형성을 탈피한 개별적인 인물의 유형은 이민 3세대 작가인 돈 리(Don Lee)가 형상화하고 싶어 하는, "미국에 사는 다른 사람처럼 똑같이 개인주의적이고, 개별적이고, 성적이고, 예술적이고, 거침없이 행동하고, 운동신경이 좋고, 말을 또렷이 하고, 신경질적이며, 망가질 수 있"[32]는 현실적인 인물 유형에 해당한다.

톰은 뿌리 없이 부표하는 불안정한 삶을 지금까지 살아왔지만, 혼자 살아가는 삶을 지속할 수는 없다. 그는 "무방향성으로 인해 거의 미칠" 지경이었고 "즉시 정착하기를 원했다".[33] 어린 시절의 추억이 있는 카스단으로의 회귀와 이 씨 부부가 운영하는 식료품점은 "(톰)의 과거와의 영묘한 연관성"[34]을 부여한다. 고용주로 만난 이 씨는 일자리와 식사를 챙겨주며 톰에게 부

---

31 Chang, 같은 책, p. 162.
32 Don Lee, "Uncle Tong: Or, How I Learned to Speak for All Asian Americans," in Young-Key Kim-Renaud, R. Richard Grinker, and Kirk W. Larsen(eds.), *Korean American Literature* (Washington, DC: George Washington University, 2004), p. 34.
33 Chang, 같은 책, p. 8.
34 Chang, 같은 책, p. 13.

재했던 아버지의 빈자리를 채워주고, 톰은 쉴 새 없이 일하는 이 씨 부부의 고단한 삶을 지근에서 관찰하며 어렸을 때는 이해하지 못하고 소원했던 아버지의 삶을 엿보게 된다. 오랫동안 한국인 공동체와 거리를 두고 살았던 톰은 식료품점에서의 일을 시작으로 끊어졌던 과거와의 연결 고리를 회복한다. 하지만, 한국계 이민자들의 삶 속으로 들어가는 것은 이민자들의 삶의 방식을 이해하는 것과 더불어 미국 사회의 구성원으로서 한인들의 위치를 인식하는 과정이기도 하다. 이는 톰이 식료품점에서 일하게 되면서 경험하는 인종 간의 갈등을 통해서 나타나며, 한인과 흑인 사이의 대치적 관계에 점진적으로 관여하면서 톰은 한국계 미국인으로서 인종적 정체성의 의미와 인종적 위치를 확인하게 된다. 톰이 원했던 한인 공동체에서의 정착은 흑인 거주 지역에 자리한 "인종적·민족적 섬"[35]과 같은 한인 식료품점을 둘러싼 인종 갈등을 통해 미국 사회 속 한국계 미국인의 인종적 정체성을 확인하는 과정을 전제한다.

이 씨 부부가 운영하는 식료품점을 둘러싼 인종 갈등은 여러 전조들을 포함한다. 이 씨 부부는 지난 석 달간 절도로 100달러 가까이 손해를 보았으며, 그동안 네 번의 강도 사건을 경험했고 서사가 진행되면서 다섯 번째 강도를 당하게 된다. 계산대 밑에는 만일의 상황을 대비해 경찰을 부르는 빨간 버튼이 놓여 있고 스스로를 방어하기 위한 총도 마련되어 있다. 특히 이씨 부인은 흑인들을 '검××', '깡패'라는 경멸어로 부르길 서슴지 않고 의심이 가는 흑인들을 잠재적 범죄자로 보는 시선도 강하게 나타난다. 계산대를 톰에게 맡기면서 자신과 같이 흑인 손님에 대한 감시의 시선을 강요하기도 하고, 흑인 거주 지역에서 상점을 운영하면서도 손님을 "쳐다보지 않은 채로 돈을 받고 잔돈을〔손 위가 아니라〕카운터의 봉투 옆에 놓는"[36] 등, 흑인과의

---

35 임진희, 「한흑 도시공간으로서의 레너드 장의 『식료품점』」, 《현대영미소설》, 17권, 2호 (2010), 156쪽.

접촉을 포함해 인간적 교류나 소통을 거부하는 모습도 드러난다. 톰은 이 씨 부인을 "인종주의자"[37]로 평가하고 편협한 시선을 가진 그악스러운 1세대 여성으로 생각하지만, 실제로 총기를 소지한 강도 사건에서 이 씨 부인이 폭행을 당하는 사건이 일어나고, 이후에 자신이 병 음료를 훔친 백인 10대 소년과 대치하다 실랑이 끝에 놓치면서 이 씨 부인이 느끼는 위협과 분노, 두려움을 이해하게 된다. 이곳이 안전하지 않다는 인식과 이 씨 부인이 당한 상해를 본인도 입을 수 있다는 두려움과 공포는 점차로 강력해져서, 음식을 가방에 숨겼다고 의심받는 흑인 커플과 이 씨 부인이 몸싸움을 하며 톰의 이름을 부를 때, "마치 두려움과 고통이 그녀를 완벽하게 이해하도록 강요하는 것처럼, 마치 이 순간 그녀와 톰이 서로를 영원히 알고 있었던 것처럼"[38] 둘은 연결된다. 톰은 이 씨 부인에게 그동안 유지했던 고용주와 고용인 사이의 거리 두기를 거두고 가게에 마련되어 있던 총을 커플에게 겨눈다. 톰은 더 이상 "다치거나 구타당하거나 총에 맞고 싶지 않았기 때문에 그들을 강탈하려고 하는 사람을 막아야 했다"[39]고 스스로 정당화한다. 일을 시작한 초반에는 이 씨 부인의 고객 의심을 과도한 예민함과 인종주의적 시선으로 봤었다면, 일련의 절도와 강도 사건을 직간접적으로 경험하면서 톰은 자신의 안위에 대한 위협을 체감하게 되고, 이 씨 부인보다 한 걸음 더 나아가 흑인 커플에게 총구를 직접 겨눈다. 과거에는 걱정해본 적이 없는 인종 간의 갈등은 이제 톰의 삶으로 들어오며, 극도의 긴장감과 생명의 위협을 느끼는 상황에서 톰은 한·흑 갈등의 핵심 인물로 서게 된다. 실제로 LA 폭동으로 인해 한인 2세대들이 1세대의 문제들을 그들의 문제로 수용하고,

36 Chang, 같은 책, p. 50.
37 Chang, 같은 책, p. 74.
38 Chang, 같은 책, p. 109.
39 Chang, 같은 책, p. 110.

"냉소적 또는 객관적·중립적인 방관자가 아니라 스스로 코리안 아메리칸의 의미를 만들어 가야 할 당사자임을 깨닫게"[40] 되었던 것처럼, 이 씨 부인과 함께 흑인 커플과 대치하고 있는 톰은 더 이상 외부자가 아니며 한국계 미국인들이 겪는 인종주의적 경험은 자신의 경험이 된다.

4. 한·흑 갈등과 인종적 삼각 구도

톰이 총구를 겨냥했던 흑인 커플은 다음 날 이 씨 부부의 가게 앞에서 불매 운동을 시작한다. 다섯 명으로 시작했던 불매 운동은 200명까지 인원이 증가하고, 길 건너편 건물에 누군가에 의해 가솔린 폭탄이 설치될 정도로 "도시 전체가 불안"한, "모든 사람이 긴장하고, 불행하고, 예민한"[41] 상태에 빠진다. 불매 운동에 모인 흑인들은 이 씨 부부에게 "당신들은 여기 들어와 이 동네에서 돈을 빨아서 모두 롱아일랜드의 당신 집으로 가져가고, 아프리칸 형제, 자매 들인 우리는 아무것도 아닌 것처럼 대한다"[42]고 비난한다. 이 씨 부부는 롱아일랜드에 집이 없음에도 흑인들은 아시아계 미국인들의 상투적인 이미지로만 바라볼 뿐이며, "탐욕스런 한국인! 인종주의자! 한국으로 돌아가라! 그는 우리를 우둔한 깜××로 생각한다"[43]며 목소리를 높인다. 시위에 참여하는 사람들이 증가할수록 언론사의 취재도 늘어나게 되는데, 시위 이튿날 보도된 뉴스는 "카메라 앵글이나 느린 전체 샷" 때문인지, 뉴스에 잡힌 시위자들은 실제 인원보다 "두 배 또는 세 배로 많은 것처럼"[44] 보인

---

40 김현희, 「1992년 LA사태의 기억과 코리안 아메리칸의 인종 정체성 형성과정에 관한 연구: 코리안 아메리칸 학자의 사례를 중심으로」, ≪비교문화연구≫, 22권, 2호(2016), 246쪽.

41 Chang, 같은 책, p. 104.

42 Chang, 같은 책, p. 118.

43 Chang, 같은 책, p. 151.

다. 뉴스 보도는 더 많은 사람들을 시위에 불러들이고 뉴욕뿐만 아니라 미국 전역에서 일어나는 불매 운동을 하나의 성격으로 묶고 있으며, 그해 여름에 "뉴욕시에서 아시아계 미국인들에 대한 혐오 범죄가 거의 세 배가 증가"했고 식료품점 앞에서 벌어지는 "불매 운동들이 인종적으로 동기화된 공격에 기름을 붓고 있다"[45]고 보도한다. 인종적 긴장이 고조된 상태에서 이러한 보도는 앞으로 벌어질 폭력 사태의 예고가 된다.

톰이 기대했던 한인 공동체로의 복귀와 정착은 일촉즉발의 긴장 상태에서 더 이상 유효하지 않다. 식료품점을 중심으로 벌어지는 인종 갈등과 이 씨 부부의 눈을 피해서 만나왔던 정미와의 관계는 톰의 불안과 불면을 고조시킬 뿐이다. 톰은 일을 "그만둘 생각을 하기 시작"하고 "더 이상의 가치가 없다"[46]고 확신한다. 그러나 두 사건은 연속적으로 폭로되고 폭발한다. 정미와의 관계를 알게 된 이 씨 부부에게 톰은 해고를 당하는데, 일주일의 말미를 주는 이 씨와는 다르게 이 씨 부인은 톰에게 "당장 나가라"고 격앙되어 소리치고 밀치며 침을 뱉는다. 톰은 "내가 이 빌어먹을 불쌍한 가게에 신경을 쓸 거라고 생각해? 내가 걱정할 거 같아?"[47]라며 응수하지만, 이 씨 가족과 식료품점에서 떠나는 것은 한국계 미국인의 공동체에 소속되어 살아가고자 했던 톰의 기대와 희망이 좌절되었다는 것을 의미한다. 또한 이 씨 가족을 통해 회복하고자 했던 과거와의 화해도 물거품으로 돌아가고 톰은 다시 일자리와 돈을 걱정해야 하는 상황으로 내몰린다. 자신과 이 씨 가족, 그리고 인종적 갈등의 상황에 좌절하고 실패하고 분노한 톰은 상점 밖으로 나오면서 시위자들과 시비가 붙게 되고, 이미 고조될 대로 고조되어 있는 시

44　Chang, 같은 책, p. 140.
45　Chang, 같은 책, p. 164.
46　Chang, 같은 책, p. 183.
47　Chang, 같은 책, pp. 187~188.

위자들과 톰의 대립은 욕설과 폭력으로 발전되며, 시위자들은 경계 벽을 넘어 식료품점을 부수고 약탈하는 폭도로 변화된다.

그러나 소설 속 인종 갈등은 어느 한쪽의 일방적인 잘못이라고 할 수 없을 정도로 복잡하게 얽혀서 그려진다. 이 씨 부인의 인종주의적 언행이 문제적인가 하면, 총구를 들이밀고 금고를 털어가며 이 씨 부인에게 폭력을 가하는 흑인, 물건을 훔친 것으로 의심받는 흑인 커플을 향해 총을 겨누는 톰, 톰에게 햄버거와 콜라를 던지고 조롱하며 한국으로 돌아가라면서 인종적 경멸어를 남발하는 불매 운동을 위해 모인 흑인 집단, 시위자들과 다르게 이 씨 부부를 위로하고 지지하는 흑인 고객들, 오래된 단골손님인 해리스 씨(Mr. Harris)의 말 더듬는 모습을 조롱하고 지갑을 뺏으려 하는 아시아계 젊은이들과 갱단, 이 씨 부부의 상점을 약탈하는 흑인 시위자들의 모습 등이 복합적으로 겹쳐진다. 또한, 불매 운동이 물리적인 폭동으로 치닫게 된 것을 본 톰이 이 씨 부부를 걱정해 집에 던져놓았던 총을 들고 다시 가게로 돌아가지만, 긴장의 최고조 상태에서 그는 흑인 폭도들이 아니라 아시아계 갱단에게서 한인 이 씨 부부가 아닌 흑인 해리스 씨를 구한다. 아시아계 갱단에게 둘러싸여 위협을 당하고 있는 가게의 오랜 고객인 해리스 씨를 발견했을 때, 톰이 발사한 총알은 흑인이 아닌 아시아계 남성들을 향하고 있으며 구원의 대상은 아시아인이 아닌 흑인이다. 레너드 장은 한·흑 갈등을 고드윈 추가 서평에서 언급한 일차원적인 크랩 멘털리티로 그리기보다는, 한인과 흑인의 격화된 감정이 배타적인 시선과 말과 행동으로 나타나는 과정을 묘사하면서 인종 갈등의 형성 과정과 그 복잡성을 드러내는 데 주력한다.

진보 정(Chinbo Chong)과 제인 윤희 전(Jane Yunhee Junn)은 한·흑 간의 인종 갈등을 '중간 상인 소수 민족 이론'과 언어·문화적 차이에 의한 소통[48]의 문

---

48 예를 들어, 흑인들은 한인들이 동일 민족을 채용하는 것을 흑인 차별이라고 보지만, 이는 한인들이 영어 소통이 어렵기 때문에 나타나는 결과이기도 하다. 영어 소통의 문제는 고

제로 설명한다. 중간 상인 소수 민족은 모범적 소수 민족 신화와 긴밀히 연결되며 아시아계 미국인들이 성공하는 경제적 구조를 설명한다. 이 이론은 "미국에서 흑인이 아닌 인종 집단이 저임금 지역에서 기업과 자신들의 이익을 위해 사업을 한다는 것"⁴⁹으로, 중간 상인 소수 민족들은 지배층 생산자가 생산한 물품을 저소득층 주거 지역에서 판매한다. 20세기 초반까지 중간 상인 소수 민족은 유대계 미국인들이었지만 1965년 이후 이민법의 개정으로 대거 유입된 아시아계 이민자들이 그들이 빠져나간 중간 상인의 자리를 대체했다.⁵⁰ 이 씨 부부가 소설에서 보여주듯이, "한인들은 사업을 확장하면서 한인 지역뿐 아니라 비교적 자본이 적게 드는 다운타운, 흑인 저소득층 지역, 라티노(Latino) 지역 등을 적극적으로 개척"⁵¹해 나가며, 중간 상인으로서 경제적 이익을 창출하고 축적된 부를 통해 경제적 신분 상승을 도모한다.

객과의 단절을 낳기도 하고, 눈을 마주치기를 꺼려하거나 신체 접촉을 피하는 것, 더 나아가 불친절한 모습들로 나타나는데, 이는 흑인에 대한 인종적 거리감이나 경멸로 오해되기도 한다. 이러한 문화적 차이로 만들어지는 인종 간의 갈등 관계는 한인과 흑인에 대한 인종적 고정 관념에 기반하고 동시에 강화시킨다. Chinbo Chong and Jane Yunhee Junn, "A Wedge between Black and White: Korean Americans and Minority Race Relations in Twenty-First-Century America," in Rachael Miyung Joo and Shelley Sang-Hee Lee(eds.), *A Companion to Korean American Studies* (Leiden: Brill, 2018), pp. 659~660.

49 Chong and Junn, 같은 글, p. 657.

50 한인들에게 중간 상인의 역할이 선호되었던 이유는 한국에서 받은 고등 교육이 미국에서 인정받지 못하는 상황에서 자영업은 스스로를 세울 수 있는 기회이기 때문이다. 한인들은 소규모이더라도 재정적으로 감당할 수 있는 "저소득층 흑인지역을 기반으로 [사업의] 공간을 확보"해(임진희, 「한흑 도시공간으로서의 레너드 장의 『식료품점』」, 155쪽), "자영업을 함으로써 '사장'이라는 신분상승을 경험하고 지위불일치에서 초래되는 좌절감을 극복"(임진희, 같은 글, 154쪽에서 재인용)한다. 레너드 장의 『식료품점』을 중간 상인 소수 민족 이론을 바탕으로 분석한 임진희, 같은 글 참고.

51 이정덕·박계영, 「재미한인 연구의 흐름과 LA 한인사회」, 양영균 외, 『다민족 관계 속의 LA 한인』(한국학중앙연구원, 2008), 27쪽.

한인들의 이러한 경제적 기회와 성취는 흑인들에게는 상대적으로 결핍된 기회일뿐더러, 가족 중심의 노동으로 이뤄지는 한인들의 소규모 영세업은 지역 사회로의 공헌 없이 이익만 뽑아 가는 이기적인 사업체로 여겨진다. 또한, 유대계 미국인들은 1900년대 중반에 흑인들의 시민권 운동을 지원한 조력자였음에 반해, 한인들은 공동체를 지원할 정치적인 기반도 자본도 부재했기에,[52] 흑인들에게 한인들은 그들이 시민권 운동과 투쟁의 결과로 쟁취한 권리를 어떠한 기여도 없이 혜택만 누리는 집단으로 인식되었다. 자신들에게 주어지지 않은 경제적 기회와 그로 인한 한인들의 사회적 지위의 상승은 결국 경제적 차원에서 한인과 흑인의 인종적 갈등 관계를 더욱 심화시켰고, 소설에서 묘사되는 것과 같이, 이 씨 부인의 인종주의적인 태도는 내재된 분노의 불씨를 점화시킨다.

'중간 상인'이라는 말이 제시하듯이, 소규모의 자본으로 영세업을 운영하는 한인들은 소비자와 생산자를 매개한다. 생산자는 경제 구조에서 상위를 차지하는 주류 집단이며 인종적으로는 백인으로 대표된다. 이 씨 부부의 식료품점에서 소비자는 흑인으로 대표되고 생산자는 비가시적으로 존재한다. 백인들이 자신들에게는 거부한 돈과 기회를 한인들이 모두 가져가고 그들은 흑인을 그들보다 못한 것처럼 대한다는[53] 시위자들의 불평은 은연중에 비가시적인 백인의 존재를 드러내며 한인과 흑인, 그리고 백인이 형성하는 인종의 삼각 구도를 제시한다.[54] 클레어 진 김은 「아시아계 미국인의 인종적 삼각 구도」(The Racial Triangulation of Asian Americans, 1999)에서 아시아계 미국인은 백인과 흑인과의 상대적인 관계를 통해서 인종적 삼각 구도를 형성한다고 설명한다.

---

52 Chong and Junn, "A Wedge between Black and White," p. 658.
53 Chang, *The Fruit 'N Food*, p. 148.
54 임진희, 「한흑 도시공간으로서의 레너드 장의 『식료품점』」, 163쪽.

인종적 삼각 구도는 다음의 동시적이고 연결된 두 과정을 거쳐서 일어난다: ① 상대적 가치 평가 과정으로 지배 집단 A(백인)가 하위 집단 B(아시아계 미국인)를 문화 및/또는 인종적 측면에서 하위 집단 C(흑인)와 비교해 평가하는 것으로, 두 그룹 모두를, 특히 후자를, 지배하기 위한 것이다. ② 시민 배척 과정으로 지배 집단 A(백인)가 하위 집단 B(아시아계 미국인)를 문화 및/또는 인종적 측면에서 영원히 이질적이고 백인과 동화될 수 없는 존재로 구성하는 것으로, 그들에게 국민과 시민으로서 권리를 배척하기 위한 것이다.[55]

상대적 가치 평가와 시민 배척 과정은 모두 백인의 권력과 특권을 담보하고 재생산하기 위해 아시아계 미국인과 흑인을 상대적 관계에 위치시키고, 우등/열등과 내부자/외부자의 두 축 사이에 각 그룹의 인종적 위치의 좌표를 찍는다. 또한, 클레어 진 김은 "미디어가 지속적으로 한·흑 갈등을 도덕극으로 해석하거나, 또는 나쁜 소수 민족들의 착한 소수 민족 박해"로 해석하는 것은 "백인의 인종 권력의 구조적 행사"로부터 대중의 주의를 돌리고 한·흑 "갈등을 비정치화하며 차별과 인종적 불평등에 대한 흑인들의 분노의 정당성을 격하"[56]시킨다고 지적한다.

클레어 진 김의 인종적 삼각 구도 이론은 아시아인의 인종 프로젝트를 백인과 흑인의 상대적 관계에서 재고하게 한다. 중간 상인으로서의 성공은 모범적 소수 민족 신화와 마찬가지로 하나의 성공 사례가 되고 '저들은 하는데, 당신은 왜 못하느냐?'는 질문과 함께 성공하지 못하는 이유를 소수 민족 당사자, 즉 흑인에게 돌린다. 이는 한 집단의 성공 여부를 개별 집단의 문제로 전락시키고 각 집단을 곤궁에 빠지게 만드는 전체 구조를 지우는 작업이며, 크랩 멘털리티와 같이 소수 민족 간의 경쟁 구도를 형성해 협동과 소통

---

55 Kim, "The Racial Triangulation of Asian Americans," p. 107.
56 Kim, 같은 글, p. 124.

을 어렵게 하는, 양동이 밖의 보이지 않는 힘이 양동이 안에 잡아넣은 게들을 통제하는 방식이기도 하다.

5. 백인성: "밝고 하얀" 보이지 않는 빛

레너드 장의 『식료품점』은 한·흑 갈등을 주제로 하면서 인종적 삼각 구도에서 가시화되지 않는 백인의 권력을 상징적으로 다룬다. 백인은 인종의 삼각 구도에서 권력과 특권의 자리에 위치해 있지만 아시아인이나 흑인같이 특정한 인종적 이미지로 재현되거나 분석되지 않는다. 리처드 다이어(Richard Dyer)에 따르면, 이는 백인이 그저 인간이라는 지위를 차지할 뿐 특정한 인종으로 인식되지 않기 때문이다. 『화이트(White)』에서 서구의 광범위한 시각 문화를 분석하며 백인(성)을 인종화하는 다이어는 인종으로서의 백인(White)의 피부색을 가리키는 흰색 이미지가 백인성(Whiteness)의 모순적인 특질을 드러낸다고 주장한다. 그는 색, 가시성, 비가시성의 관계를 설명하면서 백인은 백인으로 보이고 육체성으로 드러나지만, 인종과 권력으로서의 백인성은 비가시적인 속성과 보이지 않음으로써 유지된다고 설명한다. 백인(성)이 가지는 모순이자 역동성은 "흰색이 색이면서 동시에 색이 아니며, 보이지 않기 때문에 무색인 것, 즉 영혼, 마음, 공백, 비존재, 죽음의 기호를 의미하며, 이 모든 것이 백인을 사회적으로 백인으로 만드는 요소"라는 점이다.[57] 즉, "백인성은 백인을 백인으로 보이게 만드는 기호이자, 동시에 백인의 진정한 특성인 비가시성을 의미한다".[58]

다이어는 흰색의 사전적 의미 중 하나가 '무색'임을 지적하고 화가 롤런

---

57 Richard Dyer, *White* (London: Routledge, 1997), p. 45.
58 Dyer, 같은 책, p. 45.

드 루드(Roland Rood)를 인용해 "흰색은 하나의 색이지만 … 그것은 빛의 색이고 우리는 늘 빛을 보기 때문에 그 색을 보지 못한다"[59]고 설명한다. 흰색 도화지가 아무것도 채워지지 않은 여백으로 여겨지는 것처럼, 흰색은 색조이면서도 무색으로 여겨지고 존재하지만 비가시적인 빛으로 확장된다. 또한 피부색을 포함한 인종적·문화적 정체성을 형성하는 특수성이 없다고 여겨진, 그래서 인종적 이미지의 분석에서 다뤄지지 않았던 "인종화되지 않은 인간"[60]으로서의 백인은 인종이 아닌 보편적 인간으로 존재하기에 비가시적이다. 그러나 백인은 백인으로서의 자신의 특권을 보지 못할 뿐 재현 속 어디에나 있고, 더 나아가 규범으로 존재한다. 따라서 "색으로서의 흰색과 무색으로서의 흰색 사이의 미끄러짐은 백인이 특별하면서도 특별하지 않고, 무언가이면서도 존재하지 않도록 하는 사고와 정동 체계의 일부를 형성한다."[61]

미디어에서 흔히 볼 수 있는 광채 나는 백인의 이미지 역시 흰색과 빛의 관련성을 보여준다. 희고 빛나는 색조와 피부색에 투영된 선과 도덕이라는 이상적인 이미지는 피부색이 다른 아시아계 미국인인 톰에게는 공포의 대상으로 나타날 뿐이다. 카스단에서 인종 간의 긴장 관계가 고조될수록 악화되어 가는 톰의 불면증은 "무엇이 현실이고 무엇이 상상인지"[62]의 경계를 흐려놓는다. 이는 총격 사건 이후 코마 상태에 빠진 톰의 의식과도 연결되는 것이어서, 서사가 전개될수록 톰의 의식은 무의식과의 경계가 흐려지고 그 과정에서 "영원할 것 같았던 그의 주위에 머물렀던 흰색, 잔인한 태양처럼 영원히 지속되는 눈부신 차가움"[63]이 꿈으로 반복된다. 본다는 것(seeing)은 안다는 것(becoming aware of)이기도 하다는 점에서 시각은 지식의 은유로 사

59 Dyer, 같은 책, p. 45.
60 Dyer, 같은 책, p. 4.
61 Dyer, 같은 책, p. 47.
62 Chang, *The Fruit 'N Food*, p. 102.
63 Chang, 같은 책, p. 215.

용되며, 시각과 지식의 동일시는 지식과 권력의 동일시로 확장된다. 이러한 점에서 눈을 멀게 할 만큼 강력한 흰색과 빛의 밝음으로 아무것도 볼 수 없는 상태로 전락하게 되는 톰의 꿈은 충격 사건으로 시력을 잃게 되는 현실과 연결된다.

톰의 눈을 멀게 하는 흰색의 공포는 소설의 시작과 함께 독자에게 암시된다. 『식료품점』의 서사는 한·흑 갈등으로 붉어진 폭동으로 인해 6개월 동안의 코마 상태에서 깨어난 톰의 모습으로 시작한다. 톰은 의식은 회복했지만 시력을 잃었고, 재활 운동을 요구하는 의사나 간호사, 병문안 온 정미의 말을 들을 수는 있지만 그에 대한 반응을 보이지 않는다. 서사는 사건이 종결된 시점에서 톰이 시력을 잃은 채 병상에 눕게 되기까지의 과정을 회고하는 방식으로 전개되는데, 본격적인 내용을 시작하기에 앞서 화자는 톰이 시력을 잃은 채로 보이지 않는 누군가의 목소리에 의지한 채 앞으로 나아가야 하는 상황을 설명한다. 하지만 그 목소리를 믿을 수 있을지, 앞을 더듬으며 나아가는 그가 "넘어질지, 계단을 오르기 위해 한 발을 들어 올리지만 착지를 할 수 있을지, 문을 놓치고 벽을 따라 반대 방향으로 가게 될지"는 알 수가 없다.[64]

시력의 상실로 주체성을 잃어버리는 이러한 상황은 한·흑 갈등의 폭력 사태를 관통한 이후의 톰을 핵심적으로 포착한다. 톰이 이 씨 부부의 식료품점에서 일하기 시작하면서 확인하는 한국계 미국인으로서의 정체성은 인종적으로 고립된 채 만들어지지 않는다. 이 씨 부부의 식료품점이 카스단에 위치하고 카스단은 뉴욕에 위치한 것처럼, 이들 공간 안에 위치한 사람들 또한 상호 관계 속에서 자신의 정체성을 형성한다. 톰의 정체성 형성 과정은 그가 식료품점에서 일하며 만나는 흑인들과 언론으로 대변되는 미국의

64　Chang, 같은 책, pp. 1~2.

주류 사회가 투사하고 반복적으로 재생산하는 상투적인 한국계 미국인의 이미지에 자신을 맞추는 일이기도 하다. 톰은 인종 간의 소요 사태를 겪는 일련의 과정에서 자신에게 요구하는 인종화된 전형적 이미지와 한국계 미국인의 인종적 위치를 확인하며, 주체적 개인이 아닌 통제의 대상이 되는 현실을 자각한다. 시력을 잃어버린 현재의 톰은 외부에서 들려오는 목소리가 이끄는 곳이 자신의 목적지인지, 낭떠러지인지 알 수도 없다. 눈이 먼다는 것은 자신의 주체로서의 자율성을 잃는다는 것이고 타인의 의도와 안내에 따라 행동할 수밖에 없는 꼭두각시로의 전락이다.

시력을 잃은 톰은 랠프 앨리슨(Ralph Ellison)의 『보이지 않는 인간(Invisible Man)』의 화자가 경험하는 배틀 로열(battle royal)의 장면을 상기시킨다. 레너드 장은 "『식료품점』을 쓰면서, 다른 작가들은 인종 갈등을 어떻게 다루었는가를 알고 싶었고, 볼드윈(James Baldwin)이나 앨리슨과 같이 내가 좋아하는 많은 아프리카계 미국 작가들을 들여다보았다"[65]고 밝힌 바 있다. 고등학교 졸업식에서 했던 연설을 다시 하기 위해 지역의 인사들이 모여 있는 호텔의 연회장에 들어갔을 때, 이름 없는 소설 속 화자는 학교 친구들과 눈을 가린 채로 한 사람만 남을 때까지 계속 싸워야 하는 연회장 중간에 마련된 링 위로 올라간다. "눈이 가려진 채, 나는 더 이상 내 움직임을 통제할 수 없었다. 나는 체면도 없었다. 나는 어린 아기나 술 취한 사람처럼 비틀거렸다. 담배 연기는 점점 더 짙어지고 각각의 새로운 타격과 함께 그것은 내 폐를 불태우고 더 나아가 관통하는 것 같았다."[66] 교장을 포함해 은행가, 변호사, 판사, 의사 등과 같은 지역 지도자들의 사교 모임이 열리는 연회장에는 그들이 피워대는 담배 연기가 안개처럼 자욱하게 깔려 있다. 술과 담배로 이미 취할 대로 취해 있는 백인들에게 링 위의 흑인 소년들은 유흥의 대상이

---

65 임진희, 「한흑 도시공간으로서의 레너드 장의 『식료품점』」, 167쪽 재인용.

66 Ralph Ellison, *Invisible Man* (New York: Vintage, 1972), p. 18.

고 자신들의 의도대로 움직이는 꼭두각시 같은 존재들이다. 눈가리개를 통해 이미 볼 수 없는 화자에게 연회장에 자욱하게 깔려 있는 흰색 담배 연기는 객석에 앉아 있는 백인 지도자들의 모습을 이중적으로 가린다. 존재하지만 보이지 않는 백인 지도자들은 흥청망청 피우고 마시는 흰색의 자욱한 담배 연기와 술 냄새로 그 존재를 드러낸다.

『보이지 않는 인간』에서 배틀 로열이 펼쳐지는 링 위에 깔린 흰색 담배 연기처럼, 레너드 장은 『식료품점』에서 색이면서도 색이 아닌 흰색 이미지를 통해 백인의 존재를 상징적으로 부각시킨다. 흰색이 출몰하는 곳은 다름이 아닌 톰의 꿈에서이다. 불면의 밤을 지새우며 바라보던 집 천장의 벗겨진 페인트가 "그에게 내밀고 있는 길고 하얀 혓바닥"[67]처럼 톰을 조롱했었다면, 꿈에 나타나는 흰색의 이미지는 "그에 눈에 비쳐서, 그를 다치게 하는, 밝고 하얀 빛"[68]으로 나타난다. 이 빛은 톰에게 "두려운 어떤 것"[69]으로 너무나 강렬해서 "눈을 멀게 하는 빛"이며 그의 "시야를 불태우고 마비시키는"[70] 빛이다.

6. 나가며

한·흑 갈등은 이 씨 부부를 파산시켰고 현재까지 일구었던 모든 것을 파괴했다. 이제 이들은 이 씨의 동생이 운영하는 세탁소의 점원으로 일하며 빚을 갚아 나가야 하고 차차 재기할 수 있는 사업 기회를 엿봐야 한다. 이들

---

67 Chang, *The Fruit 'N Food*, p. 48.
68 Chang, 같은 책, p. 10.
69 Chang, 같은 책, p. 9.
70 Chang, 같은 책, p. 41.

이 꿈꾸었던 아메리칸드림은 실패했고, 열심히 일했지만 그에 상응하는 보상을 받지 못했다. 상점을 운영하면서 가졌던 정미의 교육과 은퇴 후 삶을 포함한 미래 계획은 모두 수포가 되었으며, 상황은 사업을 시작하기 전보다 더 악화했다. 이 씨 부부의 이러한 결말은 모범적 소수 민족의 성공 신화의 허구성을 드러낸다.

수미상관 구조를 띠고 있는 이 소설은 자신이 정체성을 찾고 뿌리내려 정착하기 위해 카스단으로 되돌아왔던 톰이 다시 혼자가 되어 시력을 잃은 채로 병상에 누워 있는 현재의 모습으로 끝난다. "그는 마치 〔세상의 어느 곳과도〕 더 이상 연결되지 않은 것처럼",[71] 의식의 상태로 올라왔다 다시 저편으로 사라지기를 반복한다. 식료품점에서 일하면서 "자신이 그곳에 속할 수도 있고 어딘가에 속할 수도 있겠다"고 생각했지만 자신의 생각이 틀렸음을, 그곳에서 일한 것이 "의미가 없었음"[72]을 깨닫는다. 톰에게 정착은 자신의 소속된 위치와 공동체를 확인하는 작업인데, 개별적인 개인으로 존재했던 톰은 식료품점에서 일하며 한국계 미국인 공동체의 구성원으로 들어가는 듯 보였지만, 종국에는 한국계 이민자들의 인종화된 정체성과 인종적 위치 속으로 들어가지 않는다.

인종주의적 현실에 자신이 속할 곳이 없는 톰은 모든 것을 거부하고 차단한 채 꿈의 세계로 침잠한다. 현실을 거부한 꿈의 세계는 더 이상 흰색 공포의 세계가 아니다. 어린 시절 어머니와 같이 갔었던 연못의 이미지와 겹쳐지면서 흰색은 바다의 파란색으로 변화되고, 톰은 어머니의 자궁을 연상케 하는 바닷가에서 "궁극적인 평화와 정착지를 찾는다".[73] "그는 물 위에 누워

---

71 Chang, 같은 책, p. 216.
72 Chang, 같은 책, p. 225.
73 Klara Szmańko, "Dreaming and Living White Terror in Leonard Chang's *The Fruit 'N Food*," *Visions of Whiteness in Selected Works in Asian American Literature* (North Carolina: McFarland & Company, 2015), p. 135.

있고, 그의 귓가에 흐르는 물이 조류의 속삭임을 제외한 모든 것을 차단하길" 원하며, 바다의 속삭임에 집중하는 것이 "더 낫고 돌아갈 이유가 없다"고 느끼고, "얼음처럼 푸른 거품이 그를 삼키는 바다로 뛰어 들어간다".[74] 그를 품어주는 바다는 "어떤 결핍이나 그리움으로라도 손상되지 않은 완전한 현실, 이상"[75]을 은유적으로 표현한다. 더불어 바다는 한·흑 갈등, 인종주의, 인종화 과정을 모두 떨쳐버리고, 자연 그대로의 개인으로 존재할 수 있는 환경이다. 이는 현실을 돌파하지 못하는 소극적인 결말로 보이기도 하지만, 미국 사회가 강요하는 정형화된 한국계 미국인의 정체성과 인종적 위치에 대한 톰의 확고한 거부를 드러낸다. 또한, "육체적 부동성과 정신적 무관심"[76]을 통한 자기만의 세계로의 침잠은 자신의 위치가 쉽게 변화하지 않는 미국의 인종 지형도에서 자유롭기 위한 불가피한 선택이기도 하다.

　소설이 톰의 어린 시절 행복했던 과거로의 회귀 또는 현실 도피적인 자족적 침잠이라는 결말로 끝나는 것이 비관적이기는 하지만, 레너드 장은 모범적 소수 민족의 전형성에서 탈피하는 인물로 톰을 설정함으로써 서구 사회에 형성되어 있는 한국계(아시아계) 미국인의 전형성을 부각시키고 한·흑 갈등을 통해 이들이 점하고 있는 인종 지형도를 확인한다. 모범적 소수 민족 신화, 중간 상인 소수 민족 이론, 그리고 황화론과 같은 인종 담론들은 아시아계 미국인들의 문화적·민족적 특징을 설명하고 포착하는 동시에 그들을 특정한 인종적 이미지로 형성한다. 따라서 보이지 않는 권력의 통제를 벗어나기 위해서는 이러한 담론들이 1세대와 2세대 한인들에게 미치는 영향과 한계를 살피는 일은 필수적인 작업이다. 톰의 개별적 개인성과 한국계 미국

74　Chang, *The Fruit 'N Food*, p. 226.

75　Szmańko, "Dreaming and Living White Terror in Leonard Chang's *The Fruit 'N Food*," p. 135.

76　Szmańko, 같은 글, p. 135.

인으로서의 정체성이 분리 가능한 것이 아님에도 불구하고, 아시아계 미국인을 인종화하는 담론들은 전형성에서 벗어난 다양한 개별적 개인들의 존재를 인정하지 않는다. 전형성에서 벗어나는 개인의 면모를 받아들이지 않는 인종화된 사회에서 한국계 미국인의 인종화된 정체성을 수용하지 않는한, 톰은 계속해서 미끄러지고 절대적 타자의 자리로 밀려날 수밖에 없다. 톰의 한국계 미국인의 인종화 프로젝트와 한·흑 갈등을 통해 가시화된 한국계 미국인의 인종적 위치의 확인은 인종 담론을 통한 한 집단의 인종화와 특정한 인종적 이미지의 재현에 내포된 의도와 효과를 드러낸다. 소수 민족의 인종적 이미지와 인종적 위치를 형성하는 인종 프로젝트의 역학 관계를 이해하는 것은 미국 사회를 움직이는 보이지 않는 권력을 가시화하는 작업이며, 오늘날에도 반복되고 있는 인종 혐오와 갈등의 구조를 해체하는 작업이다.

참고문헌

김현희. 2016. 「1992년 LA사태의 기억과 코리안 아메리칸의 인종 정체성 형성과정에 관한 연구: 코리안 아메리칸 학자의 사례를 중심으로」. ≪비교문화연구≫, 22권, 2호, 225~258쪽.

유선모. 2004. 『한국계 미국 작가론』. 신아사.

이정덕·박계영. 2008. 「재미한인 연구의 흐름과 LA 한인사회」. 양영균 외. 『다민족 관계 속의 LA 한인』. 한국학중앙연구원, 11~43쪽.

이찬행. 2017. 「한흑갈등, 베이크웰, 그리고 로스앤젤레스 로컬 정부」. ≪인문과학≫, 66호, 5~37쪽.

임진희. 2010. 「한흑 도시공간으로서의 레너드 장의 『식료품점』」. ≪현대영미소설≫, 17권, 2호, 153~179쪽.

Chang, Leonard. 1996. *The Fruit 'N Food*. Washington: Black Heron Press.

Cheryan, Sapna and Galen Bodenhausen. 2011. "Model Minority." in Stephen M. Caliendo and Charlton D. McIlwain(eds.). *The Routledge Companion to Race and Ethnicity*. New York: Routledge, pp. 173~176.

Chong, Chinbo and Jane Yunhee Junn. 2018. "A Wedge between Black and White: Korean Americans and Minority Race Relations in Twenty-First-Century America." in Rachael Miyung Joo and Shelley Sang-Hee Lee(eds.). *A Companion to Korean American Studies*. Leiden: Brill, pp. 656~671.

Chu, Godwin. 1997.5.6. "Social Fiction That Teaches with a Good Story: *The Fruit 'N Food*." Review of *The Fruit 'N Food*, by Leonard Chang. *International Examiner*, p. 14. ProQuest, https://www.proquest.com/newspapers/social-fiction-that-teaches-with-good-storyfruit/docview/367457067/se-2?accountid=28715.

Chung, Hyeyurn. 2010. "The Korean American Cowboy and the Fallacy of Regenerative Violence in Leonard Chang's *The Fruit 'N Food*." *Culture, Society & Masculinity*, Vol. 2, No. 1, pp. 3~18.

Dyer, Richard. 1997. *White*. London: Routledge.

Ellison, Ralph. 1972. *Invisible Man*. New York: Vintage.

Kim, Claire Jean. 1993. "No Justice, No Peace!: The Politics of Black-Korean Conflict." *Trotter Review*, Vol. 7, No. 2, pp. 12~13.

_____. 1999. "The Racial Triangulation of Asian Americans." *Politics & Society*, Vol. 27, No. 1, pp. 105~138.

_____. 2000. *Bitter Fruit: The Politics of Black-Korean Conflict in New York City*. New Haven: Yale UP.

Lee, Don. 2004. "Uncle Tong: Or, How I Learned to Speak for All Asian Americans." in Young-Key Kim-Renaud, R. Richard Grinker, and Kirk W. Larsen(eds.). *Korean American Literature*. Washington, DC: George Washington University, pp. 33~35. https://www2.gwu.edu/~sigur/assets/docs/scap/SCAP20-KoreanWriters.pdf/(접속일: 2018.8.1).

Li, Yao and Harvey L. Nicholson Jr. 2021. "When 'Model Minorities' Become 'Yellow Peril': Othering and the Racialization of Asian Americans in the COVID-19 Pandemic." *Sociology Compass*, Vol. 15, No. 2, pp. 1~13.

Omi, Michael and Howard Winant. 1994. *Racial Formation in the United States*. 2nd Ed. New York: Routledge.

_____. 2015. *Racial Formation in the United States*. 3rd Ed. New York: Routledge.

Petersen, William. 1966.1.9. "Success Story, Japanese-American Style." *The New York Times Magazine*.

Publishers Weekly. 1996.10.28. "*The Fruit 'N Food*." Vol. 243, No. 44, p. 59. Gale Academic OneFile, link.gale.com/apps/doc/A18808317/AONE?u=cuny_statenisle&sid=bookmark-AONE&xid=962fad37(접속일: 2022.1.11).

Siu, Lok and Claire Chun. 2020. "Yellow Peril and Techno-orientalism in the Time of Covid-19: Racialized Contagion, Scientific Espionage, and Techno-Economic Warfare." *Journal of Asian American Studies*, Vol. 23, No. 3, pp. 421~440.

Szmańko, Klara. 2015. "Dreaming and Living White Terror in Leonard Chang's *The Fruit 'N Food*." *Visions of Whiteness in Selected Works in Asian American Literature*. North Carolina: McFarland & Company, pp. 122~136.

Wu, Frank H. 2002. *Yellow: Race in America Beyond Black and White*. New York: Basic.

제2장

일본 LGBT 문학의 감염 공포와 자기혐오의 서사[*]

안지나

1. 은폐된 억압과 연대의 가능성

근대 이후, 동성을 향한 자신의 욕망을 과감하게 고백한 미시마 유키오 (三島由紀夫)의 자전적 소설 『가면의 고백』(仮面の告白, 1949)에서 출발한 일본 의 LGBT 문학[1]에는 여러 작품이 있다. 그러나 의외로 LGBT 문학에 관한 본격적인 연구는 많지 않다.[2] 이런 점에서 생각할 때, 후시미 노리아키(伏見憲 明)의 데뷔작 『마녀의 아들』(魔女の息子, 2003)은 커밍아웃한 작가의 데뷔작이

---

[*] 이 글은 안지나, 「일본 LGBT문학의 감염 공포와 자기혐오의 서사」, ≪횡단인문학≫, 6호 (2020)를 수정한 것이다.

[1] LGBT(Lesbian, Gay, Bisexual and Transgender)를 소재로 한 문학을 가리키는 말은 동성애 문학, 퀴어 문학 등 다양하지만 여기서는 인용을 제외하고 LGBT 문학으로 통일해 사용한다.

[2] 伏見憲明, 『ゲイという「経験」』(東京: ポット出版, 2002); 이지형, 「일본 LGBT(문학) 엿보기: 그 불가능한 가능성」, ≪일본비평≫, 8호(2013); 이지형, 「일본 LGBT문학의 분절점과 교 차성: 미시마 유키오에서 마쓰우라 리에코로」, ≪비교일본학≫, 47호(2019) 등 참고.

라는 점에서 주목할 만하다. 후시미는 잡지 ≪퀴어 재팬(クィア·ジャパン)≫의 편집장을 맡아 평론가로서도 활동했고, 2013년부터는 신주쿠(新宿)에서 직접 게이 바를 운영하면서 LGBT, 게이 문화에 관해 활발한 집필 활동을 지속하고 있다.

제40회 문예상(文藝賞) 수상작인 『마녀의 아들』은 걸프전으로 소란스러운 1990년의 일본 사회를 배경으로 프리 라이터 가즈노리(和紀)의 일상을 담담하게 묘사한다. 가즈노리는 일견 저자 후시미와 흡사해 보인다. 가즈노리는 단지(団地)에서 성장했다. 일본의 단지는 1970, 1980년대의 고도 경제 성장기에 건설된 아파트촌으로, 한국과 달리 재건축이 어렵기 때문에 현재는 시설의 낙후와 거주민의 감소 및 고령화로 경원시되는 거주 공간이다. 그는 명문 게이오(慶應)대학 법학부를 졸업하고 작은 잡지사의 프리 라이터로 일하고 있다. 저자 역시 단지에서 성장했고, 게이오대학 법학부를 졸업했으며, 잡지 편집장 경험이 있다. 때문에 이 소설이 작가의 자전적인 소설이라고 생각하기 쉽다. 하지만 그가 '당사자'로서 『프라이빗 게이 라이프: 포스트 연애론』(プライベート·ゲイ·ライフ: ポスト恋愛論, 1991)에 실은 걸프전과 에이즈(AIDS) 희생자에 관한 글을 보면, 『마녀의 아들』의 주인공과 저자의 견해가 완전히 일치하는 것으로 보이지는 않는다.

또한 이 소설은 게이 청년의 시선을 통해 당대 게이 문화의 풍속도를 자극적으로 묘사하는 한편 커밍아웃한 게이로서의 인간관계, 유명인의 반전 운동, LGBT 운동, 에이즈의 위협 등을 적극적으로 묘사하고 있다. 문제는 이러한 사회적인 관계와 인식의 기반이 바로 그 자신의 '게이' 정체성과 밀접하게 연결되어 있는 자기혐오라는 점이다.

고프먼(Erving Goffman)은 사회적 낙인(stigma)을 설명하면서 수치심과 혐오에 관해 성 소수자(queers)의 예를 들었다. 소속 집단에서 성 소수자에 관한 저속한 농담을 들었을 때 함께 웃고, 이어서 여성에 관한 농담을 들었을 때는 거짓된 경험담을 꾸며 말해야 했던 게이 남성은 자기혐오를 느꼈다. 고프먼은 이처럼 소속 집단을 향해 '공격적'인 발화가 이루어졌을 때 이에 동조하지 않으면 자신이 위험하다는 두려움 때문에 이에 반대하지 못하는 개인은 자기혐오를 느끼게 된다고 지적했다.[3] 집단의 규칙이 충돌하면 개인은 집단 간의 모순된 규칙 때문에 감정적인 혼란을 경험한다는 것이다. 그리고 "심각한 불명예를 부여함으로써 온전한 보통 사람을 오점을 가지거나 무시되는 사람으로 격하시키는 속성"인 사회적 낙인이 찍힌 사람은 자신보다 사회적 낙인이 뚜렷한 사람에게 직감적으로 혐오를 느끼지만, 한편으로 자신도 그 집단에 속한다고 자각하기 때문에 그 혐오는 수치심으로 전환된다.[4] 실제로 『마녀의 아들』에서 가즈노리는 자신의 경험이나 주변에서 목격하는 과격한 성행위를 반복해서 세세하게 묘사하면서 끊임없이 에이즈 감염의 공포를 환기시킨다.

그 배경에는 1980년대 일본 사회의 소위 '에이즈 패닉(エイズパニック)'이라는 경험이 존재한다. 일련의 선정적인 미디어 보도를 통해 일본 사회에서 게이 남성의 문란함과 에이즈 감염의 공포가 강하게 연결되었기 때문이다. 1980년대 '에이즈 패닉'의 충격이 아직 생생한 일본 사회의 독자에게 가즈노리가 묘사하는 무모한 성행위는 결코 호의적으로 받아들여질 수 없다. 자신을 포함해 성행위에 탐닉하는 게이 집단을 향한 가즈노리의 혐오와 연민이 뒤섞인 시선은 명백히 분열되어 있다.

그러면서도 회사에 소속되지 않은 프리랜서 라이터로서, 그는 계속 일감을 받기 위해 사회적으로 여성의 마음을 섬세하게 헤아릴 수 있는 '게이 친구'라는 정형화된 스테레오 타입을 의식적으로 연기한다. 가정에서는 그의 성 정체성을 부정하는 부친과 직접적으로 모욕하는 형, 은근히 무시하는 형

---

3   Erving Goffman, *Stigma: Notes on the Management of Spoiled Identity* (New Jersey: Prentice Hall Inc., 1963), pp. 87~88.
4   Goffman, 같은 책, p. 13, pp. 130~131.

수의 호모포비아적인 태도를 감내해야 한다. 그들의 시선 앞에서는 가즈노리 또한 그 자신이 혐오하는 성 소수자 집단에 속하는 존재일 뿐이다.

LGBT 문학에서 서사의 중심이 차별에서 선택과 취향의 문제로 이동할 때, 정치성은 흔히 소거된 것처럼 보인다. 『마녀의 아들』에서 가즈노리가 명확한 차별을 겪는 장면은 거의 등장하지 않는다. 그러나 가즈노리가 감염의 공포를 통해 경험하는 분열과 자기혐오는, LGBT 정체성 자체를 이성애 중심의 사회 규범을 위반하고 가정의 재생산을 위협하는 존재로 간주하는 일본 사회의 은폐된 억압을 가시화한다.

그러나 『마녀의 아들』은 일본 사회의 은밀한 압력과 개인의 자기혐오가 교차하는 지점에서 오히려 새로운 연대의 가능성을 발견한다. 에이즈 감염의 위협 속에서 교조적인 계몽 운동이 아니라 공감과 이해를 바탕으로 한 새로운 소수자 커뮤니티 형성의 가능성을 발견하는 것이다. 여기서는 『마녀의 아들』에 나타난 LGBT 서사가 어떻게 1990년대 일본 사회에서 은폐된 억압을 가시화하고, 새로운 연대의 가능성을 구축하는지 살펴보고자 한다.

2. 감염 공포와 자기혐오의 연쇄

『마녀의 아들』은 주인공 가즈노리가 가벼운 만남을 제공하는 업소에서 처음 만난 상대에게 "정말 콘돔 안 써도 돼?"[5]라고 묻는 장면으로 시작한다. 그 뒤로도 가즈노리가 이런 장소를 방문할 때마다 반복되는 이 질문은 에이즈 감염의 공포를 강하게 환기한다.

---

5   伏見憲明, 『魔女の息子』(東京: 河出書房出版社, 2003), p. 3. 이하 우리말 번역은 필자가 한 것이며, 본문의 인용은 쪽수만 표시한다.

"씨 뿌리고 싶어? 하고 싶으면 안에다 해도 돼."

남자가 침착한 목소리로 말했다. 남자의 배려가 기쁘기는 했지만 사실 나는 안에 사정하는 것은 좋아하지 않는다. 상대가 내게 씨를 뿌려 HIV에 감염되는 것도, 자신의 페니스 귀두를 통해 바이러스가 침입하는 것도 괜찮지만, 내가 사정해서 누가 양성 반응이 나왔다고 하면 유쾌하지 않을 것이다.

나는 고개를 저었다. 그리고 남자가 아까의 교합을 닦아내는 옆에서 내 손만으로 바로 만족을 얻었다.

남자는 무언가를 떨쳐내듯이 "그럼 이만"이라고 말하고 산뜻하게 떠나갔다.

등줄기가 의외로 툭 튀어나와 있어 섹스의 자의식이 솟구치는 듯한 등이었다. 오른쪽 옆구리에 큰 상처 자국이 있어 묘하게 인상적이었다(6).

이들의 성행위가 자학적으로 보이는 것은 가즈노리가 HIV(Human Immuno-deficiency Virus, 인체 면역 결핍 바이러스) 감염의 가능성을 의식하면서도 예방 행위에는 소극적인 반면, 내면으로는 끊임없이 그 위험성을 상기하는 모순된 태도를 취하고 있기 때문이다. HIV는 에이즈의 원인 바이러스이다. 에이즈는 후천성 면역 결핍증(Acquired Immune Deficiency Syndrome)의 약어로, HIV가 체내에 침입해 세포 면역 기능의 결함으로 특정한 기회감염에 따른 질환이 발생한 증상을 가리킨다. 즉, 가즈노리는 성행위에서 육체적인 쾌락을 좇으면서도 자신이 HIV에 감염되거나 이미 감염되었을 가능성을 늘 염두에 두고 있는 것이다. 가즈노리의 이러한 모순은 1980년대에 '에이즈 패닉'이라 불린 사회 현상의 맥락에서 생각해야 한다. 앞에서 지적했듯이, 이는 선정적인 미디어 보도에서 비롯되었다.

1985년 일본의 미디어가 첫 일본인 에이즈 감염자가 게이 남성이라고 보도했기 때문에, 에이즈 감염과 게이 섹슈얼은 매우 강력하게 결부되었다.[6] 이어 1986년 마쓰모토(松本) 사건에서는 필리핀 여성 감염자가, 1987년 고베(神戸) 사건에서는 첫 일본인 여성 감염자가 연이어 나타났고, 그 직후의 고치(高知) 사건에서는 혈우병 환자의 아내가 HIV 양성임에도 불구하고 출산을 결심함으로써 대중의 에이즈에 관한 관심이 매우 급격하게 고조되었다. 특히 신문과 주간지 등 주요 미디어가 게이 섹슈얼, 외국인 여성, 일본인 여성의 순서로 보도한 탓에 문제적인 개인들 때문에 일본 사회에 급속도로 '에이즈' 감염이 확산되고 있다는 이미지가 퍼져 나갔다.

1985년부터 1990년까지 집계된 일본 국적 HIV 감염자는 154명으로, 그중 이성 간 성 접촉은 38.3%(59명), 동성 간 성 접촉은 42.9%(66명)이었다.[7] 한편 같은 기간 일본 국적 에이즈 감염자는 66명으로 이성 간 성 접촉이 25.8%(17명), 동성 간 성 접촉이 48.5%(32명)이었다.[8] 1987년에 아지도티미딘(azido-thymidine: AZT)과 같은 항HIV 약제가 개발되기는 했지만 내성 없이 HIV를 지속적으로 억제할 수 있는 3제 병합 요법(칵테일 요법, HAART)은 1996년에야 등장했으며, 이후로도 지속적으로 감염자가 증가했다.[9] 즉, 1990년의 일본인 게이 청년에게 에이즈는 치명적인 질병일 뿐만 아니라 실질적인 사회적 차별과 배제의 위협이었던 것이다.

실제로 1989년 1월 17일 '후천성면역부전증후군 예방에 관한 법률'(後天性免疫不全症候群の予防に関する法律, 이하 에이즈예방법(エイズ予防法))이 공포되었고, 2월 17일 시행되었다. 이 법안에서 의사는 감염자의 연령, 성별, 감염 원인 등을 거주지 관할 도도부현 지사(都道府県知事)에게 알려야 했고(제6조), 감염자는

---

6   1985년 3월 23일 ≪아사히(朝日)신문≫은 후생 노동성의 에이즈조사검토위원회가 일시 귀국한 미국 거주 일본인 남성을 첫 에이즈 환자로 인정했으며, 이 '1호 환자'의 동거인은 이미 작년에 에이즈로 사망했다고 보도했다. 이 후생 노동성의 발표는 '1호 환자' 이전에 혈우병 환자가 수혈로 에이즈에 감염된 사건을 은폐하려 했던 것으로 추측된다. 風間孝·河口和也,『同性愛と異性愛』(東京: 岩波書店, 2010), pp. 13~14.

7   市川誠一,「日本のMSMにおけるHIV/AIDSの現状: 社会疫学の視点から」, ≪日本エイズ学会誌≫, 19号(2017), pp. 71~72.

8   市川誠一, 같은 글, pp. 71~72.

9   市川誠一, 같은 글, p. 71.

타인에게 에이즈 병원균을 감염시킬 위험이 큰 행위를 했을 때 역시 보고할 의무가 있었다(제7조). 또한 에이즈 감염자로 의심되며 전염 행위를 할 가능성이 높다고 판단되는 외국인은 입국을 거부할 수 있었다(부칙). 이러한 에이즈예방법은 감염자의 인권을 침해하고 에이즈에 관한 사회적 편견을 조장했다. 이처럼 감염자에게 사회적 낙인을 찍은 결과, 에이즈 검사 자체가 기피의 대상이 되었다. 결국 에이즈예방법은 1999년 '감염증 예방 및 감염증 환자에 대한 의료에 관한 법률(感染症の予防及び感染症の患者に対する医療に関する法律)'에 통폐합되었다.

이와 같은 맥락을 고려한다면 1990년의 일본 사회는 1980년대의 '에이즈 패닉'의 영향하에서 성립된 에이즈예방법을 법적 근거로 삼아 게이, 외국인, 섹스 워커, 여성을 에이즈 감염의 원인 집단으로서 차별과 배제, 나아가 혐오의 대상으로 인식하고 있었다고 볼 수 있다. 혐오의 핵심은 "자신이 오염될 것이라는 생각"이며, 혐오의 감정은 "자신을 오염시킬 수 있는 것에 대한 거부"이기 때문이다.[10]

그런 시대 상황을 인식할 때 비로소 『마녀의 아들』에서 가즈노리가 묘사하는 대담한 성행위 묘사가 갖는 강렬한 문제성을 확인할 수 있다. 흥미로운 점은 정액이나 침과 같은 액체, 불결함, 기괴함이 두드러지게 묘사된다는 사실이다. 너스바움이 지적했듯이, 근대 위생의 맥락에서 불결함을 연상시키는 액체의 촉각 및 후각적 성질은 역사적으로 특정한 집단과 결부되었고, 강한 연상 작용을 일으켰다.[11]

에이즈 감염을 두려워하면서도 콘돔을 사용하지 않겠다는 파트너를 바라보는 가즈노리의 시선은 분명 냉소로 가득 차 있다. 그 서늘한 시선이 묘사하는 어둡고 불결한 업소, 난교, 기괴하고 불쾌한 성행위의 강렬한 이미지

---

10 마사 너스바움, 『혐오와 수치심』, 조계원 옮김(민음사, 2015), 186쪽.
11 너스바움, 같은 책, 201쪽.

는 차라리 게이를 혐오하는 일본 사회의 시선에 가깝다. 손희정이 날카롭게 지적했듯이, 게이를 특정한 성적 기호나 취향, "AIDS 등의 점액질에 뒤섞인 오염된 이미지"와 연결시키는 것은 분명 소수자를 "인간과 동물 사이의 모호한 자리에 위치시키는" "혐오의 수사학"과 밀접하게 연결되어 있다.[12] 그리고 '당사자'인 가즈노리가 자신을 포함한 게이 집단을 "혐오의 수사학"으로 묘사할 때 가장 큰 명분이 바로 에이즈 감염의 위험성인 것이다.

예를 들어, 가즈노리는 LGBT 운동가가 된 옛 연인 슈이치(秀一)의 인터뷰 기사를 읽고 가벼운 감정적 혼란을 느낀다. 그 감정적 혼란은 업소에서 만난 상대를 잔인하게 조롱하는 방식으로 표출된다. 평소처럼 "나 검사 안 했는데 콘돔 쓰는 쪽이 좋을까?"라고 물었던 가즈노리는 중년 남성의 "난 말이야, 사람에 따라서는 쓰기도 하지만 당신은 엄청 내 취향이니까 그냥 해도 괜찮아"라는 대답에 갑자기 "욕정"이 "분노"로 전환된다.

"미안, 역시 그럴 마음은 사라졌어." 가볍게 그를 밀어냈다.

중년 남자는 깜짝 놀란 듯이 눈을 둥그렇게 떴지만 이내 거친 콧소리를 내며 방을 나갔다. 얼마나 유치한 눈초리로 화를 내는지. 그는 알지도 못할 것이다. 이전에 이곳에서 역학 조사가 이루어졌을 때, 쓰레기통에 버려진 휴지에서 적지 않은 HIV가 검출되었다는 따위. 그리고 이미 감염자가 드물지도 않아 여기저기 존재한다는 사실을.

부디 성불하시길, 합장…. 그러면서 두 손을 모았을 때, 나는 머리맡에 그가 놓고 간 러시(RUSH)[13] 병을 발견했다.

---

12 손희정, 「혐오의 시대: 2015년, 혐오는 어떻게 문제적 정동이 되었는가」, 《여/성이론》, 32호 (2015), 35쪽.

13 러시는 아질산 에스테르 성분이 함유된 의약품이다. 1990년대 일본에서는 강하제 기능 외에도 흡입 후 혈관 확장 효과가 있기 때문에 성적 흥분을 목적으로 오남용되었다.

돌려주러 급하게 쫓아가자 어둑한 복도 너머로 아까 그 남자가 벽에 붙은 무언가를 뜯어내려는 모습이 보였다. 조용한 실내에 종이가 찢어지는 소리가 비명처럼 울렸다.

그는 내 기척을 알아차리자 꽁지가 빠져라 도망쳤다.

나는 천천히 다가가 홀로 그 벽면을 바라보았다.

그것은 슈이치의 신간 『게이를 싸우다(ゲイを闘う)』의 포스터였다. 슈이치의 얄팍한 미소와 책 장정(裝訂)이 둘로 쫙 찢어져 있었다.

그 종이의 갈라진 부분이 슈이치의 마음 그 자체로도 보였고, 중년 남자의 스스로를 향한 아릴 듯한 증오를 말해주는 것처럼도 느껴졌다.

그곳에는 투명한 피가 맺혀 있었다.

나는 아까 중년 남자의 몸을 꽉 껴안아줄 걸, 희미한 조명 속에서 후회했다(74~75).

이 인상적인 장면은 에이즈 감염 위험을 두고 일어나는 '당사자'의 "스스로를 향한 증오"를 선명하게 보여준다. 가즈노리는 스스로도 에이즈 감염의 위험을 인식하면서도 군이 상대에게 선택하라고 하고는 그 선택을 비웃는 불성실한 태도를 취한다. 그 한편으로 옛 연인의 커밍아웃한 LGBT 운동가로서의 발화는 틀에 박힌 "스테레오 타입 언어의 나열"로, 사회적 차별을 향한 비판이나 분석은 사회를 향한 "공격"으로 치부한다. 심지어 '당사자'로서 자신을 드러내는 행동 자체가 자신과의 실연을 포함한 개인적인 사정에서 비롯된 과잉 행동이라고 느낀다(71). 말하자면 가즈노리는 에이즈 감염 위험을 명분으로 내세운 일본 사회의 "혐오의 수사"를 내면화하고, LGBT 운동이나 커밍아웃한 운동가가 이야기하는 전형적인 계몽의 언어에는 거부감을 느끼는 그 자신의 분열되고 모순된 내면을 드러내는 것이다.

그럼에도 불구하고, "나이에 안 어울리는 그의 무지와 애매한 무모를, 하늘에서 내려다보듯이 냉소"하던 가즈노리는 막상 그 중년 남성이 슈이치의 신간 『게이를 싸우다』의 광고 포스터를 찢어놓은 것을 보고는 그를 꽉 껴안

아야 했다고 후회한다. 가즈노리의 후회와 포옹은 중년 남성이 표출한 "스스로를 향한 증오"를 향한 공감이다. 그리고 자신과 같은 집단에 속한 사람들을 향한 동질감이자 연민이기도 하다.

『마녀의 아들』에서 가즈노리는 에이즈 감염의 공포가 정당화하는 혐오의 논리를 재생산하지만 다른 게이 남성의 자기혐오를 발견했을 때는 기꺼이 포옹하고자 한다. 이는 혐오의 속성들을 제거하려는 위생과 계몽의 담론이 아니라, 사회적인 낙인이 찍힌 집단에 소속된 '당사자'로서 가질 수 있는 가장 인간적인 연대의 감정적 토대인 것이다.

3. '정상 가족'의 허위성과 은폐된 억압

그럼에도 불구하고, 『마녀의 아들』의 가족 사이에서 일어나는 갈등의 중심은 가즈노리의 성 정체성이 아니다. 오히려 77세 어머니의 연애 문제이다. 이성애를 통한 재생산을 전제로 한 핵가족, 소위 '정상가족'의 이미지에서 성 소수자는 종종 그 존재가 부정된다는 사실에 비추어 볼 때, 이는 매우 흥미로운 지점이다. 가자마 다카시(風間孝)와 가와구치 가즈야(河口和也)는 가족 자체가 성 혹은 섹슈얼리티를 은폐하는 경향이 있음을 지적하고, 이는 이성애주의가 가족 제도 자체를 영속적으로 유지시키도록 기능하므로 가족 내 성 소수자의 존재를 용인할 수 없기 때문이라고 보았다.[14] 즉, 이성애 가족 내에서 성 소수자는 본질적으로 가족의 기능과 구조에 이질적인 존재인 것이다.

이 문제는 『마녀의 아들』에 등장하는 가즈노리의 원(原)가족의 모습에서

---

14 風間孝·河口和也, 『同性愛と異性愛』, p. 180.

드러난다. 이 가족은 일본의 고도 경제 성장기에 핵가족의 대량 거주를 위해 계획적으로 건설된 아파트촌에 거주하는 이성애자 부모와 두 아들로 구성되어 있다. 이는 명백히 혈연으로 구성된 핵가족으로서의 '정상가족' 이미지를 환기한다. 그러나 일본에서 단지가 시설의 낙후와 거주민 감소로 퇴락했듯이, 가즈노리의 '정상가족'도 가족으로서의 기능을 상실해 간다.

『마녀의 아들』에서 그 주요 원인은 아버지의 폭력이다. 가즈노리의 아버지는 이유도 밝히지 않으면서 자신의 결혼은 부당한 것이었다고 주장하며 가족들에게 상습적으로 폭력을 휘두른다. 늘 술에 취해 있는 그는 대학원에서 사회 운동에 참가한 가즈노리를 자극하려 일부러 조선인이나 '부락민'에 관한 차별적인 발화를 하기도 하고, 아들이 게이라는 사실을 짐작하면서도 여성과의 맞선을 종용한다. 그러나 그것은 실제로 아들을 변화시키려는 행동이 아니다. 가즈노리의 아버지는 폭력과 폭언으로 "자기 인생의 불만이나 울분을 가족에게 토해내"고, "그 독은 나나 어머니 속에 누적하여 점차 농도가 짙어"(14)지는 악순환을 초래한다. 그들에게 이 부친은 분명 경애나 존경의 대상은 아니었다. 그럼에도 불구하고, 장례를 치르자마자 남편의 물건을 모두 처분한 어머니가 자유롭게 연애를 시작하자 장남은 어머니를 격렬하게 비난한다.

다케시(タケシ) 형은 반항적인 태도였다. 식사할 때 "징그럽다고, 나이는 먹을 대로 먹고서…." 그렇게 아이처럼 불평하기도 했다.

어머니는 등을 돌리고 부엌일을 하며 흘려들었다.

어느 날, 어머니와 연인으로 보이는 상대의 통화가 길어지자 형은 갑자기 어머니 방문을 열고 "시끄러워!" 하고 소리를 질렀다.

그래도 어머니는 모르는 척했다.

스스로를 의심하지 않고 늘 이미 깔려 있는 전철만 밟아온 형에게는 자신의 늙은 어머니가 다른 남자와 육체적인 교제를 한다는 상상은 견디기 힘들었을 것이다. 그것은 그의 남자로서의 무엇인가를 상처 입히는 것이었는지도 모른다.

하지만 나는, 그런 자신의 감정을 솔직하게 표현하는 형을 동경하기도 했다(18~19).

폭력적인 가부장이 사라지자마자 어머니는 짙게 화장하고 화려한 옷을 입으며 동년배 남성과의 연애에 열중한다. 장남은 어머니의 이런 행동을 가정 내 여성에 대한 남성의 통제권을 부정하는 것이라고 인식한다. 때문에 그는 자신이 폭력적인 아버지에게 물려받은 가부장으로서의 권위에 위협을 느끼고 부정적으로 반응하는 것이다. 어머니와 함께 성 소수자라는 이유로 아버지의 폭력에 시달렸던 가즈노리 역시 남성으로서 어머니의 행동을 통제하고자 하는 욕망을 느끼고 "그런 자신의 감정을 솔직하게 표현하는 형을 동경하기"까지 한다.

하지만 『마녀의 아들』에서 서로 얼굴도 모르는 사람들과 과감한 성행위를 벌이던 가즈노리가 유독 늙은 어머니의 자유로운 연애에 회의적인 태도를 보이고 내심 그 연애를 통제하고 싶다는 욕망을 가진다는 점은 모순일 수밖에 없다. 다만 가즈노리는 형과 달리 자신의 모순적인 욕망을 겉으로 드러내어 표현하지 않는다. 왜냐하면 자신은 결국 "손주 얼굴을 보여줄 수 없"는 게이라는 자각 때문이다.

물론 나도 노년의 어머니와 그 연인의 은밀한 행위를 생각하는 건 참기 어려웠고 적극적으로 그 관계를 캐묻고 싶지는 않았다. 남자와 여자의 형체만 남은 늙은 몸이 이제 와서 버석한 살갗을 겹치는 게 무슨 소용이 있다는 것일까.

하지만 나 자신, 손주 얼굴을 보여줄 수 없다는 의미에서 어머니에게 죄책감을 느끼고 있었고, 무엇보다 아버지에게 빼앗겼던 자유를 되찾은 어머니를 비난해서는 안 된다는 도덕심이 포용하는 태도를 취하게 만들었다.

어머니의 연애는 전혀 끝날 기미를 보이지 않았고, 어머니를 향한 형의 짜증도 나날이 늘어만 갔다. 어느 날 밤 식탁에 둘러앉았을 때, 형은 직장에서 마음에 안 드는 일이 있었는지 그 불쾌감을 어머니에게 쏟아냈다. 어머니가 이를 달래려고 "얘, 그렇게 우기지만 말고 더 편하게 하렴" 하고 말한 순간, 형의 감정이 폭발했다. "뭐, 어머니가 그런 색정광이니까 내가 어디서든 웃음거리가 되는 거겠지!" 면전에서 그런 말을 들은 어머니는 할 말을 잃었고, 나도 간과할 수 없어 처음으로 형에게 응수했다.

"상관없잖아, 어머니가 누구랑 사귀든. 그런 건 자유잖아."

그러자 형은 마치 죽은 아버지가 씌기라도 한 듯 눈을 까뒤집고 나를 후려쳤다. 그리고 "너도 호모잖아! 다 알고 있다고. 어머니도 동생도 정상이 아니니 내가 참을 수가 없다고!"라는 말을 내뱉고 방에 처박혔다.

나는 형이 호모라고 욕해도 상처 입지는 않았다.

그보다도 그런 이유로 동생을 욕할 수밖에 없는 형의 미성숙함이 오히려 민망했다.

식탁에 남겨진 어머니와 나는 아무 일도 없었다는 듯이 저녁 식사를 마치고 디저트로 스위트포테이토를 먹어치웠다.

그로부터 며칠 뒤, 형은 직장 가까운 곳에 아파트를 빌리겠다고 하고는 홀로 단지를 떠났다(19~21).

가정 내에서 가즈노리가 가부장의 권위를 완전히 부정하는 것은 아니다. 하지만 그는 자신이 성 소수자이기에 설령 가부장이 되고 싶어도 될 수 없다는 자각을 갖고 있다. 가즈노리의 남성으로서의 자아는 그 어머니에게 "손주 얼굴을 보여줄 수 없"다는, 즉 이성애 가족의 재생산 구조에 편입될 수 없는 이질적인 존재이기에 좌절되는 것이다.

대중의 상상 속에서 게이와 레즈비언의 존재는 그 자체로 "출산 없는 섹스"를 상징한다. 때문에 동성혼에 대한 공황은 "적어도 부분적으로는 남성 지배를 벗어나려는 여성에 대한 공황이"다.[15] 노년의 사랑 역시 생식을 목적으로 하지 않는 성행위라는 점에서 전통적인 결혼 및 가정 제도와 대치된다. 어머니의 연애와 가즈노리의 연애는 재생산으로 이어지지 않는다는 점에서 본질적인 공통점을 갖는다. 아쉽지만 가즈노리의 인식은 그러한 공통점을 인식하는 데 이르지 못한다.

하지만 가즈노리는 내심 형에게 공감하면서도 죄책감과 윤리 의식 때문에 어머니에게 동조한다. 그 결과, 아버지의 죽음으로 어머니와 두 아들로 재구성된 가정에서 장남은 가부장으로서의 통제력을 발휘할 수 없는 상황에 직면한다. 자유롭게 노년의 섹슈얼리티를 추구하는 어머니도, 이성애 체제에는 편입될 수 없는 성 소수자 동생도 가부장제 가정으로 회귀하고자 하지 않는다. 어머니는 장남의 원색적인 비난을 아랑곳하지 않고, 동생은 오히려 형의 미성숙함을 동정하는 것이다.

이에 대한 장남 다케시의 선택은 집을 뛰쳐나가 결혼하고 자식을 낳음으로써 자신이 '정상적인' 가부장임을 증명하는 것이었다. 그리고 그는 굳이 원가족을 찾아와 자신이 형성한 새로운 가족의 '정상성'을 과시하려고 한다. 하지만 결과적으로 다케시는 이 새로운 가족에서도 가부장으로서의 권위를 회복하지 못한다. 어머니는 손녀의 초등학교 운동회에 초대를 받자 "할머니(역할)를 하는 것도 싫지는 않지만"(124)이라는 말로 자신이 아들의 '정상가족' 역할극에 맞춰주고 있다는 사실을 드러낸다.

이는 가즈노리 역시 마찬가지이다. 그는 조카에게 아무런 관심도 없지만, 사회에서 관습적으로 기대하는 삼촌 역할을 연기한다. 오히려 어린 조카가 순진한 얼굴로 그의 형이 쌓아 올리고 과시하던 '정상가족'의 허위성을 폭로한다.

"저기, 삼촌은 왜 결혼 안 했어?"
다카코(孝子)는 호기심이 그대로 드러나는 얼굴로 나에게 물었다.

---

15 너스바움, 같은 책, 474쪽.

나는 뭐라 대답할까 망설이다가 갑자기 이 아이의 작은 마음을 단번에 부수고 싶다는 잔인한 유혹에 사로잡혔다. 부부가 애지중지 기른 이 딸에게 올바른 가족 외부에 존재하는 세계를 잠깐 보여주는 것도 나쁠 게 없다고 생각했다.

나는 다카코의 눈을 응시하며 대답했다.

"그건 말이야, 호모라서 그렇단다."

… 그녀는 약간 겁에 질린 얼굴로,

"정말 호모야?" 질리지도 않는지 그렇게 물었다.

나는 분노 비슷한 감정을 억누르면서 말했다.

"그래, 정말 호모야. 삼촌은 남자를 좋아해서 여자와는 결혼하지 않는 거야. 남자와 사랑을 하거든."

그 심술은 충분히 내 가슴을 채웠다. 하지만 스스로 입에 올린 "사랑을 한다"는 말이 가슴 어딘가에 걸렸다.

그러자 조금 간격을 두고 다카코가 소리를 질렀다.

"… 그거 멋진데!"

이번에는 내가 눈을 동그랗게 뜨자 다카코는 혼자 술술 말문을 열었다(132).

가즈노리는 집에 들를 때 꼭 딸을 데려오는 형이나 자신과는 절대 눈을 마주치지 않는 형수를 향한 반감으로 어린 조카에게 자신이 "호모"임을 밝힌다. 하지만 정작 초등학생 조카는 형의 외도로 형 부부가 불신과 짜증으로 가득 찬 가정생활을 영위하고 있음을 증언함으로써, 형이 과시하던 '정상가족'의 허위성을 폭로한다. 어린 조카는 자기 부모를 존경하지도 좋아하지도 않으며, 이성애 규범보다 "호모"가 멋있다고 이야기한다. 어린 소녀의 입에서 튀어나오는 '정상가족'을 향한 재기발랄한 모멸의 언어는 이성애 규범을 자연화하는 '정상가족' 내부의 균열과 더불어 LGBT의 존재가 어떤 형태로든 가시화되고 있는 1990년대 일본 사회의 현실을 보여준다.

물론, "그런 만화"를 좋아하기 때문에 "호모나 오카마(オカマ) 친구가 갖고

싶다"(132)고 거리낌 없이 이야기하는 초등학생 조카는 게이 남성을 비현실적인 존재로 왜곡해 낭만적으로 소비한다는 점에서 역시 일본 사회의 호모포비아를 재생산하고 있다. 그러나 가즈노리가 조카의 말에 충격을 받는 것은 다른 이유 때문이다.

그는 『마녀의 아들』 전체에 걸쳐 자신이 속한 어둡고 그늘진 "이쪽"과 밝고 환한 "저쪽"을 구분한다. "이쪽"은 상대의 얼굴도 알아보기 어려운 업소에서 에이즈 감염을 두려워하면서도 무모하고 기괴한 성행위를 반복하는 어리석고 무지한 성 소수자들의 세계이다. 반면 "저쪽"은 '당사자'로서 당당하게 스포트라이트를 받는 사회 운동가나 자신의 가족이나 잡지사 지인들처럼 어리석고 천박하지만 사회적으로는 '정상'이라고 용인되는 일반인의 세계이다.

"이쪽"에서 가즈노리는 자신보다 "혐오의 속성"을 뚜렷하게 드러내는 다른 게이들을 관찰하며 그들의 어리석음을 비웃는다. 한편 "저쪽"에서 가즈노리는 게이라는 스테레오 타입에 맞춰 자신에게 일을 주는 여성 기자의 비위를 맞추고, 형의 과시는 무시로 일관한다.

그러나 조카의 신랄한 폭로는 형이 자랑하던 '정상가족'의 허위성을 드러낼 뿐만 아니라 그가 서로 섞일 수 없는 이항 대립적인 세계로 인식하고 있던 "이쪽"과 "저쪽"의 구분이 무의미함을 드러낸다. 그가 일본 사회의 성 소수자를 향한 혐오를 내재화해 인식했던 '비정상적인' 성 소수자와 '정상적인' 일반인이라는 구분이 사실은 자의적이고 애매한 허상에 불과하다는 사실을 인식하게 만드는 것이다. 나아가 조카의 성 소수자를 향한 일방적인 동경과 호의는 비록 당시 일본의 소비문화 산업에 본격적으로 등장한 게이 남성의 왜곡되고 미화된 이미지에 기인한다는 한계는 있지만, 가즈노리가 내재화한 성 소수자를 "인간과 동물 사이의 모호한 자리에 위치시키는" 방식의 "혐오의 수사학"과는 다른 방식의 성적 대상화이다.

결국 현실에 존재하는 LGBT 개인의 의사와 상관없이, 일본 사회에서 성 소수자의 존재는 이미 비가시의 영역에서 벗어난 것이다.

4. '당사자성'과 연대의 가능성

이처럼 『마녀의 아들』은 가즈노리의 모순되고 분열된 내면을 세밀하게 묘사함으로써 에이즈 감염 공포에서 출발한 '당사자'의 자기혐오로부터 '정상가족'의 허위성과 일본 사회의 은폐된 억압을 드러낸다. 가즈노리가 겪는 내적인 혼란은 1980년대의 '에이즈 패닉' 이후 일본 언론이 선정적인 기사를 쏟아냄으로써 현실의 성 소수자 차별과 편견을 확대 재생산했다는 사회적·역사적 맥락 속에서 이해할 필요가 있다. 에이즈는 일본뿐만 아니라 전 세계에서 오랫동안 단순한 질병이 아니라 성적 문란에 대한 '징벌', 즉 도덕의 문제로 간주되었고, 지금까지도 호모포비아 담론에서는 특히 성적 문란이라는 죄악과 질병(HIV/AIDS)이 한 쌍을 이루고 있다.

이런 사실을 인식할 때 비로소, 가즈노리가 어째서 게이를 "오점을 가지거나 무시되는 사람으로 격하시키는" 일본 사회의 규칙을 내면화하고 자기혐오를 느끼는지 이해할 수 있다. 에이즈와 강력하게 결부된 게이 정체성이 강하면 강할수록, '당사자'로서 가즈노리가 느끼는 자기혐오는 강화될 수밖에 없는 것이다.

그러나 게이 집단 내에서는 다른 게이를 비웃고 경멸하더라도, 다른 집단에서 가즈노리는 '당사자'로서 '게이'라는 역할을 의식적으로 연기해야 하는 분열적인 상황에 놓여 있다. 이에 그는 자신에게 열등한 속성을 부여함으로써 우월감을 느끼려는 사람들에게 그들이 원하는 역할을 연기하고, 아버지와 형의 혐오와 비난을 견뎌낸다. 그러면서도 그는 애써 자신의 게이 정체성이 가시화됨으로써 생겨나는 갈등과 억압을 표면적인 회피로 해결하고 대수롭지 않은 개인사로 포장한다. 그러나 성 소수자의 정체성이 가시화됨으로써 생겨나는 인간관계의 갈등은 결국 이성애 규범을 자연화하고 성 소수자를 혐오하는 일본 사회의 은폐된 억압에 의해 발생한다. 가즈노리 자신이 인식하지 못한다 하더라도, 그의 삶은 그 자체로 성 소수자의 사회적 가시화와 일본 사회의 성 소수자를 향한 은밀한 혐오 사이의 첨예한 긴장 관계 위에 존재하는 것이다.

그렇게 본다면, 가즈노리가 '에이즈 패닉' 이후 게이에 관한 일본 사회의 혐오를 대변하던 일본 미디어 업계의 일원이라는 사실은 매우 의미심장하다. 『마녀의 아들』에서 가즈노리의 입을 통해 분명히 표현되지는 않지만, 그가 게이 집단의 사회적 가시화에 부정적이라는 사실은 충분히 암시된다. 그럼에도 불구하고, 가즈노리는 보수가 적고 고용이 불안정한 프리랜서 라이터라는 형태로나마 1990년대에도 여전히 성 소수자를 향한 "혐오의 수사학"을 재생산하고 있던 일본 언론의 일원으로서 존재한다.

실제로 『마녀의 아들』의 후반부에서 가즈노리는 뜻밖에도 자신이 예전에 어둠 속에서 몇 번이나 콘돔을 쓰지 않고 관계를 가졌던 파트너가 에이즈 사회 운동가로서 등장하는 인터뷰에 보조 르포라이터로서 참가하는 상황에 처한다.

"반년 정도 전인데요, 두통이 너무 심해 병원에 가서 검사를 받다가 HIV 감염 사실을 알았습니다. 작은 개인 병원이라 그것을 고지하는 의사분도 좀 공황 상태인 것 같았죠."
그렇다면 나와 어둠 속에서 빈번하게 몸을 섞던 시기에는 그 자신도 몰랐던 것이다. 그렇게 생각하자 문득 다나베(田辺)가 감염되었다면 자신도 양성일 가능성이 높다는 생각이 머리를 스쳤다. 잠깐 시간이 멈췄지만 아주 무섭다는 느낌은 아니었고 스스로도 의외일 만큼 냉정하게 받아들이고 있었다. (중략)
"운 좋게 금방 그런 감염자를 도와주는 그룹과 만났는데 정신적인 지주가 되었습니다. 또 병의 정보 수집도 많이 도와주셨죠. 그러다 봉사 활동과 감염자 이상의 관계가 되었죠. 생각해 보면 저는 에이즈에 걸리고서야 처음으로 편한 친구라는 게 생겼습니다. 그때까지 동성애를 커밍아웃한 상대도 없었고, 이런 바에 온 적도 없어서 이건 나름대로 재미있구나, 싶었죠. 그 보은이기도 하고, 스스로도 계몽 활동에 참가하고 싶다고 생각했습니다."

다나베의 이야기는 흔해빠진 동성애자나 감염자의 자기 수용 서사로, 나로서는 지긋지긋한 스토리일 뿐이었다. 그리고 그 거짓말 같은 부분이 어딘가 마음에 들지 않았다. 아니, 심지어 분노가 치밀어 올랐다. 너는, 그 육체적 연결 속에서 그런 진부한 쓸쓸함만 품고 있었던 것인가, 하고(104~105).

언제 HIV에 감염되었느냐는 인터뷰어의 질문에 대한 다나베의 답을 들으며, 가즈노리는 그것을 "흔해빠진 동성애자나 감염자의 자기 수용 서사"로 간주하고 분노를 느낀다. 이어서 국가와 행정 기관이 에이즈 관련 예산을 늘려서 가벼운 만남을 제공하는 업소에 콘돔을 무료로 배포를 해야 한다는 다나베의 주장에는 "배신당한 듯한 기분이 되어, 그 자리에서 책상을 뒤집어엎고 싶은 충동을 느꼈다. 10대 애들도 아니고 그 나이까지 에이즈에 무방비하게 쾌락만 좇은 주제에, 자신이 감염되자 조금도 망설이지 않고 나라의 태만 때문이라고 생각한다. 그건 너무 제멋대로인 게 아닐까"(106)라고 내심 반박한다. 그의 사고방식은 여전히 에이즈를 성적인 문란과 그에 대한 '징벌'이라는 도덕의 문제로 환원시키는 혐오의 논리를 답습하고 있다.

그러나 그렇게 생각하면서도 입 밖으로 말하지 못하는 그와 달리, 다나베는 자신의 행동에 당당하게 책임을 지는 사회 운동가이다. 그리고 그는 한때 어둠 속에서 살을 맞댄 가즈노리를 알아보지도 못한다. 인터뷰가 끝난 뒤 가즈노리는 그를 불러 세우지만 뒷말을 잇지 못한다. 여전히 자기혐오에서 벗어나지 못한 채 계몽의 언어 역시 거부하는 가즈노리로서는 다나베에게 건넬 말을 찾을 수 없었던 것이다. 그를 감염자라고 생각한 다나베가 명함을 주고 떠나자, 가즈노리는 그 자리에 주저앉는다. 이때 그는 "어째서 슈이치고 다나베고, 저렇게 쉽게 저쪽 강기슭으로 건너갈 수 있는 것일까. 대체 어떤 우회로로 가면 진흙물을 마시지 않고 옷도 더럽히지 않고 발바닥이 돌멩이에 베이지도 않은 채 이 더러운 강의 강기슭에 도달할 수 있는가. /나는 아직도 진흙에 발이 빠진 채로 까마귀가 갈기는 똥을 맞으며 강의 이쪽 편을 떠나지도 못할 듯하다"(112)라며 강한 절망을 느낀다. 그의 절망은 결국 일본 사회의 호모포비아 담론을 내재화하고 자기혐오로 스스로의 삶을 소모하는 존재 방식에 기인하는 것이다.

『마녀의 아들』에서 가즈노리는 끝끝내 그러한 자각에 도달하지 못한다. 그러나 그는 마흔 살 생일을 맞아 용기를 내어 HIV 항체 검사를 받기 위해 보건소를 찾는다. 그는 결국 공포와 두려움을 극복하지 못하고 검사를 받지는 못하지만, 떨리는 손으로 다나베의 전화번호를 누른다. 결국 슈이치의 "틀에 박힌 말"이 해내지 못한 것을 다나베의 "흔해빠진 이야기"가 해낸 것이다.

이러한 『마녀의 아들』의 결말은 1980년대의 '에이즈 패닉'을 계기로 일어난 에이즈 운동이 일본의 게이 커뮤니티 형성에 대단히 중요한 역할을 했다는 사실[16]과 아울러 생각해야 할 것이다. 일본의 대중 미디어가 게이들을 그 성적 문란함 때문에 '감염'되기 쉬운 문제적인 존재라는 편견과 혐오를 광범위하게 재생산하고 있을 때, 가즈노리처럼 많은 '당사자'가 일본 사회의 호모포비아 담론을 내재화하면서도 끝내 그에 대한 저항의 장으로서 게이 커뮤니티를 창출해 냈던 것이다.

가즈노리는 슈이치와 같은 LGBT 운동가의 계몽의 언어에는 거부감을 느끼면서도 에이즈에 감염된 '당사자'인 다나베의 이야기에는 귀 기울이고자 한다. 이는 일찍이 그가 슈이치의 포스터를 찢는 행위를 통해 자기혐오를 선명하게 드러낸 중년 남성에게 공감과 연민을 느낀 것과 같은 이유이다. 바로 자기혐오의 굴레에 빠진 자신과 같은 처지의 사람을 향한 '당사자'로서의 이해에 기초한 공감이다.

---

16 風間孝·河口和也, 『同性愛と異性愛』, p. 27.

이렇게 『마녀의 아들』은 감염의 공포와 '당사자'의 자기혐오가 교차하는 지점에서 새로운 연대의 가능성을 발견한다. 그것은 교조적인 계몽운동이 아니라 공감에 기초한 새로운 연대와 커뮤니티 형성의 가능성인 것이다.

5. 생존과 차별의 너머

지금까지 『마녀의 아들』에 나타난 LGBT 서사가 어떻게 1990년대 일본 사회의 은폐된 억압을 가시화하고 자기혐오의 연쇄에서 벗어나 새로운 연대의 가능성을 구축하는지 살펴보았다. 『마녀의 아들』은 반전 분위기로 들뜬 일본 사회에서 게이 청년이 에이즈 감염의 공포에 비롯된 자기혐오에 시달리면서도 '정상가족' 내부의 허위성을 발견하고, 이윽고 '당사자'로서의 공감과 이해에 기초한 연대와 새로운 커뮤니티 형성의 가능성에 도달하는 이야기라고 할 수 있다.

가즈노리는 성 소수자이기 때문에 폭력적이고 가부장적인 아버지에게 만족스러운 아들이 될 수 없다는 좌절감을 느낀다. 반면 형은 아버지의 죽음 이후 독립해 결혼함으로써 일견 '정상가족'을 꾸린 것처럼 보인다. 하지만 늙은 어머니는 자식들의 직접적이거나 은근한 모욕이나 비난에도 아랑곳하지 않고 자신이 원하는 대로 자유롭게 살고자 한다. 결국 가즈노리는 조카의 신랄한 폭로에 의해 형이 고집한 '정상가족'의 허위성을 인식하기에 이른다. 『마녀의 아들』이라는 제목은 그가 형과 달리 폭력적이고 '정상'적인 아버지가 아니라 자유롭고 '비정상'적인 어머니의 아들이기를 선택했음을 보여준다.

이처럼 『마녀의 아들』은 노골적인 차별이 아니라 일본 사회의 은폐된 억압을 내면화한 '당사자'의 자기혐오라는 우회로를 통해 일본 사회의 성 소수자를 향한 편견과 혐오를 드러낸다는 점에서 특히 주목된다. 물론 에이즈 감염의 위협이라는 명분으로 정당화되는 일본 사회의 성 소수자를 향한 편견과 혐오를 비판하기보다 성 소수자 스스로의 각성과 연대를 긍정하는 데 그치고 있다는 점은 그 한계로 지적할 수 있다.

세계적인 동성혼 허용과 차별 완화의 흐름 속에서, LGBT 문학은 생존과 차별의 다음을 그려내고자 부심하고 있다. 이러한 상황에서 '감염'의 공포라는 명분하에서 이루어진 1990년대 일본 사회의 성 소수자를 향한 은밀한 억압과 배제의 기억을 복원하는 『마녀의 아들』은, 노골적인 차별과 억압보다도 성 소수자를 향한 사회의 혐오가 어떻게 자기혐오의 형태로 '당사자'를 포함한 개개인에게 세밀하게 작용하는지를 보여주고 있는 것이다.

참고문헌

너스바움, 마사(Martha C. Nussbaum). 2015. 『혐오와 수치심』. 조계원 옮김. 민음사.

손희정. 2015. 「혐오의 시대: 2015년, 혐오는 어떻게 문제적 정동이 되었는가」. ≪여/성이론≫, 32호, 12~42쪽.

이지형. 2013. 「일본 LGBT(문학) 엿보기: 그 불가능한 가능성」. ≪일본비평≫, 8호, 192~213쪽.

_____. 2019. 「일본 LGBT문학의 분절점과 교차성: 미시마 유키오에서 마쓰우라 리에코로」. ≪비교일본학≫, 47호, 199~218쪽.

市川誠一. 1997. 「日本のMSMにおけるHIV/AIDSの現状: 社会疫学の視点から」, ≪日本エイズ学会誌≫, 19号, pp. 71~80.

風間孝·河口和也. 2010. 『同性愛と異性愛』. 東京: 岩波書店.

伏見憲明. 1991. 『プライベート·ゲイ·ライフ: ポスト恋愛論』. 東京: 学陽書房.

_____. 2002. 『ゲイという「経験」』. 東京: ポット出版.

_____. 2003. 『魔女の息子』. 東京: 河出書房.

Goffman, Erving. 1963. *Stigma: Notes on the Management of Spoiled Identity*. New Jersey: Prentice Hall Inc..

제3장

헤게모니적 '화이트니스' 비판*

자본과 계급 역학으로 미국 유색 인종 문제 읽기

김혜윤

1. 인종, 계층, 자본 그리고 백인성의 헤게모니

2021년 3월 16일 미국 애틀랜타(Atlanta) 지역에서 여덟 명이 숨지고 한 명이 다치는 끔찍한 총격 사건이 발생했다. 이 사건의 사망자 중 네 명이 한 국계 여성인 것으로 파악되어 미국 내 한인 사회는 물론 한국에도 큰 충격을 안겨주었다. 경찰 조사 결과 용의자인 로버트 애런 롱(Robert Aaron Long)은 한 시간에 걸쳐 아시아인이 운영하는 스파 업소만을 표적으로 삼아 총격을 가한 것으로 밝혀졌다. 이에 대해 로스앤젤레스(Los Angeles) 경찰 당국은 용의자가 성 중독으로 인해 보인 이상 행동일 가능성이 크고, 따라서 증오 범죄라고 판단하기 이르다는 결론을 내렸다.[1] 로스앤젤레스 한인회는 즉각

---

* 이 글은 김혜윤, 「'재현하지 않고 재현하는' 백인성의 자장과 한흑갈등」, ≪횡단인문학≫, 10호(2022)를 수정 및 보완한 것이다.

1 관련 기사는 Kate Brumback, "Man Pleads Guilty to 4 Asian Spa Killings, Sentenced to Life,"

"애틀랜타지역 총격사건 관련 입장문"을 내고 경찰 당국의 발표를 비판하면서 "이는 신종 코로나바이러스 감염증(코로나19) 사태 기간 미국 전 지역에서 발생한 아시아계 대상 증오범죄임이 명백하다"[2]고 지적했다. 한인회는 또한 미국 미디어들이 경찰 당국의 발표를 인용해 미국 내 아시아계에 대한 증오 범죄 가능성을 감추는 데에 동조하고 있다고 강력히 반발했다.[3] 해당 사건에 대해서는 현재 재판이 진행 중이며, 한국계 여성 네 명을 살해한 혐의에 대해 증오 범죄를 적용해 검찰이 사형을 구형한 상태이다. 애틀랜타 지역 총격 사건은 로스앤젤레스 경찰 당국이 사건을 대하는 태도에서 1992년 로스앤젤레스 폭동(이하 LA 폭동)을 떠올리기에 충분하다. 재판 결과에 따라 이 사건이 성 중독으로 인해 벌어진 성범죄인지 혐오에 의한 증오 범죄인지 판가름 나기에 그 귀추가 주목되는 사건이라 하겠다.[4]

이 글은 뉴욕(New York)과 로스앤젤레스를 배경으로 미국 대도시 내에서 발생한 유색 인종 간의 소요 사태를 다룬 레너드 장(Leonard Chang)의 『식료품점(The Fruit 'N Food)』와 스테프 차(Steph Cha)의 『너의 집이 대가를 치를 것이다(Your House Will Pay)』를 자본과 계급 갈등의 관점에서 살펴보고 갈등의

AP News, 2021.7.29, https://apnews.com/article/shootings-georgia-massage-business-shootings-4c9d611102b25b49b8bfee276278c472를 참고(검색일: 2021.8.19).

2 입장문 원문은 KAFLA, "애틀란타총격사건 관련 LA한인회 입장문"(2021), https://www.kafla.org/ko/bbs/board.php?bo_table=event&wr_id=106를 참고(검색일: 2021.7.14).

3 로스앤젤레스 한인회는 성명서를 통해 "1992년 LA 폭동 당시 사건의 본질을 왜곡하고 한인·흑인 간 문제로 몰아간 전례로 볼 때 이번 사건이 왜곡되지 않도록 미국 미디어에 이를 분명히 지적하고 사건이 제대로 보도되도록 강력히 요구할 것"을 주장했다. KAFLA, 같은 글 참고.

4 이 사건은 조지아(Georgia)주 입법부가 통과시킨 증오범죄법이 적용될지 여부가 달린 첫 사례이기도 하다. 관련 기사는 Hunter Boyce, "Court Date Set for Man Accused in Atlanta Spa Shootings", *11Alive*, 2021.11.23, https://www.11alive.com/article/news/crime/trials/atlanta-spa-shooter-robert-aaronlong-trial-date-death-penalty/85-aeb454c2-9a79-46dc-a2c6-80f6cc88a42a를 참고(검색일: 2022.1.3).

근원에 백인성의 헤게모니가 작동하고 있다는 주장을 펼친다. '재현하지 않고 재현하는 백색'이라는 문제의식을 통해 헤게모니이자 규범으로 받아들여져온 백인성에 대해 비판하면서 자본과 계급의 문제를 함께 다루고자 한다. 두 작품을 통해 각각 다시 소환된 1990년대 뉴욕의 한인 상점 불매 운동 사건과 LA 폭동[5]이 환기하는 것은 1990년대 미국 대도시 내의 유색 인종 간 갈등과 폭력 사태는 종결된 것이 아니라 현재 진행형이라는 사실이다. 특히 약 23년이라는 시차를 두고 같은 문제의식을 배경으로 하는 작품이 새롭게 등장해 세간의 주목을 받는 이유에 대한 호기심이 이 글의 시작점이다.

각각의 작품에서 다뤄지는 주요 사건들이 단지 인종 차별에 의한 폭력 사태일 뿐이라는 단층적인 이해에서 벗어나기 위해 미국 내 한·흑 갈등의 계보를 먼저 살피고, 자본과 계급의 지형도를 이해할 필요가 있다. 『식료품점』과 『너의 집이 대가를 치를 것이다』는 모두 한국계 미국인 이민자들과 흑인 커뮤니티 사이의 갈등을 다루고 있는데, 필자는 그 공통 원인을 경제적 계층 차이에서 비롯하는 것으로 판단한다. 이를 뒷받침하기 위해 미국 대도시 내 유색 인종 간의 갈등 양상을 다층적으로 분석한 앨릭스 캘리니코스(Alex Callinicos), 존 리(John Lie)와 낸시 에이벨먼(Nancy Abelmann) 그리고 마이크 데이비스((Mike Davis) 등의 논의를 살핀다. 본격적인 작품 논의에서는 먼저 『식료품점』을 통해 주인공 톰(Tom/Thomas)의 삶을 지배하는 불안과 단절의 감각이 백색 이미지로 가득한 그의 악몽으로 재현된다고 보고, 한·흑 갈등의 현장에 막상 존재를 드러내지 않고 부재하는 백색/백인이 사실 톰은 물론이거니와 미국 내 다른 유색인 혹은 이민자 들의 삶을 강력히 지배하고 있다

---

5   1992년 로스앤젤레스에서 발생한 도시 내 유색 인종 간의 갈등 사태에 대해 패트릭 D. 조이스(Patrick D. Joyce)는 "the civil unrest"(*No Fire Next Time: Black-Korean Conflicts and the Future of America's Cities* (NY: Cornell University Press, 2003), p. 2)라고 표현하고 있고, 그 밖에도 'uprising' 등 민중 봉기, 반란과 같은 표현을 쓰는 연구들이 있으나 이 글에서는 사전적 의미에 따라 폭동(riots)을 사용하며, 이하 LA 폭동으로 표기한다.

는 논의까지 확장한다. 한편 『너의 집이 대가를 치를 것이다』 역시 소요 사태로 인해 불타오르는 도시 전경과 정부 기관의 침묵을 대비적으로 보여줌으로써 보이지 않는 인종적 헤게모니가 한·흑 갈등에 깊이 작동하고 있음을 좀 더 노골적으로 드러낸다고 보고, 이를 통해 뉴욕과 로스앤젤레스 두 도시 사이의 지리적 거리에도 불구하고 두 유색 인종 사이의 갈등에 공통적으로 작용하는 지점이 있음을 논의하고자 한다.

『식료품점』의 작가 레너드 장은 이전 세대 한국계 미국 작가들과 다르게 정체성, 모국과의 관계 등에서 오는 개인 내면의 갈등을 전면화해 보여주었다.[6] 한편 『너의 집이 대가를 치를 것이다』에서 스테프 차는 등장인물 개개인의 서사에 집중하면서 갈등 상황에 놓인 개인들이 지닌 복잡성에 초점을 맞추고 궁극적으로 윤리와 정의라는 주제를 다룬다는 점에서 좀 더 다층적인 문제를 제기한다. 레너드 장의 인물들이 뿌리내리고자 했던 이민의 땅에서 존재의 근거를 잃고 표류하거나 소통 가능성을 잃은 채 외부와의 관계를 단절하고 자신의 내면으로 깊이 침잠하며 끝을 맺는다면, 스테프 차는 각자 취약성을 지닌 개인들에게 연대의 가능성이 남아 있는지를 다시 한 번 타진한다. 이 글에서는 인종 간 연대와 화합이라는 낭만적 결론을 넘어서는 실천적 현실 인식은 무엇이며, 이것은 어떻게 가능한지 탐색하고자 한다. 이러한 읽기를 통해 보이지 않지만 강력하게 존재하는 백인성의 자장에 대항하는 방식에 대해 생각하는 기회를 얻게 되기를 기대한다.

---

6 레너드 장에 대한 국내 연구로는 육성희(2010)와 임진희(2010)를 참고. 레너드 장 등 최근 한국계 미국 작가의 주제 의식 변화에 초점을 두고 미국 내 이민 2, 3세대 작가들을 초국가주의적 관점으로 분석한 육성희(2018)의 연구 또한 참고.

2. 한·흑 갈등[7]의 계보

이 절에서는 『식료품점』과 『너의 집이 대가를 치를 것이다』 두 작품 각각의 모티프가 된 뉴욕 한인 상점 불매 운동 사건 그리고 LA 폭동으로 가시화된 미국 대도시 내의 한·흑 갈등의 계보를 먼저 살핀다. 한·흑 갈등의 양상이 미국 내 인종 관계의 새로운 국면을 대변[8]한다는 주장을 펼치는 패트릭 D. 조이스(Patrick D. Joyce)는 인종과 민족의 다양성이 점차 증대되고 경제적 불평등이 심화하며, 국가의 통치 체제가 약화하는 상황에 놓인 오늘날 미국이 매우 혼란한 미래를 맞이할 것으로 전망한다.[9] 조이스에 따르면 1990년대 이후 2000년대에 들어서면서 미국 내 유색인 이민자 수가 급격히 증가했고 그중 가장 큰 비중을 차지하는 것은 라틴 아메리카와 아시아 출신 이민자이다. 이 증가세는 2050년이 되면 더욱 늘어날 것으로 보이는데, 눈여겨볼 점은 흑인 이민자의 증가세가 상대적으로 매우 낮다는 것이다.[10] 주지하듯이, 한정된 재원과 사회·정치적 기회를 두고 인종 간에 나타나는 급격한 변화와 격차는 조이스가 지적하는 것처럼 새롭게 진입하는 이민자들과 그들보다 일찍 미국에 정착한 유색 인종 사이에 긴장 관계를 유발하는 주요한 원인이 되고 있다.[11] 20세기 중반이 되면서 본격화된 경제적 불평등

---

7 기존의 국외 연구에서는 African American-Korean American으로 표기되어 번역상으로는 흑·한 갈등이 맞겠으나 이 글에서는 국내에서 통상 사용하는 한·흑으로 기재한다.

8 Joyce, *No Fire Next Time*, p. 6.

9 Joyce, 같은 책, p. 3.

10 2000년대 이후 미국 인구 통계 중 이민자가 차지하는 비중의 변화에 대해서는 조이스의 글을 참고해 다음과 같이 정리했다. 2000년의 인구 통계에 따르면 1세대 이민자들 가운데 51%가 라틴 아메리카 출신이고 27%가 아시아 출신이다. 2050년이 되면 이들은 미국 인구 전체의 24%와 9%를 각각 차지할 전망인데, 이는 2000년 대비 두 배가량 증가한 수치이다. 그러나 흑인 인구수의 경우 2000년에 13%를 차지하는 반면 2050년에는 15%로 2000년 대비 2%p가량 증가하는 것으로 나타났다. Joyce, 같은 책, pp. 3~4 참고.

문제 또한 급격한 전 지구화와 기술의 발달과 맞물리면서 미국 내 빈부 격차를 더욱 심각하게 만들고 있다는 점 또한 중요하다. 마지막으로 조이스는 지역에 기반을 둔 정당 세력이 붕괴하고 정치권력이 연방 정부에서 주(州) 정부로 이동하면서 통치 기관이 인종 그리고 민족 사이의 분쟁 조정 능력을 점차 상실하고 있다는 점을 지적한다.[12] 정리하면, 인종 다양성의 증가와 경제적 불평등의 심화 그리고 분쟁을 조정할 통치 기관의 능력 약화라는 복합적인 양상이 자본주의의 전 지구화와 인종에 대한 뿌리 깊은 편견과 맞물려 대도시 내 유색 인종 이민자들 사이의 갈등을 폭발시킨 것이다.

민병갑과 앤드루 콜로드니(Pyong-Gap Min and Andrew Kolodny)의 연구에 따르면 국가마다 주로 마이너리티 민족이 소매 상인의 역할을 맡게 되는 경우가 많고 거대 자본과 소비자 사이에서 중간 역할을 하는 이들은 자신들만의 고유성을 유지하는 과정에서 종종 갈등의 대상이 되곤 한다.[13] 중개인 소수민족의 특징을 정리하면 "주변 사회와는 다른, 독특한 문화와 결속력이 강한 공동체를 형성하고 있다는 점, 특정한 경제 분야 특히 매매업과 소기업에 집중적으로 종사한다는 점, 그리고 사회적 적대감의 대상이 된다는 점"[14]을 들 수 있다. 미국 내 한국계 이민자들의 경우 1970년대 흑인 거주 지역에서 상업 활동을 하던 유대인들이 떠난 자리에 한인들이 소규모 상점을 개업하면서 두 유색 인종 사이의 관계가 시작되었다. 민병갑을 비롯한 여러 한인 학자들이 언급하듯이 새로 등장한 한국계 이민자들은 중간자 마이너리티(the middleman minority)[15] 구실을 했고, 나아가 아메리칸드림을 성취한

---

11 Joyce, 같은 책, p. 4.

12 Joyce, 같은 책, p. 5.

13 Pyong Gap Min and Andrew Kolodny, "The Middleman Minority Characteristics of Korean Immigrants in the United States," *Journal of Asian Sociology*, Vol. 23, No. 2(1994), p. 179.

14 민경희, 『미국 이민의 역사: 이론과 실제 — 미국 이민자들의 적응과 변화』(개신, 2008), 174쪽.

모범 소수 민족(model minority)[16]으로 설정되었다. 한인 상인들의 "중간자로서의 계층 상승, 도시 공간의 확보"[17]에 따른 경제적·사회적 계층 변화와 이들의 빠른 진입에 비해 정체된 미국 내 흑인 간의 괴리가 점차 커지면서 한·흑 갈등의 에너지는 점차 축적되고 있었다.

　조이스의 설명처럼 1980년대 미국 대도시 내의 한·흑 갈등은 유사한 이슈로 인해 촉발되었으나, 그 양상은 뉴욕과 로스앤젤레스 사이의 거리만큼이나 차이가 있었다. 뉴욕에서 1년 가까이 피켓 시위와 한인 상점에 대한 불매가 비교적 조직적으로 이루어졌지만, 로스앤젤레스에서는 화재와 약탈 그리고 폭력으로 얼룩진 폭동이 매우 짧은 기간 동안 폭발적으로 벌어졌다.[18] 두 도시에서 한·흑 갈등의 양상이 매우 다르게 나타난 이유에 대해서 조이스는 뉴욕과 로스앤젤레스 각 도시의 정치적 맥락 차이에서 그 원인을 찾는다. 뉴욕이 전통적으로 자치 기구에 기반한 도시인 반면, 로스앤젤레스는 비당파적인 개혁 도시라는 점이 각 도시에서의 한·흑 갈등의 에너지를 다르게 분출하도록 만들었다는 것이다.[19] 조이스의 설명에 따르면 뉴욕 시내 한·흑 갈등의 시작은 1980년대 초반 한국계 미국인이 운영하는 상점이 점차 늘어나기 시작하던 시점으로 거슬러 올라간다. 1980년부터 1995년까

15　Min and Kolodny, "The Middleman Minority Characteristics of Korean Immigrants in the United States," p. 180.

16　에이벨먼·리, 『블루 드림즈: 한국계 미국인과 로스앤젤레스 폭동』, 이주윤 옮김(소명, 2020), 33쪽.

17　임진희, 「한흑 도시공간으로서의 레너드 장의 식료품점」, ≪현대영미소설≫, 17권, 2호(2010), 153쪽.

18　Joyce, *No Fire Next Time*, p. 2.

19　"… how the political contexts of each city — New York, a traditional machine city, and Los Angeles, a non-partisan reform city — shaped the expression of tensions differently, generating protest in the former and allowing large-scale violence in the latter." Joyce, 같은 책, p. 7 참고.

지 흑인 주도로 일어난 한인 상점에 대한 불매 운동은 14개 상점을 대상으로 14회 발생했다.[20] 당시 뉴욕의 흑인 사회는 흑인 거주 지역을 중심으로 증가하는 한인 소유 상점에 대해 강경파와 온건파로 구분되어 있었다. 강경파는 브루클린(Brooklyn)을 거점으로 하는 흑인 민족주의자들로, 온건파는 할렘(Harlem)을 중심으로 주로 전통적인 시민권 운동가들이나 흑인 상인 조직으로 구성[21]되어 있었다. 민병갑은 한국인들이 소득 수준이 상대적으로 낮은 흑인, 히스패닉 거주 지역에서 식료품점, 주류 판매점, 세탁소, 네일 숍 등 특정 분야에 치중된 소규모 상점을 운영하는 이른바 "경제적 분리(economic segregation)"[22]가 인종 간 갈등과 민족 간 결속의 담론을 형성했다고 분석한다.

한편 에이벨먼과 리가 주장하듯이, LA 폭동은 지역을 기반으로 하는 경제 및 자본 규모의 성장과 몰려드는 인구로 인해 확장되는 도시 공간 그리고 그 도시에 자리 잡은 사람들의 면면을 톺아봐야만 보다 심층적인 이해가 가능하다. 캘리니코스 역시 로드니 킹(Rodney King) 사건이 발생한 로스앤젤레스 중남부 지역에 주목하면서 LA 폭동의 원인이 인종 문제가 아닌 계급에 방점이 있다고 주장한다.[23] 1990년대 중반까지 지역의 경제 성장과 호황기를 누린 로스앤젤레스에는 자본가와 부동산업자 들을 중심으로 지배 엘리트가 자리한다. 송민형의 분석에 따르면 LA 폭동은 1980년대 이후 축적되어 온 사회적 질서에 대한 불만, 즉 백인 중산층 경제의 몰락과 흑인들의 빈곤한 삶 그리고 비백인 이민자들의 유입이 급격히 늘어난 데 따른 필연적 결과였다.[24] LA 폭동의 원인은 마이크 데이비스의 표현처럼 매우 "혼성적"[25]

20 Joyce, 같은 책, p. 70.

21 Joyce, 같은 책, p. 66.

22 Min Pyong Gap, *Caught in the Middle: Korean Merchants in America's Multiethnic Cities* (Berkeley: University of California Press, 1996), p. 46.

23 앨릭스 캘리니코스, 『인종차별과 자본주의』, 차승일 옮김(책갈피, 2020), 109~110쪽.

24 Song Min Hyoung, *Strange Future: Pessimism and the 1992 Los Angeles Riots* (New York:

이며, 이찬행의 표현을 인용하면 "이원적인 흑인-백인 관계를 넘어서는 사건"[26]이기도 하다. 이미 오래전에 (강제) 이주당해 정착한 흑인들에 비해 상대적으로 정착의 역사가 짧은 아시아계 이민자들이 계층의 사다리 위쪽을 차지하게 되면서 발생한 유색 인종 이민자들 사이의 계층 갈등을 근본적인 원인으로 볼 수 있는 것이다. 여기에 더해 로스앤젤레스 지역 사회에서 불거지는 문제들의 보다 근본적인 해결 방안을 모색할 역량이 부족했던 당시 지역 정부와 미국 행정부의 개혁 의지 부족 또한 짚어봐야 할 문제이다.[27] 이렇게 축적된 갈등의 에너지는 1991년 3월에 발생한 로드니 킹 사건과 이에 대한 판결 그리고 두순자·할린스(Du-Harlins) 사건이 직접적인 계기가 되어 폭발하고 로스앤젤레스는 가혹한 폭력 사태에 휘말리게 된다.[28]

Duke University Press, 2005), p. 6.

25 "Well, of course, the first question is to identify exactly what the uprising has been. The media, particularly the television media, has succeeded in creating the idea that it was a black uprising, but **in fact it has been an extremely hybrid uprising, possibly the first multi-ethnic rioting in modern American history**." Cindi Katz, Neil Smith, and Mike Davis, "L.A. Intifada: Interview with Mike Davis," *Social Text*, Vol. 33(1992), p. 19. 강조는 필자.

26 이찬행, 「1992년 로스앤젤레스 폭동에 대한 미주 한인들의 멜로드라마적 상상 만들기」, ≪미국사연구≫, 37호(2013), 139쪽.

27 이찬행, 「한흑갈등, 베이크웰, 그리고 로스앤젤레스 로컬 정부」, ≪인문과학≫, 66호(2017), 5~37쪽; Mike Davis, "Who Killed Los Angeles? Part Two: The Verdict is Given," *New Left Review*, Vol. 199(1993), pp. 29~54 참고.

28 1991년 3월 3일에 로드니 킹 구타 사건이 발생했고 1992년 4월 29일에 대다수가 백인인 배심원단이 로드니 킹을 무차별적으로 구타한 백인 경찰관 네 명에게 무죄를 평결한 일이 LA 폭동의 계기가 된 것으로 본다. 두순자·할린스 사건은 1991년 3월 16일 오전에 두순자가 자신의 가게에 들어온 라타샤 할린스(Latasha Harlins)가 오렌지 주스를 훔치려 했으며 이를 저지하는 과정에서 라타샤로부터 폭행을 당했고 가게를 나서는 라타샤의 머리에 총을 쏴 그 자리에서 사망한 사건이다. 8개월 후 두순자는 집행 유예, 사회봉사 300시간, 할린스 장례비용 지불이라는 판결을 받는다("no jail time beyond what Du had served prior to her release on bail, payment of Latasha's funeral expenses, 300 hours of community

3. 『식료품점』: 갈등과 불안의 공간

1) 세대, 인종, 자본의 계층화와 갈등

이 항에서는 한국계 이민 2세대가 미국에서 겪는 갈등과 긴장 그리고 소외의 문제를 다룬 한국계 미국 작가 레너드 장[29]의 『식료품점』을 논의한다. 작품의 주인공 톰은 신체적·정신적 그리고 존재론적으로도 고립되어 마치고아나 유령처럼 미국의 한인 사회를 떠돌고 있다. 이는 한국계 미국인 작가 2세대가 작품 속에서 그려온 한국계 이민 2세대들의 전형성, 다시 말해 이민 1세대와의 갈등과 미국 주류 사회로의 안착이라는 주제와 그 결을 달리하는 것이기에 주목해야 할 점이다. 나아가 미국 주류 사회 내에서 비백인 유색 인종이 경험하는 사회적 갈등을 경제적 고립과 좌절의 맥락에서 이해할 때 대도시 내에서 발생한 유색 인종 사이의 폭력 사태를 보다 넓은 층위에서 이해할 수 있다. 특히 『식료품점』에서 그려지는 한인 상인과 흑인 커뮤니티 사이의 갈등은 양측의 문제만이 아니라 주류 백인 사회와의 삼각관계[30]에서 발생하는 것이며, 무엇보다도 이 역학 관계에서 헤게모니로서의

---

service, and five years probation"). Brenda E. Stevenson, *The Contested Murder of Latasha Harlins: Justice, Gender, and the Origins of the LA Riots* (UK :Oxford University Press, 2013), p. xvii.

29 레너드 장은 1968년 뉴욕시에서 태어났다. 킹스턴(Kingston)과 자메이카 일대에서 평화봉사단 인턴 활동을 한 그는 하버드 대학(Harvard University)에서 철학 전공으로 졸업한 후 캘리포니아 대학 어바인(University of California, Irvine)에서 문예 창작으로 석사 학위를 받았다. 『식료품점』은 그가 대학원생 시절에 쓴 작품으로 1999년에 블랙 헤론 상 사회 소설 부문(Black Heron Press Award for social fiction)을 수상하기도 했다. 이후 *Dispatches form the Cold, Crossings, Triplines, The Lockpicker*와 같은 소설을 써내며 활발한 작품 활동을 이어오고 있다. 작가에 대한 자세한 소개는 홈페이지(https://leonardchang.tumblr.com/bio)를 참고(검색일: 2022.1.3).

백인성은 표면적으로 드러나지 않고 있다는 점을 포착하는 것이 중요하다.

작품은 주인공 톰이 실명한 채 혼수상태에 빠져 반년째 병원 침대에 누워 있다는 문장으로 시작된다. 그가 조금씩 의식과 기억을 회복하면서 독자들은 주인공을 불행으로 이끈 어떤 사건에 좀 더 다가가게 된다. 1년 전 어느 날 톰은 뉴욕시 퀸스(Queens)에 위치한 카스단(Kasdan)의 한 식료품 가게인 'Fruit 'N Food Grocery'에서 주인 이 씨(Mr. Rhee)와 처음으로 만났다. 우연한 기회를 통해 가게에서 일하게 된 톰은 고된 일과와 노동에 시달리면서도 이 씨 부부의 가게 일을 돕는 것에 조금씩 적응해 나간다. 가게에는 그동안 몇 차례의 크고 작은 절도 사건이 있었는데, 이 씨 부부가 비상시에 숨겨둔 총을 톰이 흑인에게 겨누는 일까지 발생하게 된다. 이 일을 계기로 흑인 손님들이 가게에 대해 불매 운동을 벌이면서 상황은 걷잡을 수 없이 악화된다.

본격적인 작품 분석에 앞서, 대도시 내 비백인 이민자들 사이의 갈등이 발생한 지역에 대한 당대의 사회·경제적 맥락을 짚어보고자 한다. 1970년대 미국 경제가 1920년대 대공황에 비견될 정도의 혹독한 시련을 경험한 이후, 1980년대에 레이건(Ronald Reagan) 정부가 들어서면서 이른바 신자유주의에 근거한 레이거노믹스를 펼치게 된다. 특히 도심 지역에 대한 복지 예산 감축, 공공 부문에 대한 재정 지출 삭감 등은 도심 지역의 게토화와 양극화를 더욱 가속화한 원인으로 지목된다.[31] 『식료품점』에는 이러한 사회·경제적 맥락이 반영된 장면이 등장한다. 톰의 기억 속 동네 모습과 그가 다시 돌아와 정착하기로 마음먹은 현재의 동네에는 많은 차이가 있다. 과거에 정비가 잘되고 중하층 계급이 주로 거주했던 이 동네는 흑인과 서아시아인 그리고 라틴계 인구가 점차 늘어가는 한편 계속해서 낙후되어 가고 있었다.

---

30 Park Kyeyoung, "Use and Abuse of Race and Culture: Black-Korean Tension in America," *American Anthropologist*, Vol. 98, No. 3(1996), p. 494.

31 Park, 같은 글, p. 493.

한때 한인 공동체의 구심적 역할을 했을 교회는 사라졌고, 그 자리에는 주차장 건물이 대신 들어섰다.[32] 점차 슬럼화되고 있는 공간으로부터 멀지 않은 곳에 이 씨 부부의 가게가 위치하고 있다.

이 씨 부부는 뉴저지(New Jersey)에 새로운 가게를 얻기 위해 고군분투 중이기도 한데, 은행권에서 대출을 받는다거나 정부 등 공공기관 대출을 이용하지 않고 사금융인 '계(keh)'를 이용한다.[33] 한국에서 장사해본 적이 없는 이 씨 부부는 미국으로 건너와 생계 수단으로 식료품 가게를 열었지만 수많은 시행착오와 좌절 그리고 고충을 겪어야 했다. 그들이 생존을 위해 의지할 수 있는 것은 주류 사회의 체계와 구조가 아니라 소수 민족 공동체의 강한 결집력과 독특한 문화 그리고 고유한 경험이다. 이처럼 이 씨 부부는 전형적인 중간상 소수 민족 역할을 이행하고 있다. 그러나 이러한 개인들의 노력은 견고한 주류 사회의 구조를 넘기엔 역부족이다. 그들이 새로운 토양에 뿌리를 내리고 더 나은 삶을 위해 고군분투할수록 가족 사이의 유대는 오히려 흔들리게 되고, 나아가 세대 간의 갈등 요소 또한 더욱 도드라질 뿐이다. 이 씨 부부가 미국 이민을 결심한 것, 그리고 모든 위험을 감수하면서까지 경험이 전무한 식료품점 사업에 뛰어든 것은 자신들이 당장 미국 사회의 주류로 편입되기를 열망해서라기보다 그들의 딸 정미(June)가 아이비리그에 진학하고 더 높은 사회적 지위를 얻게 되기를 희망하기 때문이다. 또한 자신들의 안락한 노후, 즉 한국에서의 삶보다 더 나은 노년의 삶을 보장받기 위한 것이기도 하다. 하지만 일하지 않을 때 부모님은 어떠시냐는 톰의 질문에 정미가 "일 안 하실 때? 아무것도 안 해. 부모님 인생 자체가 일 일 일이야"[34]라고 대답하는 것에서 알 수 있듯 일과 가게 확장에 대한 것 외에 가

---

32 Leonard Chang, *The Fruit 'N Food* (Seattle: Black Heron Press, 1996), pp. 42~43.

33 Chang, 같은 책, p. 66. 강조는 원저자.

34 Chang, 같은 책, p. 71.

족 사이의 관계와 대화는 단절되어 있다.

　이러한 갈등 관계는 고용주와 피고용인, 다시 말해 이 씨 부부와 톰 사이에서도 발견된다. 톰은 식료품점에서 최저 임금 기준에도 미치지 못하는 일당을 받으며 근무하는 것은 물론 근로 기준 시간을 훨씬 초과하는 고된 업무에 시달린다. 이러한 부당한 처우는 이 씨 부부가 주급을 현금으로 주는 대신 세금을 떼지는 않는 것으로 무마된다. 또한 손님이 식료품점에 들어와 물건을 고르고, 계산대 앞에서 값을 치르고 다시 가게를 떠나는 일련의 상황 속에도 긴장과 갈등 요소가 내재한다. 카운터 업무를 톰에게 맡긴 이 씨 부인은 계속해서 그를 감시하고 있는데, 손님들이 가게 물건을 슬쩍하지 않는지 늘 주의 깊게 지켜봐야 하면서도 한편으로는 자신 또한 고용주의 감시를 받는 중간 상황에 놓인 톰은 더욱 예민해지고 긴장 상태에서 지내게 된다. 이 씨 부부의 식료품점은 "'인종적, 민족적 섬'이라고 지칭될 만한 특수한 도시공간"[35]으로 존재하며, 특히나 톰은 미국 내 한인 사회에서조차 경제적·계층적으로 고립된 채 이중고를 겪고 있다.

　작품 속의 여러 갈등 양상 가운데 무엇보다 두드러지는 것은 바로 한·흑 간 갈등이다. 이 씨 부인은 톰을 고용한 후 가게 업무에 대해 여러 주의 사항을 알려준다. 그가 가장 신경 써야 하는 것은 손님이 가게 물건을 훔쳐 달아나는지 잘 살피는 것인데, 손님 중에서도 특히 '검둥이(gumdngee)'를 조심하라고 주의시킨다. 그들은 항상 약에 취해 있고 총을 들이대며, 한인들이 고된 노동으로 벌어들인 하루의 소득을 무자비하게 갈취해 버리는 공포의 대상이기 때문이다. 이 씨 부인의 흑인에 대한 편견과 신경과민에 가까운 경계는 결국 손님들과의 크고 작은 마찰을 일으키게 되고 결국 불매 운동의 원인을 제공하게 된다. 또한 톰은 이 씨 부인의 인종 차별적인 발언에 거부

35　임진희, 「한흑 도시공간으로서의 레너드 장의 『식료품점』」, 157쪽.

감을 느끼면서도 가게와 심지어 길거리에서 마주치는 흑인들에게 두려움을 느끼고 그들을 경계하게 된다. 이렇듯 작품 속에는 수많은 갈등 상황이 복합적으로 존재하며 금방이라도 사건이 터질 것 같은 긴장감이 흐른다. 그동안 미처 알지 못하고 지나쳤지만, 톰 역시 어느새 그 갈등과 긴장의 한복판에 들어와 있으며 자신이 폭력 사태에 휘말리기도 한다.

2) 소외와 불안 그리고 백색 공포

레너드 장은 한 인터뷰를 통해 주류 미디어가 여론의 흐름을 주도하는 가운데 당사자들인 한국 상인들의 목소리가 드러나지 않는다는 점에 주목했으며, 불매 운동을 초래한 인종적 긴장을 『식료품점』에서 다루고자 했다고 밝힌다.[36] 비록 갈등의 현장에서는 두드러지지 않지만, 작가는 인종적 긴장 상태를 초래한 이면에 백인성의 강한 자장이 존재한다고 상정하고 꿈이라는 매개를 통해 불안과 공포 그리고 폭력 사태에 휘말리게 되는 주인공을 상징적으로 드러낸다.

불면, 긴장, 불안, 피로, 소외 등은 톰이라는 인물을 표현하기에 적당한 단어들일 것이다. 작품의 현재 시점에서 그는 불매 운동에서 발생한 폭력 사태 이후 시력과 의식을 잃고 오랜 기간 병원에 입원한 상태로, 신체적으로 외부 세계로부터 단절되어 있다. 자의에 의해서든 외부 요인에 의해서든 그는 누구와도 소통하고 있지 않은데, 사실 사건이 일어나기 이전에도 그는 이미 심리적으로나 언어적으로 고립 혹은 소외 상태에 놓여 있었다. 어린 시절 톰의 어머니가 암으로 사망하자 아버지는 그를 캘리포니아(California)의 이모에게로 보냈다가 다시 한국의 할머니에게로 보낸다. 3년 가까이 친

36　유선모, 『한국계 미국 작가론』(신아사, 2004), 523쪽.

척 집을 전전하며 보낸 톰은 결국 아버지와도 소원하게 되고 고아나 다름없는 상황에 놓인다. 보스턴(Boston)의 한 레스토랑에서 웨이터로 일하던 톰은 실직 후 자신이 어린 시절을 보냈던 뉴욕 퀸스로 돌아왔다. 그는 지갑을 분실해 당장 먹을 음식을 사기는커녕 자신의 존재를 증명하기조차 어려워진 상황에 처해 있었다. 한국계 미국인이지만 이른바 모범적 소수 민족의 특성을 갖지 않은 주변인인 톰을 주인공으로 삼은 레너드 장은 톰을 대도시 내 유색 인종 사이의 갈등 지점에 정확히 위치시킨다.

톰은 주변에서 벌어지는 갈등 상황들에 대해 점차 귀를 기울이게 되고, 사건들이 이 씨 부부 가게 그리고 자신에게 조금씩 가까워짐을 느낀다. 방송에서 전해지는 인종 차별적 사건들에 대해 뉴스 사설의 '목소리'는 그저 서로 더 많은 대화를 나누고 소통하라고 이야기하지만, 이것은 현실의 문제 해결에 가닿지 않는 공허한 울림에 불과하다.

> 라디오에서는 한 아이티계 여성이 가게 주인들이 자신을 폭행했다고 비난한 이후, 브루클린 플랫부시 구역의 한국 식료품점에 대한 보이콧이 계속되고 있다는 뉴스 기사가 흘러나왔다. 톰은 보스턴에 있을 때 이 이야기를 들은 적이 있었지만 별로 신경을 쓰지 않았다. 그는 볼륨을 올리고 뉴욕의 인종 차별주의적 유산에 관한 사설을 들었다. 인종 차별적 비방을 해대는 백인 무리에 의해 살해된 흑인 운송 노동자 윌리 터크스, 버나드 고츠, 하워드 비치, 센트럴 파크 강간 사건이 이어졌다. 사설에서는 더 많은 의사소통과 더 많은 대화를 촉구하고 있었다.[37]

뉴욕 한인 상점 불매 운동을 사회적으로 구성된 것으로서의 인종 권력 문제로 분석하는 클레어 J. 킴(Claire Jean Kim)은 한·흑 갈등과 불매 운동을 보

---

37 Chang, *Fruit 'N Food*, p. 25. 작품의 우리말 번역은 모두 필자가 했다.

도하는 주류 언론의 태도가 미국 내 인종 질서를 강화하는 방식을 취한다고 비판한다. 그는 "백인들을 공정성, 정의, 그리고 미국식 방식만을 고수하는 중립적이고 사심이 없는 관찰자로 재인종화"[38]시켰다고 정확히 지적한다.

톰이 경험하는 불안과 단절은 백색 이미지로 가득한 그의 악몽을 통해 그려지는데, 이러한 재현 방식은 한·흑 갈등의 현장에 부재한 백색/백인이 사실 톰은 물론이고 미국 내 다른 유색 인종의 삶을 강력하게 지배하고 있음을 드러낸다. 톰은 물리적으로 시각을 잃은 후에야 모든 상황을 명확하게 인식할 수 있게 되었다. 이에 대해 스만코(Klara Szmańko)는 듀보이스(W. E. B. Du Bois)의 '제2의 시각'을 인용하면서 비로소 톰이 피부색에 따라 구분되는 권력으로부터 해방될 수 있었다고 해석하기도 한다. 다만 톰은 시각을 잃은 뒤 점차 내면으로 침잠하면서 외부 세계와도 영원히 단절하기를 스스로 선택한다는 점에서 차이가 있다고 덧붙인다.[39]

소설의 시작과 끝은 모두 톰이 병실에서 눈이 먼 상태로 누워 있는 장면이다. 하지만 소설이 시작되고 톰이 과거에 있었던 사건들을 되새겨보면서, 그리고 그가 내내 꾸었던 악몽들의 의미를 이해하게 되면서 사건의 전반적인 상황과 맥락의 가닥을 잡아가게 된다. 작품 마지막 장면에서 톰은 비록 육체적으로 여전히 처음과 같은 고립의 상황에 놓여 있지만, 감각적으로나 정신적으로는 자신이 겪은 사태를 모두 이해하게 되고 나름의 선택을 한다. 의식 불명 상태에서 깨어났지만 그는 자신이 회복하더라도 돌아갈 곳이 없다는 것을 알고 있다. 톰은 현실보다는 차라리 햇볕이 내리쬐는 어느 바닷가 그리고 그곳에 함께 있던 어머니와 자신의 행복한 모습만이 존재하는 꿈

---

38 Claire Jean Kim, *Bitter Fruit: The Politics of Black-Korean Conflict in New York City* (New Haven: Yale University Press, 2000), p. 192.

39 Klara Szmańko, *Visions of Whiteness in Selected Works of Asian American Literature* (North Carolina: McFarland & Company, Inc., Publishers, 2015), pp. 123~124.

속을 선택한다. 작품의 마지막 장면은 그가 결국 자살을 선택하는 극단적인 결말로 맺어진다고 하기에 다소 모호하지만 톰이 부유하듯 떠돌던 사회로 돌아가지는 않으리라는 것만은 확실해 보인다.

4. 『너의 집이 대가를 치를 것이다』: 끝나지 않은 폭동

1) 오래된 분노, LA 폭동

『너의 집이 대가를 치를 것이다』는 한국계 미스터리 작가 스테프 차[40]의 작품으로, 미국 문단에 새롭게 등장하기 시작한 이른바 MZ세대 작가들의 시선으로 바라본 미국 사회의 이민자 가족 이야기를 다룬다. 작품은 1992년의 LA 폭동과 그 기폭제가 된 두순자 사건을 모티프로 한 소설로, 생활 양식이나 반경이 달라 접점이 없어 보이는 한인 가족과 흑인 가족을 중심으로 현재 시점에서 벌어진 총격 사건과 과거의 LA 폭동을 긴밀하게 연결 지으며 서사를 끌어 나간다.

작품은 숀(Shawn Mathews)이 누나인 에이바(Ava)와 사촌형 레이(Ray) 그리고 친구들과 함께 개봉 영화를 보러 백인 거주 지역인 웨스트우드(Westwood)에 놀러 온 장면으로 시작한다. 흑인들이 영화관에 몰려 매진이 되자 극장에서 일방적으로 영화 상영을 취소시키는 일이 발생하고 이미 표를 샀거나 사려고 기다리던 흑인들은 "흑인이 열 명만 모이면 갱단인 줄 아느냐"[41]고

40　스테프 차는 1986년 미국 캘리포니아에서 태어났다. 한국계 미국인 탐정 주니퍼 송(Juniper Song)을 주인공으로 하는 *Follow Her Home* (2013)으로 데뷔했다. 이른바 주니퍼 송 3부작으로 이름을 알린 그는 『너의 집이 대가를 치를 것이다』로 LA타임스 도서상과 캘리포니아 도서상을 수상했다. 작가에 대한 자세한 소개는 홈페이지(http://stephcha.com/)를 참고 (검색일: 2021.7.1).

반발한다. 작품에서 이 장면은 로드니 킹 사건이 발생한 시점인 1991년 3월
로부터 약 일주일 정도 지난 시점이기 때문에 흑인 군중은 이러한 불공정하
고 차별적인 대우에 더욱 예민한 상태이다. 작품의 시점은 경찰의 과잉 진
압으로 자신의 집 마당에서 사망한 10대 흑인 소년을 기리는 추모 집회가
진행 중인 2019년 6월의 로스앤젤레스로 다시 옮겨 온다. 언니 미리엄(Miriam
Park)과 함께 집회에 참석한 그레이스(Grace Park)는 각종 SNS에 집회 소식을
올리며 열성적으로 관심을 갖는 언니와 달리, 당장의 생업과 일상이 유지되
는 것에 더 관심이 있는 인물이다. "너무 미국인다운 미국인이 되어 어머니
를 배척"[42]하며 자유분방하게 사는 미리엄과 달리, 비록 미국에 정착하기 위
한 부모의 고생과 노력을 온전히 이해하지는 못하지만 부모에게 보답해야
한다는 마음이 컸던 그레이스는 부모의 기대에 따라 약사가 되어 가업인 약국
을 이어받았다. 그레이스는 그라나다 힐스 노스리지(Northridge, Granada Hills)
한인 마켓의 비좁은 '우리약국'에서 부모와 함께 온종일 노동에 시달리지만,
집과 약국만을 오가는 안정적이고 평온한 일상이 당연한 삶을 살고 있다.

한편, 소설은 2019년 6월 로스앤젤레스의 어느 교도소 앞에서 누군가의
출소를 기다리며 서 있는 숀의 가족을 등장시킨다. 1991년에 총격 사건으
로 누나 에이바를 잃고 고아가 된 10대 소년이었던 숀은 이후 LA 폭동을 경
험하고 지역의 갱단에 몸담는 등 혼란스러운 삶을 살다가 결국 구속된다.
숀은 출소 후 과거의 삶에서 벗어날 결심을 하고 이삿짐센터에서 성실히 일
하며 마찬가지로 강도 사건으로 10년째 복역 중인 사촌 레이의 빈자리를 대
신해 할러웨이(Hollorway) 가족의 일원으로 살아간다. 2019년 6월 레이가 출
소한 지 몇 개월 지나지 않아 로스앤젤레스 한인 마켓 주차장에서 총격 사
건이 벌어지자 레이가 유력한 용의자로 체포되어 다시 수감된다. 이 총격

41 Steph Cha, *Your House Will Pay* (New York: HarperCollins Publishers, 2019), p. 20.
42 Cha, 같은 책, p. 77.

사건의 피해자인 한정자는 '우리약국'의 주인이자 그레이스 자매의 어머니이며, 사건의 범인을 추적해 가는 과정에서 그가 1991년 에이바 총격 사망 사건의 가해자라는 사실이 밝혀진다.

LA 폭동의 원인과 그 의미에 대한 미국 내 국가적 논의는 이 사건이 지니는 인종 갈등, 경제적 계층, 문화적 차이의 문제와 같은 담론적 복잡성으로 말미암아 지금까지도 명료한 합의점에 도달하지 못했다. LA 폭동은 1965년의 와츠 폭동(Watts rebellion)의 재현이라고 보는 의견이 있으나, 1992년의 폭동은 다양한 인종이 가해자와 피해자였던, 다시 말해 "미국 최초의 다민족적 도시 폭동(the nation's first multiethnic urban riot)"[43]으로 이해해야 한다는 의견이 지배적이다. 이 점에서 LA 폭동을 미국 내에 근원적으로 존재하는 인종의 문제가 아닌 계급 격차에 따른 인종 간 적대 관계의 문제로 해석하는 캘리니코스의 분석은 적확하다. 다시 말해 게토화된 도심 지역으로의 진출을 꺼리는 대기업과 하층 계급을 차지하고 있는 비백인 거주자들 사이에 끼인 존재로서, 거대 자본의 일부로서 중간 상인의 역할을 하는 계층에게 그 화살이 향했다는 것이다. 마이크 데이비스 역시 LA 폭동의 주요 원인을 도시 내 다양한 인종 사이의 경제적 불평등에서 찾으면서, 아시아계 상인들을 "가난한 흑인들뿐만 아니라 라틴계 주민들의 누적된 불만이 손쉽게 향하는 피뢰침"[44]으로 표현한다.

앞서 살펴본 레너드 장의 『식료품점』에서 이 씨 부부 가게에 대해 불매 운동을 벌이는 흑인들의 말과 태도[45]는 『너의 집이 대가를 치를 것이다』에서 손과 레이가 한국 상인 프랭크(Frank)에게 보이는 적대감과 닮아 있다. 한

---

43 Tim Rutten, "A New Kind of Riot," *The New York Review*, 1992.6.11, https://www.nybooks.com/articles/1992/06/11/a-new-kind-of-riot/?lp_txn_id=1271506 참고(검색일: 2021.8.21).

44 Davis, "Who Killed Los Angeles? Part Two," p. 40.

45 Chang, *Fruit 'N Food*, p. 148.

정자의 재판 6개월 후 로드니 킹 사건의 판결이 나오던 날, 도시는 재판 결과에 격분한 이들에 의해 아수라장으로 변해 버렸다. 혼란 속에서 프랭크의 가게로 향한 숀과 레이는 가게를 지키기 위해 숨어 있던 프랭크를 발견하고 과거에 자신들이 잡지 한 권을 훔친 것 때문에 꾸중을 들은 일부터 에이바가 한정자에 의해 죽은 일까지, 쌓아왔던 모든 분노를 엉뚱한 대상인 프랭크에게 쏟아낸다. "감자칩에 사과 몇 개에 10달러를 내곤 당신들이 돈 뜯어가는 걸 모를 줄 알지"[46]라는 레이의 말에 프랭크는 "나는 열심히 일하고, 너희는 도둑질하면서 나를 위협해"[47]라고 응수하지만 결국 몰려든 갱단에 의해 끌려 나가고 프랭크의 가게는 방화로 전소된다. LA 폭동은 도시와 숀의 모든 것을 바꿔놓았다. 그곳은 여전히 숀의 고향이었지만 전쟁터와 같은 폐허가 되어버렸고 그는 LA 폭동을 계기로 "핵심이 부서지고 새로 만들어져"[48] 지역 갱단에 몸담게 된다.

스테프 차의 작품에서 숀과 한정자 가족의 삶을 통해 재현되었듯, 1980년대 이후 유색인 이민자들 사이의 문화적 차이에서 오는 불신과 오해 그리고 급격한 양극화로 인한 경제권 갈등은 정부나 지역 사회의 갈등 조정 역량조차 결여한 채 악화 일로를 걷다 결국 LA 폭동으로 이어지게 된다.

2) 끝나지 않은 폭동

앞서 살펴본 것처럼 LA 폭동의 원인에는 매우 오래된 요인들이 복합적으로 결합해 있다. 그러나 폭동이 발생한 후 이를 보도하는 주류 미디어의 태도는 자극적이고 편파적이었다. 당시 위험천만한 폭동의 현장을 취재하기 위해

---

46 Cha, *Your House Will Pay*, p. 200.
47 Cha, 같은 책, pp. 200~201.
48 Cha, 같은 책, p. 204.

카메라를 든 기자가 헬리콥터에 탑승해 공중에서 LA 지역을 촬영했는데, 텔레비전을 통해 시청자들에게 전달되는 폭동 현장은 돈 하젠(Don Hazen)의 지적처럼 정작 "땅 위에서 무슨 일이 일어나고 있는지, 폭동의 원인은 무엇인지"[49] 말해주지 못했다. 에드워드 장과 진 디아즈 베이자데스(Edward Chang and Jeanne Diaz-Veizades)는 LA 폭동을 보도하는 언론의 태도에 대해 "헬리콥터 저널리즘"이라고 꼬집으며 "화재와 약탈을 거실로 불러들여 혼란과 폭력에 대해 선정적이고 시각적으로 흥분되는 장면만을 제공"[50]했다고 평가하며 역시 LA 폭동을 다루는 언론 보도의 편파성을 지적한다. 레이거노믹스와 1990년대의 경기 침체로 인해 다양한 유색 인종이 포함된 노동자 계급이 이 폭동에 휘말렸으나, 언론이 집중 조명한 것은 자신들의 상점을 지키려는 '지붕 위의 한국인들'과 이들에게 무차별 공격을 가하는 흑인들이었다는 것이다.

　LA 폭동을 상징하는 이러한 이미지들은 당시 미국 주류 언론에 의해 로드니 킹 사건의 재심사까지 1년이라는 기간에 걸쳐 재생산되고 상징화되었다.[51] 또한 당시 미국의 주류 언론은 근면 성실한 아시아계 이민자들과 나태하고 정체된 흑인 커뮤니티라는 대결 관계를 설정하고 이를 무비판적이고 자극적으로 보도함으로써 각 인종에 대한 고정 관념을 더욱 고착화했다는 비판을 피하기 어렵다.

　스테프 차는 『너의 집이 대가를 치를 것이다』에서 약 30년이라는 시간적 거리를 둔 서사 진행을 통해 끝난 줄 알았던 1992년 4월 29일의 폭동은 아직 끝나지 않았고, 모두에게 상처만 남긴 채 해결되거나 해명된 것이 없이

49　Don Hazen, "Foreword," *Inside the L.A. Riots: What Really Happened — and Why It Will Happen Again* (New York: Institute for Alternative Journalism, 1992), p. 10.
50　Edward T. Chang and Jeanne Diaz-Veizades, *Ethnic Peace in the American City: Building Community in Los Angeles and Beyond* (New York: New York University Press, 1999), p. 61.
51　에이벨먼·리, 『블루 드림즈』, 83쪽.

그저 시간이 흘러 오늘에 이르렀을 뿐이라고 말한다. 이는 LA 폭동의 참상을 그대로 기억하는 한편, 폭동의 피해로부터 자신과 가족을 지킬 수 있는 것은 국가가 아닌 스스로라는 것을 경험으로 체득한 그레이스의 아버지 폴(Paul Park)을 통해 살펴볼 수 있다.

한인 마켓 주자창에서 한정자가 피격당한 사건을 조사 중인 맥스웰(Maxwell) 형사는 폴에게 한정자가 총에 맞던 순간에 관해 묻지만 그는 방범 카메라에 녹화된 것이 없다고 거짓 진술을 한다. 이 사실을 알게 된 그레이스가 폴에게 이유를 따져 묻지만, 아버지인 폴은 경찰에 대한 불신을 여과 없이 드러낸다. 그는 LA 폭동 당시 한·흑 갈등의 수많은 피해자 서사 중 하필 한정자의 이야기에 초점이 맞춰진 것에 대해 의구심을 갖고 있기 때문이다.

"로드니 킹 구타 사건이 있은 지 2주도 안 되어서 항상 뉴스에서 언터지고 있었으니까. 날마다 경찰 넷이 무기도 없는 흑인을 때리는 영상이 나왔거든. 2주 동안 매일. 그때 네 엄마가 그 앨 쏜 거야."
그레이스는 아버지가 무슨 말을 하는지 알 수 있었다. 로드니 킹 영상을 본 적 있었다. 경찰들은 미쳐 날뛰었고, 그러니 그런 속임수를 썼을 게 뻔했다. 화제를 바꾸고 싶어 안달이 났을 테니까.
…
"우리 가게에서 불이 나서 다 탔을 때, 경찰은 아무 일도 안 했다. 가게뿐만이 아니었어. 우리 이웃 전체가 다 당했다. 숱한 한국인들이 모든 걸 잃었어. 몇몇은 우리 탓을 했다. 하지만 우릴 악당으로 만든 건 경찰이었어. 그리고 우릴 버렸지. 쓰러지게 그냥 뒀어. 폭동으로 사우스센트럴과 코리아타운이 죄다 난리였지만, 경찰은 아무 데도 없었어".[52]

---

52 Cha, *Your House Will Pay*, p. 309.

폴은 "경찰은 우리 편이 아니야. 우릴 지켜주지 않는다"[53]며 강한 반발심을 갖고 있다. "두려움과 분노가 서린 창백한 얼굴"[54]의 아버지는 과거의 경험을 토대로 이번에도 경찰의 힘이 아닌 자신의 방식으로 문제를 해결하고자 한다. 실제 사건에 대한 경험의 축적, 생존에 관한 일에 깊이 연루되어 체득한 것들을 토대로 삶을 꾸려오고 가치관을 정립해 온 부모 세대와 실제 사건과 시간적으로나 공간적으로도 떨어져 있으며 정치적 올바름이 우선인 자녀 세대 사이에는 이해하기 어려운 괴리가 존재한다. 특히 부모 세대가 보이는 인종에 대한 태도와 고정 관념은 자녀 세대에게는 인종 차별적인 것으로 비춰진다. 이처럼 작품 속에는 단순히 시대의 변화뿐 아니라 인식의 차이에서 오는 세대 간의 갈등이 여전히 존재한다.

『너의 집이 대가를 치를 것이다』의 마지막 부분에서 로스앤젤레스 도심은 한정자 총격 사건의 용의자로 구속된 레이의 석방을 촉구하는 목소리로 다시 한 번 들끓고 있다. 시위 현장에서 그레이스는 자신의 어머니를 결국 사망하게 만든 진짜 범인인 레이의 아들 대릴(Darryl)을 원망하면서도, 대릴의 이모인 에이바를 쏴 죽인 가해자이기도 한 어머니가 흑인 커뮤니티에 제대로 된 반성을 한 적이 없다는 점을 인정하면서 마치 기도하는 모습으로 대릴의 손을 맞잡고 선다. "인종차별주의자 살인자의 인종차별주의자 딸"[55]이라며 그레이스와 미리엄을 알아본 군중들의 비난이 거세지자 숀은 과거 LA 폭동의 끔찍했던 일주일을 기억해 낸다. 숀은 공동체의 각기 다른 인종의 사람들이 힘을 모아 폭동의 현장을 청소하고 재건에 힘썼던 일을 기억하는 세대에 속한 인물이기도 하다. 비록 숀이 목격한 로스앤젤레스의 모습은 "서부의 끝, 태양의 땅, 약속받은 곳, 이민자, 난민, 도망자, 개척자의 종착

53 Cha, 같은 책, p. 229.
54 Cha, 같은 책, p. 229.
55 Cha, 같은 책, p. 297.

지, 어머니와 누나가 살다 죽은 손의 고향"[56]이 더 이상 아니지만, 그에게 삶의 터전은 여전히 로스앤젤레스여야 한다. 그곳은 어딘가 새롭게 존재하는 도시가 아니며 특별히 선택받은 선한 자들이 나서서 이상적인 도시를 만들어야 하는 것 또한 아님을 손은 알고 있다.

5. 재현하지 않고 재현하는 '화이트니스'에 대항하기

레이의 석방을 촉구하는 시위 현장에 모여든 한 백인 여성은 그레이스와 미리엄에게 침을 뱉으며 "당신들이 바로 이 나라의 문제야"[57]라고 경멸한다. 하지만 그들이 배설하는 혐오의 감정은 그 대상이 잘못되었으며, 손의 말처럼 "아무 노력도 없이 위로받으려고 하는 행동"[58]에 불과하다. 손이 그레이스 자매를 두둔하자 혼란스러워하던 군중은 관심을 다른 곳으로 돌려 화재와 폭력이 난무하는 거리로 향한다.

그때, 캘리포니아 주기(州旗)가 보였다. 야자수에서 불똥이 튀었는지, 주기 세 개가 경찰청 앞에서 타오르고 있었다. 그 아래 바닥에서는 유리가 반짝이는 잔디밭에서 남자들이 싸우고 있었다. 차 한 대가 가로등을 들이받은 채 있었고, 남자아이가 보닛 위에서 춤을 췄다. 키가 작고 마른 10대로 보이는 아이였다. 그 애는 불빛 속에 서서 그들에게 들리지 않는 노래에 맞춰 허리를 흔들었다. 곧, 그들은 앞으로의 일을 고민해야 한다는 걸 깨달았다. 뭐라고 말할지, 무슨 일을 할지, 알고 있는 사실을 안고 어떻게 살아가야 할지. 그때까지 그들은 불길을 함께 바

---

56 Cha, 같은 책, p. 297.
57 Cha, 같은 책, p. 298.
58 Cha, 같은 책, p. 298.

라봤다. 열기와 화재를. 빙빙 돌며 춤추더니 공중으로 뛰어오르는 아이를.[59]

손이 그저 "뭔가"[60]라고 표현할 뿐 그 행동이 무엇인지 정확히 알 수 없지만, 그는 잘못된 표적에 애꿎은 분노와 혐오를 투사할 것이 아니라 변화를 위해 행동해야 할 시간임을 알고 있다. 손과 그레이스 자매 그리고 대릴이 혼란스러운 폭동 현장에서 화염이 만들어낸 "매캐한 공기"[61]를 함께 마시며 고통스러워하고 있다는 점은 그런 의미에서 매우 중요한 상징적 순간이다.

작품의 마지막 부분에서 로스앤젤레스 시청과 경찰서, 그리고 법원은 "체제의 심장부"[62]로서 여전히 공고하게 존재하지만, LA 폭동 당시와 마찬가지로 갈등 상황에 개입하지 않고 침묵한다. 이러한 가운데 손과 그레이스 그리고 대릴은 절대적인 악인이나 절대적인 피해자로도 호명될 수 없으며, 그들은 오로지 1992년 4월의 폭동에 연결된 가족들로 이해되어야 할 것이다. 특히 손과 그레이스는 함께 다음을 고민해야 하는 숙제를 안고 있다는 점에서 중요한 역할을 맡는다. 불길을 배경으로 춤추고 있는 10대 아이는 소요 현장의 폭력과 갈등의 근본적인 원인이라 할 수 있는 LA 폭동으로부터 상당한 시간적 거리를 두고 있지만, 오늘의 광경을 목도한 다음 세대, 즉 대릴을 포함한 이후 세대를 상징한다. 소년의 춤이 폭력의 광기에 휩쓸리게 방관할 것인지, 새로운 연대의 희망을 의미하는 축제의 춤으로 승화될 것인지는 손과 그레이스의 몫으로 남아 있다. 그렇기에 오래된 분노가 폭발한 작품 초반, 즉 1991년 3월 8일의 영화관 앞 장면과 작품 마지막 부분의 2019년 9월 15일의 집회는 모두 군중의 분노가 폭발하는 장면임에도 다른 결로

---

59 Cha, 같은 책, pp. 395~396.
60 Cha, 같은 책, p. 298.
61 Cha, 같은 책, p. 299.
62 Cha, 같은 책, p.298.

읽힐 수 있다.

레너드 장은 『식료품점』을 통해 미국 주류 사회로의 동화를 욕망하면서도 자신들이 이상으로 삼은 백인성이 계속해서 "지연과 상실"[63]되는 미국 이민 2, 3세대들의 내면을 그려냈다. 한편 『너의 집이 대가를 치를 것이다』에서 스테프 차는 개인들의 서사에 더욱 집중하면서 개인이 지닌 복잡성에 초점을 맞추고 윤리와 정의의 문제를 건드린다는 점에서 이전 세대 작가들과의 차별성을 보여준다. 세대를 거치면서 변화해 온 한국계 미국 작가들의 주제 의식은 이 글에서도 다루었듯, 특히 2세대 이후 새롭게 등장한 이른바 MZ세대 한국계 미국 작가들의 글에서 그 새로운 방향성을 찾을 수 있다. 특히 스테프 차의 작품은 각자 취약성을 지닌 개인들에게 연대의 가능성이 있는지 여부를 타진한다는 점에서, 그리고 한국계 미국인이 겪는 인종 간 갈등의 문제, 계층과 자본의 논리로부터 버텨내는 방식에 대한 논의가 개인에서 개인 간의 그리고 미국 내 유색 인종 간의 연대로 확장되는 모습으로 해석될 수 있다.

1996년에 발표된 『식료품점』 그리고 2020년의 『너의 집이 대가를 치를 것이다』가 소환하는 1990년대 뉴욕의 한인 상점 불매 운동과 LA 폭동이 환기하는 것은 1990년대 미국 대도시 내의 인종 간 갈등과 폭력 사태는 종결된 것이 아니라 현재 진행형이라는 사실이다. 막심 세르빌(Maxim Cervulle)이 리처드 다이어(Richard Dyer)의 백인성 논의에 덧붙여 설명하듯이 "백인 헤게모니는 일상적으로 인종주의와 재현의 폭력을 경험하지 않은 이들에게만 비가시적"[64]이다. 이처럼 재현하지 않고 재현하는 억압 혹은 공포로서의 '화

---

63 아시아계 미국 문학의 국외 연구 동향과 함께 프로이트(Sigmund Freud)의 애도와 우울증 개념에 기반한 아시아계 미국인들의 트라우마 연구를 소개하는 육성희의 연구 참고. 육성희, 「이분법을 넘어서: 아시아계 미국문학 국외 연구동향」, ≪안과밖≫, 28권(2010), 346쪽.

64 막심 세르빌, 「빛을 들여다보기: 백인성, 인종주의, 재현 체제」, 리처드 다이어, 『화이트』, 박소정 옮김(컬처룩, 2020), 28쪽.

이트니스'에 대항하는 방안, 그리고 '인종 간 연대와 화합'이라는 낭만을 넘어서는 실천적 현실 인식은 무엇이며 이것은 어떻게 가능한가? 재현하지 않고 재현하는 백색에 대항하는 방식으로서 폭력에의 노출과 상실에 대한 취약성을 공통분모로 삼는 '우리'에게 "공동체를 세울 기반을 찾는 일, 이것 모두와 관련된 차원의 정치적 삶"[65]의 조건을 고찰할 것을 제안한 주디스 버틀러(Judith Butler)를 이 지점에서 참고할 만하다. 버틀러가 말하는 공통분모로서의 취약성은 그가 『연대하는 신체들과 거리의 정치』에서 말하는 다양한 운동과 집회를 관통하는 "불안정성"[66]과도 궤를 같이할 것이다. 또한 "살만한 삶을 위한 상호의존성이 가능해지는 평등한 사회·정치 질서를 향한 투쟁"[67]은 미국 내 계층 갈등에 대한 캘리니코스의 진단과도 공명한다.

이 글은 로스앤젤레스를 배경으로 미국 대도시 내에서 발생한 유색 인종 간의 소요 사태를 다룬 한국계 미국 작가의 두 소설 『식료품점』과 『너의 집이 대가를 치를 것이다』를 자본과 계급 갈등의 관점에서 조망하면서, 갈등의 근원에 백인성의 헤게모니가 작동하고 있다고 보았다. 이를 위해 각 작품의 모티프가 된 뉴욕 한인 상점 불매 운동과 LA 폭동으로 가시화된 미국 대도시 내 한·흑 갈등의 계보와 지형도를 먼저 살피면서 갈등의 공통 원인을 경제적 계층 차이에서 비롯하는 것으로 이해하고 이를 뒷받침하기 위해 사회학적 논의를 경유했다. 『식료품점』의 주인공의 삶을 지배하는 불안과 단절이 백색 이미지로 가득한 악몽을 통해 그려진다고 읽어내는 것은 한·흑 갈등의 현장에 부재하는 '화이트니스'가 주인공은 물론이거니와 미국 내 다른 유색인 혹은 이민자 들의 삶을 강력히 지배하고 있다는 해석과 맞닿음

---

65 주디스 버틀러, 「폭력, 애도, 정치」, 『위태로운 삶: 애도의 힘과 폭력』, 윤조원 옮김(필로소픽, 2018), 46쪽.
66 주디스 버틀러, 『연대하는 신체들과 거리의 정치: 집회의 수행성 이론을 위한 노트』, 김응산 옮김(창비, 2020), 28쪽.
67 버틀러, 『연대하는 신체들과 거리의 정치』, 103쪽.

을 확인했다. 한편『너의 집이 대가를 치를 것이다』또한 도시 내 소요 사태로 인해 불타오르는 도시 전경과 정부 기관의 침묵을 대비적으로 보여줌으로써 주류 인종적 헤게모니가 한·흑 갈등에 깊이 작동하고 있음을 노골적으로 보여준다고 분석했다. 자본과 계급의 역학 관계를 경유하는 소설 읽기가 보이지 않으면서도 강력하게 존재하는 백인성의 헤게모니에 대항하는 실천적인 방식에 대해 생각하는 기회를 제공하기를 기대한다.

참고문헌

민경희. 2008. 『미국 이민의 역사: 이론과 실제 — 미국 이민자들의 적응과 동화』. 개신.

버틀러, 주디스(Judith Butler). 2018. 『위태로운 삶: 애도의 힘과 폭력』. 윤조원 옮김. 필로소픽.

_____. 2020. 『연대하는 신체들과 거리의 정치: 집회의 수행성 이론을 위한 노트』. 김응산 옮김. 창비.

세르빌, 막심(Maxime Cervulle). 2020. 「빛을 들여다보기: 백인성, 인종주의, 재현 체제」. 리처드 다이어(Richard Dyer). 『화이트』. 박소정 옮김. 컬처룩.

에이벨먼 · 리(Nancy Abelmann and John Lie). 2020. 『블루 드림즈: 한국계 미국인과 로스앤젤레스 폭동』. 이주윤 옮김. 소명.

유선모. 2004. 『한국계 미국 작가론』. 신아사.

육성희. 2010. 「이분법을 넘어서: 아시아계 미국문학 국외 연구동향」. ≪안과밖≫, 28권, 331~350쪽.

_____. 2018. 「초국가주의와 한국계 미국소설」. ≪횡단인문학≫, 2호, 1~20쪽.

이찬행. 2013. 「1992년 로스앤젤레스 폭동에 대한 미주 한인들의 멜로드라마적 상상 만들기」. ≪미국사연구≫, 37호, 135~168쪽.

_____. 2017. 「한흑갈등, 베이크웰, 그리고 로스앤젤레스 로컬 정부」. ≪인문과학≫, 66호, 5~37쪽.

임진희. 2010. 「한흑 도시공간으로서의 레너드 장의 『식료품점』」. ≪현대영미소설≫, 17권, 2호, 153~179쪽.

차, 스테프(Steph Cha). 2021. 『너의 집이 대가를 치를 것이다』. 이나경 옮김. 황금가지.

캘리니코스, 앨릭스(Alex Callinicos). 2020. 『인종차별과 자본주의』. 차승일 옮김. 도서출판 책갈피.

Boyce, Hunter. 2021.11.23. "Court Date Set for Man Accused in Atlanta Spa Shootings." *11Alive*, https://www.11alive.com/article/news/crime/trials/atlanta-spa-shooter-robert-aaron-long-trial-date-death-penalty/85-aeb454c2-9a79-46dc-a2c6-80f6cc88a42a(검색일: 2022.1.3).

Brumback, Kate. 2021.7.29. "Man Pleads Guilty to 4 Asian Spa Killings, Sentenced to Life."
  AP News, https://apnews.com/article/shootings-georgia-massage-business-shootings-
  4c9d611102b25b49b8bfee276278c472(검색일: 2021.8.19).

Cha, Steph. 2019. *Your House Will Pay*. New York: HarperCollins Publishers.

_____. http://stephcha.com/(검색일: 2021.7.1).

Chang, Edward T. and Jeanne Diaz-Veizades. 1999. *Ethnic Peace in the American City:
  Building Community in Los Angeles and Beyond*. New York: New York Univer-
  sity Press.

Chang, Leonard. 1996. *Fruit 'N Food*. Seattle: Black Heron Press.

_____. "Bio." https://leonardchang.tumblr.com/bio(검색일: 2022.1.3).

Davis, Mike. 1993. "Who Killed Los Angeles? Part Two: The Verdict Is Given." *New
  Left Review*, Vol. 199, pp. 29~54.

Hazen, Don. 1992. "Foreword." Don Hazen(ed.). *Inside the L.A. Riots: What Really
  Happened — and Why It Will Happen Again*. New York: Institute for Alternative
  Journalism.

Joyce, Patrick D. 2003. *No Fire Next Time: Black-Korean Conflicts and the Future of
  America's Cities*. Ithaca: Cornell UP.

KAFLA. 2021. "애틀란타총격사건 관련 LA한인회 입장문". https://www.kafla.org/ko/bbs/
  board.php?bo_table=event&wr_id=106(검색일: 2021.7.14).

Katz, Cindi, Neil Smith, and Mike Davis. 1992. "L. A. Intifada: Interview with Mike
  Davis." *Social Text*, Vol. 33, pp. 19~33.

Kim, Claire Jean. 2000. *Bitter Fruit: The Politics of Black-Korean Conflict in New York
  City*. New Haven: Yale University Press.

Min, Pyong Gap. 1996. *Caught in the Middle: Korean Merchants in America's Multi-
  ethnic Cities*. Berkeley: U of California.

Min, Pyong Gap and Andrew Kolodny. 1994. "The Middleman Minority Characteristics
  of Korean Immigrants in the United States." *Journal of Asian Sociology*, Vol. 23,
  No. 2, pp. 179~202.

Park, Kyeyoung. 1996. "Use and Abuse of Race and Culture: Black-Korean Tension in
  America." *American Anthropologist*, Vol. 98, No. 3, pp. 492~499.

Rutten, Tim. 1992.6.11. "A New Kind of Riot." *The New York Review.* https://www. nybooks.com/articles/1992/06/11/a-new-kind-of-riot/?lp_txn_id=1271506(검색일: 2021.8.21).

Song, Min Hyoung. 2005. *Strange Future: Pessimism and the 1992 Los Angeles Riots.* Durham: Duke University Press.

Stevenson, Brenda E. 2013. *The Contested Murder of Latasha Harlins: Justice, Gender, and the Origins of the LA Riots.* Oxford, UK: Oxford University Press.

Szmańko, Klara. 2015. *Visions of Whiteness in Selected Works of Asian American Literature.* Jefferson, North Carolina: McFarland & Company, Inc., Publishers.

제**2**부

경계를 흔드는 실천

제4장

혐오를 넘는 연대*

일제 강점기 정미업 여공 파업을 중심으로

예지숙

1. 들어가며

일제 시기 한국은 자본주의적 생산관계의 본격화를 경험했다. 자본주의화는 새로운 사회관계를 창출하는데, 기존의 가부장제를 강화/변화시키면서 새로운 성별 구조를 만들어냈다. 식민지 조선에서도 공업화·도시화가 진전되면서 새로운 여성 직종이 생겨났다. 여성들은 도시화의 진전에 따라 도시 서비스업에 종사했고 식민지 공업화가 진행되면서 직물업에 종사하는 미혼의 공장 여성 노동자도 생겨났다. 이외에도 전통 시대에는 임금화되지 않았던 가내 노동에서 임금 노동으로 전환한 가사 사용인이 상당한 규모로 존재했다. 또 공장 노동 분야에서 방직, 제사, 고무, 정미, 인쇄 등의 업종은 식민지 공업화 이전 개항장과 경성과 같은 대도시를 중심으로 발전했고 여

---

* 이 글은 예지숙, 「1920년대 인천 선미여공의 존재 양상과 집단 저항」, ≪여성과 역사≫, 38호(2023)를 수정·보완한 것이다.

성의 일자리가 창출되었다.

여성 공장 노동자 중 이 글이 주목한 존재는 정미업에 종사한 선미 여공(選米女工)이다. 정미업은 제국과 식민지의 분업 구조 속에서 인천, 목포, 부산 등 개항장을 중심으로 일찍이 성장했으며 1930년대 공업화가 본격적으로 추진되기 이전까지 주요한 산업이었다. 또 인천은 일찍이 미곡 수출항으로 성장했으며, 일본을 겨냥한 쌀 수출이 확대되면서 정미업은 이 지역의 대표적인 산업으로 자리 잡았다.[1] 노동 집약적인 정미업의 속성상 저임금의 풍부한 노동력이 필요했는데, 그중에서도 도정한 쌀에서 티끌이나 뉘 등을 제거해 상품의 품질을 높이는 선미 공정에 여성들이 대거 고용되었다. '돌 고르는 여자'라고 불린 인천의 선미 여공은 어림잡아 3000명 규모의 노동자 집단으로 '인천선미여공조합'이라는 단체를 만들 정도의 역량을 보유하고 있었다. 이들은 1921~1931년 사이에 크고 작은 파업을 일으켰고 인천 지역 사회와 노동 운동과 결합했다. 하지만 이들을 조명한 연구는 미진한 편이다. 일제 시기 인천의 노동 운동사를 보면 선미 여공에 의해 일어난 파업이 서술의 대부분을 차지하고 있음에도 이 집단에 구체적인 설명을 생략한 채 파업을 사건사적으로 나열하는 방식으로 일관하고 있다.

이와 같이 선미 여공에 대한 관심이 저조했던 이유는 다음과 같다. 우선 여성 공장 노동자에 대한 분석이 한국 노동 계급의 형성사를 조명하려는 관심 속에서 진행되었다는 점이다. 한국 노동자 계급의 특질을 파악하기 위해서 대공장 노동자에 대한 분석이 가장 앞서는 연구 과제로 대두되었고, 이에 따라 기계제 대공장에 고용된 노동자들이 대규모 사업장에서 공통의 경

---

[1] 정미업은 도정업의 하나로 곡물식용으로 만드는 식품 가공업이다. 도정은, 즉 벼의 외피, 과종피(果種皮)를 기계, 용구 등을 통해 벗겨내는 제현 작업과 외피를 벗기고 연삭하는 정미 과정을 포함한다. 제현 작업을 통해서 현미를 만들며, 정미 작업을 통해 현미를 백미로 만들었다. 김태웅, 「開港~日帝强占 前期(1899~1933) 群山 地域 搗精業의 推移 地域的 特徵」, ≪한국문화≫, 64호(2013), 39쪽.

험을 통해 계급 의식을 발전시키는 모습을 조명하는 것에 집중했다. 이 연구 경향에 입각했을 때 정미 공장과 같은 소규모 공장은 분석 대상에서 제외될 가능성이 컸다.[2] 또 여성사 연구에서도 선미 여공에 대한 본격적 서술은 보이지 않는다. 그간 연구에서 '여성 노동자'라는 집합적 범주를 분석한 연구는 서비스업에 종사한 노동자와 공장 노동자로 구분된다. 서비스업에 관한 연구는 2000년대 이후 일제 강점기 도시에서 나타난 근대성을 조명한 연구들에서 집중적으로 이루어졌다. 도시 서비스업 여성 노동자에 대한 연구는 전화 교환수, 타이피스트, 백화점 점원과 같은 근대 도시 산업 발달에 관련한 직종을 연구 대상으로 했다.[3] 식민지기 여성 공장 노동자의 존재 양상과 파업에 주목한 일련의 연구에서도 선미 여공은 살펴지지 않았다. 대체로 파업이 가장 고조된 1930년대에 집중하고 있어서 1920년대 중반에 최고조에 오른 선미 여공에 주목하지 못한 것으로 보인다.

선미 여공은 꽤 이른 시기부터 보이는데, 대공장의 여공이나 소비 자본주의 확산으로 생겨난 서비스업 노동자 등이 등장하기 이전부터 존재했다. 이들은 다소 복합적인 성격을 지니고 있는데, 미곡 가공업의 공정상 전통 시대와 연속성이 있으며 분화된 작업 공정이나 가정과 공간적으로 분리된 공장이라는 장소에서 노동을 했다는 점에서 근대적이다. 이러한 성격은 그간 연구 주제로 부각되기 힘든 요인 중의 하나로 보인다. 하지만 다른 각도에서 보면 이 주제는 식민지기 여성 노동자의 존재 양상을 살피는 데 도움을 준다. 조앤 스콧(Joan W. Scott)은 19세기 여성 직업의 역사가 이전 세기들과 큰 연속성을 지니고 있으며 직물 산업을 전형으로 한 여성 노동자의 서술에

---

2   강이수, 「1930년대 면방 대기업 여성노동자의 상태에 관한 연구」(이화여자대학교 박사학위논문, 1992); 곽건홍, 「1930·40년대 서울지역 공장 여성노동자의 생활」, ≪향토서울≫, 70호(1999).

3   서지영, 『경성의 모던걸: 소비·노동·젠더로 본 식민지 근대』(여이연, 2013).

의해 과잉 대표되었다고 하면서 산업 혁명 이전과의 연속성을 강조했다.[4] 일제 시기 가사 사용인을 다룬 이아리는 가사 사용인, 가내 노동 등의 전통 시대와 강한 연속성을 지닌 노동을 근대적 공장 노동에 대비해 '주변적 노동'이라 한 바 있으며, 이것이 오히려 한국 근대 여성 노동의 역사 상을 잘 드러낸다고 보았다.[5]

선행 연구를 발판으로 이 글은 다음과 같은 점을 살피고자 한다. 우선 소재적으로 그간 본격적으로 연구되지 못했다는 점에서 선미 여공의 존재 양상을 밝히는 것은 중요하다. 선미 여공의 구성과 노동 과정, 노동 통제 등은 근대 여성 노동의 다채로운 역사 상을 조명하는 데 도움이 될 것이다. 다음으로 다소 부침이 있었음에도 이들에 의한 집단행동, 즉 파업이 10년 동안 이어졌다는 것을 주목할 것이다. 또 파업 원인으로 여공의 몸에 대한 통제, 즉 작업장 내의 구타와 성차별에 대한 저항에 대해 조명할 것이다. 구타나 성 문제는 계급과 민족의 시각에서 이루어진 연구들에서 잘 조명되지 못한 감이 있다. 이 글은 작업장에서의 권력관계와 젠더 관계 그리고 성폭력에 노출되기 쉬운 여공의 섹슈얼리티를 염두에 두면서 이들의 집단 저항을 살피고자 한다.

서술의 순서는 다음과 같다. 2절에서는 일제 시기 인천에서 정미업의 전개와 위상을 약술하고 고용에서 여성 노동력의 비중을 살펴볼 것이다. 3절에서는 선미 노동의 과정과 선미 여공의 존재 양상을 설명할 것이다. 후자에 대해서는 파업에 관한 신문 기사와 인천 도시 탐방 기사, 선미 여공에 대한 취재 기사를 활용할 것이다. 이를 통해서 선미 여공의 연령대, 가족과 지역 사회 등 공동체 속에서 이들의 위치, 노동 조건 등에 대해 서술할 것이

---

4   틸리·스콧, 『여성, 노동, 가족』, 김영·박기남·장경선 옮김(후마니타스, 2008).
5   이아리, 「일제하 부산지역 방직공장·고무공장 여성노동자들의 쟁의」, ≪이화사학연구≫ 30집(2023).

다. 4절에서는 선미 여공의 파업을 다룰 것이다. 전개를 시간 순서로 일단 조망하고 파업의 원인과 저항의 양상, 선미 여공의 조직화, 인천 지역 민족 운동과 관계에 대해 차례로 서술할 것이다.

2. 인천 정미업의 전개

정미 공업과 같은 식량 가공업은 식민지 조선의 대표적인 산업이었고 개항장 인천은 부산, 군산, 목포, 진남포와 함께 대표적인 미곡 수출지로 성장했다.[6] 정미업은 인천의 가장 주요한 산업이었는데 1936년을 기준으로 인천의 공업 상황을 파악해 보면 다음과 같다.

생산액을 보면 정미, 도정, 방직, 제분, 주조가 생산의 상위를 차지하고 있었는데 이 중 정미업의 1936년 생산액은 2400만 2111원으로 총생산액(4790만 9270원)의 절반을 차지하고 있다. 1936년 총생산액 100만 원 이상을 달성한 정미 공장이 16개(전체 135개소)이며, 역시 100만 원 이상의 생산액을 보유한 공장에 고용된 노동자의 수에서 정미업이 1/3을 차지했다.[7] 인천의 주요 공산품에서도 정백미(精白米), 현미, 쇄미(碎米)가 수위를 차지할 정도로 정미업은 중요한 산업이었다.[8]

인천의 정미업 발전에 가장 영향을 미친 요인은 일본 시장이었다. 산업화의 진전으로 인한 일본 국내 미곡 수요의 확대는 조선미의 수출을 촉진했다. 또 개항기 조선 정부의 조세 금납화 조치 역시 정미업에 큰 영향을 주었

---

6   1920년대 조선의 공업 생산액의 직종별 비중은 정미는 51.1%, 방직 5.6%, 기계 1.4% , 화학 1.2%, 식품 5.0% 등이다. 강이수, 『한국 근현대 여성노동: 변화와 정체성』(문화과학사, 2011), 265쪽 참고.

7   仁川府, 『府勢一般』(1936), 67쪽.

8   주요 공산품의 금액으로 보면 정백미, 방적, 현미, 소주, 청주, 쇄미의 순이었다.

<표 4-1> 1936년 인천의 주요 업종의 공장 수, 직공 상황과 총생산액

	공장 수	총 직공 수	남자 직공	여자 직공	총생산액
정미	16	1,817	855	962	24,002,111
방직	1	1,857	328	1,529	7,406,494
籾摺(인절-도정)	17	212	212	0	6,687,660
제분	1	31	31	0	4,046,400
주조	21	331	321	10	2,720,724
성냥	1	389	137	252	?
총수	125	4,639	1,884	2,753	47,909,270

자료: 仁川府, 『府勢一般』(1936). 1936년의 공업을 총생산액 100만 원 이상의 공장을 중심으로 필자가 정리한 것이다.

다. 농민들은 조세를 화폐로 납부하기 위해 벼의 형태로 미곡 시장에 판매했고 미곡상이나 정미업자는 이를 매입·가공해 시장에 공급했다.

경성의 정미업을 주도한 것이 객주 자본을 중심으로 한 조선인이었다면 인천의 정미업은 일본인의 것이었다. 일본인 업자들은 우세한 자금력과 기술력으로 개항장을 중심으로 조선의 정미업을 장악했다. 1918년 일본의 쌀 소동과 1920년대 조선 총독부의 산미 증식 계획의 연쇄 속에서 정미업은 더욱 성장했으며 1920년대에는 조선인 자산가들도 정미업에 뛰어들었다.[9] 정미업의 지위는 식민지 공업화가 추진된 1930년대에도 여전했다. 동양방직 조선공장이 1934년에 들어서 대규모로 고용을 창출했으나 <표 4-1>에서 보이는 것처럼 생산액은 여전히 정미업이 방직업을 앞서고 있었다. 정미소의 상황을 대략 보면 1910년대까지 11개가 있었는데 조선인 경영 1개소, 재조 일본인 경영 10개소였다. 정미업의 지속적인 성장 속에서 1920년대에는 조선인이 경영하는 공장도 늘어났다.[10] 정미 공장의 관리직과 감독직에

---

9   정윤환, 「1910~1920년대 인천 정미업에 대한 연구」(한국외국어대학교 석사학위논문, 2021).
10 인천 정미업의 전반적 현황에 대해서는 정윤환의 논문(2021)이 대표적이며 이 글의 2절은 정윤환의 글을 대폭 참고했다.

는 일본인 남성, 조선인 남성, 일본인 여성이 고용되었고 직공은 조선인이 절대적으로 다수를 차지했다. 선미 여공은 대부분 조선 여성이었지만 일본 여성도 있었다.

이제 고용에서 차지하는 선미 여공의 비중을 살펴보자. 인천 전체의 고용 상황에서 주목되는 점은 여직공의 수이다. 1936년까지의 상황을 보면 정미업은 여전히 강세를 보였고 1930년대에 일본의 독점 자본 진출로 대규모 방직 공장이 설립되면서 여성 노동자의 비중이 전체의 60%에 육박했다. 〈표 4-1〉에 따르면 여성 노동자의 대부분은 정미업과 방직업에 종사했고 정미업과 방직업이 여성 직공 고용의 93%를 차지했다. 여성들을 가장 많이 고용한 공장은 1934년에 설립된 동양방직 조선공장이었다. 정미업은 여성 전체 고용에서 약 39.16%를 차지했고 남녀 전체 고용에서 차지하는 비율은 20.7%였다. 성냥 공장은 방적과 정미업에 이어 3위를 차지했는데 여성 고용에서 8.3%, 남녀 도합 고용에서는 5.43%였다. 1934년 동양방직 조선공장의 설립 이전의 상황을 가늠해보면 정미업이 여성 고용의 대부분을 차지했음을 알 수 있다.

3. 선미 노동의 연속성과 선미 여공의 존재 양상

1) 방아품에서 선미 노동으로

여성 노동자들은 방직, 제사, 고무 성형 등 특정 공업이나 특정 생산 공정에 선별적·집중적으로 배치되었다. 어떠한 분야가 여성의 일로 확정되는 데는 나름의 관습적이고 문화적인 맥락이 결부되어 있는데, 여성 고용률이 높은 직종은 모두 가내 노동이 임금 노동으로 된 영역이거나 근대 이전부터 가정 안에서 여성들이 담당하던 노동이 임금화된 영역이다.[11]

정미업은 전통 사회와 관련이 깊었다. 조선 시대에는 쌀이 주요한 조세 품목이었기 때문에 미곡을 가공하는 것은 일상의 작업이었다. 조선 후기에 이르면 전세와 대동세를 모두 쌀, 즉 '백미'로 받으면서 벼를 쌀로 만드는 작업이 중요해졌다.[12]

벼를 백미로 만들기 위해서 여러 공정이 필요했다. 수확한 후 볕에 널어 건조해 볏단을 만든 후, 태질을 해서 낱알을 분리하고, 매통에 넣고 돌려 왕겨를 벗기면 현미를 얻게 된다. 연자방아, 물레방아, 디딜방아, 절구를 사용해 현미를 가공해 키질을 하면 백미가 된다. 이 중 키질을 통해 불순물과 쌀을 구분하는 작업이 바로 선미 공정에 해당한다. 쌀로 가공하는 것이 중요해지면서 조선 후기에는 연자방아와 풍구와 같은 농구들이 보급되었고 단순 협업과 같은 새로운 생산 조직도 등장하는 등 생산 과정에 일정한 진전이 있었다.[13] 19세기에는 공장제 수공업 형태의 도정업이 등장했고 한성에 관용 벼를 전문적으로 도정하는 업자들도 생겨났으며, 지주나 부농의 경우 한꺼번에 많은 벼를 가공할 수 있는 업자에게 임가공을 하는 것이 상례였다.[14] 또 18세기 문헌에는 방아품, 즉 용용(傭舂)이라는 단어가 생겨났는데, 여성들은 방아품을 팔아 농한기에 소득을 얻었다.[15]

---

11 배상미, 『혁명적 여성들: 프롤레타리아 문학의 젠더, 노동, 섹슈얼리티』(소명출판, 2019), 25쪽.

12 벼는 잘 말리기만 하면 2~3년 동안 보관할 수 있었지만, 운송에 엄청난 비용이 소요되었다. 또 백관의 급료를 쌀로 지급했는데 벼를 가공할 시설이 절대적으로 부족해 아예 쌀로 조세를 받는 것이 유리했다. 장기간 보관이 필요한 군량미나 종자로 보급할 환곡에 충당하기 위한 경우를 제외하고 백미로 받는 것이 상례였다. 오호성, 『조선시대의 미곡유통시스템』(국학자료원, 2007).

13 김광운, 「일제하 조선 도정노동자의 계급형성과정」, 『벽사 이우성교수정년퇴직기념논총 民族史의 전개와 그 문화 하』(벽사 이우성교수정년퇴직기념논총 간행위원회, 1990), 881~882쪽.

14 오호성, 같은 책, 148쪽.

개항기부터 정미업은 호황을 누렸다. 일본으로 미곡 수출이 본격화되면서 인천과 같은 개항장에서 미곡 유통이 활발해졌으며 재조 일본인들이 정미업에 뛰어들었다. 중백미(中白米) 또는 한백미(韓白米)라 불린 조선미를 일본인이 선호하는 쌀로 만들어내는 것이 수출 시장에서 급선무였는데, 품질을 높이고 생산량을 늘리기 위해 연료를 이용한 기계식 정미 공장이 하나둘씩 설립되었다.[16] 1890년에 미국 상인 월터 데이비스 타운센드(Walter Davis Townsend)가 일본인 오쿠다 데이지로(奧田貞次郎)와 타운센드 정미소를 만든 것이 최초라고 하며 이때부터 선미 여공을 고용했다고 한다.[17]

정미 공장에서 백미 생산은 엄격한 분업을 바탕으로 수행되었다. 축력이나 인력 대신 기계의 동력을 사용해 생산력을 획기적으로 높였다. 백미를 만드는 과정은 기계화의 수준에 따라 다르지만, 대체로 제현기를 사용해 분리된 낱알의 껍질을 벗겨 현미를 만들고 정미기로 현미의 겨를 제거해 백미를 얻는다. 이렇게 얻은 백미의 상품성을 높이는 중요한 과정이 바로 선미 작업이다. 선미 여공이 고용된 작업 과정이 바로 이 선미 공정으로 뉘나 티끌을 거르는 작업을 마친 후 비로소 판매용 쌀을 얻는다. 이 과정을 거치고 포장·계량을 해 수송한다. 생산 공정에 따라 기계를 다루는 소수의 기술자, 건조 노동자, 선미 노동자, 운반 노동자, 하역 노동자가 고용되었다. 선미 공정에는 선미 여공 외에 작업을 분배하고 감독하는 감독관이 있었다.

---

15 정약용의 다산 시문집 중 "郞去山樵婦傭春"(남편은 산에 나무하러 가고 아내는 방아품 팔러 가니). 이에 대해서는 오호성, 같은 책, 177~178쪽에서 재인용.

16 일본 미상 신토 시카노스케(進藤鹿之助)가 처음으로 인천에 연료식 정미기를 도입했고 1889년 3월에 4마력의 증기 기관과 석구(石臼)를 이용한 정미기 30대를 보유한 정미소를 설립했다. 二瓶貞一, 『精米と精穀』(東京: 西ケ原刊行會, 1941), 196쪽; 이민재, 「식민지 조선의 연료 이용 정미기 보급과 1920~1930년대 무연료 정미기 발명: 사회적 맥락과 의미를 중심으로」, ≪민속학연구≫, 44호(2019), 224쪽 참고.

17 「인천무산부인 서광의 기쁨 삼천여성선미직공을 위하여 기관을 설치」, ≪조선일보≫, 1924년 6월 14일 자.

쌀과 불순물을 분리하는 선미 공정은 쌀의 품질을 높이는 데 굉장히 중요했다. 조선에서는 밥을 짓기 직전에 조리 등을 이용해 쌀에 섞인 불순물을 제거하지만, 일본은 바로 백미로 밥을 하기 때문이었다. 기계식 정미 과정을 통해서도 불순물을 제거할 수 있었으나 공장주들은 이보다 저렴한 임금의 노동자를 고용했다. 정미 공장의 전체 공정 중 선미 작업에 가장 많은 노동자가 고용되었다. 임금은 기아 임금이라 할 정도로 낮았는데 기혼 여성, 아동, 노인도 선미 노동을 했다. 섬세한 여성에 적합한 노동이라고 했으나, 대체로 완력이 없는 사람이 할 수 있는 일이었던 것으로 보인다.

2) 인천 선미 여공의 존재 양상

대체로 대공장에 고용된 여성 노동자가 등장한 시기는 1930년대이다. 그러나 본격적인 산업화·도시화 이전에도 많은 여성 노동자들이 있었으며 고무 공업과 정미업과 같은 업종에 다수의 여성 공장 노동자가 고용되었다. 쌀 수출로 성장한 도시인 인천에 정미업에 여성 노동자의 비중이 높았음은 앞서 살펴보았는데, 인천 선미 여공의 규모를 추산해 보면 다음과 같다. 앞서 본 1936년의 통계는 총생산액 100만 원 이상의 공장 16개를 대상으로 한 것인데(여공 수 962명), 1930년 기준으로 인천에는 29개의 정미소가 있었으므로 선미 여공의 수는 1000명 이상으로 어림잡을 수 있다. 3000명의 정미 노동자(남녀)들이 고용 불안에 시달린다는 1936년의 신문 기사가 참고가 되며,[18] 또 1924, 1925, 1926년에는 '선미 여직공의 수는 대략 삼천'이라는 보도가 자주 보인다.

---

18 「정미공업의 공황으로 3천여 노동자 실업 인천사회의 중대 문제」, ≪조선중앙일보≫, 1936년 7월 11일 자;「불경기의 습격을 받아 정미 출회 결감 ─ 정미소는 휴업 상태, 수천의 노동자 곤란(인천)」, ≪朝鮮新聞≫, 1936년 11월 11일 자.

인천은 그날 벌어 그날 먹는 사람이 많은 중에도 다른 지방보다 다른 것은 여직
공 수가 많은 것인데 지금 인천 시내에 여직공 수는 대략 삼천 명이나 되는 중 여
직공의 구할 이상은 모두 정미소 선미 여공이라.[19]

위의 인용문에서 '여직공 수 삼천, 구할이 선미 여공'이라고 했지만, 비슷
한 시기의 자료를 보면 규모 면에서 차이가 난다.

20년 전부터 서인 땀손이 방아깐이 생긴 이래 근년에는 일본인 상공업의 번영을
따라 선인의 직공의 수도 격증되야 목하 인쇄, 철공, 양촉(洋燭), 비루(飛陋), 제
염, 양조, 인촌(성냥), 염색, 매갈이, 정미 등 각 공장만 하여도 약 2000여 명이나
되고 더구나 각 정미소에 노니어 노역하는 천여의 여공이 있음은 이곳에서 처음
보았다. 매일 아침저녁으로 화평(花平), 신화수리(新花水里), 송림(松林), 송현(松
峴) 등 각 리(里)의 토옥으로 들고나는 백의군은 전부가 각 공장에서 활동하는
노작군(勞作隊)이다.[20]

선미 여공의 수는 1000명에서 2700명까지 정확하지는 않은데, 1921년에
선미 여공 1800명의 파업 기사까지 참고해 보면 보수적으로 추산해 1000명
에서 최대 2000명으로 추정된다. 1920년 중반에 기계 도입이 가속화되면서
수적으로 감소했을 것으로 보이지만 1930년대 후반에도 여전히 1000명 선
은 유지하고 있었다.

양적 차이를 인지하면서 주목해야 할 것은 선미 여공의 수가 상당히 많다
는 당대의 묘사이다. 1000명을 상회하는 여공의 규모도 놀랍지만, 이들의

---

19 「인천무산부인 서광의 기쁨 삼천여성선미직공을 위하여 기관을 설치」, ≪조선일보≫,
   1924년 6월 14일 자.
20 「인천에 너는 어떠한 도시-2」, ≪개벽≫, 50호(1924년 8월호).

출퇴근하는 모습은 새롭고 눈에 띄는 일이었다고 한다.

> 제등(齋藤), 역무(力武), 가등(加藤), 원전(奧田) 등의 大공장에는 각각 100여 명의
> 조선 녀공들이 득실득실한다.[21]
> 화정(花町) 넓은 길에는 이 골목 저 골목 각 정미소에서 쏟아져 나오는 여직공들
> 로 인산인해를 이루었고.[22]

잡지 ≪개벽≫의 기자는 이러한 광경에 대해 "이곳에서 처음 보는" 일이
라며 놀라움을 표시했다.

이제 이들의 구체적인 모습을 살펴보자. "쌀을 잘 고르는 여자는 하루에
20~30말을 어린 여자와 늙은이는 예닐곱 말가량 골랐다"는 자료를 보면 연
령대가 생각보다 넓었던 것 같다. 제등정미소에는 7~8세의 어린아이에서
40세의 성인 여성 들이 근무를 하고 있었고,[23] 가등정미소에는 14세에서 50세
까지 일하고 있었으며,[24] 70세의 노파도 돋보기를 끼고 쌀을 고르는 선미 여
공으로 근무했다.[25] 1933년대의 인천 지역의 사상 단체 사건으로 검거된 사
람에 선미 여공 23세 서국이와 60세의 서성연이 있었다.[26] 대체로 주축이
된 연령대는 20~40대였다. 수많은 여공 파업 현장에서 주모자로 지목된 사
람들은 역시나 주로 젊은이들이었는데 아래는 1925년 11월 5일 인천의 역

---

21 「인천에 너는 어떠한 도시-1」, ≪개벽≫, 48호(1924년 6월호).
22 「돌 고르는 여직공 직공생활」, ≪조선일보≫, 1925년 2월 11일 자.
23 「냉대! 능욕! 인천선미여공 파업, 짐생 같은 감독 在前 배척과 삭전 올리려는 두 조건으로」,
   ≪동아일보≫, 1924년 3월 12일 자.
24 「돌 고르는 여직공 직공생활」, ≪조선일보≫, 1925년 2월 11일 자.
25 「飢寒哀話 여공생활, 인천 撰米공장의 비참한 실 증거」, ≪매일신보≫, 1924년 2월 1일 자.
26 1933년 4월 30일 발생한 '인천격문사건'의 검거자 40여 명 중 선미 여공 서국이(徐國伊, 23
   세)와 서성연(徐成然, 60세)이 있었다(「인천격문사건으로 근 40여 명이 피검」, ≪조선중앙
   일보≫, 1933년 5월 2일 자).

무정미소에서 임금 인하에 저항하는 파업을 벌이다 해고된 여공 다섯 명의 명단이다.[27]

송림리 257번지 구 씨(具氏) 24세

송림리 208번지 이두리(李斗理), 24세

송현리 56번지 장응서(張應西)의 부인, 25세

화평리 79번지 이 씨(李氏), 35세

도산리(桃山里) 20번지 임 씨(林氏) 27세

그렇다면 7~8세의 유년공은 누구일까. 이에 대한 단서를 1925년 1월 1일 인터뷰에 응한 선미 여공에서 찾을 수 있다. 그녀는 아홉 살 난 아이와 함께 나와 일한다고 했는데,[28] 여공들은 아이가 돌 고르는 일을 할 수 있으면 같이 나오고 아니면 출퇴근하면서 아이를 돌본 듯하다. 이들은 공장 문을 나서면서 "아이들이 집에서 법석을 하겠다", "간난이가 젓 달라고 울 터인데"라며 밥구럭들을 손에 들고 다름질을 하여 집으로 도라가곤 했다".[29] ≪조선일보≫와 ≪매일신보≫의 선미 여공에 대한 취재에 따르면[30] 선미 여공은 "제물포부두의 지게꾼이 아니면 기선에 짐 싣는 노동자들의 안해와 딸"로 지역주민이었다.[31] 이러한 사실은 파업 기사에서도 확인되는데, 1924년에 가등정미소 파업의 도화선이 된 유정(柳町)에 사는 40세의 이 씨와 그의 딸 최음

---

27 「여공 5명을 해고」, ≪시대일보≫, 1925년 11월 8일 자.

28 「여공 담, 운수불길」, ≪동아일보≫, 1925년 1월 1일 자.

29 「돌 고르는 여직공 직공생활」, ≪조선일보≫, 1925년 2월 11일 자.

30 이 두 기사는 1924년 대규모 파업과 인천선미여공조합의 결성 이후 작성된 것이었다. 1924년의 파업은 대부분의 언론사에서 다룰 정도로 뜨거운 화제였으므로 그 중심에 있는 선미여공에 관심을 기울인 것 같다.

31 「돌 고르는 여직공 직공생활」, ≪조선일보≫, 1925년 2월 11일 자.

전(15세)은 모녀가 함께 정미소에서 일을 한 사례였다.[32] 이러한 사례는 기혼의 선미 여공의 보육 환경을 엿보게 해준다. 이러한 아이를 데리고 나와서 일을 하는 보육 환경은 공장 노동뿐 아니라 행상, 가내 노동 등에서 보편적이었으며 이에 따라 보육 시설에 대한 사회적 요구도 높아져갔다.[33]

다음으로 작업장을 살펴보자.

"으르렁으르렁 돌아가는 기계를 따라 줄을 붙들고 한 알 두 알 돌피를 고르는 작업"이라는 설명처럼[34] 수십 대의 기계가 일렬로 배치되어 있었고 선미 여공은 기계 앞에서 횡렬로 앉아서 작업을 했다. 작업장에는 해가 거의 들어오지 않아 어두웠고 여공들은 계속 돌아가는 작업대 앞에서 램프를 켜고 쌀을 골랐다. 이러한 공간에서 오전 6시나 7시 정도에 작업을 시작해 10시간에서 12시간을 꼬박 일했는데,[35] 1일 작업량은 성인 여성이 20~30말, 어린아이가 6~7말 정도였다. 한 말에 3전에서 4전 정도의 임금을 받았다고 하지만 시세에 따라 변동이 있었다.[36] 작업 여건이 좋지 않고 임금이 낮아 잦은 파업이 일어났던 가등정미소의 경우 35~65전 정도였다고 하는데 평균적으로 하루에 40전의 임금을 받았다. 티끌 같은 것들이 많이 섞여 있는 쌀이 제공된 때에는 작업 시간이 너무나 지체되어 기아 임금이라 불렸던 평균 일급도 달성하기 어려웠다. 공장주들은 '1말'의 작업량을 담는 도구를 크

---

32 「인천선미여공파업은 원만 해결」, ≪시대일보≫, 1924년 11월 20일 자.

33 이윤진, 「일제 식민지 탁아사업을 통해 본 국가의 여성관」, ≪아시아여성연구≫, 42집(2003), 306~307쪽.

34 「飢寒哀話 여공생활, 인천 撰米공장의 비참한 실 증거」, ≪매일신보≫, 1924년 2월 1일 자; 「돌 고르는 여직공 직공생활」, ≪조선일보≫, 1925년 2월 11일 자.

35 「삼천여공의 대단결, 인천 노동여자해방과 노동운동의 일대 서광, 인천선미여공조합」, ≪시대일보≫, 1924년 10월 15일 자.

36 「냉대! 능욕! 인천선미여공 파업, 짐생 같은 감독 在前 배척과 삭전 올리려는 두 조건으로」, ≪동아일보≫, 1924년 3월 12일 자. 자료에 따라 '1석'이라고도 표기되어 있는데 표기만 다르고 양은 대략 같았을 것이다.

게 만드는 꼼수로 임금을 낮추는 효과를 보고자 했고 이는 파업의 원인이 되었다. 후술하겠지만 파업이 거듭되자 공장주들은 발석기(拔石機) 등의 기계 도입을 확대해 인력 절감 효과를 얻으려 했다.[37]

4. 선미 여공 파업의 전개와 조직화

1) 파업의 전개

인천 지역 선미 여공의 파업은 1921년 8월 18일의 자료에서 처음 보이며 1931년까지 내용이 확인된다. 다음의 〈표 4-2〉는 그 기간의 파업을 정리한 것이다.[38]

20건의 파업 중 임금과 관련한 부당 노동 행위가 가장 많았고 구타와 성희롱에 대한 저항도 있었다. 구타와 성희롱은 대부분 감독에 대한 문제 제기로 나타났는데, 이들의 강압적인 행위는 개인적 일탈이기보다 관행처럼 비공식적인 규율로 행해졌던 것 같다. 이하에서는 개별 파업의 내용과 전개 양상에 대해 파악하도록 하자.

1921년 8월 10일 파업은 10여 개 공장의 여공 1800명이 임금 10% 인하에 반발한 것으로 규모와 파업의 원인 등이 상당히 흥미롭다. 사측의 임금 인하 이유는 다음과 같았다. 정미소 조합에서 합의한 임금이 남직공 하루 1원~1원 20전, 여직공 쌀 한 석당 3전이었다. 그런데 숙달된 선미 여공의

---

37 「인천정미공장 電化로 천 여 노동자 실직」, ≪동아일보≫, 1925년 11월 13일 자.
38 한 기사에 2개 공장 파업이 보도되어 있는 경우 각각의 건으로 정리하고 여러 공장의 동맹 파업은 1건으로 처리했다. 그리고 1931년 이후의 자료는 아직 발견하지 못했으며 미처 파악하지 못한 사례도 있겠지만 추후에 보강하도록 하겠다.

〈표 4-2〉 1921~1931년 선미 여공 파업

연도	날짜	사업장	파업 원인	참가 인원	출전
1921	8.10	10개 이상 동맹 파업	임금, 성차별	1,800	≪매일신보≫, 8.18.
	8.20	조선정미	임금	300	≪매일신보≫, 8.20.
1923	8.29	가등	중국인 노동자 고용	250	≪동아일보≫, 8.30; ≪조선일보≫, 8.30.
	12.5	십천(辻川)	임금	80	≪조선일보≫, 12.7.
1924	3.10~14	제등	임금, 성희롱	300	≪동아일보≫, 3.12; 3.14; 3.15; 3.17; ≪매일신보≫, 3.12; 3.15; 3.16.
	3.24	역무, 원전	임금	역무: 100 원전: 100	≪경성일보≫, 3.24.
	3.30	원전	임금	70	≪시대일보≫, 4.1.
	11.10~19	가등	구타	400	≪시대일보≫, 11.18; ≪조선일보≫ 11.18; 11.19; ≪조선신문≫, 11.19; ≪매일신보≫, 11.19; ≪동아일보≫, 11.19; ≪시대일보≫ 11.20; 11.22.
1925	2.16, 2.18	십천	임금	150	≪매일신보≫, 2.18; ≪동아일보≫, 2.20
	2.24	원전	구타	40	≪동아일보≫, 2.26; ≪매일신보≫, 2.26.
	11.8	역무	임금	300	≪시대일보≫, 11.5; 11.8.
1926	3.22	역무, 원전	임금	역무: 남 60+ 여 80 원전: 100	≪경성일보≫, 3.23; 3.24; ≪매일신보≫, 3.23; ≪시대일보≫, 3.23; ≪경성일보≫, 3.24.
	3.24	11개 정미소[40]	노동 조건 전반	3,000	≪조선일보≫, 3.24; ≪시대일보≫, 3.24; 3.26; 3.28.
	6.23	오전(奧田)	구타	54(여)+ 56(남)	≪동아일보≫, 6.23; ≪시대일보≫, 6.23; 6.27.
1927	8.29	삼야(杉野)	구타	?	≪동아일보≫, 8.31; 8.31.
	11.7	제등, 청목	임금	제등: 300 청목: 100	≪조선일보≫, 11.7.
1930	1.10	가등	임금	남녀 300	≪동아일보≫, 1.13; 1.15; ≪매일신보≫, 1.14.

연도	날짜	사업장	파업 원인	참가 인원	출전
1931	6.5	역무	노동 조건 전반	남녀 400	《동아일보》 6.6; 6.7; 《매일신보》, 6.7; 《중외일보》, 6.7.

주: 인원 파악을 못 할 경우 ?로 표기.

경우 40석을 작업해 남직공보다 수입이 높아지므로 "남녀균형이 같지 않다고 하여" 여직공의 임금을 10% 인하한다는 것이었다.[39]

1923년의 가등정미소 파업은 정미 직공(남성)에 대한 동조 파업이었다.[41] 사주가 18명의 중국인 노동자를 고용하자 이에 남자 직공이 8월 27일 파업에 돌입했고, 선미 여공 250여 명은 '여자까지 데려다 쓰라'면서 동조 파업에 돌입했다. 인천소성노동회(仁川邵城勞働會)까지 교섭에 나서면서 파업은 노동자 측의 의지가 관철되는 식으로 일단락되었다.[42] 1923년 12월의 십천정미소 파업의 쟁점은 임금 문제였다. 종래 하루 임금 85전을 지급하던 곳을 성과에 따라 차등 지급하겠다는 회사 측의 방침에 저항해 80명 여공 전원이 파업을 벌였다.

1924년은 인천선미여공조합이 만들어지면서 선미 여공의 조직화가 일어난 해였다. 우선 이해에 일어났던 일들을 살펴보자. 3월 10일에 제등정미소 여공 300명이 '조선 여자라고 하여 냉대하지 말라'는 요구 조건을 내세우며 파업에 돌입했다. 파업의 쟁점은 임금과 일본인 남성 감독 재전(在前)의 성희롱 문제였다. 뉘와 티끌이 많아 고르기에 좋지 않은 쌀이 공급될 때 임금을 인상하라는 여공 측의 요구에 대해서는 사주가 수용했지만, 감독 문제에

---

39 「인천정미소 여자직공 맹휴」, 《매일신보》, 1921년 8월 1일 자.
40 이 글에서 확인한 것에 따르면 파업이 일어난 곳은 모두 일본인이 경영하는 정미소였다.
41 당시 가등정미소에는 500여 명의 직공이 일을 하고 있었고 남자 노동자는 1/3 정도였던 것 같다.
42 「인천 선미여공 파업」, 《조선일보》, 1923년 12월 7일 자.

대해서는 받아들이지 않았다. 이에 인천소성노동회까지 교섭에 참가했고 인천경찰서까지 나서 '아무 간섭 말라'며 노동회의 활동을 제지하면서 사건은 점차 확대되는 추세로 나아갔다. 결국 회사 측은 감독을 경질했고 여공들은 작업장으로 돌아갔다. 3월 24일과 30일에도 연달아 임금 인하에 저항한 파업이 일어났는데 정미업자 조합에서 직공 임금 인하 협정을 체결한 것에 반발한 것이었다.

한편, 1924년 6월에 흥미로운 소식이 들려오기 시작했다. 바로 인천조선노동총동맹[43] 내에 여자부를 신설하기로 했다는 것이었다. 또 ≪시대일보≫에는 조선여성동우회[44]의 집행 위원인 주세죽을 인천노동총동맹의 상무위원으로 초빙했다는 기사가 실렸다.[45] 연이어 1924년 9월 초순부터 13개소 여직공 대표들이 여공 조합 창립을 준비했고 1924년 10월 12일에 인천선미여공조합이 창립총회를 개최했다. 선미 여공의 조직화의 성과는 바로 11월 가등정미소 파업에 영향을 미쳤다.

1924년 11월 10~19일 가등정미소 여공 400여 명이 일본인 여성 감독의 구타에 저항하는 파업을 일으켰다. 구체적으로 한국인 여성 이 씨가 작업물에 관해 항의하자 일본인 여성 감독관 용야구(龍野久)가 이 씨와 그의 딸 음전을 마구 때려 상해를 입힌 사건이었다. 여공들이 항의하자 경찰이 개입했다. 경찰은 끌려 나와 구타를 당하고 있는 이 씨에게 동맹 파업의 선동자라며 도리어 설교했고 이에 분개한 남직공도 동정 파업에 돌입했다. 회사 측

---

43 인천소성노동회는 1924년에 인천노동총동맹으로 변신했다.

44 조선여성동우회는 1924년 서울에서 조직되었던 사회주의 여성 단체로 계몽적 여성 교육을 비판하고 사회주의적인 여성 해방론을 주장했다. 창립 2년여 만에 70여 명으로 회원을 확장했으며 강연회를 개최하는 등 활발한 활동을 전개했다. 1925년 사회주의계의 파벌 분쟁과 연결되어 경성여자청년동맹과 경성여자청년회로 분파되어 활동이 줄어들었다. '조선여성동우회(朝鮮女性同友會)', 『한국민족문화대백과』(한국학중앙연구원) 참고.

45 「인천노동동맹에 여간부 신입, 여성동우회에서 초빙」, ≪시대일보≫, 1924년 6월 12일 자.

은 감독 교체는 없다며 강경한 입장을 고수했지만 인천노동총동맹까지 개입하고 경찰이 적극적으로 나서면서 파업은 감독 해임으로 종결되었다.

1925년에는 2월에 집중적으로 발생했다. 십천정미소 여직공 80명이 파업에 돌입했는데 작업물의 기준이 되는 도구를 크게 만들면서 임금을 고정한 조치 때문이었다. 파업에 참여한 여직공 중 일부가 중간에 이탈하기도 했으나 화평리 노동회관에서 회합을 거치고 오히려 전원 파업으로 확대되었고 이어 인천노동총동맹이 교섭에 나섰다. 2월 24일에 원전정미소 파업은 감독관이 노동자를 구타한 사건이 원인이 되어 일어났다.[46]

1926년은 인천 선미 여공 파업이 가장 고조됐던 해였고 대체로 이 기세가 1927년까지 이어졌다. 무엇보다 1926년 3월 24일에 일어난 파업이 중요한데, 11개 정미 공장 노동자의 연대로 일어난 그야말로 총파업이었다. 총파업 직전인 3월 22일 조합의 임금 인하 협정에 저항해 원전, 역무 양 정미소에서 남녀 직공이 파업을 했고 경찰은 확대를 염려하고 있었다. 아니나 다를까 24일 여러 공장이 연대한 3000명 규모의 파업이 일어났다. 이 파업은 '8시간 노동과 이외 노동에 대한 임금 지불'을 포함한 파업단의 구체적 요구 조건과 파업 선언서를 내걸었는데,[47] 선미 여공을 포함한 정미업 노동자의 조직화가 이루어졌음을 단박에 알 수 있는 사건이라 할 수 있다. 1926년 6월 21일에는 오전정미소에서 일본인 감독이 선미 여공 한 씨를 폭행한 사건을 기화로 남녀 직공 파업이 일어났다. 감독관은 그간에도 상습적으로 폭력을 휘두르고 다녔다고 한다.[48] 1927년 8월 29일에는 삼야정미소에서 일

---

46 「선미여공 또 파업」, ≪동아일보≫, 1925년 2월 26일 자. 기사를 통해서 정확히 알 수 없지만 둘 모두 남성인 것으로 보인다.
47 「인천 정미공 총파업을 단행」, ≪조선일보≫, 1926년 3월 24일 자.
48 「인천 오전(奧田)정미 여공 맹파, 감독이 여공 구타가 도화선」, ≪시대일보≫, 1926년 6월 23일 자; 「인천정미공파업 공장 감독 배척운동으로」, ≪동아일보≫, 1926년 6월 23일자; 「맹파여공 무조건 복업」, ≪시대일보≫, 1926년 6월 27일 자.

본인 감독관의 폭행에 항의해 파업이 일어났다. 일본인 여자 감독관이 일본인 여공에게는 고르기 쉬운 일감을 주고 한국인 여공에게 작업하기 힘든 것을 분배하자 항의했고 이어 "감독관이 김씨를 난잡하게 구타함으로 일반 여공들이 일본인의 무리한 폭행에 분개하여" 파업을 단행한 것이었다.[49] 1927년 11월 7일에는 임금 인하에 저항해 제등, 청목정미소에서 여공이 파업을 했다.

　1924년에서 1927년까지 연이어 일어났던 선미 여공의 파업은 이후 잠잠해진 것 같다. 하지만 1931년 6월 5일 역무정미소 남녀 직공 400명이 13개 조의 요구 조건을 걸고 파업을 벌였는데 임금 인하를 막고 식당 설치, 해고자 없는 파업 정리 등 요구 조건을 일부 관철시키기도 했다.[50] 이렇게 타협이 이루어진 이유는 무엇보다 "각 정미소의 임금 3할 감하설로 인천 시내에 있는 2천여 명 남녀 정미공이 전부 동요될 정세"로 급격히 파급될 것을 염려한 경찰 당국의 발 빠른 개입 때문이었다.

2) 파업의 원인: 임금, 구타, 성희롱

　노동 집약적인 선미 작업에서 여공들이 집단으로 작업을 거부하면 공장이 멈추게 되므로 업주들은 이들과 중재와 교섭을 시도하면서 여공의 요구 조건을 어느 정도 수용한 것으로 보인다. 1923년 중국인 노동자 고용에 저항하는 남공에 대한 동정 파업에서 "중국인 남자만 다려 올 것이 아니라 여자까지 다려다 써라"며 모두 일에서 손을 뗐는데,[51] 여기서 여공들의 강한 단결력을 엿볼 수 있다.

49 「일 감독의 구타로 선미여공 동요」, ≪동아일보≫, 1927년 8월 31일 자.
50 「심각한 공황에 분쟁 첨예화, 인천역무정미소 400남녀 맹파」, ≪동아일보≫, 1930년 6월 6일 자; 「파업단 측의 주장 관철」, ≪동아일보≫, 1930년 6월 7일 자.
51 「인천 파업문제 확대」, ≪조선일보≫, 1923년 8월 30일 자.

〈표 4-2〉를 보면 파업의 원인은 대부분 사업장처럼 임금 인하로 대표되는 부당 노동 행위가 가장 많았다. 선미 여공의 노동은 가족의 재생산에 필수적으로, 임금을 둘러싼 이해관계는 강고한 연대로 이어졌다. 당시 하층 조선인 대부분은 가족 모두가 생계 노동을 해서 겨우 먹고사는 형편으로 기혼 여성 노동자의 노동은 '생계 보충적'인 것과는 거리가 먼 노동이었다.[52]

파업의 원인 중 주목되는 것은 구타와 성차별로 파업이 일어날 경우 상당히 고조되는 양상을 띤다는 점이다. 1924년 4월 27일에 일어난 가등정미소 폭행 사건의 내용은 다음과 같다. 여공 200명의 동맹 파업 계획을 눈치 챈 감독관이 선동자라 짐작되는 여공 다섯 명을 1시간 동안 감금해 유혈이 낭자하도록 난타하고 신발도 신기지 않고 쫓아내버린 사건이었다. 여공들은 잔뜩 움츠러들었고 결국 파업을 일으키지 못했다고 한다.[53] 그런데 이 구타 사건은 400명이 9일 동안 참여한 '11월 구타 파업'의 전조와도 같았다. 다음의 11월 파업에 관한 기사에 당시의 정황이 서술되어 있다.

> 정미소의 여공 이씨(40)가 쌀 고른 것을 가지고 검사원 일본여자 용야구(龍野久)에게 검사를 받던 중 『뉘』가 없는 것을 있다 하야 불합격이니 다시 고르라고 함으로 이씨는 없는 『뉘』를 어찌 또 고르라고 하느냐 하는 것이 원인으로 말다툼이 일어났는데, 용야는 별안간 이씨들 구타함으로 이것을 본 여공 사백여 명은 분개하야 일시에 일을 아니하고 이러한 무리한 검사원은 내여 쫓아서 버릇을 가르쳐야 한다고…[54]

---

52 서형실은 고무 공장 기혼 여성 노동자 연구에서 여성들이 생계 담당자로서 임금 문제에 상당히 민감하게 반응했고 이 문제를 둘러싼 이해관계가 강하게 성립했음을 주장했다. 서형실, 「식민지 시대 여성노동운동에 관한 연구」(이화여자대학교 석사학위논문, 1990), 41쪽.

53 「횡포한 정미소 여공을 감시 구타」, ≪매일신보≫, 1924년 5월 1일 자.

54 「선미여공 파업소동 ─ 검사원과 충돌로 4백 명 여공의 동요」, ≪조선일보≫, 1924년 11월 18일 자.

고르라, 부당하니 고르지 못하겠다는 말이 오가다가 결국 매질로 이어졌는데, 매질은 명령에 불복종에 대한 '대가'였다. 다른 사건도 이러한 명령 관계 속에서 발생했다. 감독의 자의적인 행동인 듯하지만, 모두 작업 과정에서 직공을 제압하고자 하면서 일어난 일이었다.

다른 사건들도 살펴보자. 1925년 원전정미소 파업은 쌀 운반부 남성을 맹렬하게 구타한 일본인 남성 감독의 해고를 내걸었는데, 그는 전부터 '여공에게도 이와 같은 일', 즉 폭력을 휘두른 자였다. 1926년 6월 23일 오전정미소 맹파는 여공 이 씨를 무단히 구타해 중상케 한 불량한 일본인 감독을 교체해 달라는 요구였다. 1927년 8월 29일의 삼야정미소 파업은 송현리에 사는 40세 추 씨를 '처음에는 고무래로 구타하다가 나중에는 여직공의 머리채를 휘어잡고 함부로 구타한 것을 목도한 일반 여직공'이 일본인 감독에 저항해 일으킨 사건이었다. 위의 예들에서는 일본인 남성 감독, 일본인 여성 감독이 주로 보이지만 조선인 남성 감독이 문제가 된 사례도 있었다. 1924년 1월 8일에 가등정미소에서 김대섭이라는 조선인 남성 감독이 폭행 사건으로 해고된 일이 있었다. 감독의 난타를 목도한 여공들이 평소의 행실과 자의적 감독 행위에 불만을 품고 항의하자 행여나 동맹 파업으로 이어질까 하여 재빠르게 해고한 것이었다. 일본인 감독관에 대한 느린 해고와 달리 전광석화 같은 일 처리가 인상적이며 감독의 구타가 위계를 타고 민족과 성별을 구분하지 않고 이루어졌음을 살펴볼 수 있었다.

구타는 작업장 안에서 감독과 직공 사이의 위계 관계를 매개로 일어난 것으로 여공을 제압하는 비공식적 규제였던 것 같다.[55] 파업이 감지되자 여공들을 마구 때려 내쫓은 것도 엄연히 감독 차원에서 공장의 작업 규율을 유

---

55 1920년대 부산의 조선방직 쟁의에서도 감독관 구타에 대한 저항이 일어났다. 이송희, 「일제하 부산지역 여성노동자들의 노동운동: 고무공장 여성노동자들을 중심으로」, 『여성 — 역사와 현재』(국학자료원, 2001), 374쪽 참조.

지하기 위한 행위였던 것이다. 가등정미소의 "검사원들은 다른 집보다 매우 감독이 심하며 때때로 직공을 구타하는 일이 있다"는 보도를 보면, 다른 정미소에 비해 낮은 임금에 대한 불만에 대해 구타와 같은 강압으로 다잡은 것으로 보인다.

다음으로 성 문제가 원인이 된 파업을 살펴보자. 한 건은 앞 항에서 일별한 것처럼 1921년 8월 10일의 선미 여공 1800명의 파업은 남녀 차별 임금으로 인한 임금 삭감이 원인이었다. 또 하나는 1924년 3월 10일 제등정미소 여공 300명이 일으킨 것으로, 이들은 성희롱을 일삼는 감독관 교체를 요구했다.

> … (요구의 하나는 ― 인용자) 삭전을 올려달라는 것이며 또 하나는 공장의 재전이란 감독이 시내 여러 곳 정미소를 옮겨 다니면서 쌀 고르는 여자를 능욕하는 일이 한두 번이 아니었다는데 지금 제등정미소에서도 얼굴이 얌전한 여자에게 짐승 같은 욕심을 품고 그 뜻을 달리하는 등 가벼이 보지 못할 짓이 많다 하여 그러한 감독 아래에서 차라리 굶어 죽으면 죽었지 일을 할 수 없다는 것이 두고두고 내려오든 불평이었다 한다.[56]

인천 정미소 바닥에는 재전 감독에 대한 악명이 퍼져 있던 듯하다. 성차별에 대한 여공의 불만은 그간에도 가득했으니, 가등정미소의 여공들은 남성 감독관들이 "얼굴이 고운 여자에게는 일을 쉽게 줄 뿐 아니라 직공에게 별별 아첨을 다 부리는 등 풍기 문제를 일으키는 것"에 가장 크게 분노하고 있었다.[57] 회사 측에서 요구 조건 중의 하나인 삭전, 즉 임금을 올려주겠다

---

56 「냉대! 능욕! 인천선미여공 파업, 짐생 같은 감독 在前 배척과 삭전 올리려는 두 조건으로」, 《동아일보》, 1924년 3월 12일 자.
57 「돌 고르는 여직공 직공생활」, 《조선일보》, 1925년 2월 11일 자.

고 회유했지만 파업은 계속되었다. 하지만 "아무리 배가 고파도 감독을 갈지 않으면 일을 할 수 없다"[58]는 여공의 '굳은 결심'에 결국 감독 해고로 파업은 마무리되었다.

전체 파업에서 성 문제가 차지하는 비중이 적음에도 불구하고 이 파업은 임금 인상에서 비롯된 파업에 비해 길게 지속되었다. 임금 문제의 경우 당일 파업으로 마무리되는 경우가 대부분이었지만 성희롱 파업은 1924년 3월 10~14일, 5일간의 투쟁이었다. 또 파업의 '격렬함'을 놓고 보았을 때 위에서 살펴본 1924년 11월 10일에 시작되어 19일까지 거의 10일 동안 일어난 가등정미소 감독 구타 파업을 언급하지 않을 수 없다.

위의 두 사건은 여러 날 동안 '밥벌이'를 내려놓고 저항한 사건으로 언론은 가난하고 무식한 여공이 '생사 문제'보다 '인권 문제'를 중요시했다면서, "일종의 엄숙한 느낌을 가지지 않을 수 없다"라고 평했다.[59] 또 ≪조선일보≫는 "사람으로서 사람의 학대는 과연 못 받을 것으로 무식한 여직공들의 단결에 오로지 놀랄 뿐이다"라는 논평을 남겼다.[60] 구타와 성희롱은 권력관계 속에서 감독 행위의 경계를 둘러싸고 행해졌기 때문에 사주는 감독관을 결코 쉽게 해고하지 않았다. 임금 문제에 비해 발생 빈도는 낮지만, 길고 격렬하게 이어진 것은 이 문제들이 공장의 규율에 관련된 일이었기 때문으로 보인다.

---

58 「인천 선미여공의 파업 소성노동회의 활동과 경찰의 간섭」, ≪동아일보≫, 1924년 3월 15일 자.
59 「선미여공맹파」, ≪매일신보≫, 1924년 3월 12일 자; 「인천여공맹파는 무조건 해결」, ≪매일신보≫, 1924년 3월 15일 자; 「인천의 여공 맹파 해결」, ≪매일신보≫, 1924년 3월 16일 자; 「냉대! 능욕! 인천선미여공 파업, 짐생 같은 감독 在前 배척과 삭전 올리려는 두 조건으로」, ≪동아일보≫, 1924년 3월 12일 자; 「인천여공맹파 잘 해결될 듯」, ≪동아일보≫, 3월 13일 자; 「경관의 무리한 간섭, 쌀 고르는 여직공의 동맹파업」, ≪동아일보≫, 1924년 3월 14일 자; 「인천 선미여공의 파업 소성노동회의 활동과 경찰의 간섭」, ≪동아일보≫, 3월 15일 자; 「인천 선미여공 15일부터 복업」, ≪동아일보≫, 1924년 3월 17일 자.
60 「인천선미여공 4백여 명 파업」, ≪조선일보≫, 1924년 11월 19일 자.

3) 인천선미여공조합의 활동

파업을 거듭하면서 선미 여공은 인천의 노동 운동과 경성의 사회주의 운동 세력과 관계하게 되었다. 1923년 8월 중국인 노동자 고용 문제로 일어난 파업에 인천소성노동회가 개입한 것이 확인된다.[61] 이 단체는 인천노동총동맹의 전신으로[62] 파업을 중재하고 강연회를 개최하는 등 노동자 조직화에 진력하고 있었다.

선미 여공과 인천 노동 운동의 관계에 관련해 1924년 3월의 가등정미소 '성희롱 파업'과 11월의 '구타 파업' 사이의 경과를 살펴볼 필요가 있다. 1924년 3월의 파업을 보면 인천노동총동맹(이하 총동맹)이 사주와 여공을 중재하는 역할을 했고 이는 경찰이 이전보다 강하게 개입하는 계기가 된 것 같다. 경찰은 그간 깊숙하게는 개입하지 않아왔으나 총동맹이 중재자로 활약하자 바로 촉각을 세웠다. 총동맹은 조직화를 위해 여자부를 설치했고 주세죽을 상무위원으로 초빙했다.[63] 1924년에 총동맹에 가입하는 여직공의 수가 크게 늘어났고 드디어 1924년 10월 12일에 인천선미여공조합이 설립되었다. 정미소 13곳의 대표 100명은 화평리의 총동맹 회관에 모여 창립총회를 열었으며 임시 의장으로 직야(直野)정미소의 박소사와 위원 10인을 선출했다. 이들은 회칙을 통과시키고 회비를 정하고 한 달에 한 번 정기 집회를 가지기로 합의했다.[64] 1920년 중반기에는 선미여공조합처럼 직업 단위의 노동

---

61 「가등정미소의 500명 노동자 동맹파업」, ≪동아일보≫, 1923년 8월 30일 자.

62 인천소성노동회는 조선노동총동맹에서 가입했고 1924년 3월 8일 자 신문에 따르면 인천노동총동맹으로 명칭을 변경했다(「인천소성노동회 노동연맹회 가입」, ≪동아일보≫, 1924년 1월 26일 자).

63 「인천노동동맹에 여간부 신입, 여성동우회에서 초빙」, ≪시대일보≫, 1924년 6월 12일 자; 「인천무산부인 서광의 기쁨 삼천여성선미직공을 위하여 기관을 설치」, ≪조선일보≫, 1924년 6월 14일 자.

조합이 설치되었는데, 동일 직업의 사람들이 지역에 늘어남에 따라 공통의 이해관계를 바탕으로 공장주에 대처하기 위해 노동자 조직화가 이루어졌다.[65] 즉, 파업이 지속적으로 일어났고 인천의 노동 운동 세력과도 긴밀하게 협력할 수 있었던 것은 이들이 생활 공간을 공유하고 출퇴근하는 지역 주민이었기 때문이었다.[66]

1924년 11월 가등정미소 구타 사건 때 총동맹은 파업의 후원 세력으로 파업을 지원하는 역할을 했다. 총동맹은 매를 맞고 쫓겨난 이 씨와 그의 딸을 병원으로 후송해 치료했다.[67] 선미여공조합은 이 파업이 마무리된 직후 1924년 11월 말에 총동맹에 가입했고 1925년에는 민족 운동의 굵직한 일정들에 이름을 올렸다.[68] 이 단체는 인천구제회의 일원으로 1925년에 전 조선의 민족 운동 세력이 연합해 추진한 조선기근구제회에 참여했으며,[69] 전 조선민중운동자대회 후원회에 참가 단체로 등록했다.[70]

---

64 「삼천여공단결」, ≪시대일보≫, 1924년 10월 15일 자; 「선미여공단결, 지난 12일 밤에 조합을 창립하여」, ≪조선일보≫, 1924년 10월 15일 자; 「선미여공회합 재작 노동회관에서」, ≪조선일보≫, 1924년 10월 28일 자; 「청년기타집회 — 선미여공집회」, ≪조선일보≫, 1924년 10월 28일 자.

65 김경일, 『한국노동운동사 2: 일제하의 노동운동 1920~1945』(지식마당, 2001), 137쪽.

66 서형실의 선행 연구에서도 지역 주민이라는 정체성이 지역 운동 세력과의 연대에 긍정적인 요인이었음을 지적하고 있다. 서형실, 「식민지 시대 여성노동운동에 관한 연구」, 90쪽.

67 「인천총동맹 분기」, ≪동아일보≫, 1924년 11월 19일 자; 「인천선미여공 사백 명 수(遂) 파업」, ≪조선일보≫, 1924년 11월 19일 자.

68 「인천노맹위원」, ≪조선일보≫, 1924년 11월 29일 자. 대체로 1923년 이후 노동 운동은 목적의식적 지도와 조직화가 이루어졌는데 인천의 사례도 그러한 것 같다. 일반적으로 1923년 이후에는 도시를 중심으로 노동조합의 역할이 점차 강화되어 가고 있었으며 같은 직종끼리 연대 투쟁을 경험한 후 노동조합을 결정하는 일이 잦았다. 노동조합은 파업을 교섭하거나 중재하는 역할이 가장 일반적이었다. 이에 관해서는 김경일, 『한국노동운동사 2』, 104~105쪽 참고.

69 「인천구제회 창립」, ≪조선일보≫, 1925년 2월 6일 자; 「조선기근인천구제회 근황」, ≪동아일보≫, 1925년 4월 13일 자.

조직화의 진전과 함께 파업이 확산되는 양상도 감지할 수 있다. 1925년 2월의 부분 파업으로 시작된 십천정미소 파업은 노동회관에서 회합을 통해 전면 파업으로 확산되었다. 또 1926년 3월 22일의 원전정미소, 역무정미소 파업 후 바로 3000명의 직공이 참여한 동맹 파업이 일어났다. 이 파업은 임금 인하 거부, 8시간 노동제, 직공에 대한 평등한 대우 등으로 노동자의 요구가 명문화·정식화된 특징이 있다.[71] 하지만 그간 파업에서 표출된 선미 여공의 이해관계가 직접적으로 반영되지는 않은 것 같다. 1931년 역무정미소 남녀 직공 400명의 파업의 요구 조건을 보면 '여직공 임금 차별 반대와 여직공 급유 시간 제정'과 같은 모성 보호 차원의 내용이 있지만 구타, 성폭력 등 업장 내에서 행해지는 여성의 몸에 대한 통제가 문제시되지는 않았다.[72] 또 파업의 양상을 보면 공장 회의를 개최해 대표단을 구성하고 공장 점거하면서 투쟁하는 등 더욱 조직화된 모습을 엿볼 수 있다. 그러나 파업 초반에 드러난 생생한 불만은 잘 보이지 않는다. 부산 지역의 여공 파업에서도 자연 발생적인 성격이 강했던 1920년대의 파업에서는 여성 노동자와 관련된 문제가 대두되었으나 투쟁이 조직화되면서 희석되어 갔다.[73] 파업 현장의 차원에서 계급적 이슈가 중심이 되어가는 양상을 감지할 수 있을 듯

---

70 참가 단체는 아홉 개였는데 선미여공조합 외 노동동지회, 정미직공조합, 철공조합, 무산청년동맹, 인천화요회, 율유(栗柳)청년회, 미상운수조(米商運輸組), 한용(漢勇)청년회가 있었다(「전조선민중운동자대회 4월 19일부터」, ≪조선일보≫, 1925년 3월 21일 자; 「인천에서 조직한 민중대회 후원 9단체 연합으로」, ≪조선일보≫, 1925년 3월 23일 자).
71 「인천 정미공 총파업을 단행」, ≪조선일보≫, 1926년 3월 24일 자.
72 ① 8시간제 시행, ② 최저 임금제 확립(최하 1원 10전), ③ 임금 감하 반대, ④ 해고 반대, ⑤ 여직공 임금 차별 반대, ⑥ 공장 내 위생 시설 완비, ⑦ 부상자 치료비 지급과 완치 기간 임금 전불, ⑧ 정오부터 1시간 휴게 자유, ⑨ 공장 내에 직공 식당 설비, ⑩ 십장과 감독 횡포 타도와 노동자 자유 선임, ⑪ 경찰 간섭 반대, ⑫ 단체 가맹 자유, ⑬ 여직공 급유 시간 제정. 출처는 「심각한 공황에 분쟁 첨예화 인천무력정미소 400남녀 맹파」, ≪동아일보≫, 1931년 6월 6일 자.
73 이송희, 「일제하 부산지역 여성노동자들의 노동운동」, 374~377쪽.

하다.

한편 여공들이 조직화되고 인천 노동 운동 세력과 연대가 이루어지자 경찰과 사주의 대응도 달라졌다. 경찰은 노동 운동 세력이 전면에 등장하자 질서 유지 차원으로 대응하던 초기 국면과 달리 파업 현장에 개입을 마다하지 않았다. 사태가 커지지 않도록 사주에게도 대응을 요구했고 총동맹에게는 개입하지 말라는 경고를 수차례 보냈다. 사주들도 발 빠르게 대응했다. "선미 여공들이 걸핏하면 동맹 파업을 일으키는 것이 괴로울 뿐 아니라 인공(人工)을 기계로 바꾸면 아모 귀찮지 않은 문제도 없고 비용도 적으리라"[74] 며 기계화를 빠르게 추진해 파업을 약화시키고자 하고 있었다. 1925년에 가등정미소에서의 기계화로 여공이 300명이나 줄어들었다.[75] 인력을 기계로 대체하는 작업은 지속적으로 진행되고 있었지만, 파업이 이를 앞당긴 요인이 된 것으로 추정된다. 1927년 이후 파업 건수가 줄어든 것은 경찰과 무엇보다 회사 측의 전략이 관철된 결과로 추정된다.

5. 마치며

이하에서는 앞의 내용을 정리하고 이 글의 함의에 대해 살펴보겠다. 인천에서는 개항 이후 정미업이 성장했고 많은 여성이 선미 공정에 고용되었다. 정미업은 쌀을 재배하고 조세로 납부했던 조선인들에게 매우 익숙한 것이었으며 쌀의 상품 가치를 높이는 공정인 선미 노동 역시 그러했다. 선미

---

74 「기계의 위협에 쫓겨난 각처의 선미공들」, ≪매일신보≫, 1925년 2월 25일 자; 「인천정미 공장 電化로 천여노동자 실직 — 그들을 구제할 방책은 무엇?」, ≪동아일보≫, 1925년 11월 13일 자.
75 「돌 고르는 여직공 직공생활」, ≪조선일보≫, 1925년 2월 11일 자.

공정에는 값이 싸고 또 많은 노동력이 필요했는데 노동력의 주축이 된 젊은 여성뿐 아니라 노인(여성), 아동도 일을 하고 있었다. 선미 여공은 인천 노동자의 거의 절반에 가까울 정도의 규모였고 출퇴근 노동을 하는 거주민이었다. 이들은 임금 인하, 구타, 성희롱에 대한 파업을 벌였는데 이에 대한 자료가 1921년에서 1931년까지 확인된다. 파업은 1924년에서 1926년에 최고조에 달했는데, 이는 선미 여공의 조직화와 인천 노동 운동 세력과의 연대 활동에 힘입은 것이었다. 이들은 1924년 10월에 인천선미여공조합을 결성하고 인천노동총동맹에 가입하는 등 인천 지역의 노동 운동 단체와 함께 활동했다. 구타와 성 문제의 경우 감독 경질의 요구로 이어졌는데, 사주들은 감독 해임을 꺼렸고 파업은 임금 문제에 비해 장기화되었다. 사주들은 여공의 파업에 기계화로 대응했고 집단적으로 일을 하지 않음으로써 확보했던 여공의 협상력도 약화된 것으로 보인다. 1927년 이후로 파업이 약화된 것은 이러한 추세에 있는 것으로 보인다.

이 글은 그간 역사에서 경시되었던 선미 여공에 대한 본격적인 연구라는 데 그 의의가 있다. 이들은 식민지 공업화 이전 주요 산업인 정미업의 주요한 노동력으로 전통 사회와의 연속성 속에서 위치하면서, 공장 노동이라는 새로운 환경 속에 있었으며 파업을 통해 집단적인 요구를 적극적으로 표출했다. 젊은 층이 주도했으나 비교적 다양한 연령으로 구성된 노동자라는 면에서 가족 구성원 모두 재생산을 위해 분투했던 당대 도시 노동자의 모습을 살펴볼 수 있다.

임금 문제와 함께 구타와 성 문제가 파업의 원인이었다는 점은 여성 노동자가 처한 노동 환경의 특수성을 보여주는 것으로 이것은 그간의 노동 운동사에서 파악하지 못한 부분이었다. 한국 여성 노동의 역사에 대한 연구들에서는 1980년대 이전까지 여성 노동자들이 젠더 이슈를 가지고 투쟁한 사례가 없으며 1980년대에 비로소 여성의 폭력에 반대하는 운동이 시작되었다고 서술하고 있다.[76] 하지만 성 문제를 주요 쟁점으로 삼은 1960~1970년대 버스 안내양 파업에 관한 최근 연구에 따르면 이러한 통설은 재고의 여지가 있다.[77] 그리고 선미 여공의 사례를 통해 보았듯이 산업화 초기부터 여성 노동자들은 자신의 몸에 대한 통제에 대해 연대를 통해 저항하면서 인권 감각을 확장해 갔고 '인권 문제'라는 인식을 이끌어내고 있었다.

76 구해근, 『한국 노동계급의 형성』, 신광영 옮김(창작과 비평사, 2002); 이옥지, 『한국 여성 노동자운동사 1』(한울, 2002).
77 조민지, 「1960~70년대 여성 서비스노동 연구: 여성 버스안내원 사례를 중심으로」(서울대 학교 국사학과 박사학위논문, 2023).

참고문헌

1차 자료

≪개벽≫

≪경성일보≫

≪동아일보≫

≪매일신보≫

≪釜山日報≫

≪시대일보≫

≪朝鮮新聞≫

≪조선일보≫

≪조선중앙일보≫

仁川府. 1923/1926.『府勢一般』.

二瓶貞一. 1941.『精米と精穀』. 東京: 西ケ原刊行會.

2차 자료

강이수. 1992.「1930년대 면방 대기업 여성노동자의 상태에 관한 연구」. 이화여자대학교 박
　　　사학위논문.

＿＿＿. 2011.『한국 근현대 여성노동 : 변화와 정체성』. 문화과학사.

곽건홍. 1999.「1930·40년대 서울지역 공장 여성노동자의 생활」. ≪향토서울≫, 70호, 51~
　　　79쪽.

구해근. 2002.『한국 노동계급의 형성』. 신광영 옮김. 창작과 비평사.

김경일. 2001.『한국노동운동사 2: 일제하의 노동운동 1920~1945』. 지식마당.

김광언. 1969.『한국의 농기구』. 문화공보부 문화재관리국.

김광운. 1990.「일제하 조선 도정노동자의 계급형성과정」.『벽사 이우성교수정년퇴직기념논
　　　총 民族史의 전개와 그 문화 하』. 벽사 이우성교수정년퇴직기념논총 간행위원회.

김양섭. 2014.「일제강점기 인천 성냥공장 여성노동자의 동맹파업」. ≪지방사와 지방문화≫,
　　　17권, 2호, 289~328쪽.

뒤비(Georges Duby)·페로(Michelle Perrot) 엮음. 1994. 『여성의 역사』 4권 하. 권기돈 옮김. 새물결.

매시, 도린(Doreen Massey). 2019. 『공간, 장소, 젠더』. 정현주 옮김. 서울대학교 출판문화원.

박재화. 1990. 「1930년 조선방직 노동자들의 파업연구」. 부산여자대학교 석사학위논문.

배러클러프, 루스(Ruth Barraclough). 2017. 『여공문학: 섹슈얼리티, 폭력 그리고 재현의 문제』. 김원·노지승 옮김. 후마니타스.

배상미. 2019. 『혁명적 여성들: 프롤레타리아 문학의 젠더, 노동, 섹슈얼리티』. 소명출판.

서지영. 2013. 『경성의 모던걸: 소비·노동·젠더로 본 식민지 근대』. 여이연.

서형실. 1990. 「식민지 시대 여성노동운동에 관한 연구」. 이화여자대학교 석사학위논문.

오호성. 2007. 『조선시대의 미곡유통시스템』. 국학자료원.

이민재. 2019. 「식민지 조선의 연료 이용 정미기 보급과 1920~1930년대 무연료 정미기 발명: 사회적 맥락과 의미를 중심으로」. ≪민속학연구≫, 44호, 219~246쪽.

이송희. 2001. 「일제하 부산지역 여성노동자들의 노동운동: 고무공장 여성노동자들을 중심으로」. 『여성 ― 역사와 현재』. 국학자료원.

_____. 2003. 「일제하 부산지역 방직공장·고무공장 여성노동자들의 쟁의」. ≪이화사학연구≫, 30집, 365~388쪽.

이아리. 2023. 「한국 근대 가사서비스업의 형성과 변동」. 서울대학교 국사학과 박사학위논문.

이옥지. 2002. 『한국 여성노동자운동사 1』. 한울.

이윤진. 2003. 「일제 식민지 탁아사업을 통해 본 국가의 여성관」. ≪아시아여성연구≫, 42집, 301~340쪽.

이정옥. 2013. 「일제강점기 제사 여공과 고무 여공의 삶과 저항을 통해 본 공업노동에서의 민족차별과 성차별」. 『경계의 여성들』. 한울.

인천직할시사편찬위원회. 1993. 『인천시사』 상.

전국민주노동조합총연맹 인천지역본부. 2019. 『인천 여성노동자의 역사를 찾아서』.

정윤환. 2021. 「1910~1920년대 인천 정미업에 대한 연구」. 한국외국어대학교 석사학위논문.

조민지. 2023. 「1960~70년대 여성 서비스노동 연구: 여성 버스안내원 사례를 중심으로」. 서울대학교 국사학과 박사학위논문.

틸리(Louis A. Tilly)·스콧(Joan W. Scott). 2008. 『여성, 노동, 가족』. 김영·박기남·장경선 옮김. 후마니타스.

하지연. 1996. 「타운센드 상회(Townsend & Co.)연구」. ≪한국근현대사연구≫, 4집, 8~33쪽.

제5장

나치 시대의 남성 동성애 혐오와 대항 담론*

전유정

1. 들어가며

주디스 버틀러(Judith Butler)는 『젠더 트러블』(1990)의 결론에서 페미니즘 정치학 또는 정치적 행동을 위해 '주체'의 범주를 규정하고 시작할 필요가 없다고 주장한 바 있다. 미리 구성된 주체, 즉 통일체로서의 '우리'는 페미니즘의 정치적 이론화에 걸림돌이 되어왔다는 것이다.[1] 섹슈얼리티, 계급, 세대, 종교, 민족성, 몸과 같은 차이의 범주들을 포괄하는 위치를 구성하는 과정은 절대로 완결될 수 없기 때문이다. 예를 들어 '여성'이라는 주체성을 먼저 정의하고, 이로부터 정치적 행동을 수행하려는 시도들이 저질러왔던 배제의 폭력들을 우리는 이미 수없이 목도했던 것이다. 버틀러는 오히려 통일

---

*   이 글은 전유정, 「나치 시대의 남성 동성애 혐오와 대항담론: 마그누스 히르쉬펠트의 성과학을 중심으로」, ≪횡단인문학≫, 9호(2021)를 일부 수정·보완한 것이다.
1   주디스 버틀러, 『젠더 트러블』, 조현준 옮김(문학동네, 2008), 351쪽 참조.

된 주체화를 가로막는 것처럼 보이는 차이들, 즉 "짜증스런 등등(etc)"[2]의 범주들로부터 새로운 정치적 추동력이 파생되기를 기대한다. 이는 '교차성'이라는 관점, 즉 끝없이 등장하는 차이의 요소들을 배제하지 않으려는 그간의 젠더 이론들의 노력이 축적된 시각일 것이다. 그 논의의 갈래들이 하나로 묶일 수는 없지만, 반본질주의적 입장에서 주체를 구성하는 '등등'의 차이들이 '통약 불가능하다'는 점에는 동의할 것이다. 정치적으로 올바르게 행동하기 위한 차이의 주체들은 공통된 요소로 약분될 수도 없고 약분되어서도 안 되는 것이다. 행위 뒤에 행위자가 있을 필요는 없고, 행위자는 행위 속에서 행위를 통해 다양하게 구성될 뿐이다.[3] 이렇듯 '통약 불가능성(incommensurability)'은 반본질주의적 정체성의 정치를 위한 전제 조건이다.

그러나 이와는 정반대로 본질주의를 극단으로 몰고 감으로써 해당 권력의 정당성을 획득하고, 그것을 작동시키는 메커니즘을 효과적으로 통제하려는 정치적 입장도 존재한다. 인종주의나 섹슈얼리티를 본질주의적 토대속에서 왜곡해 악용하려는 극우주의적 이데올로기가 바로 그러한 경우일 것이다. 이때 극우주의는 자신들의 이익에 해가 되는, 또는 자신들의 이익을 위해 '적대시되어야만' 하는 집단들에게 '혐오의 공통분모'를 강제한다. 그 혐오의 공통분모에 대한 근거는 전혀 합리적이지 않으며 증명될 수조차 없음에도, 적대의 집단으로 선택된 자들은 통약성에 의거해 담론적으로 가시화된다. 그들은 처음부터 본질적으로 혐오스럽지 않으며, 그 인과 관계 및 선후 관계는 반대이다.[4] 그들은 혐오 대상으로 지목되었기 때문에, 특정

---

2 이에 대해 버틀러는 다음과 같이 설명한다. "이것은 끝없는 의미화 과정 자체에 대한 기호인 동시에 소진(exhaustion)을 나타내는 기호이기도 하다. 이것은 보충(supplement)이고, 정체성을 상정하려는 그 어떤 노력도 결코 수반하는 일이 없는 넘침이다"(버틀러, 『젠더 트러블』, 353쪽).

3 버틀러, 같은 책, 352쪽 참조.

4 마사 너스바움, 『혐오와 수치심: 인간다움을 파괴하는 감정들』, 조계원 옮김(민음사, 2015),

한 본질주의적 속성을 강제로 부여받아야만 한다.

　나치 권력도 예외는 아니었다. 오히려 강제된 통약성을 교활하게 활용해 혐오 대상을 만들어내고 통제한 극우주의의 한 형태가 바로 그것이다. 특히 나치의 극우주의 담론은 성적 '퇴화'의 전형적 특징들을 '열등한 인종들'에게 고스란히 전이시켰다.[5] 특정 인종들은 성도착자와 유사한 거부감을 불러일으키며, 섹슈얼리티와 관련된 도덕성과 자기 규율에 있어서 전반적인 결핍을 보이는 것으로 주조되었다. 그리하여 여성, 유대인, 동성애자는 허약한 기질, 과도한 성욕, 비이성, 비도덕성 등의 공통분모로 통약되어야 했다. 이 글은 이러한 맥락에서 나치라는 극우주의가 혐오 범주, 특히 '남성 동성애'[6] 혐오를 생산하는 메커니즘에 주목하고자 한다. 나아가 정신 분석과 성과학이 발전하던 당대의 독일어권 지성사의 맥락에서 성 담론이 어떻게 나치 권력에 봉사했고, 역설적으로 대항 담론의 가능성 또한 만들어내었는지를 고찰할 것이다. 그 과정에서 나치 정권의 동성애 혐오 담론에 맞서 성 개혁 운동을 추진한 대표적인 성과학자 마그누스 히르슈펠트(Magnus Hirschfeld)의 행보와 그 의의가 강조될 것이다.

　206~207쪽 참조.

5　조지 모스, 『내셔널리즘과 섹슈얼리티』, 서강여성문학연구회 옮김(소명출판, 2004), 62쪽.

6　현재의 젠더 관련 이론과 담론 들 속에서는 '퀴어'라는 용어가 정치적으로 많은 동의를 얻어내고 있다. 그러나 이 글의 대상이 되는 시대에는 동성애, 특히 '남성 동성애'가 주로 공론장에서 논의되었기에 이에 집중하고자 한다. 용어 선택 또한 문화사적 경향을 가시화하기 위해 당대 담론들을 따르려고 한다. 예를 들어, 당대의 자료들 속에서 '동성애'라는 용어는 많은 경우 '남성 동성애'를 의미한다. 이 밖의 젠더 다양성은 후속 연구에서 다룰 수 있을 것이다.

2. 강제된 통약성

나치가 태동하고 집권하던 시기만큼, 극우주의가 혐오를 생산하는 방식을 적나라하게 살펴볼 수 있는 때는 드물 것이다. 단기간 내에 권력을 장악해야 했던 아돌프 히틀러(Adolf Hitler)는, '경제적 위기'[7]를 극복하고 한 번도 성공해 보지 못한 통일 제국을 정립한다는 명목으로 공공의 적을 만들어서 탄압한다. 특정 대상이 공공의 적으로 선택되어 인종주의를 기반으로 폄하되어야 한다면, 그 범주의 사람들이 지닌 것으로 상정된 결점들은 제거되거나 교정되기 어렵다. "그들이 개선을 위한 실천들의 경계 밖에 영원히 머물도록"[8] 담론은 구성되고 조작될 것이기 때문이다. 지그문트 바우만(Zygmunt Bauman)에 따르면, 나치와 같은 인종주의는 특정 범주의 인간들이 어떤 노력을 하더라도 합리적 질서 안으로 편입이나 교화될 수 없다는 확신을 보여 주며, 그들을 영원한 이방인으로 남아 있게 만든다.[9]

나치 시대는 이 글의 주제를 논하기 위한 실험실과도 같은 공간이었다. 독일이라는 민족 국가를 위해 배제되어야 하는 범주들은 근거 없는 친연성으로 묶여 통약 가능하게 만들어졌기 때문이다. 그리스의 이상을 물려받은 강철 같은 남성성의 체현 그 자체여야 했던 '나치'는 여성, 유대인, 동성애자라는 적이 필요했다. 이 혐오스런 친연성의 집단을 제거한다면, 독일 민족

---

7 캘리니코스(Alex Callinicos)는 나치의 유대인 혐오를 서구 기독교 역사의 항상성으로 파악했던 아렌트(Hannah Arendt) 등의 시각에 반대한다. 특히 19세기부터 강력해진 유대인 혐오를 자본주의의 긴장이 만들어낸 결과물로 간주한다. 19세기 말 유럽의 자본주의 질서 속에서 유대인은 종교적 소수자라기보다는, 전쟁과 양극화라는 사회 현상이 낳은 적대감의 속죄양이 되어야 했다는 것이다. 앨릭스 캘리니코스, 『인종차별과 자본주의』, 차승일 옮김(책갈피, 2020), 43~44쪽.

8 지그문트 바우만, 『현대성과 홀로코스트』, 정일준 옮김(새물결, 2015), 125쪽.

9 바우만, 같은 책, 125쪽 참조.

의 강인한 제국을 건설할 수 있다고 설파했던 것이다. 그리고 이를 위해 국가 사회주의자들은 당대에 발전하고 있었던 성과학이라는 이름의 유사 과학적 담론들을 편취해서 활용했다.

1) 여성-유대인

히틀러를 감동시켰다고 전해지는 오토 바이닝거(Otto Weininger)의 『성과 성격』(Geschlecht und Charakter, 1903)은 반유대주의에 대한 이론적 근거를 필요로 했던 극우주의자들의 욕망에 부합하는 것이었다. 게다가 19세기 후반부터 여성 운동이 중요한 세력으로 인정받기 시작한 유럽에서 남성들은 위기감을 갖게 되었고, 이를 반영하듯 바이닝거의 연구는 여성에 대한 적대감도 노골적으로 드러내었다.[10] 바이닝거는 여성을 "섹스 그 자체이자 완전히 성적인 존재이며 사실상 남성이 지닌 동물성"이라고 간주했는데, 마사 너스바움(Martha Nussbaum)은 이를 직접적으로 인용하면서 남성들은 동물성으로부터 멀어지고자 여성들에 대해 혐오와 죄책감으로 반응한다고 분석한 바 있다.[11]

특히 바이닝거는 유대주의가 이상할 정도로 여성적 본질에 젖어 있다고 주장하면서, 여성 혐오의 근거와 동종의 것을 반유대주의에도 적용한다. 이 두 범주는 "어떤 것부터 시작해도 상관없을 만큼" 동일하다는 것이다.[12] 그리고 나치는 이를 적절히 끌어들이며 두 혐오 대상과 '독일의 이상적 남성상'을 대립시켰다. 바이닝거에게 여성과 마찬가지로 유대인은 자신의 섹슈

---

10 조지 모스, 『남자의 이미지: 현대 남성성의 창조』, 이광조 옮김(문예출판사, 2004), 176~177쪽.
11 너스바움, 『혐오와 수치심』, 209~210쪽 참조.
12 오토 바이닝거, 『성과 성격』, 임우영 옮김(지식을 만드는 지식, 2012), 722~723쪽.

얼리티에만 완전히 몰두하며, 어린아이같이 성숙하지 못하고, 취약한 신경 체계로 인해 정신병 — 여성에게 히스테리 발작을 전형성으로 부여했듯이 — 에 지배받는 범주였다. "여성들은 자기 안에 자리 잡고 있는 본능적인 충동만을 따르기에",[13] 남성들과는 달리 합리적으로 사고하지 못하고 도덕적 감각이 없다는 것이다. 여성들은 창조적이지도 독립적이지도 않으며, 이성과 거리가 먼 감정적인 존재들이라는 것이 나치 정권의 지지를 얻어낸 바이닝거의 규정이다. 그리고 이러한 여성적 기질은 유대인들의 그것과 동종의 것이어야만 했다.

신체상의 특징으로 보아도 유대인들, 특히 유대인 남성들은 여성성을 강요받았다. 유대인들의 몸은 여성의 그것처럼 유약, 병약할 뿐만 아니라 동물성을 갖고 있었다. "유동적이고 끈적이며 여성화된 혐오스러운 유대인"과 이상적인 독일 남성은 대비되었다.[14] 히틀러에게 "유대인은 유목민도 아니고 늘 다른 민족의 체내에 사는 기생충일 뿐"[15]이었던 것이다. 이는 찰스 다윈(Charles Darwin)의 진화론과 허버트 스펜서(Herbert Spencer)의 사회 진화론으로부터 영향을 받아 널리 퍼져 나갔던 독일의 우생학 담론과도 관련이 있다. 에른스트 헤켈(Ernst Haeckel)이 주도한 독일의 진화론은 개인이 아닌 집단 간의 생존 경쟁에 입각한 군국주의적 성격의 논리로 활용되었는데,[16] 민족주의적 결속을 통한 나치 제국의 통일이라는 목표에 부합했다. '퇴화'된 인종적 요소를 제거해 독일 민족의 생존 조건을 강화하고자 했던 것이다. 헤켈은 『자연창조사』(Natürliche Schöpfungsgeschichte, 1868)에서 인종 자체를 10단계로 구분하면서, 흑인들과 같이 가장 낮은 단계의 인간은 고등한 원숭

---

13 바이닝거, 같은 책, 602쪽.
14 너스바움, 『혐오와 수치심』, 205~206쪽 참조.
15 아돌프 히틀러, 『나의 투쟁』, 이명성 옮김(홍신문화사, 2020), 182쪽.
16 김호연, 『유전의 정치학, 우생학: 강제 불임에서 나치의 대학살까지』(단비, 2020), 193쪽 참조.

이에 가깝다고 주장하기도 했다.[17] 국가 사회주의는 이러한 인종 담론을 거부할 이유가 없었다. 고등 인종인 독일인의 순수한 혈통을 유지하려면 열등한 범주들은 제거되어야만 했던 것이다. 이러한 맥락에서 유대인의 몸은 정상성에서 벗어나 있는 교정과 개선의 대상이었고,[18] 이상적인 나치군의 몸과 대척점에 놓이게 되었다.

2) 여성-유대인-동성애자

혐오와 적대를 위한 공통분모는 이제 '동성애'로서의 섹슈얼리티 범주에도 강제된다. 특히 남성 동성애자는 여자와 유대인처럼 과잉의 성욕을 지닌 사회의 반동분자로 간주되었다. 동성애자들은 성에 대한 강한 도착을 보일 뿐만 아니라 그 신경적 허약성으로 인한 비이성적 존재이기에, 정상성의 범주에 속할 수 없었다. 그리고 이는 독일 민족의 이상적인 순수성을 부르짖던 히틀러의 독단적 교리와 떼어낼 수 없는 관계에 있었다.

『나의 투쟁』(Mein Kampf, 1925)에서 민족, 인종, 혈통 등을 지속적으로 운운했던 히틀러에게, 무엇보다 유대인과 동성애자는 독일 제국의 순혈적 재생산이라는 측면에서 해가 되는 집단들이었다. 동성애자는 불임과 직접적으로 연결되었고, 유대인은 "이상적이고 순결한 유럽 여인의 피를 흐리고 혼탁하게 만들 위험성이 있는 성적 메시지"[19] 자체이기에 독일 민족의 적이었다. 특히 이러한 담론적 경향들은 19세기 말에 영향력이 점차 강해졌고,

---

17 Vgl. Ernst Haeckel, *Natürliche Schöpfungsgeschichte* (Berlin, 1868), S. 555. 목승숙, 「카프카와 다위니즘: 다위니즘에 비춰본 학술원에 드리는 보고」, ≪카프카연구≫, 36호(2016), 17쪽에서 재인용.
18 최윤영, 『카프카, 유대인, 몸: 「변신」과 「학술원에 드리는 보고」』(민음사, 2012), 46~47쪽 참조.
19 최윤영, 같은 책, 55쪽.

제1차 세계대전 이후로는 더욱 악화되었다. 너스바움이 주장하듯 혐오가 '취약성과 수치심의 경험'과 밀접하게 연결된 것이라면, 1918년의 참혹한 패배는 독일 남성 자아가 형성되는 과정에 일종의 병리적이면서도 자아도 취적인 수치심을 심어주었다고 볼 수 있다.[20] 그리하여 나치는 수치심에 대한 공격적인 반응의 일환으로, 외부 대상에 자신들의 수치심을 투영하기 위한 적극적인 담론적 조치를 취했다. 히틀러가 패전을 극복하고 민족의 새로운 정신적 재건을 위해 맞서야 할 범주로 유대인, 동성애자, 사회주의자를 지목한 것도 이러한 맥락이다.

제1차 세계대전이 실패로 종결되고 남성성의 이상은 파시즘의 본질과 가까워졌고, 조지 모스(George Mossee)가 주장하듯 이를 구현하기 위해 나치는 '카운터 타입'을 가시화하고 비하한다.

유대인들은 "창백하고, 못생기고, 보잘것없고, 도시에 몰려 사는, 근친교배로 태어난 남성"으로서 "발육 정지 상태의 이미지"였을 뿐만 아니라, 동성애자와 마찬가지로 "타락"한 집단들이었다.[21] 유대인과 마찬가지로 동성애자들은 독일 남성, 더 구체적으로는 민족주의의 이상을 따르는 '정상'적 남성들과 달라야만 했다. 그리하여 심지어는 유대인들이 동성애를 퍼트린다는 터무니없는 담론이 나치의 망상에 의해 퍼지기도 했다.[22]

히틀러는 독일 민족의 남성성을 그리스적 이상과 같은 선상에 놓고 찬양했기에, 그 반대적 기질을 가진 것으로 강제된 유대인과 남성 동성애자는 치료와 절멸의 대상이 되어야만 했다. 이렇게 '남성적이지 않은' 유대인과 동성애자의 병리적 섹슈얼리티가 강조되었던 것은 국가의 재생산, 강력한 민족으로의 재건이라는 목표를 위협하기 때문이었다. 극단화된 민족주의의

---

20   너스바움, 『혐오와 수치심』, 205쪽 참조.

21   너스바움, 같은 책, 263쪽.

22   모스, 『내셔널리즘과 섹슈얼리티』, 242쪽.

형태가 인종 혐오로 나타난다면, 여기에 섹슈얼리티의 문제가 결합하는 상황은 직접적일 수밖에 없다.[23]

3. 성과학의 아이러니

이 글은 지금까지 나치라는 극우주의가 남성 동성애 혐오 담론을 주조하는 방식을 살펴보았다. 하지만 섹슈얼리티 담론의 생산 과정이 복잡하고도 양가적인 만큼, 반(反)동성애 시각을 개혁하고자 하는 대항 담론의 가능성 또한 그 내부에서 싹트고 있었다. 이 글은 이 지점 또한 주목하기 위해, 유럽의 성 담론과 관련된 부르주아 권력의 역설적인 상보 관계를 먼저 다루어 보고자 한다.

섹슈얼리티라는 용어는 19세기에 등장했고, 이를 관장하는 권력은 바로 '부르주아' 사회였다. 그러나 권력이 언제나 쾌락의 반대편에 있는 것이 아니라는 점을 유념해야 한다. 미셸 푸코(Michel Foucault)는 "쾌락과 권력은 복잡하고 확실한 자극과 선동의 메커니즘에 따라 서로 얽힌다"[24]고 보았다. 부르주아라는 권력이 성생활을 새로 만들고 정착시키는 데 기여했다는 것이다.

부르주아 권력의 성에 대한 양가적 관심은 그것에 대한 추적과 발견으로 이어졌다. 그리하여 오스트리아와 독일에서는 정신 분석과 성과학 연구가 발전할 수 있었고, 권력과 쾌락의 역학을 더욱 역동적으로 만들어주었다. 그러나 폭발적 생산성이 옳은 결과를 보장해 주는 것은 아니었다. 성과 관련한 "다양한 맥락의 권력-지식"[25]이 산출되었지만, 유사 과학적 요소들을

---

23 모스, 같은 책, 249쪽.
24 미셸 푸코, 『성의 역사 1』, 이규현 옮김(나남, 2004), 60쪽.
25 푸코, 같은 책, 60쪽..

제5장 나치 시대의 남성 동성애 혐오와 대항 담론   **141**

떨쳐낼 수는 없었다. 부르주아라는 권력과 맞물려 생산되는 한, 정상적 섹슈얼리티와 병리적인 것의 구분은 필수적이었고, 그 기준은 과학이 아닌 누군가의 이득과 이상에 가까운 것이었기 때문이다.

리하르트 폰 크라프트에빙(Richard von Krafft-Ebing)은 1860년대 정도부터 출현한 성과학 분야를 정립하는 데 중요한 기여를 했다. 특히 사디즘이나 마조히즘과 같은 범주를 최초로 규정했을 뿐만 아니라, 성 병리의 다양한 사례들을 수집하고 분류하는 방대한 작업을 시도했다. 성을 과학의 한 분과로서 탐사하려는 노력은 그의 대표 저서인 『성 정신병리』(Psychopathia Sexualis, 1886)에 반영되었다.[26] 그렇다고 해도 크라프트에빙의 연구를 과학적이라고 평가할 수는 없을 것이다. 그는 신체 부위들과 성욕의 '결핍'과 '과잉' 등을 기준으로 성 병리의 현상들을 세밀하게 분류하려 했다. 그 과정에서 동성애는 사디즘, 마조히즘, 페티시즘과 더불어 '성감 이상증(性感異常症)'에 속하게 되었다.[27] 그렇지만 그가 『성 정신병리』의 서론에서 호기롭게 선언한 바와는 달리, 분류 기준은 절대로 과학적이지 않았다. 부르주아 권력으로부터 자유롭지 않았던 분류 작업은 그들의 도덕론을 과학으로 포장하는 셈이 되었다.[28] 섹슈얼리티와 관련한 정상성의 기준이 당대의 사회 규범 내지는 권력 집단이 지향하는 바에 의해 좌지우지되었던 것이다.

이렇게 특정 젠더 성향들을 병리화해 분류하려는 시도는 최근까지도 지

---

26 Vgl. Richard von Krafft-Ebing, *Psychopathia sexualis. Mit besonderer Berücksichtigung der contären Sexualempfindung. Eine klinisch-forensische Studie* (Stuttgart: Arcade, 2001).

27 크라프트에빙은 성 신경증을 크게 말초 신경증, 척추 신경증, 뇌 신경증으로 분류했다. 그가 가장 주력했던 범주인 뇌 신경증은 자가당착증(성욕 역설), 성 지각 마비증(결핍), 성욕 과잉증, 성감 이상증(감각 이상) 등을 기준으로 소분류되었다. '성감 이상증' 범주에는 사디즘, 마조히즘, 페티시즘, 동성애가 속하고, 이 지점은 당대는 물론이고 그의 사후에도 지속적으로 관련 분야에 영향을 주었다. 리하르트 폰크라프트에빙, 『광기와 성』, 홍문우 옮김(파람북, 2020) 참조.

28 김학이, 『나치즘과 동성애: 독일의 동성애 담론과 문화』(문학과 지성사, 2013), 66쪽 참조.

속되었다. 미국의 경우, 『정신질환 진단 및 통계 편람』(Diagnostic and Statistical Manual of Mental Disorder: DSM4)에 수록된 '젠더 정체성 장애'(Gender Identity Disorder: GID)가 바로 그것이다.[29] 이는 "어떤 사람이 스스로 젠더를 결정할 여러 인간적 가능성의 하나로 이해해야 할 것을 계속 정신병으로 병리화"[30]했고, 동성애 공포증을 지속시키는 역할을 하기에 지양되어야 할 것이다. 이렇듯 섹슈얼리티 문제를 정상과 비정상으로 분류해, 특정 젠더에 병리나 장애라는 낙인을 덧씌우는 것은 현대의 성 정치에서도 여전한 난제이다.

나치 시대에는 특정 섹슈얼리티를 병리화해 혐오 대상으로 구성하는 과정이 당대에 본격적으로 발전을 이룬 성과학의 기여와 맞물려 진행되었다. 그러나 권력이 섹슈얼리티를 일방적으로 억압만 하는 것이 아님을 상기해야 할 것이다. "쾌락과 권력은 서로 뒤쫓고 서로 겹치고 서로 활성화한다"[31]는 푸코의 주장처럼, 특정 섹슈얼리티가 권력 담론에 의해 억압되는 과정은 역설적이면서도 필연적으로 그것을 전복할 수 있는 단초들 또한 생산해 낸다. 권력과 쾌락의 관계처럼, 성과학의 유사 과학적 틈새 또한 양가적이었다. 그것은 극단적 민족주의나 극우주의에 의해 왜곡되기도 했지만, 동성애 처벌법 등에 맞서는 성 개혁 운동의 계기도 마련해주었다. 이러한 의미에서 국가 사회주의의 동성애 혐오 담론에 적극적으로 맞선 히르슈펠트의 연구와 활동은 주목할 만하다.

---

29 이는 미국정신의학협회(American Psychiatric Association)가 출판하는 편람으로, 1994년의 DSM-4는 2013년 DSM-5로 개정되었다. 젠더 정체성 장애, 즉 'Gender Identity Disorder'라는 문제적 명칭은 개정 후 '젠더 위화감(Gender Dysphoria)'으로 변경되었다. https://www.psychiatry.org/psychiatrists/practice/dsm(최종 접속일: 2021.8.25).

30 주디스 버틀러, 『젠더 허물기』, 조현준 옮김(문학과 지성사, 2015), 126쪽.

31 푸코, 『성의 역사 1』, 60쪽.

4. 제3의 성을 넘어

1) 히르슈펠트와 베를린 성과학 연구소

성에 대한 연구자이자 활동가로서 히르슈펠트는 인종주의 사회 공학에 대비될 수 있는 동성애와 관련된 성적 퇴화의 공식을 바로잡기 위해서 노력했다. 바이닝거가 유대인과 동성애에 대한 자기혐오를 지녔고 그것이 그의 연구에 반영되었다면,[32] 마찬가지로 동성애자이자 유대인이었던 히르슈펠트는 당대 성 담론이 동성애라는 섹슈얼리티에 가하는 이데올로기적 폭력에 저항하는 연구와 성 개혁 운동을 실천했다.

프로이트, 해블록 엘리스(Havelock Ellis)와 더불어 20세기 초반의 가장 중요한 성과학자에 속하는 히르슈펠트는 1919년부터 베를린에 성과학 연구소(Institut für Sexualwissenschaft)를 설립해 정신 분석과는 구별되는 다양한 방식으로 섹슈얼리티에 접근했다. 그의 성과학 연구소는 세계 최초로 성전환 수술을 시도했고,[33] 정기적으로 상담 행사를 열어 참가자들에게 성생활과 관련된 유용한 정보들을 제공했다. 성과학의 선구자였던 만큼 그의 연구소는 섹슈얼리티와 관계되는 다양한 설문 조사와 면담을 통해서 동성애적 성향을 지닌 남성들과 여성들의 신체는 물론 정신 의학적 건강에도 기여했다.

---

32 너스바움, 『혐오와 수치심』, 202쪽 참조.
33 1920년 즈음에 진행되었던 성전환 수술의 초기 사례들은 성과학 연구소의 주선으로 진행되었다. 여성의 성으로 전환하기를 결정한 한 남자의 경우, 그는 스물세 살의 장교로 제1차 세계대전에서 군 복무를 해야 했다. 어린 시절부터 그는 자신이 잘못된 몸에 갇혀 있다는 느낌을 받았고, 전쟁 후에는 자살 충동에 이를 만큼 우울증에 시달려야 했다. 이 남성은 수술을 통해서 성기를 절단하는 것은 거부하고, 고환을 제거하는 선택을 했다. 이러한 전환의 결과는 긍정적이었고, 그는 심리적 안정에도 도달할 수 있었다. Vgl. Robert Beachy, *Das andere Berlin: Die Erfindung der Homosexualität. Eine deutsche Geschichte 1867-1933* (München: Siedler Verlag, 2015), S. 270.

특히 설문지를 사용한 사례 연구 방법은 섹슈얼리티 연구에 전환점을 이루어내었다고 볼 수 있다. 크라프트에빙이나 프로이트와는 달리, 히르슈펠트는 방대한 통계 자료를 바탕으로 연구를 진행할 수 있었다.[34]

당대의 동성애 담론은 나치에 의한 국수주의 및 반유대주의와 결합되어 왜곡되었기 때문에, 이것에 대항하는 작업은 성과학 연구소에 있어서 매우 중요한 부분이었다. 히르슈펠트는 동성애에 관한 부당한 편견과 맞서기 위해서 섹슈얼리티는 타고난 본성이라는 시각, 즉 생물학적 결정론의 입장으로 활동을 진행했다. 그는 동성애를 치료가 필요한 병리가 아니라 타고난 본성이기에, '형법 175조'[35]와 같은 처벌의 대상이 될 수 없음을 전제로 삼았던 것이다. '변태 성욕'이나 '성욕 과잉'과 같은 동성애자들에 대한 인식을 개선하기 위한 노력도 다방면으로 추구되었는데, 대표적인 사례가 그의 저서 『베를린의 세 번째 성』(Berlins Drittes Geschlecht, 1904)[36]이다. 히르슈펠트는

---

34 프로이트는 『성욕에 관한 세 편의 에세이』의 '성적 일탈'에서 자신의 연구를 위해 히르슈펠트의 저작들을 참고했음을 분명하게 밝힌다. 특히 「성적 중간 단계에 대한 연감(Jahrbuch für sexuelle Zwischenstufen)」과 「동성애자들의 수에 관한 통계학적 연구」(Statistische Untersuchungen über den Prozentsatz der Homosexuellen, 1904)를 직접 언급하면서 동성애자의 수와 그것을 파악하려는 시도가 얼마나 어려운지에 대해서 각주를 통해 강조하고 있다. 지그문트 프로이트, 『성욕에 관한 세 편의 에세이』, 박종대 옮김(열린책들, 2020), 19~20쪽 참조.

35 1871년 처음 제정된 독일의 동성애 처벌법인 '형법 175조'는 나치 정권의 동성애 혐오를 반영하며 점차 강하게 적용되었다. 소비에트 연합은 성적 정체성을 개인의 영역으로 규정하며 공적인 제한을 가하지 않았지만, 히틀러는 동성애를 독일 재건의 적으로 간주했기에 그들에 대한 처벌의 당위성을 강조했다. 나치 시대에 처벌의 강도가 가장 강했던 175조는 1994년에 이르러서야 완전히 폐지되었고, 이 처벌법으로 기소된 유죄를 무효화하고 피해자들에게 보상하기 위한 노력들이 여전히 진행되는 중이다. 칼린(Norah Carlin)과 윌슨(Colin Wilson)이 주장하는 것처럼 동성애를 범죄화하지 않았다면, 오늘날 동성애자에 대한 인식은 지금과 달랐을 것이다. 칼린·윌슨, 『동성애 혐오의 원인과 해방의 전망』, 이승민 외 옮김(책갈피, 2016), 79쪽 참조.

36 Vgl. Magnus Hirschfeld, *Berlins drittes Geschlecht. Homosexualität um 1900* (Hofenberg:

동성애자들의 문화로 유명했던 베를린의 다양한 면모를 조사하고 드러내어 줌으로써, 그들에 대한 편견을 교정하고자 했다. 이 책의 마지막 장에서 그는 1623년부터 1631년까지 900명의 마녀가 화형되었던 일을 언급하며 베를린의 동성애자들이 부당한 판결인 형법 175조에 의해서 처형되지 않기를, 즉 그들에 대한 오해와 박해가 멈춰지기를 염원하며 글을 마무리한다.[37] 그러나 불행하게도 히틀러가 몇 차례 공적인 연설 자리에서 히르슈펠트를 직접적으로 비난할 만큼, 그 자신이 대표적인 '오해와 박해'의 대상이 되어야만 했다.[38]

성과학 연구소가 내세운 또 하나의 주목할 만한 시각은 동성애적 성향을 남성과 여성 사이의 "성적 중간 단계(sexuelle Zwischenstufen)"로 규정했다는 점이다.[39] 앞서 살펴보았듯이, 강철 같은 독일 민족의 남성성은 허약한 기질의 유대인, 여성과 같은 성적 과잉의 존재인 동성애자와 대비되어야만 했다. 이러한 혐오 담론을 내면화한 남성 동성애자들은 자신들의 남성성을 내세

Otbebookpublishing, 2015).

37 Hirschfeld, 같은 책, S. 41.

38 나치 정권은 제1차 세계대전에서 패배하게 된 원인으로 '동성애, 좌파, 유대인'을 지목했다. 이러한 상황에서 유대인이자, 사회주의자였으며, 직접적으로 커밍아웃을 한 적은 없지만 동성애자로 알려져 있던 히르슈펠트는 나치의 직접적인 비난의 대상이 되었다. 히르슈펠트는 나치 추종자들에게 집단적 폭행을 당하기도 했는데, 대표적인 것은 1920년 뮌헨(München)에서의 강연 이후였다. 히르슈펠트는 의식을 잃을 정도로 부상을 당했지만, 가해자였던 나치 청년단은 그 어떤 법적 처벌도 받지 않았다. 그러나 이 사건에 대해 히틀러는 그가 뮌헨에 있었다면 히르슈펠트의 따귀를 때렸을 것이라며, 오히려 피해자였던 히르슈펠트가 처벌받지 않은 상황에 대해서 공개적으로 분개한다. Vgl. Manfred Herzer, *Magnus Hirschfeld: Leben und Werk eines jüdischen, schwulen und sozialistischen Sexologen* (Hamburg: Campus, 2001), S. 48f. 결국 1933년에 나치 정권은 베를린 성과학 연구소를 강압적으로 폐쇄하고, 방대한 연구 성과를 폐기했다.

39 Vgl. Magnus Hirschfeld, *Sexuelle Zwischenstufen. Das männliche Weib und der weibliche Mann* (Dresden: Fachbuchverlag, 2015).

우며 사회 속으로 스며들기를 원하기도 했다. 그러나 동성애자로 알려진 히르슈펠트는 남성 동성애자들이 가진 여성적 기질을 부정하지 않고 오히려 강조했다. 모든 남성과 여성에게서 양성적 측면을 어느 정도 발견할 수 있지만, 동성애자들은 '반대' 성의 특징을 강하게 갖고 있기에 중간적 또는 제3의 성이 된다는 논리이다. 동성애적 성향을 극단의 남성성과 극단의 여성성 사이에 존재하는 중간 단계 중 하나로 간주했던 것이다. 그러나 이는 히르슈펠트만의 독창적인 입장은 아니며, 프로이트와 같은 당대 성에 대한 연구자들은 어느 정도 동의하고 있었던 관점이다.

　남녀 이분법이라는 전제는 히르슈펠트와 같은 동성애를 병리가 아닌 것으로 주장하는 학자들에게도 유효한 것이었다. 정도의 차이는 있었지만 남성성과 여성성을 양극단의 구별되어야만 하는 축으로 전제하며, 다양한 섹슈얼리티를 그 내부에서 분류하려고 했다. 유럽에서 최초로 남성 동성애자임을 '커밍아웃'한 것으로 알려져 있는 카를 하인리히 울리히스(Karl Heinrich Ulrichs)는 이러한 남녀 이분법 안에서 남성 동성애자를 정신적으로 여성인, 즉 스스로를 여성이라고 느끼는 자들이라고 주장했다.[40] 변호사이자 저널리스트로서 1860년대에 동성애와 관련된 많은 글을 발표하고, "동성애를 국가와 사회에서 선천적 애정으로 인정하고 합법화해야 하며 동성애자의 결혼을 허용하라고 요구"[41]했던 울리히스의 이러한 시각은 크라프트에빙, 프로이트 등이 동성애를 연구하는 것에도 주요한 지표를 제공했다.[42] 히르슈

40　Vgl. Karl Heinrich Ulrichs, *Critische Pfeile* (Stuttgart 1879), S 90. Zit. n. Herzer, *Magnus Hirschfeld*, S. 104.

41　폰크라프트에빙, 『광기와 성』, 280쪽.

42　정신적으로 여성성을 지닌 남성을 동성애자로 파악한다는 지점에서 크라프트에빙은 울리히스의 테제에 동의했지만, 그는 "착란으로서의 동성애"의 원인을 주로 뇌에서 찾았다(폰크라프트에빙, 같은 책, 279~280쪽 참조). 그러나 프로이트는 이와 같은 크라프트에빙의 관점이 울리히스보다 정교한 듯 보이지만 본질적으로 다르지 않다며 비판한다. "우리는

펠트가 동성애를 남성성과 여성성 사이의 것, 즉 제3의 성으로 규정하고 연구방향을 설정한 것 또한 울리히스의 영향으로 알려져 있다.[43]

그러나 히르슈펠트의 '성적 중간 단계'라는 개념은 인과 관계를 정립하거나 그 근원을 설명할 수 있는 것이 전혀 아니다. 그는 정신 분석처럼 동성애에 대한 이론을 정립할 수 있다고 주장하는 분과와 자신의 연구 방향은 다른 노선에 있음을 강조한다.[44] 그의 중간 단계 개념은 동성애를 유사 과학의 거짓 인과 관계에 가두지 않기 위한 일종의 "분류"를 위한 도식이고, 알려진 현상 및 유사한 특질들을 방법론적으로 배열하기 위함이라는 것이다.[45] 그리고 이러한 "알려진 현상(die bekannten Phänomene)"이라는 용어 선택만으로도 히르슈펠트의 동성애에 대한 접근은 탈병리화되고, 경험론적이고 사회학적으로 인지 가능한 삶의 형태가 된다고 만프레트 헤르체르(Manfred Herzer)는 평했다.[46]

프로이트는 동성애라는 섹슈얼리티를 '이상 성욕자'나 '성도착'으로 규정하며 병리로 취급했다. 특히 동성애자들을 '절대적 성도착자'로 분류하면서, 양성애적 도착자들에 비해 이성에 대한 혐오감과 배타성이 그들에게서 발견된다고 기술했다.[47] 동성애와 양성애를 대표적인 성도착이라고 규정했던 프로이트는 이들의 자기 인식을 크게 두 가지로 나누었다. 첫째는 동성애적 성향을 이성애적 본능처럼 자연스럽게 받아들이면서 정상인과 같은 권리를

뇌에서 언어를 담당하는 영역(중추)이 따로 있는지 모르는 것처럼 성 기능만을 담당하는 영역이 따로 있는지도 알지 못한다"(프로이트, 『성욕에 관한 세 편의 에세이』, 21쪽)는 것이다.

43 애너매리 야고스, 『퀴어이론: 입문』, 박이은실 옮김(여이연, 2017), 43쪽.

44 Hirschfeld, *Sexuelle Zwischenstufen*, S. 217.

45 Herzer, *Magnus Hirschfeld*, S. 107.

46 Herzer, 같은 책.

47 프로이트, 『성욕에 관한 세 편의 에세이』, 21쪽.

주장하는 것이고, 두 번째 부류는 자신의 성 충동을 성도착으로 규정하는 것을 거부하며 이를 병적 강박으로 느낀다는 것이다.[48] 이 두 번째 자기 인식을 프로이트는 문제시했는데, 자신의 성 충동에 대해서 강박적으로 받아들인다는 것은 동성애자와 양성애자를 치료로 이어지게 만들 수 있기 때문이다. 이러한 프로이트의 발언들은 정신 분석이 동성애적 섹슈얼리티를 성적 과잉으로서 개선되어야 하는, 즉 퇴화된 형질로 바라보았음을 결정적으로 드러내어주는 부분이다. 이와 달리 히르슈펠트는 동성애가 기본적으로 치료를 요하는 병리라고 여기지 않기에, 이러한 정신 분석의 입장에 회의적이었다. 그리하여 히르슈펠트는 동성애적 기질(Homosexuelle Anlage)로 인해 정신적인 어려움을 겪거나 이성애자가 되기를 바라는 사람들에게 다음과 같이 조언하기도 했다. "성과학적 연구가 의학 기술과 협력해 내분비(innere Sekretion) 조절을 통해서 원하는 성생활로 나아가게 해주리라는 희망을 가져서는 안 된다."[49]

2) 통약 불가능한 젠더와 성적 민주주의

앞서 살펴본 성과학 연구소의 이론적 입장과 더불어 성 개혁 운동의 차원에서 중요했던 것은 당대 성 담론을 내면화해 자기혐오를 갖게 된 동성애자들의 정신 건강이었다. 히르슈펠트는 주요 저서 중 하나인 『남성과 여성의 동성애』(Die Homosexualität des Mannes und des Weibes, 1914)에서 동성애적 성향은 잘못이 없는 타고난 본능(Triebrichtung)임을, 그리고 동성애자들은 부당한 편견으로 인해 불행을 겪는 것이지 동성애 자체가 불행이 아님을 분명하게 서술한다.[50] 계속해서 법이나 사회가 동성애를 부정적인 것이라고 확대 해

---

48 프로이트, 같은 책, 21쪽 참조.
49 Hirschfeld, *Sexuelle Zwischenstufen*, S. 218.

석하며 그들에게 불행을 강요하고, 동성애자들이 사회적으로 유용한 사람, 즉 사회의 일원이 되는 것을 방해하는 상황들에 대해서도 분석해 나갈 것이라고 밝혔다. 이는 고립되어 있다고 느끼는 동성애자들이 자신의 섹슈얼리티를 고통스럽지 않게 받아들일 수 있도록 돕기 위함이었다. 동성애자들이 스스로를 괴물로 낙인찍지 않고, 사회의 정상적인 구성원으로 인지하기를 바랐던 것이다.[51]

당시 동성애자들은 우울증과 자살 충동에 시달리는 경우가 많았는데, 어느 시대이건 주류 성 담론으로부터 영향을 받지 않고 자신의 섹슈얼리티를 구성하는 것은 어려운 일이기 때문이었다. 사회로의 동화가 치료라고 생각하고 내면화한 동성애자들의 경우, 법과 학문 등의 주요 이데올로기의 영향으로 인해 이성애자로 전환하고자 하는 욕구를 억압적으로 갖게 되었다고도 볼 수 있다.[52] 이러한 상황에서 히르슈펠트는 동성애자들의 우울증과 자살 방지를 위한 상담 프로그램을 운영하며, 그들의 신체는 물론이고 정신 건강에 힘썼다. 이를 위해 그가 제안한 두 가지 방안은 좋은 독서와 정신적으로 깊은 공감을 해줄 수 있는 사람들과의 교류였다.[53] 이러한 맥락에서 히르슈펠트는 다양한 동성애자들의 직접적 사례를 바탕으로 그들에 대한 부정적 인식을 개선해 줄 저서들을 출판한다. 『남성과 여성의 동성애』의 서문에는 동성애적 성향을 지닌 남성과 여성 1만 명분에 해당하는 사례 조사

---

50 Vgl. Magnus Hirschfeld, *Die Homosexualität des Mannes und des Weibes* (Berlin: De Gruyter, 2001), S. 441.

51 Hirschfeld, 같은 책, S. 441f.

52 모스에 따르면, 일부 동성애자들은 나치가 지향한 규범적 남성성뿐만 아니라 그들에게 강제된 추하고 허약한 이미지 또한 내면화했기에, 사회가 원하는 모습으로 교화되는 것을 일종의 치료로 생각했다. 그리고 이러한 "열등감과 이에 상응하는 정상성에 대한 욕구는 사실상 모든 소수자들이 공유"하는 측면이 있다. 모스, 『남자의 이미지』, 260~261쪽.

53 Hirschfeld, 같은 책, S. 442.

를 바탕으로 연구서가 집필되었음이 서술되어 있다.[54] 연구 대상 집단들은 동성애라는 특성을 제외하고는 공통점을 갖고 있지 않았다. 계급, 지위, 국적 등은 물론이고, 남성적이거나 여성적인 성향의 정도, 자신의 성적 지향에 대한 만족감이나 정신적 건강함의 정도도 모두 달랐다. 뿐만 아니라 그들에 대해 조사와 분석을 진행할 수 있는 상황도 감옥, 임종 직전 등에 이를 만큼 최대한 다양한 개인들 속에서 동성애 자체를 연구하고자 시도했다.

거듭 강조하자면 히르슈펠트는 무엇보다 형법 175조의 근거가 부당하다는 것을 입증하기 위해 섹슈얼리티를 생물학적으로 타고난 것으로 간주하고, 그것을 입증하기 위한 일환으로 다른 성과학자들보다 다양한 개인들의 사례를 활용했다. 더불어 당대 성 담론의 대전제인 남녀 이분법과도 연관된 '중간 단계로서의 동성애'라는 테제를 적극적으로 내세웠다. 그러나 김학이에 따르면 그의 무수한 통계 자료들은 히르슈펠트의 테제를 배신하는 결과를 초래한다.[55] 예를 들어 남성 동성애자들의 신체적 특징 ─ 목울대, 체모, 가슴의 모양 등 ─ 은 물론, 생활 습관, 취미, 좋아하는 색 등을 통해서 남성 이성애자들과 구분되는 그들의 여성성을 강조하려 했으나, 수많은 사례들은 그것을 입증해 주지 못했던 것이다.

나아가 히르슈펠트는 사회적으로 적합하다고 규정된 성이 아니라, '반대' 또는 '다른' 섹슈얼리티의 복장을 욕망하는 소위 '크로스드레서(crossdresser)'[56]와 관련된 현상들을 조사하면서 동성애 연구에 다각적으로 접근할 수 있는

---

54 Hirschfeld, 같은 책, S. 4.

55 김학이, 『나치즘과 동성애』, 81쪽.

56 히르슈펠트는 '다른' 성의 복장을 욕망하는 이들을 연구하면서, 소위 '복장 전환(Transvestit)'이라는 용어를 처음으로 만들어낸다. 복장 전환 ─ 독일어(Transvestit), 영어(transvestite) ─ 이라는 번역어는 복장 '도착'과 같은 부정적 의미를 내포하며 사용된 측면도 있기에, 요즘에는 '크로스드레서'라는 명칭을 젠더 담론에서는 물론 국내 학계에서도 선호하는 편이다. 이 글도 이러한 경향을 따르려 한다.

계기를 마주하게 된다. 당시의 크라프트에빙과 같은 성 연구자들은 이러한 복장과 관련된 욕망을 페티시나 동성애적 기질로 해석하려는 경향이 강했으나, 히르슈펠트는 이성애자들 중에서도 유사한 욕구를 갖고 있는 경우들을 발견한다. 연구소의 예상 또는 학문적 기대와는 달리, 여성 복장을 욕망하는 남성이 꼭 동성애적 섹슈얼리티를 갖지는 않았던 것이다. 정신적으로 여성성을 지닌 것으로 여겨졌던 남성 동성애자들만이 여성 복장을 욕망하는 크로스드레서인 것은 아니었다. 다른 성의 복장을 열망하는 것이 그 성으로의 전환까지 이어지는 경우들도 있었지만, 그저 외형적인 것만을 추구하는 이들도 있다는 사실이 그의 사례 중심적 연구를 통해서 드러났다.[57]

이렇듯 성과학 연구소가 확보한 수많은 자료와 통계 들은 당대의 성과학이 가진 편견에 아이러니하면서도 혁신적인 관점을 가져다주는 연구 결과를 얻어내었다. 성적 중간 단계에 속하는 성 유형과 욕망은 무수히 다양하고, 그 개별성을 간단하게 범주화하는 것은 어렵다는 사실을 밝혀낸 것이다. 그리하여 히르슈펠트는 분류와 통계 작업을 통해 4300만 개가 넘는 성 유형이 있다는 결과를 얻어내고, 그 정당성의 근거 또한 자연에서 찾으려고 했다.[58] 그에게 섹슈얼리티는 여전히 선천적인 것이었고, 그 변화의 가능성, 성의 다양성 또한 자연의 속성으로 파악했다.[59] 그리하여 그의 주요 개념인 '성적 중간 단계'의 범위도 점차 확대되었다. 앞서 언급했듯이 '울리히스 테제'의 영향을 받아 발전시킨 이 개념은 19세기 말에는 동성애적 성향을 지닌 사람들만을 기술하는 용어였지만, 히르슈펠트의 연구가 진행될수록 점차 이성애자들까지 포괄했다.[60] 범주화하기 어려운 다양한 크로스드레서들

57 Vgl. Magnus Hirschfeld, *Die Transvestiten. Untersuchung über den erotischen Verkleidung-strieb* (London: Forgotten Books, 2018), S. 562.

58 김학이, 『나치즘과 동성애』, 85~88쪽 참조.

59 Hirschfeld, 같은 책, S. 562.

60 Beachy, *Das andere Berlin*, S. 259.

의 유형뿐만 아니라, 암수 동체적(Hermaphroditen) 신체를 지닌 사람들, 성과학 연구소에서 성전환 수술을 받기도 한 트랜스젠더 등의 섹슈얼리티까지 지시할 정도로 이 용어의 범위가 넓어지고 있었던 것이다.

당대의 담론사적 맥락에서 볼 때, 다양한 섹슈얼리티 현상을 학문적으로 인지했다는 것은 그 자체만으로도 획기적인 행보였다고 볼 수 있다. 게다가 그는 섹슈얼리티의 다채로운 변이들을 계속해서 '생물학적 무혐의'로 규정하고자 했다. 당대의 우생학이 주장했던 진화와 퇴화의 관점이 아니라, 다양한 성 유형 자체를 '자연적 필연성'으로 간주했던 것이다.[61] 이에 대해 로버트 비치(Robert Beachy)는 일종의 "전략적 본질주의(strategischer Essentialismus)"[62]로 평가하기도 했다.[63] 이러한 시각에서 보면, 동성애와 같은 섹슈얼리티는 정상의 범주에서 벗어난 교정의 대상이거나 자연의 법칙으로부터 퇴화된 것일 수 없다.

베를린 성과학 연구소의 시각은 현재의 축적된 젠더 이론들의 관점에서 바라본다면 남녀 이분법이라는 한계에서 벗어나지 못하고 있긴 하나,[64] 나치의 인종주의와 섹슈얼리티가 결합한 이데올로기 담론을 고려한다면 충분

---

61 Beachy, 같은 책.
62 '전략적 본질주의'는 주체의 정체성을 본질주의적으로 접근하는 방식 자체에는 비판적인 입장이지만, 소수 집단들이 자신들의 정치적 투쟁을 위해 정체성을 구성하고 선언하는 전략으로서의 본질주의는 불가피하고 효과적인 것으로 간주한다. 특히 스피박(Gayatri Spivak)은 페미니즘과 탈식민주의 투쟁을 접합하는 정치에서 본질주의를 전략적으로 활용할 것을 주장한 바 있다. 그러나 이는 한시적이고 특정 목적을 위한 임시적 전략일 뿐이고, 이렇게 구성된 정체성이 지배 권력에 의해 본질적으로 고정되는 것은 경계한다. 스티븐 모튼, 『스피박 넘기』, 이운경 옮김(앨피, 2005), 144~145쪽 참조.
63 Beachy, 같은 책, S. 284.
64 히르슈펠트는 남성성과 여성성을 명확하게 구분했기에, 당대 성 담론의 결정적 한계인 남녀 이분법에서 벗어나지 못한 측면이 있다. 특히 그의 연구소가 여성 피임 등에 대한 운동을 실천했다고 하더라도, 당대의 여성에 대한 가부장적이고 부르주아적인 이데올로기로부터 완전한 거리를 두지는 못한 측면이 있다. Herzer, *Magnus Hirschfeld*, S. 28.

한 의미를 지닌다고 볼 수 있다. 히르슈펠트의 성과학은 완전한 남성, 완전한 여성도 없으며, 그 중간 단계에는 제3의 성을 넘어서 무수히 다양한 성들이 존재한다는 결론에 이르게 된다.[65] '여성적 특성이 전혀 없는 남성'과 '남성적 특성이 전혀 없는 여성'을 양극단에 배치한다고 가정하면, 그 사이에는 무수히 다양한, 결국은 개별적 형태로서의 섹슈얼리티가 존재한다는 것이 기본 원리이다. 모든 사람은 각자만의 고유한 방식으로 남성성과 여성성을 결합한, 즉 "완전한 남성(Vollmann)"과 "완전한 여성(Vollweib)"의 중간 단계로서 자신의 섹슈얼리티를 구성한다는 것이다.[66] 이 글의 논점을 강조하며 의미 부여하자면, 개개인의 섹슈얼리티는 절대로 약분될 수 없는 특질을 가진다는 점이 히르슈펠트의 연구 활동 속에서 드러난다.

만약 완전한 남성성과 완전한 여성성, 나아가 그 둘만으로 젠더의 축이 이루어졌다고 믿는 이성애적 토대만 없었다면 동성애라는 섹슈얼리티는 성규범에 있어서 그리 문제적인 대상이 되지 않았을 것이다. 불변하는 정상성으로 남성성과 여성성을 규정하지 않았다면, 그 사이에 존재하는 수많은 섹슈얼리티는 '불협화음'과도 같은 비정상성으로 내쳐질 필요가 없다. 남성과 여성이 우연적인 섹슈얼리티가 된다면, 동성애, 양성애, 제3의 성 등도 마찬가지로 담론의 장에서 문제를 일으키지 않는다.

유대인이자 동성애자였던 성과학자 히르슈펠트가 그들을 향한 국가 사회주의의 폭력에 맞서기 위해 고군분투하면서도 지배 담론의 논리로부터 완전히 초연할 수는 없었을 것이다. 그럼에도 그의 연구와 활동은 섹슈얼리티가 통약 불가능하다는 점, 즉 무수한 개인적인 것들로 나열될 수밖에 없음을 밝혀내었다. 김학이의 주장처럼, "그들 역시 존재 자체로 분류 과학에 구멍을 내는 성이었고, 존재 자체로 전복적이었다".[67] 그리고 이러한 행보들이

---

65 Herzer, 같은 책, S. 104f.
66 Herzer, 같은 책, S. 105.

현재의 퀴어 이론들을 풍성하게 발전하게끔 만들어준 초석 중 하나라고 해도 과언이 아닐 것이다.

히르슈펠트의 연구소가 처음부터 의도하지는 않았을지라도, 앤서니 기든스(Anthony Giddens)가 설득력 있게 주장한 일종의 '성 해방', 즉 '성적 민주주의'의 단초를 발견하게 해주었다.[68] "개인적인 것의 철저한 민주화(radical democratisation)"라고 볼 수 있는 성 해방은 어떤 고차원적인 도덕 원칙을 뜻하는 것이 아니라, "'정상적 섹슈얼리티'가 다른 여러 가지 라이프 스타일 중 하나의 유형일 뿐이라는 사실을 인식하는 효과"로부터 나온다.[69] 기존의 성 담론에서 정상이 아닌 도착, 병리 등으로 배제되어 온 섹슈얼리티 또한 스스로를 다양성 중의 하나로 인지하고 내세울 수 있을 때, 성적 민주주의가 가능하게 되는 것이다. 이러한 성적 민주주의의 가능성은 비록 나치의 인종주의가 섹슈얼리티를 자신들의 폭력적 이데올로기로 가두려던 시기에도, 결코 완전히 은폐될 수 없었음이 히르슈펠트와 그의 연구소를 통해 드러난 것이다. 국가 사회주의의 목표에 따라 통약 가능해야 했던 여성, 유대인, 동성애자에 대한 혐오의 연결 고리는 한 성과학자의 고군분투를 통해서 통약 불가능한 복수의 젠더들로 발산되었고, 이는 현대적 성 해방의 가능성과 이미 맞닿아 있었다.

5. 나가며

지금까지 이 글은 나치 시대의 극우주의 담론이 남성 동성애 혐오를 생산

---

67 김학이, 『나치즘과 동성애』, 101쪽.
68 앤서니 기든스, 『현대사회의 성 사랑 에로티시즘』, 배은경 외 옮김(새물결, 2001), 269쪽.
69 기든스, 같은 책, 266쪽.

하는 메커니즘을 심층적으로 분석하고, 이에 저항했던 당대 대항 담론의 양상 및 그 의의를 고찰했다. 제1차 세계대전에서의 패배 이후, 나치 권력은 독일 제국의 재건이라는 목표 아래 여성, 유대인, 동성애자를 혐오의 공통분모로 엮어 적대시했다. 그 과정에서 당대의 성 담론은 나치 권력에 이용당하기도 했지만, 대항 담론의 계기 또한 품고 있었다. 특정 섹슈얼리티가 권력 담론에 의해 억압되는 과정은 역설적이면서도 필연적으로 그것을 전복할 수 있는 단초들 또한 생산해 낸 것이다. 성과학자 히르슈펠트가 베를린 성과학 연구소를 설립하고 진행한 성 개혁 운동도 그중 하나로 간주할 수 있다. 유대인이자 동성애자였던 그는 동성애의 선천성을 과학의 이름으로 입증해, 동성애 처벌법은 물론 반동성애적 시각에 대한 근거를 폐기하고자 했다. 그러나 히르슈펠트의 연구와 활동은 예상 또는 기대와는 달리, 섹슈얼리티의 유형들은 무수히 다양하다는, 즉 통약 불가능하다는 새로운 인식으로 이어졌다. 조작된 친연성으로 혐오 집단들을 묶어 배제하려던 나치 집권 시기이기에, 이러한 결론은 더욱 주목할 만하다. 그때에도 복수의 젠더 정체성들은 통약 불가능했고, 극우주의 권력이 강제한 혐오의 공통분모는 이를 통제할 수 없었던 것이다.

참고문헌

기든스, 앤서니(Anthony Giddens). 2001. 『현대사회의 성 사랑 에로티시즘』. 배은경 외 옮
　　김. 새물결.

김학이. 2013. 『나치즘과 동성애: 독일의 동성애 담론과 문화』. 문학과 지성사.

김호연. 2020. 『유전의 정치학, 우생학: 강제 불임에서 나치의 대학살까지』. 단비.

너스바움, 마사(Martha Nussbaum). 2015. 『혐오와 수치심: 인간다움을 파괴하는 감정들』.
　　조계원 옮김. 민음사.

목승숙. 2016. 「카프카와 다위니즘. 다위니즘에 비춰본 학술원에 드리는 보고」. ≪카프카연
　　구≫, 36호., 5~27쪽.

바우만, 지그문트(Zygmunt Bauman). 2015. 『현대성과 홀로코스트』. 정일준 옮김. 새물결.

바이닝거, 오토(Otto Weininger). 2012. 『성과 성격』. 임우영 옮김. 지식을 만드는 지식.

버틀러, 주디스(Judith Butler). 2008. 『젠더 트러블』. 조현준 옮김. 문학동네.

＿＿＿. 2015. 『젠더 허물기』. 조현준 옮김. 문학과 지성사.

모스, 조지(George Mossee). 2004a. 『남자의 이미지: 현대 남성성의 창조』. 이광조 옮김. 문
　　예출판사.

＿＿＿. 2004b. 『내셔널리즘과 섹슈얼리티』. 서강여성문학연구회 옮김. 소명출판.

모튼, 스티븐(Stephen Mouton). 2005. 『스피박 넘기』. 이운경 옮김. 앨피.

야고스, 애너매리(Annamarie Jagose). 2017. 『퀴어이론: 입문』. 박이은실 옮김. 여이연.

최윤영. 2012. 『카프카, 유대인, 몸: 「변신」과 「학술원에 드리는 보고」』. 민음사.

캘리니코스, 앨릭스(Alex Callinicos). 2020. 『인종차별과 자본주의』. 차승일 옮김. 책갈피.

폰크라프트에빙, 리하르트(Richard von Krafft-Ebing). 2020. 『광기와 성』. 홍문우 옮김. 파
　　람북.

푸코, 미셸(Michel Foucault). 2004. 『성의 역사 1』. 이규현 옮김. 나남.

프로이트, 지그문트(Sigmund Freud). 2020. 『성욕에 관한 세 편의 에세이』. 박종대 옮김.
　　열린책들.

히틀러, 아돌프(Adolf Hitler). 2020. 『나의 투쟁』. 이명성 옮김. 홍신문화사.

American Psychiatric Association. "Diagnostic and Statistical Manual of Mental Disorders

(DSM-5-TR)." https://www.psychiatry.org/psychiatrists/practice/dsm(최종 접속일: 2021.8.25).

Beachy, Robert. 2015. *Das andere Berlin: Die Erfindung der Homosexualität. Eine deutsche Geschichte 1867-1933.* München: Siedler Verlag.

Herzer, Manfred. 2001. *Magnus Hirschfeld. Leben und Werk eines jüdischen, schwulen und sozialistischen Sexologen.* Hamburg: Campus.

Hirschfeld, Magnus. 2001. *Die Homosexualität des Mannes und des Weibes.* Berlin: De Gruyter.

_____. 2015a. *Berlins drittes Geschlecht. Homosexualität um 1900.* Hofenberg: Otbe-bookpublishing.

_____. 2015b. *Sexuelle Zwischenstufen. Das männliche Weib und der weibliche Mann.* Dresden: Fachbuchverlag.

_____. 2018. *Die Transvestiten. Untersuchung über den erotischen Verkleidungstrieb.* London: Forgotten Books.

Krafft-Ebing, Richard von. 2001. *Psychopathia sexualis. Mit besonderer Berücksichtigung der conträren Sexualempfindung. Eine klinisch-forensische Studie.* Stuttgart: Arcade.

제6장

전혜린의 읽고 쓰기, 젠더 규범을 동요하고 횡단하는 문화적 실천*

이행미

1. 전혜린의 글쓰기, 관습화된 여성성의 바깥을 향한 기투

1961년 1월 1일 새해를 맞이하면서 쓴 일기에서, 전혜린은 생활하는 가운데 비집고 나올지도 모를 자신의 속물성을 경계하면서 "깨어있는 의식"을 견지해 "진정한 실존"으로서 살아가겠다고 다짐한다.[1] 전혜린의 문학 세계는 대체로 "의식하는 나"와 "생활하는 나"가 극단적으로 분리된 이러한 심리적 상태의 투영으로 이해된다. 그의 죽음을 추모하는 글들은 평범하지 않은 생(生)을 살기 위해 현실과 불화하는 고독한 자아, 정신적 가치만을 강렬하게 추구하는 자아라는 이미지를 더욱 강화시켰다. 이를테면 일상에 대한 '권태'와 번뜩이는 섬광 같은 '광기'는 전혜린이라는 이름과 불가분한 것으

---

* 이 글은 이행미, 「전혜린의 젠더의식과 실천적 글쓰기」, ≪여성문학연구≫, 46호(2019)를 일부 수정·보완한 것이다.

1 전혜린, 『미래완료의 시간 속에』, 전혜린 기념출판위원회 엮음(광명출판사, 1966), 19~23쪽.

로 여겨졌다.[2] 이러한 모습은 그의 천재성과 예외성을 설명하는 요인으로 볼 수 있지만, 동시에 그가 타인, 역사, 정치, 사회를 고려하지 않는 협소하고 빈약한 사유를 가지고 있다는 비판의 근거로도 작용했다.[3]

하지만 전혜린의 실존과 의식에 대한 깊은 몰두는, 이상을 실현하지 못하게 하는 외부의 시선과 요인을 뚜렷하게 인식한 결과라는 점을 간과해서는 안 된다. 그의 의식은 현실과 무관하기보다는 오히려 현실을 쉽게 떨쳐버리지 못한 결과이다. 전혜린의 글에서 발견되는 이러한 관념적 사유의 연원과 맥락을 질문하는 일은 여전히 부족하다.[4] '실존', '자기', '순간', '생' 등 그가 자주 언급했던 이 개념들이 어떠한 맥락에서 출현했는지, 즉 그것이 전혜린을 둘러싼 현실 사회와 어떠한 관련성을 띠면서 발화되고 있는지 살펴볼 필요가 있다.

해방 이후 여성의 공적 영역 진출이 일반적인 현상이 되어감에 따라 자신의 능력과 의지를 기반으로 사회적 삶을 실현해 나가려는 여성의 수는 점차

---

2 이덕희, 「서간으로 본 그의 인간상: 전혜린 씨가 나에게 주고간 낱말의 의미들」, ≪여상≫ (1965.3), 121쪽. 전혜린 사후 ≪여상≫에는 '아아 전혜린! 그 타버린 불꽃: 요절한 여류의 정신적 편력'이라는 기획하에 김남조, 이봉구, 이덕희, 호영송, 한무숙의 추모 글이 실린다.

3 김윤식, 「침묵하기 위해 말해진 언어」, 『한국근대작가론고』(일지사, 1974), 398~401쪽; 이동하, 「전혜린에 대해서 몇 가지 더 생각해야 할 것들」, 『한국문학과 인간해방의 정신』(푸른사상, 2003), 300~312쪽.

4 전혜린 사후 발간된 단행본은 전혜린이라는 기호를 낭만화하고 신비화하는 추모의 시선과 일정 정도 접점을 형성한다. 게다가 사후 출간된 네 권의 전집과 지금까지도 간행되고 있는 수필 및 일기와 서간 위주의 1, 2권은, 그가 발표했던 모든 글을 수록하고 있지 않으며 최초 게재되었던 상태에서 수정과 변형이 이루어졌다. 이와 관련해 김화영은 편집 과정에서 원고를 정리하면서 제목을 달고 "상당부분은 아예 뜯어고쳤다"고 기억한다(김화영, 「'화전민'의 달변과 침묵」, 『바람을 담는 집』(문학동네, 1996), 127쪽). 이러한 사정을 염두에 두고서, 이 글은 전혜린의 일기와 서간 등의 자료를 제외하고는 전집에 실리기 전의 글을 분석 대상으로 삼고자 한다. 전집은 원문과의 대조를 위한 참고 대상으로만 활용한다.

늘어났다. 현실적인 여건 변화와 상호 조응해 여성성에 대한 종래의 관념을 성찰하려는 논의도 활발하게 전개되었다. 논자들 간의 세부적인 관점 차이가 있으나, 여성이 보다 주도적으로 자신의 삶의 주인이 되어야 하며 이를 위한 지식과 능력을 갖추어야 한다는 견해가 중론을 이루었다.[5] 이러한 담론 사이에서도 전혜린의 견해는 그간 남성과 여성의 본질로 여겨져온 특징이 기실 사회 문화적으로 구성된 것이라고 말하고 있어 이채를 띤다.[6] 그는 규범적 여성성이 여성을 본질적이지 않은 존재로 만드는 것에 대해 비판하면서, 여성이 남성에게 의존하지 않고 참된 자기의 생활을 살 수 있게 하는 사회적·경제적 기반이 구축되어야 한다고 주장한다.

이렇듯 전혜린은 그의 강렬한 염원을 현실화하기 어렵게 하는 두꺼운 장벽을 구성하는 인자 중의 하나로 여성을 종속적인 존재로 보는 인습과 제도를 강하게 비판했다. 그런 만큼 전혜린의 삶과 글에서 사회적으로 규정된 여성성 또는 여성의 역할을 거부하는 태도는 여러 차례 조명되었다.[7] 이들 연구는 조금씩 관점의 차이가 있으나, 대체로 전혜린의 주변부적 위치 혹은 타자의 상황에 놓일 수밖에 없는 현실에 주목한다. 가령, 본질적 존재로서

---

5 김복순, 「전후 여성교양의 재배치와 젠더정치」, 한국여성문학학회 『여원』연구모임 엮음, 『『여원』연구: 여성·교양·매체』(국학자료원, 2008), 44~53쪽.

6 김복순은 동시기 활약했던 또 다른 평론가인 정충량과 비교하면서 전혜린의 탁월함에 대해 논한 바 있다. 두 여성 평론가는 모두 여성의 자주성 실현의 노력을 강조했으나, 정충량은 여성의 열등성을 전제하고 논의를 전개했고 전혜린은 그것이 사회적 관념임을 논파했다. 김복순, 같은 글, 49~51쪽.

7 김양선, 「1950년대 세계여행기와 소설에 나타난 로컬의 심상지리: 전후 여성작가들의 작품을 중심으로」, ≪한국근대문학연구≫, 22호(2010), 215~220쪽; 김륜옥, 「잉에보르크 바흐만과 전혜린: 1950년대 전후 독일 및 한국 여성지식인의 삶과 문학」, ≪헤세연구≫, 20집(2008), 318~321쪽; 서은주, 「경계 밖의 문학인: '전혜린'이라는 텍스트」, ≪여성문학연구≫, 11호(2004), 33~56쪽; 장순란, 「한국 최초의 여성 독문학자 전혜린의 삶과 글쓰기에 대한 조명」, ≪독일어문학≫, 21호(2003), 149~174쪽; 진성희, 「장아이링과 전혜린의 글쓰기와 '일상'」, ≪중국어문논역총간≫, 22집(2008), 323~345쪽.

자아를 추구하기 위해 남성 중심의 상징 질서로 진입하려고 했으나 여성이
라는 또 하나의 본질로 인해 결국 실패할 수밖에 없다거나,[8] 한국 문학 제도
내부에 편입하지 못하게 된 원인으로 남성 중심적 질서 아래 규율되는 여성
성만을 승인하는 현실을 지적하는 연구가 제출되었다.[9] 전혜린이 서 있는
경계 밖이라는 위치성이 현실과 길항하고 있음을 살펴보는 두 연구는, 자신
의 이상을 현실에 구현하는 과정에서 경험한 한계와 실패를 의미화하거나,
능동적으로 거부했다고 평가하는 데서 견해를 달리한다. 이때 흥미로운 점
은 관습화된 여성성을 거부하는 전혜린의 젠더 실천이 남성성의 지향과 맞
물려 나타나며, 그것이 '본질' 추구 문제와 관련해 다루어진다는 사실이다.
이는 전혜린의 젠더 의식을 좀 더 면밀히 들여다보기 위해서는 여성성뿐만
아니라 남성성에 대한 그의 관점을 논구할 필요성을 상기한다.

　전혜린은 여성에 대한 논의가 남성과의 관계 속에서 설명되어져야 한다
고 본다. 현재의 젠더 규범은 오랜 시간 역사와 삶 속에서 형성된 것으로서
고정된 유형이 아니라고 주장했다.[10] '자기'라는 '실존'이 '본질'에 선행한다

8　장순란, 「한국 최초의 여성 독문학자 전혜린의 삶과 글쓰기에 대한 조명」, 157~161쪽.

9　서은주, 「경계 밖의 문학인」, 41~42쪽.

10　이와 같은 전혜린의 인식은 시몬 드 보부아르(Simone de Beauvoir)의 『제2의 성』의 독서
　　체험과 밀접한 관련이 있어 보인다. 전혜린의 젠더 의식을 잘 보여주는 대표적인 글로 다
　　루어지는 「여성의 약점 ― 약점 7: 사치스럽다」(≪여원≫, 1960.12)의 도입에는 『제2의 성』
　　제1권 '사실과 신화' 중 제2부 '역사' 부분의 일절을 직접 인용하고 있다. 단행본에는 원문
　　에 적힌 인용 출처가 누락되어 있다. 『제2의 성』의 국내 번역본으로 1960년 이전의 것은
　　제2권 '체험' 제1부 '형성'이 이용호(『第二의 性 1』, 백조서점, 1955)에 의해 부분적으로 번
　　역되었을 뿐이다[조혜란, 「『제2의 성 Le deuxieme sexe』의 초기 한국어 번역과 수용: 이용
　　호의 1955년, 1964년 번역을 중심으로」(고려대학교 석사학위논문, 2012), 45~49쪽]. 그렇
　　다면 전혜린이 이 글을 쓰기 전후 한국어역이 아닌 다른 저본으로 『제2의 성』을 읽었을 가
　　능성도 간과할 수 없다. 한편 「여성의 약점 ― 약점 7: 사치스럽다」는 전집에 실리면서 「사
　　치의 바벨탑」이라는 제목으로 개제(改題)된다. 전혜린, 「사치의 바벨탑」, 『그리고 아무말
　　도 하지 않았다(전집 1)』(청산문고, 1968), 149~154쪽.

는 실존주의적 사유에 공명했던 그에게 '젠더'는 사회적 실천에 따라 구조화되는, 역동적으로 변화하는 것이었다. 남성성은 여성성의 반대편에 놓인 불변하는 규범이 아니라, 존재와 역사 형성에 개입하는 행위를 통해 변화하는 가변적인 것이다.[11] 따라서 전혜린의 젠더 의식을 특정한 가정, 범주, 유형, 또는 규범으로 설명하려는 시도는 고정성과 지속성을 지닌 본질을 전제한다는 점에서 한계를 가질 수밖에 없다.

기실 젠더에 대한 균일하지 않은 인식은 전혜린의 글에서 비교적 쉽게 찾아볼 수 있다. 1950~1960년대 걸쳐 활동하면서 쓴 몇 편의 산문과 번역문, 그리고 사후 공개된 일기와 편지에는 전혜린이 당대 여성 지식인으로 살아가면서 느꼈던 제약과 억압, 내면적인 동요가 어렵지 않게 발견된다. "성이란 화폐처럼 중성적일지 모른다. 거기에 색채를 부여하는 것은 인습 같다"고 생각하면서도,[12] 결혼 생활 속에서 점점 인간으로서 협소해져 가는 자신을 보면서 "나 자신 속에서 발견한 여자가 나를 절망케 한다"고 토로한다.[13] 어머니와 아이는 서로 타자로 존재한다고 생각하지만, 자기 분신으로 여길 정도로 딸에 대한 강한 애착을 보인다. 결혼하고 아이를 키우는 현재의 삶을 후회하지 않는다고 말하다가도, 결혼은 개성을 말소시키고 여성을 일반적인 삶으로 이끄므로 다시 기회가 주어진다면 독신으로 살기를 선택하겠다고 말한다.[14] 허영과 사치, 조신함 등을 내면화한 여성들과 연대의 지점을

---

11 래윈 코넬, 『남성성/들』, 안상욱·현민 옮김(이매진, 2013), 112~135쪽.

12 1964년 5월 9일의 일기. 전혜린, 『미래완료의 시간 속에』, 166쪽.

13 1958년 10월 15일의 일기. 전혜린, 『이 모든 괴로움을 또다시(전집 2)』(청산문고, 1968), 17~18쪽.

14 전혜린은 자신의 체험과 독서 체험 등을 살펴보았을 때, 결혼 생활의 불행함은 개인에 따라 질적으로 변할 수 없는 것이라고 생각했다. 「테레즈 데께루」, 「생의 한가운데」, 「데리아 또는 죠르쥬·쌍드의 생애」, 「메데아」, 「율리에 양」과 같은 문학 작품에 묘사된 결혼 생활에 공감을 느낀다면서, 결혼 생활이란 마땅히 '그렇게 어두운 것'이라고 생각하는 것 같다고 말한다. 전혜린, 「남자와 남편은 다르다」, ≪여상≫(1963.11), 291쪽.

발견하기 어렵다고 하지만, 자신을 포함한 여성들이 그러한 규범과 감정에 익숙해지거나 휩쓸리는 것에 연민을 보이기도 했다. 이렇듯 현실의 삶은 진정한 자기를 추구하는 데서 벗어나는 감정과 체험을 전혜린이라는 한 개인의 일부로 자리매김하게 만든다.

전혜린의 글에 나타난 여성과 여성성에 대한 인식은 단일한 틀로 설명하기 어렵다. 이질적이거나 모순적인 요소들이 복합적으로 얽혀 있는 복잡한 양상으로 나타난다. 그의 젠더 의식은 이러한 불안정하고 모순적인 지점, 다층적인 힘들과 인식들의 경합을 들여다볼 때 온전히 이해될 수 있다. 10년이 채 못 되는 시간 동안 전혜린은 글과 자신의 삶에서 사회 문화적으로 구성된 여성성이라는 규범을 거부하는 동시에 그 규범 앞에 호명된 자신을 발견했다. 그 테두리에서 벗어나거나 혹은 배제된 잔여로 존재했다. 그리고 이는 사회적으로 규범화된 이분법적 젠더 구조의 안정성을 의심하고 초월하려는 실천적 행위로 이어졌다.[15] 전혜린의 이러한 고투의 여정은 고정되거나 정형화되지 않은 정체성, 역동적인 변화를 내용으로 하는 '자기'에 대한 인식에 의해 추동되었다. 그것은 순간적인 번뜩임과 변화하는 '과정'의 연쇄에서 발생하는 것으로, 견고하고 균질한 내면을 지닌 주체를 상정하지 않는다. 따라서 전혜린이 당대 사회적 규범에 부딪히며 의식과 생활 차원에서 자아가 경합하는 양상을 탐구하는 것은, 그 시대의 젠더를 구성하는 다양한 행위와 담론을 해체하는 시도를 해명하는 것이기도 하다. 더하여 전혜린의 젠더 의식이 당대 사회적 맥락 속에서 어떠한 의미 지평을 형성했는지를 살펴봄으로써 그의 문학 행위의 의미를 온당하게 평가할 수 있다.

---

15 주디스 버틀러, 『젠더 트러블』, 조현준 옮김(문학동네, 2008), 114~149쪽.

2. 젠더 규범을 교란/초월하는 '자기' 인식의 순간

1950년대 말부터 1960년대 초에 이르기까지 전혜린은 전통적으로 여성의 영역으로 분류되거나 여성적인 것으로 인식되어 온 요인들을 상대화하는 글을 여러 차례 발표한다. 역사적으로 남성과 여성의 기질을 '변화/방랑'과 '지속'의 이미지로 규정짓는 경계를 '가정'이라고 생각했던 만큼 그의 주된 비판은 가정 내에서의 여성의 역할이나 활동으로 모아졌다. 특히 여성의 본분을 가정 내에서의 역할로 한정하는 관념은 과거와 달리 여성의 사회 진출이 활발해져 가는 현대에도 여전히 남녀 모두에게 강력한 성 규범으로 작용하고 있어 더 큰 문제로 여겨졌다. 전혜린은 가정에서 주부의 활동이 기계적으로 반복되는 일과를 수행한다는 점에서 '진정한 생활' 또는 '참된 자기'를 위한 일과 정반대에 놓여 있다고 생각했다. '아무나의 생활'이 아닌 평범하지 않은 '나의 생활'을 살아야겠다는 의지는 한국 사회에서 여성으로 살아가는 삶의 현장 속에서 더욱 강하게 추동되었다. 이와 같은 시각은 여성에게 현모양처이자 전문적인 능력을 갖춘 주부라는 정체성을 내면화하게 해 사적 영역의 주체로 재배치함으로써 가부장적 젠더 관계를 재질서화하는 데 공모했던 동시대 주류 주부 담론과 구분된다.[16] 다른 논자들과 마찬가지로 가사 노동의 과중함을 완화하기 위해 서구 가정을 모범으로 한 생활 개선을 주장하지만, 가정을 신성시하지 않는다는 점에서 차이가 있다.

여성을 가정의 테두리에 머무는 존재로 보는 시각이 우세한 상황에서, 식모를 두는 것은 여성의 태만과 허위를 보여주는 사례로 이해되었다.[17] 주부가

---

16 김현주, 「1950년대 여성잡지와 '제도로서의 주부'의 탄생」, 한국여성문학학회 『여원』연구 모임 엮음, 『『여원』연구: 여성·교양·매체』(국학자료원, 2008), 59쪽.

17 오상원은 주부의 전문성을 인정받기 위해서는 식모가 없어야 하며, 식모를 둔 여성은 아무런 노력도 하지 않고 유한마담 생활을 하면서 남편을 착취한다고 언급한 바 있다. 오상원, 「여성의 약점 — 약점 4: 의지하려 한다」, ≪여원≫(1960.12), 199쪽.

현모양처와 가정이라는 사적 영역의 담당자로 온전히 서기 위해서는, '식모'는 있어서는 안 되는 존재였다.[18] 전혜린도 생활 개량을 통해 가사 노동이 수월해지면 식모를 둘 필요가 없다고 보았다. 그러면서도 그의 논의는 주부의 전문성을 부각하는 방향으로 완전히 수렴되지 않는다는 점에서 눈길을 끈다. 이를테면 여성의 육아 부담을 경감시켜 줄 탁아소나 보육원과 같은 사회 시설이 제도적으로 보편화되어야 한다고 주장하면서, 과중한 가사 노동으로 정신과 육체적으로 여유를 갖지 못한 여성이 되레 왜곡된 모성애를 가질 수 있다고 경계한다. 어머니 또한 육아를 위해 필요한 학문을 '공부'하면서 아이를 키워야 하고, 기분과 감정에 휩쓸리지 않고 아이를 대해야 한다고 말한다. 모성애를 무조건적으로 숭배하는 태도에 비판적이면서도, 바람직한 어머니 상을 제안한다는 점에서 가정 내 여성의 역할을 완전히 배척하지는 않았다.[19] 이러한 진술은 그가 가정 내 여성의 삶을 비본질적인 것으로 여기고서 당대 한국 여성의 실제 삶의 현장에 무관심했다는 평가를 달리하게 한다.

언뜻 식모가 없는 가정을 더 낫다고 평가하는 주장은 식모와 주부의 위계를 설정하는 여타 주부 담론과 접속하는 것처럼 보인다. 엘리트 여성으로서 하위 주체 여성에게 큰 관심을 보이지 않았던 전혜린의 인식론적 한계가 드러나는 부분이기도 하다. 그러나 전혜린은 식모의 노동이 마치 주종 관계에서 이루어지는 듯한 '부자유'한 성격을 지닌다고 말한다. 보수까지 낮은 식모살이를 하면서밖에 생계를 유지할 수 없는 농촌의 현실이 문제라고 말한다. 생활 수준의 향상과 완전 고용의 실현을 통해 이 문제를 해결해야 한다

---

18 「좌담회: 식모 ─ 생활개선을 위한 주부들의 공동연구」, ≪여원≫(1958.8), 146~154쪽.

19 한국 가사 노동 문제의 대안을 제시할 때, 전혜린이 주로 참조하는 대상은 독일의 가정이다. 그에 따르면, 독일에는 아이의 수가 적고, 동네마다 탁아소가 몇 개나 있다. 그 결과 여유가 생긴 여성은 보건, 아동 심리, 도덕 등을 연구함으로써 아이들의 교육에 더욱 좋은 영향력을 미칠 수 있게 된다. 전혜린, 「식모와 주부의 노동」, ≪여원≫(1961.9), 139~140쪽.

고 주장한다.[20] 즉, 그는 식모라는 직업이 자유롭지 못한 직업이자 생활을 안정적으로 영위하기에도 적절치 않은 경제 활동이라는 이유로 무가치하다고 판단한다. 이는 직접적으로 표명하고 있지는 않지만 당대 여성의 경제 활동 문제와 관련이 있다. 전쟁 이후 남성이 사회로 복귀하면서, 여성 경제 활동 인구 중 안정적인 직업을 가진 이들은 다시 가정으로 돌아갔으나, 일용 노동자로 일하는 여성의 수는 오히려 증가하는 현상이 나타났다. 이러한 당대 현실을 고려할 때,[21] 전혜린의 주장은 다른 논자들과 확연히 구분되는 지점이 있다. 그는 여성이 가치 있고 안정적인 경제 활동을 할 수 있는 직업 군에 종사해야 한다고 강조한다. 이러한 맥락에서 식모 제도를 폐지해야 한다는 그의 주장은 주부의 삶에 신성함을 부여하려는 여타 논의와는 결이 다르다.

전혜린은 한국 가정에서 여성의 삶이 보다 나아질 방법에 대해 논하고 있지만, 그 비판의 초점은 자신을 돌아볼 시간조차 허용하지 않는 가사 노동의 과중함으로 여성이 자기 삶에서 완전한 행복과 만족을 느끼지 못하게 된다는 데 있다. 그는 여성을 사적 영역을 주관하는 주체로 자리매김하려는 당대의 지배적인 담론과는 변별되는 입장을 보여준다.

한편, 전혜린은 결혼은 두 사람이 만나 합의해 서로 자아를 생장시키고 생활을 건설해 나가는 것인데, 결혼에 대한 사회적 관념이 이를 저해한다고 주장한다. 결혼은 여성에게 '자아 발전의 무덤'이고 '절대적인 예속'의 세계를 받아들이게 한다고 말한다. 즉, 결혼 이후 배우자에게 모든 것을 맡기고는 아무런 사유도 판단도 하지 않고, 일상에 파묻혀 살아가는 여성이 사회적으로 허용되는 여성성이 되는 현실을 비판한다.

---

20   전혜린, 같은 글, 140~141쪽.
21   이임하, 「한국전쟁과 여성노동의 확대」, ≪한국사학보≫, 14호(2003), 257쪽.

어느 여자도 그것에 완전히 만족하거나 행복을 느끼지도 않을 것이다. 적어도 그런 생활에는 일순일순의 팽팽한 충일감과 초월(Transzendenz)의 느낌이 없을 것이다. 어느 주부든지 어떤 순간에는 반드시 자기를 부조리하게 느낄 것이다.[22]

전혜린은 여자의 궁극적 숙명으로 여겨지는 가정 내 여성의 역할에 충실한 삶이 여성의 본질이 아니라고 말한다. 그와 같이 일상을 부조리하게 느끼는 순간은, 특별한 여성들에게만이 아니라 '어느 주부'에게도 찾아온다. 그는 이러한 인식과 불만족이 지식을 통한 의식적 각성이 아니라 '순간적인 감정'으로 촉발된 것이라고 말한다. '모든 여성'이 느낄 수 있는 공통적인 순간인 것이다. 찰나에 번뜩이는 그 의식을 망각하지 않고 생활의 변화로 이끌어 나가야 할 필요가 있다는 주장은 전혜린의 여러 글에서 공통적으로 발견되는, 그가 견지했던 핵심적인 명제이기도 하다. 그는 여성이 현실을 타파할 수 있는 힘은 지식과 교양을 기름으로써 얻을 수 있다 하더라도, 그 의지가 현실화되기 위해서는 순간의 감정을 응시하고 은폐하지 않는 진실된 태도가 수반되어야 한다고 보았다. 반복되는 일상을 타파하려는 그 순간의

---

22 전혜린, 「여성의 약점 ─ 약점 7: 사치스럽다」, 207쪽. 1960년 12월 ≪여원≫에 실릴 당시 '여성의 약점'에 대해 일곱 명의 필자가 쓴 글 중 하나로, 참여한 필자와 글의 제목은 다음과 같다. 「곧잘 유혹에 걸려든다」(심연섭), 「공짜를 좋아한다」(권승희), 「추켜주면 으쓱댄다」(김우종), 「의지하려 한다」(오상원), 「겁 많아 흠이다」(이문), 「눈물이 많다」(김일순), 「사치스럽다」(전혜린). 이 중에서 이문(李汶)과 전혜린을 제외한 논자들은 그 정도의 차이는 있으나 모두 여성의 약점을 남성과 대조되는 선천적 본능으로 설명하고 있다. 이문은 여성에 대한 인식이 최근 변화함에도 일상에서는 은연중 기성관념을 중심으로 판단하는 경우가 많은데, 이를 타개하기 위해서는 여성이 독립적 삶을 영위할 수 있도록 경제적 능력과 사회적 지위를 향상해야 한다고 말한다. 이를 여성과 남성 모두에게 적용되는 문제라고 보고 있다. 그러나 이와 같은 문제 제기에도, 해결을 위한 방법으로 운명을 스스로 개척해 나간다거나 능력을 갖출 것, 약자로서 위축된 삶을 살지 않기 등 개인적 차원에 국한된 것만을 제시하고 있다.

생동하는 감각을 현실로 길어 올리는 일이야말로 여성이 진정한 삶으로 한 걸음 나아가는 시발점이 된다. 그는 자신이 경도되었던 실존주의 등의 철학을 여성의 구체적인 삶의 변화를 촉구하고 매개하는 일종의 '방법적 사유'로 활용하고 있다. 즉, 생(生)의 순간마다 결단하고 투기(投企)하는 자세는 추상적 차원이 아니라 당대 여성의 현실을 돌파할 수 있는 계기가 된다. 전혜린이 수용한 실존주의 철학이 사유의 엄밀성과 깊이를 가지지 못한 미숙한 것이라 할지라도, 그가 배움을 현실 문제와 연결 지으려 한 시도는 중요한 의미를 지닌다.

이처럼 개인의 의식 각성을 강조하는 전혜린의 주장은 현실과 유리된 정신적 차원에 속한 것으로 전적으로 환원되지 않는다. 이는 같은 글에서 흔히 여성의 약점으로 말해지는 '사치함'에 대해 재맥락화를 시도하는 대목을 통해서도 나타난다. 그는 흔히 여성을 비판하는 요인으로 지적되는 사치와 허영, 화려한 복장으로 자신을 꾸미는 행위가 여성의 본능에 의한 것이 아니라고 말한다. 타인과 '구별되는' 자기를 만들고 싶은 욕망이 다른 경로로 표출될 수 없는 제약된 환경 속에서 왜곡된 방식으로 나타난 현상이라고 주장한다. 성(性)의 구별 없이 인간이라면 세계 속에 '자기'를 확인받고 싶은 욕망을 가지고 있고, 사회 속에 포함되어 있다는 확신을 얻고 싶어 한다. 그렇기에 '자기'를 실현할 수 있는 나름의 방법이 필요하다. 하지만 가정 내 여성은 "자기를 사물이나 타자의 속에 소외해 버린 일반적인 아무나의 삶"[23]에 매몰되어 가므로 그 반작용으로 자기를 표현할 수단이 요청된다. 따라서 여성의 사치함은 선천적인 약점이 아니다. 자기실현 욕구가 원천적으로 차단된 상황에서 가상적 차원에서나마 만족을 채우려 보니 생겨난 현상이다. 전혜린은 여성의 약점을 논하는 기획에서 역으로 그것을 자연적인 기질처

---

23 전혜린, 「여성의 약점 — 약점 7: 사치스럽다」, 208쪽.

럼 생산해 내는 사회의 메커니즘을 지적하고 있다.

다른 글을 통해서도 전혜린은 여성이 가정에서 수행하는 일의 무의미함에 대해 언급한다. 하루 종일 부지런히 빨래와 설거지 같은 일을 해도, 이러한 일들은 참된 일의 기쁨보다는 불안감과 공허감을 가져다준다고 말한다. 이러한 감정은 전업주부뿐만 아니라, 직장에 다니는 여성들에게도 해당된다. 그들이 반복적인 일을 무기력하게 수행한다면, 마찬가지로 허무함을 느낄 수 있다. 전혜린은 당시 한국 여성들이 가정과 사회에서 부여받은 역할들만을 수행하고, 자기 자신을 위한 진정으로 '할 일'을 하지 못하는 상황이 여성에게 절망감을 주고 있다고 지적한다.[24]

전혜린은 남편이나 아이는 모두 "타자존재(他者存在)"이며, 각자 "행복한 존재에의 의무"를 지닌 '실존'이자 '의식'임을 인정하고서 서로의 '인간'을 감금하거나 말살해서는 안 된다고 주장한다. 결혼을 통해 자신의 본질을 잃고 노예와 같은 삶을 살아가는 것을 경계하며, 진정한 자기를 잊어서는 안 된다고 설파한다.[25] 여성은 주체인 남성의 결여이거나 아이를 위해 희생해야 하는 종속된 존재와 같은 비본질적 존재가 아니다. 다만 대다수 여성에게 주어진 '일'과 '품성'이 진정하지 못한 것일 뿐이다. 이러한 견해는 역사적으로 남성과 여성의 관계가 주체와 타자로 규정되어 온 상황과 실존주의적 맥락에서 여성의 의식 각성과 투쟁을 촉구하는 보부아르의 논의와 궤를 이룬다.[26] 그러나 남성과 여성을 단일한 유형으로 본질화하거나 자연화하는 구

---

24 전혜린, 『미래완료의 시간 속에』, 298~299쪽. 인용문은 전혜린이 1959년 7월 1일 뮌헨(Mün-chen)에서 동생 채린에게 보내는 편지에 동봉한 '원고'로, 제목은 「지면서 거는 도박(賭博): 여성(女性)에 관한 고찰(考察)」이다. 전혜린은 동생 전채린에게 이 원고를 김규동 시인에게 전달해 어디에든 내달라고 부탁한다. 현재 이 글이 수록된 지면은 밝혀지지 않은 상황이나, 한 편의 완성된 원고로 게재를 요청했다는 점에서 여타 출판된 글들과 나란히 놓고 살펴볼 수 있다고 판단된다.

25 전혜린, 같은 책, 303~304쪽.

도에는 거리를 두고 있다. 이러한 태도는 그가 애정을 가지고 바라본 여성들과 문학 속 여성 인물들을 이해하는 방식에서도 드러난다.

전혜린은 외국과 한국의 여성 작가들이 여성의 삶과 감정적인 동요를 그린 작품에 깊은 관심을 보인다.

> 매일을 덮는 회색 베일과 잠깐 떴다가 사라져버리는 무지개를, 외국의 수많은 여류작가들과 한국의 강신재(康信哉)씨 같은 분들이 끊임없이 섬세한 슬픔과 예지의 미소를 띠우고 묘사해 왔다.[27]

전혜린은 매일 똑같은 회색 같은 일상 속에서 여성들의 얼굴은 짐승과 같이, 또는 무표정한 것으로 바뀐다고 말한다. 희망도 절망도 느끼지 못하는 무기력해진 상황 속에서는 "잠깐 떴다가 사라져버리는 무지개"도 의식의 수면 위로 올라오지 못할 것이다. 그리고 여성 작가들은 그 '무지개'를 문학 속에 그려낸다. 그는 수많은 여성 작가들이 일상에서 순간 번뜩이는 '자기'로 살고자 하는 의식을 재현해 냈다고 본다.

여기서 눈길을 끄는 것은 강신재에 대한 관심이다. 이는 그가 외국 문학에 경도되어 있고, 한국 문학을 평가 절하했다는 그간의 평가를 재고하게 한다는 점에서도 흥미롭다.[28] 특정 작품명을 언급하고 있지는 않지만, 인습

---

26 변광배, 『제2의 성: 여성학 백과사전』(살림, 2007), 107~119쪽; 시몬 드 보부아르, 『제2의 성』(상), 조홍식 옮김(을유문화사, 1993), 9~31쪽.

27 전혜린, 『미래완료의 시간 속에』, 299쪽.

28 전혜린의 글에서 한국 작가 또는 작품에 대한 생각을 발견하는 일은 쉽지 않다. 그의 일기에서 손소희(1961년 1월 25일의 일기), 강신재(1961년 11월 20일의 일기), 박경리(1964년 2월 28일의 일기)에 대한 언급이 단편적으로 나타나긴 하나 창작에 대한 평가로 이어지는 내용은 찾기 어렵다(전혜린, 『미래완료의 시간 속에』, 68쪽, 120쪽, 161쪽). 이는 서양 작가의 작품에 대한 독서의 기록이 어렵지 않게 발견된다는 사실과 대조를 이룸으로써 한국 문학과 문단에 대한 전혜린의 관심 정도가 낮았음을 방증하는 근거가 되었다. 이러한 맥

과 제도로 고착화된 여성의 삶에 파문을 일으키는 내용과 삶의 굴레에서 솟아나는 비애의 감정을 서사화한 작품이라면 국내외 작가를 막론하고 관심을 보였다는 사실을 짐작할 수 있다. 흔히 사적 영역이라고 일컫는 가정에서 주로 일어나는 이 여성들의 드라마는 전혜린에게 그 어떤 문제보다 시급하고 중요한 최전선의 과제였다.

이러한 맥락에서 전혜린이 당시 다른 문인들과 비교했을 때 그 누구보다도 열정적으로 독일의 여성 문학을 소개하고 번역하는 일을 수행했다는 사실은 중요하다. 젠더 규범을 교란하는 의식을 사회적으로 생산하고자 했던 실천적 행위로 조명해야 한다. 그는 현대 독일 여성 문학을 소개하면서, 독일 문학이 세계적으로 알려진 데 비해 여성 문학이 독자들에게 조명을 받지 못한 것은 독일의 봉건적 성격에 기인한 것으로, 독일 여성 문학의 지적이고 예술적인 면을 많은 이들이 알지 못하는 현실이 안타깝다고 토로한다. 그는 현대 독일 여성 문학이 여성의 권리 회복을 주장하는 목소리와 함께 생겨났다고 말하면서, "공부한 여자와 공부안한 여자가 다 같이 적어도 종이 위에서라도 새로운 낭만의 꿈을 실현하려고, 문학하기에 열중했었다"[29]고 평가한다. 또한 전혜린은 영미 또는 프랑스 문학과 달리 독일 여성 문학이 한국에 널리 알려지지 않은 이유가 재미와 오락을 추구하지 않는 지성적 문학이기 때문이라고 논한다. 그는 독일 여성 문학의 핵심이 "여자라는 상

락에서도 본문의 인용문에 나타난 대목은 짧지만 의미심장하다. 한국 문학이나 문단에 대한 그의 평가가 서구 문학을 추종하면서 생겨난 선입견에 의한 것이라기보다는 나름의 준거가 적용된 판단으로 이해될 여지가 있기 때문이다. 물론 양과 질의 차원에서 발화한 내용이 적기 때문에 여전히 전혜린이 한국 문학(또는 문단)에 대한 인식과 관계를 파악하는 일은 쉽지 않다. 다만 위의 언급에서 출발해 전혜린이 수행한 독일 문학의 번역과 소개를 한국 여성 문학에 대한 그의 이해와 연결해 고찰할 가능성이 열렸다고 생각한다.

29 전혜린, 「현대 독일여성문학의 경향: 정신적·감각적·육체적인 권리 회복」, 《자유문학》 (1960.11), 82쪽.

황이 주는 제한을 뚫고 나가서 세계와 자연의 신비의 인식에 지향"하는 데
있고, 이들의 문학이 "실존의 고뇌의 단계"에 와 있다고 평가한다.[30] 전혜린
이 동시대 독일 여성 문단을 분류하고 개관해 소개하는 배경에는 한국 사회
에서 여성의 삶과 지위의 변화를 촉구하는 마음이 깊이 자리 잡고 있다. 나
아가 그는 한국의 여성 문학이 여성의 권리 회복과 실존 문제를 풍부하고 예
리하게 표현하면서 여성의 변화를 이끌어 나가길 기대했다. 이는 전혜린이
'자기'를 실현하는 길이기도 했다. 그는 이러한 문제의식 속에서 부단히 글을
읽고 쓰며, 앎에 대한 끊임없는 탐구와 의지를 더욱더 강하게 키워 나갔다.

한편, 여성의 삶에 대한 관심과 여성을 비본질적 존재로 보이게 만드는
사회적으로 규정된 여성성에 대한 반감의 씨는 유년기에서부터 배태된 것
이었다. 선행 연구에서 전혜린의 유년 시절은 주로 아버지와의 관계를 중심
으로 이해되어 왔다. 전혜린은 유복한 가정 환경 속에서 경제적인 어려움
없이 공부에 전념할 수 있었는데, 이를 가능하게 한 데에는 부친인 전봉덕의
영향력이 컸다. 그의 도저한 지적 열망은 아버지가 만들어준 세계 속에서
구축된 것으로 이해되었다.[31] 이는 지식과 이상을 중요하게 여기고 책과 학
문의 세계를 일깨워준 아버지를 신처럼 숭배했다는 작가의 언급을 통해서
도 뒷받침된다. 그와 같은 지적에 대해 충분히 공감하지만, 여기에서는 그동

---

30 전혜린, 「현대 독일 여성문학의 경향」, 117쪽. 전혜린은 『생의 한가운데』의 작가로 우리
    에게 친숙한 루이제 린저(Luise Rinser)뿐만 아니라 지금까지도 잘 알려지지 않은 독일 여
    성 문인들을 지면을 통해 소개했다. 이 시기 한국 문단에 독일 여성 문학에 대한 참고할 만
    한 자료가 없었던 점을 염두에 둘 때, 전혜린이 남다른 의지를 가지고서 이 글을 작성했으
    리라는 사실을 어렵지 않게 짐작할 수 있다. 이 글은 전집 3권에 일부 누락된 상태로 실리
    는데, 제목 또한 「현대 독일 여류작가 22인상」으로 바뀌었다[전혜린, 『그래도 인간은 산
    다(전집 3)』(청산문고, 1968), 173~234쪽].
31 이동하, 「전혜린에 대해서 몇 가지 더 생각해야 할 것들」, 308~312쪽; 장순란, 「한국 최초
    의 여성 독문학자 전혜린의 삶과 글쓰기에 대한 조명」, 153쪽; 천정환, 「처세·교양·실존:
    1960년대의 '자기계발'과 문학문화」, ≪민족문학사연구≫, 40권(2009), 112~116쪽.

안 간과되어 왔던 어머니와의 관계를 통해 전혜린의 내면 풍경을 좀 더 세밀하게 살펴보겠다. 부친의 영향을 살펴볼 때 주로 참고 자료가 되는 글인 「홀로 걸어온 길: 아스팔트 킨트의 계보」의 본래 제목은 「유년시절의 추억 한 장」[32]이다. 이 글은 전집에 수록되면서 삭제된 부분이 상당한데, 그 부분이 대체로 어머니에 대한 내용이라는 사실은 의미심장하다.

전혜린은 어머니를 아름답지만 차가운 눈빛을 지닌 여성으로 기억한다. 그는 어머니의 충분한 사랑을 받지 못해 더 그 사랑을 그리워하게 되었다고 말한다. 또한, 그가 열심히 공부한 이유는 아버지에 대한 애정과 두려움뿐 아니라, 상장과 통지표를 받을 때마다 미소 짓는 어머니의 얼굴을 보고 싶었기 때문이라고 말한다. 무엇보다도 흥미로운 점은 이 글에서 그의 어머니와 아버지가 마치 사회적으로 규정된 여성성과 남성성을 대변하는 존재처럼 묘사되고 있다는 사실이다. 어머니는 화려한 복장으로 치장하고, 쇼핑과 오락을 즐기는 삶을 살아간다. 그리고 이를 여자들만의 재미의 영역으로 구분해 언급한다. 그에 비해 외모를 가꾸거나 꾸미는 일에 전혀 관심이 없고 오로지 공부에 열중하는 전혜린의 모습은 어머니에게 "남자처럼" 보였으며 그 모습은 마치 '몬스터'와 같았으리라고 생각한다.[33] 이때 '괴물'로 자기를 정체화하고 있는 시선은 어머니를 비롯한 타인이 자기를 바라보는 시선이며, 동시에 스스로 정상성의 테두리 밖에 자리하고자 하는 욕망을 포기하지 않는 지난 시간을 돌아보는 1964년의 작가 의식의 반영으로도 해석된다. 전혜린에게 어머니는 정신, 관념, 학문으로 대변되는 아버지의 세계와 구별

---

32 이 글의 본래 수록된 지면은 다음과 같다. 전혜린, 「유년시절의 추억 한 장: meinem Vater gewidmet」, ≪Fides≫(1964.11), 90~91쪽. 서지 사항에 대한 좀 더 자세한 언급과 내용 분석에 대해서는 다음의 글 참조. 이행미, 「전혜린 문학에 나타난 '고향'과 '회상'의 글쓰기」, ≪한국현대문학연구≫, 54집(2018), 421~430쪽.

33 "확실히 엄마의 눈에는 하루 三時間 밖에 안 자고 「남자처럼」 공부만 하는 高等學生, 大學生 시절의 내가 Monster로 보였으리라". 전혜린, 「유년시절의 추억 한 장」, 91쪽.

되는 존재이다. 하지만, 이 구분에는 결혼과 출산 같은 여성의 소임으로 주어진 것들을 수행해야 했던 자신의 삶에 대한 불안과 동요, 환멸 등의 복잡한 감정이 응축되어 있다. 이는 이 글을 단순히 실제 어머니와 아버지에 대한 기억으로 보는 것을 넘어, 전혜린의 젠더 규범에 대한 판단과 인식으로 읽을 수 있게 한다.

홍미로운 점은 여성이지만 여자답지 않고 '남자와 같은' 모습처럼 보이는 삶을 추구했던 그가 사회적으로 고착된 젠더 규범에 순응하지 않았다는 사실이다. 전혜린의 지적 고투가 어머니의 세계에서 아버지의 세계로 나아간다는 것은 사회적으로 부여된 '남성성'을 지향하는 것임은 분명하다. 그러나 이 글에는 아버지의 세계보다 우위에 자신의 위치를 놓고자 하는 시선 또한 나타난다. 지식과 학문의 세계로 이끌어준 아버지를 신과 같이 숭배하면서도, 그의 말이 아버지에게 정언 명령이 되는 데에 일종의 쾌감을 느끼고 있다. "내 한마디는 아버지에게는 KategorischerImpcrativ(!)"[34]와 같은 대목은 이를 잘 보여준다. 이러한 양가적인 감정은 사회적으로 규정된 여성성과 남성성이라는 젠더에 대한 거부를 넘어서, '자기' 내부에서 양자가 종래의 규범을 따르지 않고서 자유롭게 교차하고 경합하며 재배치되는 데 대한 관심으로 이어진다. 이는 전혜린의 삶과 문학에서 발견되는, 소위 '남성성의 영역'이라 하는 경계를 넘나드는 여성들에 대한 관심을 통해서 나타난다.

3. 여성성과 남성성의 경계를 넘나드는 여성들

전혜린의 글을 따라 읽다 보면 그가 현실 생활에서 애정을 가지고 언급하

---

34 전혜린, 「유년시절의 추억 한 장」, 91쪽.

는 존재들 대다수가 여성이라는 사실을 어렵지 않게 발견할 수 있다. 하지만 이들을 향한 감정에는 그들이 자신과 마찬가지로 '참된 자기'로 살아야 한다는 의식을 가진 존재, 또는 그러한 의식이 생길 수 있는 잠재력을 지닌 존재라는 전제가 있다는 사실을 간과해서는 안 된다. 한국 전쟁 당시 부산에서의 피란 생활이나 독일 뮌헨(München) 유학 중에도 여러 차례 편지를 보낸 동생 전채린을 향한 애정에는 그가 자신과 마찬가지로 문학을 읽고 이해할 수 있는 존재라는 인식이 선명하게 나타난다. 가령, 한 편지에는 카뮈(Albert Camus)의 『이방인』을 추천하면서 자신의 감상과 해석을 독후감을 방불케 할 정도로 길게 서술하고 있는데, 여기에는 동생을 같은 책을 읽고 함께 이야기를 나눌 수 있는 존재로 여기는 태도가 여실히 드러난다.[35] 그 밖에도 동생에게 보낸 편지에는 자신이 읽은 책을 여럿 소개하고 심지어 습작과 같은 시편을 적기도 하는 모습을 어렵지 않게 찾아볼 수 있다. 또한 전혜린이 여고 시절을 아름답게 추억하는 이유 중 하나는 문학을 향한 애정을 함께 나눈 주혜라는 절친한 벗이 있었기 때문이다. 주혜와의 관계는 아버지가 제시한 법학도의 길을 벗어나 문학을 공부하기 위해 낯선 독일로 떠나는 동력이 되기도 했다.[36] 전혜린이 이들을 마치 자신의 '분신'처럼 여기며 유대감을 느끼는 데는 문학을 읽고 글을 쓰는, 공부하는 여성이라는 공통분모가 존재한다. 이들에 대한 깊은 애정과 관심은 사적인 교유 관계를 보여주는 것이지만, 전혜린의 가치관을 살펴보게 한다는 점에서 좀 더 적극적으로 이해될 필요가 있다.

전혜린이 쓰거나 번역한 글에서도 이러한 경향을 일관되게 볼 수 있다. 그는 여성 작가들의 작품 속 여성 인물에 대한 공감을 통해 사회적으로 '남

---

35 채린에게 보내는 편지(부산. 1953.8.17). 전혜린, 『미래완료의 시간 속에』, 234~238쪽.
36 전혜린, 「이십대와 삼십대의 중간 지점에서」, ≪여원≫(1962.12), 68~69쪽; 전혜린, 「나의 독일유학생활기」, ≪여상≫(1963.3), 349쪽.

성적인 것'으로 여겨져온 특성이 그들의 본질도 전유물도 아니라는 사실을 전하고자 했다. 대표적인 예가 루이제 린저(Luise Rinser)의 『생의 한가운데』를 번역하는 일이다. 1961년 1월 7일의 일기에는 『생의 한가운데』와 같은 책을 쓰거나 번역하는 일이 자신의 내면에서 나온 '순수한 명령'이라고 적혀 있다. 그와 같은 작품을 창작하지는 못했지만 그해 번역서가 출간되었다는 점에서 자신의 목표를 어느 정도는 달성했다고도 볼 수 있다. 여기서 눈에 띄는 것은 그가 번역 행위를 '세계에서의 자신의 위치를 의식하게 해주는 노동'으로 의미화하고 있다는 사실이다. 몽상 속에만 머물러 있는 지식인은 되지 않겠다고 결심하면서, 이 책의 번역을 시작하려고 한다.[37] 『독일전후문제작품집』(1961)의 수록작으로 독일 내에서도 문학사적 정리가 되지 않은 이 소설을 선정한 주체가 번역자 전혜린이라는 사실도 그의 번역 행위가 얼마나 의식적인 행위인지를 방증한다.[38] 실제로 『생의 한가운데』는 당시 여성 독자들에게 큰 충격을 주었고, 여권 인식과 남녀 관계 재인식에 상당한 영향을 미쳤다. 그렇다면 전혜린의 번역 행위는 그 목표를 어느 정도 달성했다고도 볼 수 있다.[39] 그의 번역 행위가 개인적인 만족을 넘어서 사회적 의미를 갖는다는 점을 고려할 때, 이 소설을 통해 전혜린이 한국 사회에 던지고 싶었던 메시지를 이해하는 것은 중요하다.

전혜린은 『생의 한가운데』의 주인공 '니나 부슈만'에 대해 다음과 같이 말한다. "여자이며 남성적인 재능과 명성을 지닌 소설가이며, 동시에 여성적인 매력으로 풍요롭게 장식"된 인물로 "언제나 순간마다 판단을 내리는" "본래적인 성실성"을 지녔다. 전혜린은 린저가 니나라는 인물을 통해 "현대

---

37 1961년 1월 7일의 일기. 전혜린, 『미래완료의 시간 속에』, 44쪽.

38 박숙자, 「여성은 번역할 수 있는가: 1960년대 전혜린의 죽음을 둘러싼 대중적 애도를 중심으로」, 《서강인문논총》, 38집(2013), 24~26쪽.

39 이행선·양아람, 「루이제 린저의 수용과 한국사회의 '생의 한가운데': 신여성, 인생론, 세계 여성의 해(1975), 북한바로알기운동(1988)」, 《민족문화연구》, 73권(2016), 272~276쪽.

의 지성계급에 속하는 여자가 자기의 의식의 세계를 주위와의 분쟁 속에서 얼마나 지킬 수 있는가"를 시험해 보았다고 평가한다.[40] 서사 내에서 '니나' 는 보통의 가정을 꾸려 평범한 삶에 안주하고 싶은 욕망에 순간적으로 사로 잡혀 결혼을 하고, 몇몇 남성들과 순간적인 만남과 연애 관계를 갖기도 하 며, 현실이나 기성관념에 타협하지 않는 강한 결단력과 행동력을 보이기도 한다. 전혜린은 이와 같은 니나의 모습에서 '자기'를 추구하는 문제와 젠더 규범의 관계를 읽어낸다. 예를 들어, 니나가 "정신과 감수성이 결여"되었다 고 생각하는 퍼시와 결혼을 선택하는 부분에 대한 서술을 보자. 전혜린은 니나의 선택이 "부드럽게 복종하고 싶었고 약간의 폭군적인 데가 있는 남편 을 섬기는 결혼 생활을 믿고 싶었"기 때문이지만, 그것은 "자기자신의 너무 나 분방한 정신의 모험과 자유에의 강한 충동에 대한 무의식적인 자기 방 어"일지도 모른다고 해석한다.[41] 이러한 해석에는 사회적으로 구성된 젠더 규범의 내면화에 저항하며 '자기'를 추구하는 것이 가능하다는 전혜린의 인 식이 반영되어 있다. 사회적으로 구성된 여성성을 추구하려는 욕망이 발현 될 수 있으나, 이는 자기의 정신과 자유라는 가치와 충돌한다. 그렇기에 이 를 거부하는 것은 '참된 자기'를 만나는 도정이자 현실과의 불화라는 위험을 무릅쓰는 의지적인 행위가 된다.

전혜린은 니나 부슈만이 남성과 여성에게 일반적으로 부여되는 전형적 성격을 갖고 있으나, 궁극적으로 가장 중요한 것은 성별을 초월한 '자기'임 을 보여주는 인물이라고 생각했다. 루이제 린저가 니나의 삶을 통해 "자기 를 넘은 곳으로 자기를 내던지려는 시도의 세계 속에 자기를 참가시키려는 숭고한 의도"를 보여준다고 이해하면서, 이러한 기투(企投)가 없다면 성별을

---

40 전혜린, 「문제성을 찾아서: 참신한 형식의 문학」, 『독일전후문제작품집』(신구문화사, 1961), 387쪽.

41 전혜린, 「현대의 이브」, 『전후문학의 새물결』(신구문화사, 1962), 84쪽.

막론하고 결코 행복에 이를 수 없다고 말하는 대목은 이를 단적으로 보여준다.[42] 이처럼 전혜린은 '니나'를 통해 남성과 여성이라는 성차에 따라 권리와 의무, 행복과 불행, 성격 등이 정해지는 것에 반대하며, 중요한 것은 오직 '자기'일 뿐임을 강력하게 피력한다.

전혜린은 니나를 "남성적인 강함과 결단성을 지난 여자"[43]로서 주체성을 유지하는 인물로 보면서, 당대 '남성성'으로 분류되는 것을 적극적으로 자기화하는 여성이야말로 주체성을 유지할 수 있다는 생각을 내비친다. 이때 주목할 점은 그것이 직업을 가지고 있고 공부를 하며 글을 쓰는 삶에 국한되지 않으며, 사회에서 통용되는 상식이나 윤리적인 범위를 넘어서는 행위에도 적용되고 있다는 사실이다. 『생의 한가운데』의 니나는 몇몇 남성들과 순간적인 감정이나 우연적인 계기에 의해 깊이 고민하지 않고서 육체적 관계를 갖는다. 전혜린은 이에 대해 린저가 자신의 행동의 결과를 감당할 수 있다면 가능한 것, 남자와 마찬가지로 일하고, 자기 힘으로 살아가는 여자라면 허용될 수 있는 것으로 보고 있다고 해석한다.

전혜린의 다른 산문에서도 유사한 인식을 발견할 수 있다. 그는 남성 중심적인 사회가 계속되면서 남성은 '변화'를, 여성은 '지속'을 함의로 갖는 역할을 부여받았고, 이를 내면화하면서 남성은 '변화'에 뒤따르는 '방황(방랑)'을 내적 요구로 자연스럽게 받아들이게 되었다고 말한다. 언뜻 볼 때, 이는 남자다움을 "방랑의 여유와 꿈이 있다"는 데서 찾으면서 그들의 행동에 대한 제재나 비판을 피할 수 있게 하는 여지를 마련해주는 듯하다. 하지만 이 글은 거기에 머무르지 않고 남성뿐만 아니라 여성 또한 '방황'하는 존재가 아니냐는 반문으로 이어진다.[44] 전혜린은 '생'은 계속 흘러가며, '자기'는 순

---

42 전혜린, 같은 글, 88쪽.
43 전혜린, 같은 글, 86쪽
44 "그러나 남성을 우리는 탓할 수 있을까? 솔직히 말해서 여성은 방황하지 않습니까?"라는

간에 따라 살아 있음을 느끼는 존재라고 강조한다. 그는 여성성과 남성성이 '영원한 본질'이 아니듯, 모든 개인의 삶은 방향성에 상관없이 '방황'과 '변화'를 경험할 수 있어야 한다고 보았다.

이처럼 전혜린이 사회적 규범과 제도를 넘나드는 행동과 거기에 구속되지 않는 영혼을 옹호하는 것을, 그의 현저한 인식욕과 정신적 가치에 대한 지향이 투사된 것으로만 평가하는 것은 다분히 일면적이다. 이러한 기질이 오랫동안 남성의 전유물로 여겨져왔다는 데 대한 문제의식에 기반을 둔 견해이기 때문이다. 최근 여성의 사회 진출과 경제적 독립이 증가하는 변화를 (무)의식적으로 거부하는 남성들에 대한 비판도 나타난다. 사회의 진보를 반기면서도 여성만은 여전히 "정다운 나의 집"에서, 그 어떤 변화의 흐름에도 영향 받지 않는 '영원한 여성'으로 두고 싶어 하는 남성의 이율배반적인 태도를 비판하고 있다.[45]

전혜린의 이와 같은 사유는 여성 해방의 대표적인 상징으로 여겨져온 '노라'에 대한 재해석을 통해서도 나타난다. 그는 '니나'에 대한 긍정적 평가와는 대조적으로 『인형의 집』의 '노라'에 대해서는 통렬한 비판을 가한다. 문학 속 주인공이 현대 상황에 처해진다면 어떠할지를 묻는 특집 기사의 일환

등 마지막 부분은 '~습니다' 체로 어미의 변화가 나타나면서 여성 독자들을 향해 질문을 하는 방식을 취하고 있다. 여기에는 그의 견해를 여성 독자들에게 전달하면서 그들의 생각을 일깨우고자 하는 의도가 있어 보인다. 전혜린, 「남자/ 그 영원한 보헤미안」, ≪여상≫(1963.8), 89쪽.

45 "이와 같이 여성이 보다 진정해지고 보다 자기에 충실해질수록 그 상태는 기묘하게도 남성의 반감을 사게 되는 것 같다. (중략) 기묘한 적의와 자기영토를 침범당한 자가 느끼는 원한 감정을 남성은 자연히 느끼게 될 것이다"(전혜린, 같은 글, 87~88쪽). 한편 이 글에는 이와 같은 비판적 접근과는 결이 다르게 해석될 소지가 있는 진술 또한 발견된다. 가령, 남성과 여성이 같은 일을 하게 되면 서로에 대한 호기심이나 정열이 사라지고 동료애만 남을 것이라든지, 방랑하지 않는 규격화된 삶을 사는 남성은 남성답지 않기 때문에 소름끼친다는 진술이 있다(전혜린, 같은 글, 88~89쪽).

으로 쓴 글에서, 여성 해방의 대명사였던 노라는 비판적 사고력이 부족하고 자기 인식이 결여된 존재로 재평가된다.

남성 작가인 입센(Henrik Ibsen)이 여성 문제를 다루고 노라의 편에서 분격해 주었다는 사실 외에는 아무런 감명을 주지 않는다면서, 현대의 시점에서 보았을 때 노라가 어떤 문제를 가졌는지 열거한다. 전혜린은 노라가 남편을 기쁘게 하기 위해 하고 싶은 말을 참고, 치장을 하거나 애교를 부리는 등 자신을 감추고 연기하는 모습을 이해할 수 없다고 말한다. 작중 노라의 대사처럼 그것이 사회적으로 요구된 여성상임은 알겠으나, 현대의 노라라면 이같은 행동은 하지 않을 것이라고 확신한다. 애정의 절대성에 근거해 문서를 위조했다고 하지만, 이에 대해 남편과 상의하지 않은 것과 사랑을 위한다면서 자의에 따라 범죄를 저지른 것도 문제라고 지적한다. 전혜린은 오히려 법률가인 헬머가 자신의 명예를 실추했다고 생각하는 것이 당연한 일이라면서 공감을 표한다. 이러한 평가는 주체성의 유무를 기준으로 한 것으로 보인다. 그러나 그는 헬머의 의무와 책임, 노라에 대한 태도를 충분히 고려하지 않는다. 또한, 사회적으로 규정된 역할과 제도화된 억압이 개인에게 미치는 막대한 영향을 간과한다.

> 그러나 批判力과 사고의 논리성에 있어서, 그리고 결혼전의 自己完成의 수양에 있어서는 현대의 노라가 훨씬 우월하다고 나는 생각한다. 타자속에 완전히 자기를 소외시켜버린 노라의 생활방식과 存在現實은 非眞正한 것이었다.[46]

전혜린은 현대의 '노라'라면 남편의 변화를 계기로 자각에 이르는 것이 아니라, 결혼하기 전에 '인간'이 되려고 시도해야 한다고 말한다. 또한 감정

---

46 전혜린, 「「노라」는 出家하지 않는다」, ≪세대≫(1963.11), 193면.

에 치우치지 않는 "비판력과 사고의 논리성"이야말로 여성의 독립과 해방을 주장하는 오늘날의 여성에게 걸맞은 자질이라고 본다. 과거의 '노라'가 '여성성'이라는 관념에 부합하는 범위 내에서 각성이 이루어졌다면, 오늘날의 여성은 그 범주를 초과해 '남성성'에 속하는 것으로 분류되어 온 이성적이고 분석적인 판단 능력을 갖추어야 한다는 것이다.

이러한 주장은 결혼, 애정, 가정 문제에 휘둘리지 않고 중심을 잡고 서 있는 '자기'의 중요성을 강조한다. 오늘날 여성의 삶이 진정성을 획득하기 위해서는 '노라'와 같은 인식에 머물러서는 안 된다. '인간'임을 자각하는 데에 머무르지 않고, '어떤 생활'을 해나가야 할지 이성적으로 고민하고 판단해야 한다. 보편적인 인간이 아닌 '나'라는 단독자, 주체적이고 개별적인 존재로서의 삶을 찾아야 한다. 그렇기에 노라는 굳이 집을 나갈 필요가 없다. 그의 각성은 외부로 나가는 것이 아니라 내면적인 변화를 통해 이루어져야 한다. 타자 의존적인 삶을 버리고 현실 문제에 능동적으로 대처하는 태도를 갖추는 일이야말로 중요하다고 본다. 아무런 대책도 없이 충동적으로 무작정 집을 나가는 행동은 이성적인 현대 여성에게는 어울리지 않는다. 그런 의미에서 오늘날의 '노라는 출가하지 않는다'는 제목은 출가할 필요가 없다는 뜻을 담고 있다.[47]

---

47 전혜린의 '노라'에 대한 해석은, 직접 언급하고 있지는 않지만 여성을 가정 내의 존재로만 보는 시각을 더욱 견고화할 위험을 내포하고 있다. 남성과 동등하게 대화하고 자신의 의견을 내놓을 줄 아는 배우자로서의 여성상은 '이상적인 근대적 가정'을 구성하는 요소로 여겨진다. 그러나 전혜린의 해석에는 자각한 여성을 긍정하는 반면, 그러한 삶을 선택하지 못하거나 선택하기 어려운 여성에 대한 섬세한 인식은 찾아보기 어렵다. 이렇게 본다면, '노라는 출가하지 않는다'라는 제목은 출가하지 '못하는' 삶의 불가피함에 대한 세심한 이해가 부족한 전혜린의 인식을 드러내는 제목이라고도 할 수 있다. 또한, 이러한 평가는 선행 연구에서도 누차 지적되었던 엘리트 여성으로서 견지한 인식적 한계와도 연결된다. 모든 여성에게 불가피한 문제를 논하려고 시도하면서도, 이와 같은 결론으로 귀결되는 것이다. 전혜린이 비판했던, 노라가 문서를 위조하게 된 행동의 근본적 원인에는 결혼한 여

한편, 결국 현실화되지는 못했지만 오영수의 「갯마을」을 번역하고자 했던 시도에서도 여성 또는 여성성에 대한 그의 인식을 간취할 수 있다. 전혜린은 오영수에게 번역 허락에 대한 감사의 마음을 전하며, 번역 과정에서의 고민을 담은 편지를 보낸다. 이때 눈길을 끄는 것이 제목인 '갯마을'을 번역하는 문제다. 그는 마을은 촌락을 뜻하는 'Dorf'이고 '갯'은 고유 명사임을 알지만, "자의로 「Frauendorf」(여자들의 마을)"이라고 붙여보았다고 말한다.[48] 이는 전혜린이 「갯마을」을 해석하는 접근 방향을 짐작하게 한다. 이에 대해 구체적으로 언급하고 있지는 않지만 소설의 내용을 통해 그 의도를 추정해 볼 수 있다.[49] 소설의 배경이 되는 마을이 과부가 많다는 점에서 일차적으로 제목을 정한 이유를 짐작할 수 있다. 하지만 인물의 성격과 행동, 사건을 살펴볼 때, 단순히 여자들이 많이 사는 마을이라는 뜻으로만 이해하기 어려운 부분이 도처에서 발견된다.

이 소설의 주인공인 해순은 남편이 죽은 후에도 시어머니를 모시는 등 전통적인 관념을 고수하며 살아가는 듯 보이지만, 그러한 인습으로만 설명할 수 없는 능동적인 면모를 보여주는 인물이다. 첫 남편 성구는 해순을 위해 일하지 않고 집에만 있으라고 하지만, 해순은 바다에 나가 일을 하면 남편보다 더 많은 벌이가 가능함을 알고 일하러 나가고 싶어 한다. 성구가 배를 타고 나갔다가 죽고 몇 년이 지나자 시어머니는 젊은 며느리의 재가를 주선하고, 해순은 상수와 결혼해 그의 고향인 산골 마을로 떠난다. 하지만 얼마

성이 법적으로 경제적인 부문에서의 권리를 단독으로 행사할 수 없다는 사정이 자리하고 있다. 이러한 맥락에서 『인형의 집』은 사회 구조적으로 여성의 권리 없음을 규정하고 있는 현상을 문제화하고 있는 서사이다. 전혜린의 노라 비판은 이러한 현실의 문제를 충분히 고려하지 못함으로써 제한된 시각을 드러낸다.

48 전혜린, 『미래완료의 시간 속에』, 324쪽.
49 오영수의 「갯마을」은 다음의 책을 참고했다. 오영수, 「갯마을」, 『갯마을』(중앙문화사, 1956), 91~121쪽.

되지 않아 상수는 징용에 차출되고, 해순은 바다가 보이지 않는 산골 마을의 답답함을 견디지 못하고 갯마을로 돌아온다. 그곳에서 해순은 다시는 떠나지 않고 마을 여성들과 함께 살겠다고 선언한다.[50] 이처럼 해순은 결혼과 사랑, 가부장적 인습을 의식적으로 거부한 것은 아니지만, 그에 구애받지 않고 자신의 마음과 의지대로 행동한다. 결국 해순은 자신과 비슷한 처지의 여성들이 모인 공동체에서 살아갈 것을 선택한다. 이렇게 본다면, 전혜린이 자의로 붙인 '여자들의 마을'이라는 제목에서 '여자'는 인습적인 여성의 삶을 살아가는 듯하면서도 정형화된 여성성의 특징으로 규정되지 않는 존재를 의미한다. 그러한 다양한 여자'들'이 함께 살아가는 마을이라는 의미를 상기하는 이 제목에는 단순한 거주의 의미를 넘어 여성'들' 간의 유대 관계가 함축되어 있다.

이와 같이 전혜린은 자신이 읽은 문학 작품 속 인물들에 대한 이해를 번역과 여러 글을 통해 전달함으로써 문화적 차원에서의 젠더 실천을 시도했다. 그 여성 인물들 대개는 사회적으로 규정된 젠더 정체성에 균열을 일으키거나 대결하는 존재이다. 이들은 때때로 지향하는 방향으로 경계를 횡단하기도 하며, 전형적인 여성다움을 보이면서도 그 범위를 벗어나는 모습을 드러내기도 한다. 이러한 여성들이 여성이라 불리지만 고정된 속성으로 환원되지 않음은 물론이다. 전혜린에게 여성성과 남성성으로 이분화된 젠더 구조는 그리 견고하지도, 중요하지도 않았다.

---

50 이는 다음과 같은 대목에서 잘 나타난다. "「난 인자 안갈테야, 성님들 하고 같이 살테야!」 … 아낙네들은 모두 서로 눈만 바라보고 말이 없었다"(118쪽), "「난 인제 죽어도 안갈테야, 성님들 하고 여기 같이 살테야!」"(120쪽)라는 해순의 발화는 말미에 또다시 반복된다. 오영수, 같은 글.

4. '읽고-쓰는' 행위와 수행적 정체성

전혜린이라는 이름을 떠올릴 때 연상되는 대표적인 것 중의 하나는 평범한 삶을 살지 않겠다는 의지이다. 그의 비범함은 가시적으로 나타났던 옷차림이나 행동 등에서도 찾아볼 수 있다. 술을 진탕 먹고 길에서 담배를 피우면서 큰 소리로 떠드는 행위는 조신한 여성의 삶을 강조하던 당대 흐름에서 하나의 파격으로 여겨졌다. 여름에 겨울 코트를 입거나, 한쪽 눈에만 화장을 하기도 했다고 한다.[51] 하지만 이러한 행동을 현실을 향한 의식적인 저항으로 보기는 어려울 듯하다. 타인의 시선에 사로잡히지 않고서 자유롭게 '자기'를 구현하는 문제에 몰두했다고 보는 편이 되레 온당해 보인다. 물론 타인을 모방하지 않으려는 시도, 괴짜로 보일 만큼의 괴이한 행동은 사람들의 기억처럼 그의 비범함이나 광기를 보여주는 것일지도 모른다. 그러나 분명한 것은 그가 의식하든 의식하지 않았든 결과적으로 명료하게 설명되는 단일한 정체성으로 정의될 수 없는 젠더를 표현했다는 사실이다.

전혜린이 강조했던 '자기'는 단일하고 고정된 '나'로 정의되지 않는다. 어떠한 기의도 무한히 받아들일 수 있는 유연함을 지닌 비어 있음이야말로 이 기표의 절대성을 보여주는 것일지도 모른다. 매 순간들이 기입해서 만들어지는 찰나의 '나'의 연쇄가 전혜린의 '자기'인 것이다. 이러한 '자기'는 관념에 불과하다. 하지만 그 관념은 수많은 행위를 낳는다. 그리고 그 행위들로 이루어진 끝없이 확장되는 경계로 나타난다. 전혜린의 '자기' 추구가 여성성과 남성성이라는 이분법적 대립을 넘나들며 나타난 것은 여기에 기인한다. 그의 젠더 실천은 실존이 본질에 우선한다는 실존주의에 대한 이해와 긴밀한 연관성을 띤다. 그는 자신의 가치관과 공부한 바를 사회적으로 실현

---

51   이덕희, 『전혜린(사랑과 죽음의 교향시)』(나비꿈, 2012), 42~46쪽.

하는 문제에 무관심하지 않았다.

전혜린이 공식적인 지면을 통해 발표한 글은 번역과 산문에 한정되어 있다. 이에 대해 선행 연구는 대체로 전혜린이 기질적으로 소설 장르를 수행할 능력이 부족하다고 보았다. 그의 글의 주관성과 관념성이 남성적인 리얼리즘의 세계로 이어질 수 없는 성격을 지닌다는 견해를 공유한다. 이를 여성적 글쓰기의 특징을 보여주는 것으로 평가하거나 당대 한국 문단에 남성적 문학 규범이 우세했기 때문이라는 등 조금씩 해석을 달리한다. 그러나 전혜린이 번역한 글들은 주로 인물의 내면을 독백하는 경향이 짙음에도, 한 인간이 여러 조건과 환경 속에서 삶을 살아가는 방식을 다룬다. 이 점을 고려할 때, 전혜린 문학이 현실 문제와 만나지 못했다는 평가는 재고할 필요가 있다. 게다가 성의 비본질화를 주장한 그에게 여성적 글쓰기라는 또 하나의 본질을 부여하는 해석도 적절하지 않아 보인다.

전혜린이 허구적 이야기에 해당하는 텍스트를 완성하지 못한 이유를 정확하게 추론하긴 어렵다. 그러나 창작에 대한 구상이 전혀 남아 있지 않은 것은 아니다. 1961년 2월 12일 일기에는 소설이나 희곡 또는 방송극이라도 한 편 쓰겠다는 생각으로 내용을 구상한 흔적이 남아 있다. 이 내용에서 그의 가정 환경과 그가 번역한 책들의 영향을 읽어내는 일은 그리 어렵지 않다.[52] 이와 같은 구상이 완성된 형태로 지면에 발표되지는 않았으며, 유고로도 남아 있지 않다. 하지만 구상을 시작했던 1961년 2월부터 죽음에 이르는 1965년 1월까지, 실제 집필이든 머릿속에서 구상하든, 반복적으로 쓰고 되새기며 고쳐나갔을 전혜린을 상상하는 일은 어렵지 않다. 그의 일기에는 무

---

52 1961년 2월 12일의 일기에는 인물의 성격, 주요 갈등, 도입부와 결말, 그리고 제목 등을 구상했던 내용이 비교적 자세하게 기록되어 있다. 부부, 부모, 자녀 간에 증오하는 관계를 설정하고, 허무주의적인 경향을 띠는 소설을 구상하고 있었다. 전혜린, 『미래완료의 시간 속에』, 74쪽.

엇이든 만족하지 않으면 결과물을 내놓지 않겠다는 의지가 곳곳에서 발견된다. 그 글이 완성되지 못한 것은 능력이 부족해서가 아니라, 완벽을 추구하다가 세상에 내놓지 못했던 것일지도 모른다. 이에 대해 확인할 길은 현재로서는 없다. 그러나 이러한 구상의 흔적은 전혜린이 글을 쓰는 행위를 통해 자신의 욕망과 삶에 대한 응시와 기투를 멈추지 않았다는 사실을 보여준다.

전혜린은 '자기 추구'라는 핵심 과제에 한없이 몰두하면서 당대 다른 논자들과 변별되는 젠더 의식을 보여주었다. 그러나 때로는 이상과 현실 사이의 간극에서 구체적인 현실을 도외시하고, 정신적 가치에 지나치게 치우친 모습을 보였으며, 사회적 젠더 규범을 따르는 인식을 드러내기도 했다. 이는 전혜린의 사유가 성숙하지 못함을 보여주는 단서로 이해될 여지가 있다. 이 글은 그의 사유의 깊이를 평가하기보다는 파편화된 그 인식의 단면들이 어떠한 맥락에서 출현했고 형성되었는지에 좀 더 천착하고자 했다. 전혜린이 발표한 글을 동시대적 맥락 속에 놓고 읽어나가면서 그의 삶과 사유의 궤적을 신화가 아닌 역사 속에 위치시키려고 했다.

그간 전혜린이라는 텍스트가 신화화되는 현상을 탐구해 온 풍부한 선행 연구의 성과 위에, 이 글은 전혜린 현상이 아닌 전혜린이라는 한 개인에 좀 더 주목하고자 했다. 그의 지적 배경과 독서 체험을 나란히 놓고서 그의 글과 의식을 이해하고, 동시대 다른 필자들과의 관계 속에서 그 의미를 구명하고자 했다. 전혜린 또는 여성의 글쓰기에 대한 선험적 잣대를 적용하기 전에 그의 글 자체에 있는 논리를 조명하려 했다. 이를 통해 글을 읽고 쓰는 행위를 통해 나타난 현실에 대한 전혜린의 쟁투의 의미와 한계를 실증적 차원에서 논하는 것이 이 글의 주된 목표 중의 하나였다. 그 과정에서 당대 여성(또는 여성성)에 대한 논의가 활발히 전개되었음을 확인할 수 있었다. 그들이 무엇을 읽고, 어떤 영향을 받았으며, 어떠한 생각을 해나갔는지를 살펴보는 것은 중요하다. 전혜린뿐만 아니라 당대 여성들의 목소리를 좀 더 세심하게 들여다보는 연구는 여전히 깊이 탐구해 나가야 할 과제이다.

참고문헌

김륜옥. 2008. 「잉에보르크 바흐만과 전혜린: 1950년대 전후 독일 및 한국 여성지식인의 삶과 문학」. ≪헤세연구≫, 20집, 301~329쪽.

김복순. 2008. 「전후 여성교양의 재배치와 젠더정치」. 한국여성문학학회 『여원』연구모임 엮음. 『『여원』연구: 여성·교양·매체』. 국학자료원.

김양선. 2010. 「1950년대 세계여행기와 소설에 나타난 로컬의 심상지리: 전후 여성작가들의 작품을 중심으로」. ≪한국근대문학연구≫, 22호, 205~230쪽.

김윤식. 1974. 「침묵하기 위해 말해진 언어」. 『한국근대작가론고』. 일지사.

김현주. 2008. 「1950년대 여성잡지와 '제도로서의 주부'의 탄생」. 한국여성문학학회 『여원』연구모임 엮음. 『『여원』연구: 여성·교양·매체』. 국학자료원.

김화영. 1996. 「'화전민'의 달변과 침묵」. 『바람을 담는 집』. 문학동네.

박숙자. 2013. 「여성은 번역할 수 있는가: 1960년대 전혜린의 죽음을 둘러싼 대중적 애도를 중심으로」. ≪서강인문논총≫, 38집, 5~42쪽.

버틀러, 주디스(Judith Butler). 2008. 『젠더 트러블』. 조현준 옮김. 문학동네.

변광배. 2007. 『제2의 성: 여성학 백과사전』. 살림.

보부아르, 시몬 드(Simone de Beauvoir). 1993. 『제2의 성』(상). 조홍식 옮김. 을유문화사.

서은주. 2004. 「경계 밖의 문학인: '전혜린'이라는 텍스트」. ≪여성문학연구≫, 11호, 33~56쪽.

오상원. 1960. 「여성의 약점 ― 약점 4: 의지하려 한다」, ≪여원≫.

오영수. 1956. 「갯마을」. 『갯마을』. 중앙문화사.

이덕희. 1965. 「서간으로 본 그의 인간상: 전혜린 씨가 나에게 주고간 낱말의 의미들」. ≪여상≫.

_____. 2012. 『전혜린(사랑과 죽음의 교향시)』. 나비꿈.

이동하. 2003. 「전혜린에 대해서 몇 가지 더 생각해야 할 것들」. 『한국문학과 인간해방의 정신』. 푸른사상.

이임하. 2003. 「한국전쟁과 여성노동의 확대」. ≪한국사학보≫, 14호, 251~278쪽.

이행미. 2018. 「전혜린 문학에 나타난 '고향'과 '회상'의 글쓰기」. ≪한국현대문학연구≫, 54집, 413~453쪽.

이행선·양아람. 2016. 「루이제 린저의 수용과 한국사회의 '생의 한가운데': 신여성, 인생론,

세계여성의해(1975), 북한바로알기운동(1988)」. ≪민족문화연구≫, 73권, 267~303쪽.

장순란. 2003. 「한국 최초의 여성 독문학자 전혜린의 삶과 글쓰기에 대한 조명」. ≪독일어문학≫, 21호, 149~174쪽.

전혜린. 1960a. 「여성의 약점 ─ 약점 7: 사치스럽다」, ≪여원≫.

_____. 1960b. 「현대 독일 여성문학의 경향: 정신적·감각적·육체적인 권리 회복」, ≪자유문학≫.

_____. 1961a. 「문제성을 찾아서: 참신한 형식의 문학」. 『독일전후문제작품집』. 신구문화사.

_____. 1961b. 「생의 한가운데」. 『독일전후문제작품집』. 신구문화사.

_____. 1961c. 「식모와 주부의 노동」, ≪여원≫.

_____. 1962a. 「이십대와 삼십대의 중간 지점에서」, ≪여원≫.

_____. 1962b. 「현대의 이브」. 『전후문학의 새물결』. 신구문화사.

_____. 1963a. 「「노라」는 出家하지 않는다」. ≪세대≫.

_____. 1963b. 「나의 독일유학생활기」. ≪여상≫.

_____. 1963c. 「남자/ 그 영원한 보헤미안」. ≪여상≫.

_____. 1963d. 「남자와 남편은 다르다」. ≪여상≫.

_____. 1964. 「유년시절의 추억 한 장: meinem Vater gewidmet」. ≪Fides≫.

_____. 1966. 『미래완료의 시간 속에』. 전혜린 기념출판위원회 엮음. 광명출판사.

_____. 1968a. 『그래도 인간은 산다 (전집 3)』. 청산문고.

_____. 1968b. 『그리고 아무말도 하지 않았다 (전집 1)』. 청산문고.

_____. 1968c. 『이 모든 괴로움을 또다시 (전집 2)』. 청산문고.

조혜란. 2012. 「『제2의 성 Le deuxieme sexe』의 초기 한국어 번역과 수용: 이용호의 1955년, 1964년 번역을 중심으로」. 고려대학교 석사학위논문.

진성희. 2008. 「장아이링과 전혜린의 글쓰기와 '일상'」. ≪중국어문논역총간≫, 22집, 323~345쪽.

천정환. 2009. 「처세·교양·실존: 1960년대의 '자기계발'과 문학문화」. ≪민족문학사연구≫, 40권, 91~133쪽.

코넬, 래윈(Raewyn W. Connell). 2013. 『남성성/들』. 이매진.

제7장

'마초하지 않은' 너드와 트랜스젠더 개발자의 '소속감'*

IT 분야의 남성성은 어떻게 작동하는가?

윤수민·임소연

1. IT 분야[1]는 트랜스젠더 친화적이다?

최근 트랜스젠더를 포함한 성 소수자 인권에 대한 사회적 관심이 높아지고 있다. 특히 2020년 초에는 트랜스젠더 군인의 강제 전역, 트랜스젠더 학생의 여대 입학 등의 사건으로 인해 트랜스젠더 문제가 화제가 되었고, 그

---

* 이 글은 윤수민·임소연, 「마초하지 않은' 너드와 트랜스젠더 개발자의 '소속감': IT 분야의 남성성은 어떻게 작동하는가?」, 민주화운동기념사업회, ≪기억과 전망≫, 46권(2022)을 수정한 것이다. 인터뷰를 연구에 활용하고 출판할 수 있도록 허락해 주신 인터뷰 참여자들에게 깊이 감사드린다.
1 IT 분야에는 개발자 외에도 디자이너, 마케터, 기획자, 데이터 전문가 등 다양한 직종이 존재하며 IT 업체의 규모나 분야 등에 따라서 서로 다른 문화를 갖기 때문에, IT 분야의 문화 혹은 IT 문화와 개발자 문화는 사실상 같지 않다. 하지만 이 글에서는 편의상 'IT 분야'를 개발자가 몸담은 분야의 의미로 사용하고자 한다. 이후에 등장할 'IT 분야의 남성성'이라는 표현 역시 IT 분야 전반의 남성성이 아닌 '개발자 문화' 혹은 '프로그래밍 문화'의 남성성을 지칭한다.

와 관련해서 2020년도 11월에는 국가인권위원회에서 트랜스젠더 혐오 차별 실태 조사 보고서가 발간되었다.[2] 조사 결과 고용 과정에서부터 직장 생활까지 트랜스젠더는 많은 차별을 받고 있었다. 트랜스젠더 정체성과 관련해 직장에 지원하는 것을 포기한 경험이 있는 참여자는 57.1%, 외모, 복장, 말투, 행동 등이 남자/여자답지 못하다는 반응이나 평가를 받은 경험이 있는 참여자는 48.2%, 주민 번호에 제시된 성별과 외모, 성별 표현이 일치하지 않아 어려움을 겪은 참여자는 37.0%였다. 직장 생활과 관련해서는 직장 상사나 동료 들이 트랜스젠더 정체성이나 성별 정정 여부를 알고 있는 경우는 19.0%밖에 되지 않았다. 직장에서 트랜스젠더 정체성과 관련된 괴롭힘을 경험한 참여자는 38.6%였다. 또한 트랜스젠더 혐오 차별과 관련한 국내의 법령, 정책, 판례 동향을 분석한 결과, 트랜스젠더 배제적 고용 및 조직 문화에 대한 정책은 미비하다는 결론이 내려졌다. "고용 영역에서의 차별과 혐오는 트랜스젠더의 노동권 제한으로 이어지"[3]기 때문에 고용 기회의 평등과 직장 내의 차별 금지를 위해서 법적 근거 마련, 구제 제도 마련, 인권 존중 교육 프로그램 실시 등이 필요하다는 것이 이 보고서의 제안이었다.

이렇듯 최근 트랜스젠더에 대한 전반적인 사회적인 관심과 연구는 증가하고 있는 것에 비해 각 분야의 특성을 반영한 연구나 보고서는 많지 않다. 트랜스젠더에 대한 국내 연구는 주로 의료적 트랜지션이나 의료 접근성 관련 연구와 트랜스젠더 인권 관련 법학 연구, 그리고 젠더 이론이나 페미니즘 관련 연구 등으로 구분되나, 직업인으로서의 트랜스젠더의 일상을 들여

---

2 홍성수, 「트랜스젠더 혐오차별 실태조사」(국가인권위원회 발간자료, 2020). 혐오 차별 실태 조사는 600명가량의 한국 거주 중인 트랜스 여성·트랜스 남성·논바이너리(non-binary) 트랜스젠더를 대상으로 한 설문으로 이루어졌으며, 법적 성별 정정, 가족생활과 일상, 학교·교육, 고용·직장, 화장실 등 공공시설, 국가 기관, 의료, 건강 수준, 그리고 기타 혐오·차별에 관해 조사되었다.
3 홍성구, 같은 글, 318쪽.

다볼 수 있는 연구는 거의 없는 실정이다.[4] 특히 성비 불균형이 심하거나 특정 성별을 위한 일이라고 생각되는, 성별화된 분야에서 트랜스젠더가 어떤 상황에 있는지에 대한 연구는 매우 부족한 실정이다. 이 글이 주목하는 IT 분야가 대표적인 사례이다. IT 분야는 성비 불균형이 매우 심한 분야로 알려져 있다. 스택 오버플로(Stack Overflow)[5]에서 2021년에 소프트웨어 개발자의 성비를 조사한 통계에 따르면 전체 응답자 중 91.6%가 남성이라고 한다.[6] 2017년에 깃허브(Github)[7]에서 한 설문에 따르면 응답자의 90.95%가 남성이었다.[8] 통계청의 자료에 따르면 국내의 2020~2021년에 컴퓨터 시스템 및 소프트웨어 전문가 취업자의 약 86.43%가 남성이다.[9]

이렇게 남성의 비율이 높은 분야라면 여성의 비율이 낮은 것은 말할 것도 없고 트랜스젠더와 같은 성 소수자의 비율은 훨씬 낮을 것이라고 예상하게 된다. 그러나 놀랍게도 IT 분야 종사자 특히 개발자 중 트랜스젠더 비율은 상대적으로 높은 편이다. 국내 현황을 보여주는 통계는 찾기 힘들지만, 스택 오버플로에서 조사한 결과에 따르면 1.3%의 소프트웨어 개발자가 트랜스젠더라고 답했고, 1.42%는 젠더 선택에서 논바이너리(non-binary), 젠더퀴어

---

4   의료적 트랜지션이나 의료 접근성과 관련된 연구는 손인서 외(2017); 이호림 외(2015); 박한희(2018) 등의 연구가 있고, 트랜스젠더 인권과 관련된 법학 연구는 민윤영(2013); 박한희(2021); 이준일(2008) 등의 연구가 있다. 젠더 이론이나 페미니즘 관련 연구는 김보명(2020); 루인(2013); 손인서(2018); 윤지영(2017) 등의 연구가 있다.

5   2008년에 개설된 공개 플랫폼으로, 코딩을 통해 배우고, 지식을 나누고, 공동으로 작업하고, 경력을 쌓는 사람 대부분이 이용하는 곳이다.

6   Stack Overflow, "Stack Overflow Developer Survey 2021"(2021), https://insights.stackover-flow.com/survey/2021/#demographics-gender(검색일: 2021.10.20).

7   소프트웨어 개발자들이 코딩 공동 작업, 자동화, 코드 보안, 프로젝트 매니지먼트, 팀 관리, 커뮤니티 활동 등을 할 수 있는 플랫폼으로, 6500만 명 이상의 개발자들이 참여하고 있다.

8   R. S. Geiger, "Summary Analysis of the 2017 Github Open Source Survey"(2017), https://osf.io/preprints/socarxiv/qps53(검색일: 2021.10.20).

9   통계청, 「지역별 고용조사」(2021).

(genderqueer), 젠더-비순응적(gender non-conforming), 혹은 그 외를 선택했다.[10] 2016년에 추정된 미국인 전체 중 트랜스젠더 비율은 0.6% 정도인데,[11] 소프트웨어 개발자 중 트랜스젠더의 비율은 이것의 두 배에 가까운 수치다.

트랜스젠더 개발자의 비율이 높다는 것은 일부 집단에는 이미 알려진 사실이다. 몇몇 인터넷 사이트에서는 개발자 중에서 트랜스젠더가, 특히 트랜스젠더 여성이 많은 이유에 대한 의문이 제기되고 있고 이에 대한 답으로 IT 분야가 트랜스젠더에게 더 친화적이라는 추정도 이루어지고 있다.[12] 한편 트랜스젠더 개발자와 관련된 스테레오 타입보다도 더 잘 알려진 것은 크로스드레싱(cross-dressing)[13]과 관련된 프로그래밍 문화이다. '프로그래밍 삭스(programming socks)'라고 불리는 인터넷 밈이 그 대표적인 예이다. 프로그래밍 삭스는 주로 10대 여성들이 즐겨 신는 무릎 위까지 오는 디자인의 스타킹을 가리키며, 이러한 스타킹은 프로그래밍하는 남성 중 여성스럽거나 크로스드레싱을 하는 사람들이 많이 신는다고 알려져 있다.[14] 또한 프로그

---

10 Stack Overflow, "Stack Overflow Developer Survey 2021."

11 A. R. Flores, J. L. Herman, G. J. Gates, and T. N. Brown, *Race and Ethnicity of Adults Who Identify as Transgender in the United States* (Los Angeles, CA: Williams Institute, 2016).

12 수전스 플레이스(Susan's Place — Transgender Resources)라는, 세계적으로 가장 큰 트랜스젠더 웹사이트 중 하나에 관련 게시 글이 올라와 있다(Susan's Place, 2013). 그 외에도 질문을 올리고 누구든 답변할 수 있는 사이트인 쿼라(Quora)와, 다양한 관심사 및 취미 등에 대한 커뮤니티들이 모여 있는 사이트인 레딧(Reddit)의 트랜스젠더에 관한 질문·답변을 할 수 있는 커뮤니티 등에도 이런 질문이 올라와 있다(Quora, 2017; Reddit, 2020).

13 크로스드레싱은 다른 성별의 옷을 입는 행위이다.

14 이 밈은 4chan이라는 인터넷 사이트 중에서 /g/라는 테크놀로지 관련 게시판에서 시작되었을 것으로 추정되며, 이와 관련된 포스트 중 현재까지 남아 있는 가장 오래된 것은 2016 게시물로 다음의 사이트에서 확인할 수 있다. 4plebs, "2016," https://archive.4plebs.org/s4s/thread/5005848/(검색일: 2021.10.20). 프로그래밍 삭스에 대한 더 자세한 정보는 다음의 사이트를 참조. Know Your Meme, "Programming Socks"(2019), https://knowyourmeme.com/memes/programming-socks(검색일: 2021.10.20).

래밍 삭스를 신으면 코딩을 더 잘할 수 있다든가, 이 스타킹이 프로그래밍을 잘하는 것의 필수적인 요소라는 등의 농담이 성행해 왔다.[15]

가장 잘 알려진 경우는 프로그래밍 삭스이지만, 크로스드레싱을 하면 코딩을 더 잘할 수 있게 된다는 밈은 이미 그 이전부터 해외 개발자들 사이에서 회자되었다. 크로스드레싱하는 개발자들을 처음 가시화한 사람은 상하이(Shanghai)의 기업가 수지 얀(Suji Yan)이다. 지금은 삭제된 2013년의 인터넷 게시 글에서 그는 크로스드레싱을 하면서 코딩하면 버그나 오류가 더 적다는 개인의 경험을 밝힌 바 있다.[16] 이후 프로그래밍하면서 크로스드레싱을 하는 남성들의 커뮤니티가 형성되었다. 2017년에는 스팀(Steam)[17]에 '크로스드레싱과 함께하는 프로그래밍(Programming while Crossdressing)'이라는 커뮤니티가 만들어졌다.[18] 이 커뮤니티는 "크로스드레싱을 하고 프로그래밍하는 것을 좋아하는 소년"들을 위한 것이라고 소개되어 있고, 크로스드레싱이 프로그래밍 능력을 향상한다는 것은 "과학적 사실"이라는 설명이 덧붙여져 있다. 2019년에 소프트웨어 개발자들이 공동 작업 등을 하는 플랫폼인 깃허브의 그룹으로 만들어진 '드레스(Dress)'는 특히 주목할 만하다. 이 그룹은 여성스러운 옷을 입거나 여성 캐릭터들로 코스프레를 하는 남성 개발자들이 주로 활동한다.[19] '드레스'는 당시 19세 트랜스젠더 여성 아케치 사토리(Akechi

---

15 유머를 올리는 웹사이트로, 다양한 인터넷 밈이 모여 있는 퍼니정크(FunnyJunk)와 SNS 트위터(Twitter)로 퍼지면서 더 유명해졌고, 심지어는 아마존(Amazon)에도 '프로그래밍 삭스'라는 이름으로 해당 디자인의 스타킹이 검색되기 시작되었다(FunnyJunk, 2017; Twitter, 2018).

16 린다 류(Linda Lew, 2019)의 기사에서 수지 얀과 린다 류의 인터뷰 내용을 인용했다.

17 스팀은 게임을 하고, 게임에 대해 토론하고, 게임을 창작할 수 있는 사이트이다. 커뮤니티를 통해 게임 그룹에 가입하고 커뮤니티를 만들어 다른 사용자와 교류할 수도 있다.

18 Steam, "Programming while Crossdressing"(2017), https://steamcommunity.com/groups/manly-programmers/comments(검색일: 2021.10.20).

19 Github, "Dress"(2019), https://github.com/komeiji-satori/Dress(검색일: 2021.10.20).

Satori)가 만든 그룹으로, 참여자들은 자신이 크로스드레싱이나 코스프레를 한 사진 등을 올린다. 수지 얀이나 아케치 사토리 등의 사례에서 볼 수 있듯이 크로스드레싱과 관련된 프로그래밍 문화의 중심에는 트랜스젠더 개발자가 있다. 이렇게 보면 프로그래밍 커뮤니티 내의 크로스드레싱 트렌드는 커뮤니티 속 트랜스젠더들과 연관이 없지 않아 보인다.

이 글은 트랜스젠더 개발자가 주축이 되어온 IT 분야 내 크로스드레싱 하위문화와 남성 비율이 높은 IT 분야가 전반적으로 여성과 성 소수자를 주변화하고 배제해 온 문화 사이의 간극에 주목하고자 한다. 남성 중심적인 IT 분야에서 트랜스젠더 개발자가 어떤 차별과 혐오를 경험하는지 드러내는 것에 그치지 않고 이들의 경험을 IT 분야의 남성 중심적인 문화 속에서 설명함으로써 그러한 문화의 작동 기제를 이해하려는 데 이 글의 목적이 있다. 이어지는 2절에서는 IT 분야의 남성 중심적 문화와 IT 분야에서 차별받는 성 소수자에 대한 선행 연구와 함께, 한국 개발자 문화에 관한 연구가 부족한 현황을 소개할 것이다. 3절에서는 실제 개발자로 일하고 있는 트랜스젠더를 인터뷰한 이 글의 연구 방법론과 분석 틀을 소개하고 4절에서는 인터뷰 참여자들이 느끼는 '소속감'을 중심으로 인터뷰 결과를 서술한다. 트랜스젠더 개발자들이 느끼는 소속감의 정체와 함께 이 소속감을 가능하게 하면서 동시에 한계 짓는 IT 분야의 '너드(nerd)' 문화를 드러낼 것이다. 이어지는 5절에서는 트랜스젠더 개발자의 일상적 소속감에 영향을 주는 IT 남성 문화의 핵심인 '너드 남성성'의 작동 기제를 분석해 보고자 한다. 6절은 결론으로 이 글의 의의와 한계, 그리고 후속 연구에 대한 전망을 담는다.

2. IT 분야의 남성성과 한국 개발자 문화

1) IT 분야 남성성 연구

IT 분야의 남성성을 가장 잘 보여주는 것은 IT 분야 인력의 성비 불균형이다. 컴퓨터의 초기 역사에서 많은 여성 개발자와 오퍼레이터 들이 활약했다는 사실은 IT 분야가 본질적으로 남성적인 것이 아니라 사후적으로 '남성화'되었으며 여성들이 원래 IT 기술에 관심이나 능력이 없는 것이 아니라 이 분야에서 체계적으로 배제되어 왔음을 시사한다.[20] 미국이 거대 IT 기업의 천국이 되어온 역사는 IT 분야가 여성을 밀어내고 남성의 분야가 되어온 역사이기도 하다. 미국에서 1960년대까지는 코딩은 숙련이 필요하지 않은 저임금 노동이라는 이미지와 함께 여성들이 주로 활동하는 분야였고,[21] 1970년대까지도 개인용 컴퓨터(PC)의 등장으로 인해 여성이 참여할 기회가 늘어나는 것처럼 보였다.[22] 그러나 1980년대 중반에 들어서면서 컴퓨터 과학(computer science) 프로그램에 등록하는 여성의 수가 급감하는데, 이는 개인용 컴퓨터가 게임을 하는 용도로 홍보되고 실제로 소년들의 놀이 문화로 대중화되면서 컴퓨터가 남성의 사회화 과정에 편입되었기 때문이었다. 소년과 젊은 남성 들이 또래 문화 속에서 일찍부터 컴퓨터를 접하고 친숙해졌던 것과는 달리 소녀와 젊은 여성 들은 컴퓨터와 친밀한 관계를 맺기 어려웠다. 더불어 IT 분야의 야간 근무 관행도 여성의 참여에 부정적인 영향을 미쳤다. 어떤

---

20 Mar Hicks, *Programmed Inequality: How Britain Discarded Women Technologists and Lost Its Edge in Computing* (MIT Press, 2017).

21 Nathan Ensmenger, "Beards, Sandals, and Other Signs of Rugged Individualism: Masculine Culture within the Computing Professions," *Osiris*, Vol. 30, No. 1(2015), p. 59.

22 T. J. Misa, *Gender Codes: Why Women Are Leaving Computing* (John Wiley & Sons, 2011), p. 136

회사들은, 겉보기로는 안전상의 이유로, 업무 시간 이후에 여성들이 근무하는 것을 막았고, 남성에게만 허락된 초과 근무는 IT 분야가 남성화되는 것을 가속했다. 급기야 1990년대에 들어서면 여성은 컴퓨터와 관련된 것을 못하거나 그에 흥미가 없으며, 컴퓨터 천재들은 남자라는 이미지가 공고해졌다.[23]

라이(M. Lie)의 연구[24]에 따르면 원래 컴퓨터와 같이 '가볍고 깨끗하고 조용한' 컴퓨터 기술은 헤게모니적 남성성의 상징과는 거리가 멀었다. 이전의 남성성은 '무겁고, 기름이 쓰이고 시끄러운' 기계들과 연관이 깊었다. 하지만 새로운 기술에 대한 지식과 사용을 독점하면서 남성들은 여성뿐만 아니라 다른 남성들에 비해서도 자신들의 남성성이 우월한 것임을 입증하려고 하는 과정이 있었다. 이렇게 컴퓨터는 남성성을 상징하는 것이 되어가고, 개발은 남성의 영역이 되어가며 여성들은 배제되었다. 유비(metaphor)의 차원에서 컴퓨터가 남성의 것이 된 것은 이미 1950~1960년대에 이루어졌다는 연구도 있다.[25] 이 시기부터 컴퓨터는 뇌에 비유됨에 따라 컴퓨터에 뇌와 관련된 남성적인 이미지가 부여되었다는 것이다.

개발자의 남성적 이미지가 여성들에게 어떤 영향을 주는지를 보여주는 연구들은 많이 있다. IT와 여성 청소년들 사이의 관계에 대한 사회 과학 학술서들을 분석한 연구[26]에 따르면 여학생들은 컴퓨팅 수업을 수강할 가능성이 상대적으로 적고, 남성적인 분야라고 생각되는 프로그래밍 분야의 진로

---

23 Misa, 같은 책.

24 M. Lie, "Technology and Masculinity: The Case of the Computer," *European Journal of Women's Studies*, Vol. 2, No. 3(1995), p. 381.

25 E. V. Oost, "Making the Computer Masculine," in E. Balka and R. Smith(eds.), *Women, Work and Computerization* (Boston, MA: Springer, 2000).

26 Lecia J. Barker and William Aspray, "The State of Research on Girls and IT," in Joanne Cohoon and William Aspray(eds.), *Women and Information Technology: Research on Underrepresentation* (Cambridge, MA: MIT Press Scholarship Online, 2006).

를 고려하지 않는다고 한다. 여성들이 프로그래밍 분야의 진로를 선택하지 않는 것은 컴퓨터는 남성의 것이라고 생각하는 선생님들, 남자아이들에게 컴퓨터를 더 많이 노출하는 집안 환경, 그리고 여학생들의 의욕을 꺾으려는 또래 남학생들의 영향도 있지만, 프로그래밍 분야에 대한 문화적 선입견의 영향도 크다. 미디어에서 나타나는 개발자는 주로 남성의 모습이지만, 간혹 나타나는 여성 개발자는 호감이 갈 만한 캐릭터는 아니다. 이러한 이미지를 수행하는 청소년들도 보통 학교에서 인기 있는 집단에 속하지 않는다. 여성 개발자 이미지는 여성에게 적절한 롤 모델 역할을 하지 못한다고 할 수 있다. 또래 이미지가 중요한 여학생들은 개발자 이미지의 낙인을 피하기 때문에 분야에 관한 관심이 줄어드는 것이다.

2) IT 분야 성 소수자 연구

크로스드레싱 하위문화의 존재만으로 IT 분야가 성 소수자를 포용하고 그들의 인권을 존중하는 문화를 가졌다고 말할 수는 없다. 많은 선행 연구는 IT 분야가 트랜스젠더를 포함한 성 소수자에게 매우 배타적인 환경임을 보여줘왔다. 스타우트(J. G. Stout)와 라이트(H. M. Wright)가 미국 대학에서 컴퓨터 관련 전공을 하는 학부생과 대학원생을 대상으로 한 설문 조사에 따르면, 대학에서 컴퓨터 관련 전공에서는 이성애가 정상으로 여겨지며, 구성원들을 이성애자로 상정하는 사회적 환경이 조성되어 있다고 한다.[27] 이 연구는 이성애자 학생보다 그렇지 않은 학생이 컴퓨터 과학 전공에 대한 소속감을 덜 느끼고, 따라서 분야를 떠나겠다고 생각하는 경우도 더 많음을 보여준다.

---

27 Jane G. Stout and Heather M. Wright, "Lesbian, Gay, Bisexual, Transgender, and Queer Students' Sense of Belonging in Computing," *Research in Equity and Sustained Participation in Engineering, Computing, and Technology (RESPECT)* (IEEE, 2015).

그중에서도 여성 성 소수자의 소속감은 더 낮다. 실리콘 밸리(Silicon Valley) IT 문화를 대표하는 해커톤(hackathon)은 개발자 문화의 남성성을 잘 보여주는데, 이러한 행사가 트랜스젠더 개발자를 충분히 포용하지 못한다는 연구도 있다.[28] 해커톤에 참여한 트랜스젠더들은 해커톤 행사에서 다른 트랜스젠더를 만난 적이 없을뿐더러, 참가 신청을 할 때 원하는 이름으로 신청할 수 없었다고 한다. 트랜스젠더 개발자에 대한 차별과 배제는 매우 미묘한 방식으로도 이루어진다. 프라도(R. Prado) 외의 연구[29]는 특히 이런 점을 잘 보여주는데, 해커톤에서 사람들이 트랜스젠더들을 대할 때 겉으로는 예의 바르게 대하지만, 도전적인 문제에 대해 질문을 하지 않는 등 해커톤에서의 역할을 충분히 할 것이라고 여기지 않는 식이다. 해커톤과 같은 주요 IT 행사들에서 성차별이나 트랜스젠더 차별에 대한 명확한 규칙을 가지고 있지 않다는 사실은 IT 분야의 남성 중심적 관행이 여전히 공고함을 간접적으로 보여준다.

반대로 하위문화 외에도 IT 분야에 트랜스젠더 친화적인 특성이 있음을 보여주는 연구도 있다. 그중 특히 포드(Denae Ford) 외의 연구[30]는 원격 근무가 가능한 프로그래밍 업무의 경우 오히려 트랜스젠더에게 장점이 많다는 점을 강조한다. 본인의 정체성에 대한 정보를 일부 숨길 수가 있고, 물리적으로 안전하며 시선으로부터 자유롭기 때문이다. 또한 개발자라는 직업 자체가 경제적으로 안정적인 일이기 때문에 보통 경제적으로 취약한 트랜스젠더들에게 유리하고, 위험한 상황이 생겼을 때 더 쉽게 도피할 수 있다는 점도 있다. 그러나 이런 연구는 원격 근무를 하는 개발자에 한정된 설명이

28 R. Prado, W. Mendes, K. S. Gama, and G. Pinto, "How Trans-Inclusive Are Hackathons?" *IEEE Software*, Vol. 38, No. 2(2020).

29 Prado, Mendes, Gama, and Pinto, 같은 글.

30 Denae Ford, Reed Milewicz, and Alexander Serebrenik, "How Remote Work Can Foster a More Inclusive Environment for Transgender Developers," *2019 IEEE/ACM 2nd International Workshop on Gender Equality in Software Engineering (GE)* (IEEE, 2019).

고, 트랜스젠더 개발자들이 차별과 배제를 겪고 있다는 더 많은 선행 연구를 뒤집기에는 역부족이다.

지금까지 살펴본 IT 분야의 트랜스젠더가 겪는 차별과 배제에 관한 연구는 크로스드레싱 인터넷 밈에 근거한 트랜스젠더 친화적 하위문화를 설명하는 데에 한계가 있다. 주로 미국의 연구이기도 하거니와, IT 분야에 트랜스젠더 개발자에 대한 차별과 혐오가 존재한다는 사실 자체를 부각하는 것에 주안점을 두고 있어 IT 문화 특유의 남성성이 작동하는 기제를 분석하지는 않기 때문이다. 또한 도입부에서 언급한 크로스드레싱 개발자와 관련된 커뮤니티는 대부분 인터넷 하위문화와 연관이 깊은데, 트랜스젠더 개발자의 인터넷 커뮤니티 문화를 고려한 연구도 찾기 어렵다. 이에 이 글은 IT 분야에 트랜스젠더에 대한 차별과 혐오가 존재한다는 사실을 입증하는 것보다 그러한 차별과 혐오를 생산하는 IT 문화의 정체를 밝히는 데에 더 큰 관심을 둔다. 따라서 이 글의 목적은 트랜스젠더 정체성 혹은 트랜스젠더에 대한 사회의 차별과 혐오 그 자체를 문제 삼고 분석하는 것이 아니라 이들의 경험과 인식을 통해서 개발자 문화를 형성하는 남성성의 정체와 작동 기제를 규명하는 것이다.

IT 분야 성 소수자에 관한 기존 연구는 대부분 미국의 사례를 기반으로 하지만, 성 소수자에 대한 배타성은 한국의 IT 분야도 예외가 아닐 것으로 추정된다. 개발자들은 분야의 특성상 각자 속한 부서나 회사 혹은 국가 내에서만 활동하는 것이 아니라 인터넷을 통해 국경을 넘어 정보를 공유하고 교류하기 때문에 서로 다른 국가의 개발자라 할지라도 문화적 공유 지점이 있다. 스택 오버플로 이용자의 국적에 관한 조사를 보면, 미국 이용자가 차지하는 비율이 가장 크기는 하지만 다양한 나라들이 이 사이트를 이용하고 있으며 이 중 한국인은 0.23%인 189명이다.[31] 깃허브는 한국 개발자들 사이에서도 잘 알려져 있으며 해외 개발자들이 참여하는 해커톤은 한국 IT 분야에서 흔히 볼 수 있는 행사 중 하나이다.[32] 한국의 인터넷 개발자 커뮤니티를 보면,

페이스북(Facebook) 그룹 '개발자 유머'[33]와 같은 곳에서는 해외 개발자들이 공유하는 농담과 밈 들이 번역되어서 올라오는 경우를 흔히 볼 수 있고, KLDP에서는 긱 블로그(geek blog)라는 이름의 블로그[34]들이 운영되기도 한다. [35]

3) 한국 개발자 문화 연구

한국의 개발자와 개발자 문화는 학술적인 연구나 분석이 거의 없어 그 정체나 현황을 파악하기 어렵다. 그나마 한국의 게임 개발자를 연구한 이상규의 논문에서 한국의 개발자 문화의 일부를 엿볼 수 있다. [36] 그의 연구를 보면, 한국 IT 분야에 표준화되거나 동질적인 문화가 존재한다고 보기는 어렵다. 한국의 개발자 문화는 대형 회사, 중소 개발사, 그리고 스타트업 및 1인 개발사에서 조금씩 다르게 나타난다. 대형 개발사는 IT 분야가 아닌 다른 대기업에 비해서 수평적인 문화가 강조되기에 협업과 커뮤니케이션이 중요시된다. 중소 개발사의 경우에는 더욱 자유롭고 수평적인 문화를 가지고 있으며, 대형 개발사에 비해서 한 사람이 여러 역할을 동시에 담당하는 멀티태스킹이 많다고 한다. 또한 이들은 자신이 만든 게임에 대한 강한 애착을

---

31 Stack Overflow, "Stack Overflow Developer Survey 2021."

32 Contest Korea에는 한국에서 열리는 해커톤에 관한 정보가 올라와 있다. https://www.contest-korea.com/sub/list.php?int_gbn=1&Txt_bcode=030220003(검색일: 2022.2.9).

33 Facebook, "개발자 유머," https://www.facebook.com/developerhumor/(검색일: 2022.2.9).

34 긱(geek)은 해외에서 컴퓨터나 프로그래밍 등 다양한 분야에 대한 전문가를 지칭하는 데 쓰이는 단어이다.

35 KLDP는 프로그래밍 및 IT 기술에 대한 정보를 공유하는 사이트이고 긱 블로그는 IT 관련 다양한 내용을 담은 사이트 내 게시판이다. 긱 블로그 주소는 다음과 같다. https://kldp.org/blog(검색일: 2022.2.9).

36 이상규, 「디지털 창의 노동자는 어떻게 불안정성에 대응하는가?: 한국의 게임 개발자들을 중심으로」(서울대학교 언론정보학 박사학위논문, 2018).

보이며, 개발자들이 사용자가 즐기는 게임 하위문화를 공유하기도 한다. 스타트업이나 1인 개발사의 경우는 일과 취미, 그리고 놀이의 경계가 희미해진 '덕업일치'의 경향이 강하다. 큰 조직에서는 다른 개발자의 마음을 상하게 하면 안 된다거나 다른 직군의 전문성을 존중해야 한다는 규범과 윤리가 강조되는 반면, 작은 조직일수록 일이자 놀이로서 개발을 하고, 창의성과 자율성이 중요해진다.[37]

소속된 회사에서도, 개인적으로 활동하는 인터넷 커뮤니티에서도 개발자들에게 단일한 문화가 있다고 하기는 어려워 보인다. 회사에서의 조직 문화는 모든 직원에 대한 호칭이 '~님'으로 통일되는 곳, 과장, 팀장, 대리 등의 일반 기업에서와 같은 호칭을 사용하는 곳, 영어 이름을 호칭으로 대신하는 곳, '형'과 같은 남성 중심적 호칭이 일반화되어 있는 곳 등 다양한 양상을 띠고 있다. 개발자들의 인터넷 커뮤니티 문화도 동질적이지 않다. 한국의 개발자 커뮤니티에는 페이스북의 '코딩이랑 무관합니다만'이나 '생활코딩' 그룹, DC인사이드의 'PS 갤러리', KLDP 등이 있는데 이들 사이에 공유되는 문화가 있다고 보기는 어려웠다. 그러나 한국 개발자 집단의 문화나 정체성에 관한 연구가 거의 없기에, 이러한 다양하고 이질적으로 보이는 문화를 관통하는 요소가 있다고 해도 가시화되기 어려운 실정임을 감안할 필요가 있다.

한국 트랜스젠더 개발자들이 겪는 일상을 가늠해볼 수 있는 강력한 지표 중 하나는 한국에서도 어김없이 발견되는 IT 분야의 성비 불균형이다. 「2020년 남녀 과학기술인력 현황」[38]에서 컴퓨터 공학 전공 여성 비율은 29.5%에 불과했다. 또한 2014년에 이루어진 소프트웨어 산업 실태 조사에서 여성 소프트웨어 기술 인력은 전체의 16.7%에 불과한 것으로 조사되었다.[39] 이렇게

---

37 이상규, 같은 글, 113~146쪽.
38 WISET, 「2011-2020 남녀 과학기술인력 현황(2020년도 인포그래픽 통계보고서)」(과학기술 정보통신부, 2022).

IT 분야 개발 인력 중 여성의 비율이 낮음에도 불구하고 개발자 문화의 남성성 혹은 여성 차별에 관한 연구는 손에 꼽을 정도로 희소하며, 성 소수자만을 대상으로 한 연구는 전혀 찾을 수 없었다. 그중 윤명회의 연구는 특히 컴퓨팅 분야의 남성성이 그 분야에 종사하는 여성들에게 악영향을 끼쳐왔음을 잘 보여준다는 점에서 주목할 만하다.[40] 이 연구에서 묘사된 PC방은 성별화된 공간으로, 주로 PC방에서 하는 게임들로 인해 컴퓨터 분야는 남성의 영역이라는 인식이 생기게 되고, 여성 게임 이용자는 비가시화되었다고 한다. 또한 육아와 가사 노동을 도맡는 여성들을 경력 단절로 이끄는 고강도 업무 조건과 잦은 야근으로 인한 과로는 남성 개발자의 남성성 증명과 연결되는 측면이 있다. 이러한 남성적인 IT 분야의 문화로 인해 여성 게임 개발자는 채용 단계부터 직장 생활까지 차별에서 자유로울 수 없다. 여성 개발자들은 남성 개발자들과는 달리 채용 단계에서부터 결혼이나 출산 여부 혹은 그 시기에 관한 질문을 받으며 차별을 경험하는 것이 현실이다. 한편 여성 개발자들이 긍정적으로 평가하는 개발자 문화로는 업무용 복장이 자유롭고 여성이어도 화장할 필요가 없다는 점 등이 있었다.

3. 트랜스젠더 개발자 인터뷰

트랜스젠더 관련 학문적 논의와 연구는 국내에서도 이루어지고는 있으나, 특히 트랜스젠더 당사자를 인터뷰한 연구가 충분하게 이루어졌다고 보기는 어렵다. 특히 전문직에 종사하는 트랜스젠더 당사자를 인터뷰한 연구는 거의 없다. 이 글은 한국의 IT 분야에서 개발자로 현재 일하고 있는 트랜

---

39 지은희, 「소프트웨어 산업 실태조사 분석 연구」(소프트웨어정책연구소, 2014).
40 윤명회, 「디지털 창의노동: 여성 게임개발자 사례」, 《문화와 사회》, 29권, 1호(2021).

스젠더의 경험에 주목함으로써 트랜스젠더에 대한 다층적인 이해를 도모할 뿐만 아니라 IT 분야의 문화에 대해서 심층적인 이해를 시도하고자 한다.

이 글을 위해 IT 분야에 종사하고 있는 트랜스젠더 5인을 인터뷰했다. 인터뷰 참여자 모집은 인터넷으로 이루어졌다. 우선 SNS인 페이스북과 트위터(Twitter), 그리고 성별 이분법에 저항하는 사람들의 모임 '여행자' 단체 카카오톡 방에 연구의 취지를 설명하고 인터뷰 참여자를 모집하는 글을 게시했다. 이 게시 글을 보고 연락을 해 온 인터뷰 참여자 모두에게 인터뷰 내용을 연구에 활용하는 것에 대한 사전 동의를 받고 개별적으로 인터뷰를 수행했으며 출판 시점에서 다시 한 번 동의 여부를 확인했다. 모든 인터뷰는 대면으로 진행되었으며 각 인터뷰는 1시간에서 1시간 30분 정도의 시간이 소요되었다.

인터뷰는 1차와 2차로 나뉘어 진행되었다. 1차 인터뷰는 다섯 명의 참여자 윤지, 지수, 하진, 나은, 재희(모두 가명)를 대상으로 이루어졌으며 온라인 개발자 커뮤니티, 직장, 그 외의 오프라인 개발자 커뮤니티 등에서 어떤 경험을 하고 있는지 물었으며 각 집단의 트랜스젠더에 대한 인식이 어떠한지 중점적으로 질문했다. 인터넷 커뮤니티 관련해서 크로스드레싱 개발자에 관한 밈에 대해서 질문해서인지 직장이나 오프라인 커뮤니티에서의 경험에서도 인터뷰 참여자들이 자유로운 복장 문화를 주로 언급했다. 2차 인터뷰는 원래 계획된 것은 아니었으나 1차 인터뷰에서 재희가 언급한 '너드' 문화를 더 잘 이해하기 위해서 마련되었다. 2차 인터뷰는 일정상 하진과 나은 두 명의 참여자만을 대상으로 이루어졌다. 2차 인터뷰에서는 주변 개발자들이 너드 문화에 영향을 받았는지, 너드 문화가 다양성에 대해 얼마나 포용적인지 혹은 얼마나 남성 중심적인지, 너드 문화가 자신의 젠더 수행에 어떤 영향을 주는지 등에 관한 질문이 이루어졌다.

인터뷰 내용은 온라인 커뮤니티에서의 소속감, 오프라인에서의 일상, 그리고 온라인과 오프라인을 연결하는 '너드' 문화 이렇게 세 부분으로 나누어 분석했다. 우선 인터뷰 참여자들이 공통으로 느끼는 온라인 커뮤니티에서의 소속감을 중심으로 그러한 소속감의 원인과 맥락을 이해할 수 있는 서술을 분석했다. 다음으로 이들이 느끼는 소속감의 한계로서 오프라인 개발자 커뮤니티와 직장에서의 젠더 인식에 대한 인터뷰 참여자들의 평가에 따라 소속감에 어떤 차이가 있는지 보여주는 목소리를 모았다. 마지막으로 너드의 특성으로 언급된 '하위집단'과 '(남에게) 무관심함'이라는 핵심어가 언급된 부분들을 정리해 이러한 특성이 트랜스젠더 개발자의 경험에 미친 영향을 살펴보았다.

인터뷰 참여자들의 인적 사항은 다음과 같다. 참여자 다섯 명 중 바이너리 트랜스젠더가 세 명, 논바이너리 트랜스젠더가 두 명이었으며, 바이너리 트랜스젠더 세 명은 MTF(Male to Female) 트랜스젠더, 논바이너리 트랜스젠더 중 한 명은 지정 성별 남성, 나머지 한 명은 지정 성별 여성이었다. 이들의 연령대는 10대 후반 한 명, 20대 세 명, 40대 초반 한 명으로 구성되었다. 다섯 명의 인터뷰 참여자 중 성별 정정을 완료하고 사회적으로 원하는 성별대로 받아들여지고 있는 경우는 단 한 명도 없었다. 다섯 명 중 두 명은 트랜지션을 선택하지 않았고, 호르몬 치료(Hormone Replacement Therapy: HRT)를 진행하고 있거나 곧 시작할 계획이 있는 사람이 두 명, 안면 여성화 시술을 한 사람이 한 명이었다.

인터뷰한 트랜스젠더 다섯 명의 의료적 트랜지션 현황이 미국 IT 분야 성소수자 연구에 등장하는 트랜스젠더의 상황과 뚜렷한 차이가 있다는 점을 주지할 필요가 있다. 앞서 언급된 연구의 미국 사례에 등장하는 트랜스젠더 중에는 트랜지션을 마치고 자신이 원하는 젠더 정체성을 인정받은 경우가 대부분이지만, 인터뷰에 참여한 트랜스젠더 개발자 중 트랜지션을 마치고 성별 정정을 한 이는 단 한 명도 없었다. 물론 모든 트랜스젠더가 트랜지션을 선택하는 것은 아니며, 트랜지션을 원하지 않거나 여러 상황과 여건으로 트랜지션을 할 수 없는 경우도 많다. 그러나 한국이 미국에 비해 트랜스젠더에 대한 가시화가 덜 이루어져 있는 현실의 차이를 무시할 수는 없다. 특히 한국은 주민 등록 번호 앞자리가 의미하는 법적 성별이 여전히 중요하게

〈표 7-1〉 인터뷰 참여자의 특성

이름(가명)	직업	나이	정체성	트랜지션 여부
윤지	데이터 엔지니어	20대 초중반	MTF	HRT 진행 중
지수	게임 서버 개발자	40대 초반	MTF	안면 여성화 시술
하진	개발자	20대 초중반	논바이너리 (지정 성별 남성)	×
나은	개발자	10대 후반	MTF	1년 안에 HRT 시작할 예정
재희	개발자	20대 초중반	논바이너리 (지정 성별 여성)	×

다루어지기 때문에 사적인 관계에서 외적으로 패싱(passing)이 된다 해도 직장에서는 자신이 원하는 성별로 인정받지 못할 가능성이 매우 높다. 트랜스젠더의 존재가 가시화되지 않는 이러한 한국 사회의 특성이 IT 분야 특유의 남성적 문화와 어떻게 엮이며 그들의 경험을 구성하는지를 살펴봄으로써 트랜스젠더 개발자의 경험뿐만 아니라 한국 IT 분야의 문화를 정교하게 이해하는 것이 이 글의 목표이다.[41]

4. 트랜스젠더 개발자의 '소속감'과 너드 문화

1) 온라인 하위문화 집단에서의 '소속감'과 그 한계

여성과 성 소수자에게 배타적인 IT 분야의 문화에 관한 기존 연구들과는 달리 인터뷰에 참여한 트랜스젠더 개발자들은 대부분 개발자로서의 소속감

---

41 이러한 한국적 특성은 트랜스젠더 정체성 그 자체나 트랜스젠더 개발자가 겪는 혐오 및 차별 등에 초점을 맞추기보다는, 그들의 인식과 경험을 통해서 IT 분야 문화의 남성성이 작동하는 기제를 드러내겠다는 이 글의 취지에 더 부합하는 것이기도 하다.

을 느끼고 있었다. 이들이 특히 소속감을 느끼는 공간은 온라인 개발자 커뮤니티였다. 윤지, 하진과 나은은 트위터라는 SNS에서 다른 트랜스젠더 개발자들과 교류한다고 한다. 윤지는 트위터에서 만난 트랜스젠더 당사자 개발자가 대여섯 명쯤 되고 개발자가 되기 위해 공부하는 사람까지 포함하면 더 많다고 했다. 하진은 교류하는 사람 중에 같은 업계에서 일하는 트랜스젠더 당사자가 열 명 이상이라고 했다. 특히 윤지는 트위터를 통해 교류하는 개발자 지인들은 전부 자신의 젠더 정체성에 대해 알고 있다고 한다. 이 둘은 선별적으로 원하는 사람과만 교류할 수 있는 트위터의 특성을 잘 활용하고 있었다. 트위터에서는 트랜스젠더 혐오적인 사람들과는 교류하지 않기 때문에 여기서 교류하는 사람들은 전체적으로 트랜스젠더에 대한 부정적인 인식이 없거나 트랜스젠더 당사자라고 한다.

인터넷 개발자 커뮤니티는 성별 이분법에 맞지 않는 젠더 수행에도 포용적이라는 것이 윤지의 인식이었다. 가령 윤지의 경우 코스프레를 하는 취미가 있고 주로 여성 캐릭터를 코스프레하는데 그에 대해서 주변 남성 개발자들이 특별히 신경을 쓰지 않는다고 했다. 이는 서두에서 언급했던 '프로그래밍 삭스'와 같은 크로스드레싱 인터넷 밈과도 연관이 되어 있다. 윤지, 하진과 나은은 이러한 밈에 대해 알고 있었으며, 하진의 논바이너리 트랜스젠더 개발자 지인들은 실제로 크로스드레싱을 하면서 코딩하기도 한다고 했다. 그는 이유를 명확하게 설명할 수는 없지만 트랜스젠더 개발자가 주축이 된 크로스드레싱 밈이 개발자 커뮤니티에 받아들여졌다고 보았다. 그리고 단기적으로는 이런 밈들이 트랜스젠더 개발자의 일상이 안전해지는 데에 긍정적인 영향을 준다고 생각했다. 트랜스젠더 당사자들이 이러한 밈을 내세우며 정체성을 들키지 않고도 원하는 젠더를 수행할 수 있기 때문이다.

'남들은 안 그러는데 너는 왜 그러냐?'랑 '아 그래 어디는 더 심한 사람도 있던데'는 똑같이 혐오적이고 시혜적이더라도 차이가 크게 있거든요. … 장기적으로는 좋은 현상은 아니라고 생각해요. 실제 퀴어들이 가려지잖아요. 하지만 실제로 퀴어 정체성을 가진 사람들이 밈 덕분에 조금 더 당당하게 퀴어한 행동을 하고도 자연스럽게 받아들여질 수 있는 안전망이 되는 것 같아요. ― 하진

나은도 비슷한 이유에서 이런 밈이 없는 것보다는 있는 것이 낫다고 보았다. "시혜적"일지라도 그리고 당장은 정체성을 인정받지 못하더라도 당당하게 일상을 영위할 수 있는 "안전망"으로 작동한다고 보기 때문이다.

장난으로라도 … 모르거나 덮어놓고 쉬쉬하는 것보다는 낫지 않을까. 밈화하면 사실 사람들이 많이 알게 되면 결국은 음지에서 양지로 올라오는 것이라고 생각하고 있기 때문에, 부정적인 변화보다는 새로운 무언가를 만들 수 있는 도움이 되지 않을까. 새로운 발판이 되지 않을까. ― 나은

크로스드레싱 밈이 안전망의 역할을 하는 온라인 커뮤니티에 인터뷰 참여자들은 소속감을 느낀다. 그러나 트위터와 같은 SNS가 원하는 사람만 팔로할 수 있고 선택적으로 교류할 수 있다는 점을 생각하면 이들의 소속감은 특정 집단이나 하위문화 안에서 한정적으로만 누릴 수 있는 소속감이라고 볼 수 있다.

인터넷 커뮤니티에는 베리에이션이 있어요. 트위터도 퀴어나 퀴어 친화적인 개발자도 있지만 정반대인 개발자들도 많아요. 예를 들어 이과 엘리트 코스를 밟은 사람들이라든가. 그래서 사람을 사귈 때 가려 사귀죠. ― 윤지

윤지는 트랜스젠더 친화적인 이들을 가려서 관계를 맺는 것이고 그렇지 않은 이들은 피할 뿐, 트랜스젠더 배제적인 이들이 존재하지 않는 건 아니다. 하진은 이것을 개발자들의 하위 집단 특성으로 설명한다. 개발자 집단 안에 다양한 관심사와 취향을 가진 하위 집단들이 많이 있으나, 각자 소속

된 집단 안에서 서로를 인정할 뿐 그 집단 밖의 타인들이나 타 집단에 대해서는 상당히 배타적이라는 것이다.

> 너드들이 다양한 건 맞아요. 예를 들어서 개발자 집단이 있으면 트랜스젠더 개발자들은 자기들끼리 집단을 형성해서 놀고 있고, 개발자이면서 퍼리[42] 취향인 사람들의 커뮤니티도 있고. 프로그래밍말고 다른 것들로 세분화된 서브셋(하위 집단 — 이하 인용문에서 괄호는 인용자의 부연 설명)들이 있어요. 그런데 너드들 중에서도 자기도 사회 규범에 적응하지 못하면서 다른 방향으로 적응하지 못하는 사람들을 인정하지 못하는 경우도 있어요. 의외로 커뮤니티 전체에서는 배타적인 모습이 많이 보여요. — 하진

또한 온라인 커뮤니티를 벗어나 오프라인 커뮤니티나 직장으로 가면 이런 소속감을 계속 느끼기 어렵다는 한계도 있다. 온라인 커뮤니티와 오프라인 개발자들의 관계에 관해 물으니, 개발자들의 온라인 활동이 주류라고는 말할 수 없지만 하위문화와의 친숙함은 상당한 비중이 있다는 것이 인터뷰 참여자들의 생각이었다.

> 개발자들은 인터넷 활동을 많이 해서 인터넷의 영향을 받는 것 같아요. 이런 사람들이 주류까지는 아니고, 현실에서 만나는 개발자들은 그런 커뮤니티를 아예 안 하는 머글[43]이 더 많죠. 이런 건 개발자들 안에서도 하위문화인 것 같아요. 근

---

42 퍼리(furry)는 인간의 특성을 지닌 동물 캐릭터를 좋아하는 사람, 특히 그런 캐릭터처럼 분장하거나 그런 캐릭터를 온라인에서 아바타로 사용하는 사람을 뜻한다. 이 정의는 다음 사이트에서 확인해 볼 수 있다. Oxford Languages, https://languages.oup.com/google-dic-tionary-en/(검색일: 2021.10.26).

43 머글(muggle)은 '해리 포터(Harry Porter)'에서 마법을 쓰지 못하는 사람을 가리키는 단어이다. 특정 분야에 대해서 잘 모르는 사람들을 가리킬 때 쓰는 은어이다.

데 어느 정도 비중은 있어요. ― 윤지

온라인의 트랜스젠더 친화적인 커뮤니티는 오프라인으로도 이어져 하진의 경우 트위터를 통해서 트랜스젠더 정체성을 공식적으로 인정하는 회사에 입사한 적이 있다고도 했다.

지난번 회사가 학교 선배가 사장인 회사였는데, 좀 퀴어 같은 선배거든요. 그 회사는 거의 트위터를 통해서 구인했어요. 비슷한 사람끼리만 모여서 다른 회사와는 이질적이긴 한데, 그런 회사가 다른 데도 있긴 하더라고요. … 첫 출근을 하고 일을 시작하고 있는데 먼저 출근한 다른 분이 자기소개를 하면서 본인이 트랜스젠더 여성이라고 말씀하시더라고요, 처음 대면하는 자리인데. 그리고 그 회사에는 제가 한국에서 본 유일한 성 중립 화장실이 있었어요. ― 하진

이렇듯 오프라인에도 트랜스젠더 개발자들이 소속감을 느낄 수 있는 공간은 있지만, 이는 온라인 커뮤니티와 연결된 경우에 한정된다. 온라인 커뮤니티 안에서의 배타성과 오프라인 커뮤니티와의 괴리로 인해 트랜스젠더 개발자들은 그들이 선별한 집단의 경계 안에서만 소속감을 느끼고 안전함을 느낄 뿐, 그 밖으로 벗어나는 순간 혐오와 부딪히게 됨을 잘 알고 있었다.

2) '남초 집단' IT 분야의 '여성의 모습'을 한 남성

IT 분야에서 남성이 주류 집단이라는 점을 부정하는 인터뷰 참여자는 없었다. 다만 개발자 집단이나 IT 분야의 전반적인 젠더 인식에 대한 평가에서는 참여자마다 편차가 보였다. 윤지는 지금 있는 직장이 성차별적인 발언이 없지는 않지만 분위기가 "마초"하지는 않고 "상대적으로 다른 시스젠더[44] 남성 호모소셜[45] 커뮤니티보다 (성차별적 언행이나 분위기가) 적은 편"이라고 했

다. 지수는 여기서 한발 더 나아가 개발자 커뮤니티가 예부터 다른 직군에 비해 여성에 대해서든, 성 소수자에 대해서든 개방적이라는 점을 강조했다.

> 회사 내에서는 (성차별을) 거의 못 본 것 같아요, 여성 혐오 퀴어 혐오가 거의 없어요. 개발자들은 상대에 대해 신경을 안 쓰는 편이라서 친화적인 편이 많아요. 한국은 덜하지만, 외국 같은 데는 특히 '게임을 만드는 게 중요하지, 그런 건 별로 안 중요해'라고 생각해요. — 지수

나은은 "남성의 입김이 가장 세고 쪽수에서 밀리기 때문에 어쩔 수 없이 남초 문화"라고 하면서도 현재의 남성 중심적인 문화조차 점점 개선되고 있다고 생각하고 있었다.

> 베이스는 남초 집단이지만 최근의 동향을 봤을 때는 개발자가 소수자, 여성이나 성 소수자 장애 등에 대해 긍정적으로 대하는 사람이 많기 때문에 예전의 군대 같은 문화랑은 (다르게) 자정이 되고 소수자의 목소리가 커지고 있어요. 문제 제기도 많이 되고. — 나은

반대로 하진은 "여성 혐오적인 멤버들의 여성 혐오성은 비슷하지만 어쨌든 여성 인구 자체가 (다른 이공계 분야에 비해) 많아서 커뮤니티 전체로 확대해 봤을 때는 덜하다고 볼 여지가 있"다고 말했다. 이렇게 지수는 개발자 커뮤니티의 포용성을 매우 긍정적으로, 윤지, 하진, 나은은 비교적 긍정적으로 평가했지만, 재희는 그렇지 않았다. 재희의 경우 개발자들의 젠더 인식과

---

44 시스젠더(cisgender)는 트랜스젠더가 아닌 사람, 즉 지정 성별과 일치하는 젠더 정체성을 갖는 사람을 지칭하는 의미로 사용된다.

45 동성(특히 남성)으로 이루어진 사회적인 관계, 집단을 호모소셜(homosocial)이라고 한다.

그들의 문화가 특별히 다른 남성 집단에 비해서 다양성에 열려 있거나 포용적인지에 대해서는 유보적이었다.

> 지금 직장은 성비가 반반 정도예요. 다들 개발자들인데 어쩌다 보니 그렇게 됐어요. … 대학 때는 5 대 1, 6 대 1 정도의 비율? 전형적인 남초 분위기가 강한 편이에요. 개발자들이 다른 남초 커뮤니티에 비해 개방적이거나 한지는 잘 모르겠어요. — 재희

재희가 윤지, 지수, 하진, 나은과 비교해서 IT 분야의 남초 문화를 훨씬 더 부정적으로 평가한 이유로 법적 성별의 차이를 추정해 볼 수 있다. 윤지, 지수, 하진, 나은은 법적 성별이 남성인 반면, 재희는 법적 성별이 여성이며 성별의 차이는 특히 한국 사회에서 훨씬 분명히 드러난다. 특히 지수는 구직 중이므로 이력서에 적힌 '남성'이라는 성별이 면접자들에게 공개가 되는 상황이며 윤지와 하진은 인터뷰 당시 군 대체 복무 중이었기 때문에 직장 사람들이 모두 그들을 남성으로 인식하고 있었다. 이 성별의 차이는 뒤이어 설명할 IT 분야의 너드 문화와 너드 남성성의 작동 분석에서 유의미하게 드러날 것이다.

홍미로운 사실은 인터뷰 참여자들의 법적 성별 그리고 그에 따른 개발자 문화의 포용성에 대한 평가와는 무관하게 다섯 명의 참여자 모두 개발자 직군 특유의 문화로 자유로운 복장을 꼽았다는 점이다. 개발자 문화의 남성성을 가장 강하게 지적했던 재희의 설명에 따르면, 그 자유는 다양한 취향에 대한 적극적인 의미에서의 존중이라기보다는 타인의 외모에 대한 무관심과 무지 때문이다. 이에 대해 재희는 "다들 좀 이상한 옷을 입고 있어요. 좀 옷을 못 입어요. 다 옷을 못 입기 때문에 그다지 (남의 옷에 대해서도) 생각을 안 하는 것 같아요"라고 의견을 표했다.

하진은 IT 분야의 자유로운 복장 문화를 "이쪽 계열은 너드들이 회사를 만들어서 이끌어 나가는 경우가 많아서 복장 규정이 자유로워지는 것 같"다고 설명했다. 복장은 젠더 수행의 주요 수단이기에 복장이 자유롭다는 것은

옷 입기와 외모 꾸미기 등을 통해 다양한 젠더 수행을 하는 것이 용인된다는 의미이다. 실제로 윤지는 핫팬츠나 세일러복 티셔츠 등을 입고 출근한 적이 있고 하진은 회사에서 오프숄더 상의와 로브 카디건, 원피스에 가까운 롱 셔츠와 니 삭스 등을 착용했지만 둘 다 아무도 신경 쓰지 않았다고 했다.

사무직종 같은 경우에는 여성이 바지를 입으면 좀 부정적인 시선을 받기도 하고 … (개발 직군은) 여성이 바지를 입어도 뭐라 하지 않기 때문에, 남성이 조금 딱딱한 양복을 입지 않고 좀 부드럽게 입고, 저 같은 경우는 옷을 입을 때 성별, 남성 옷 여성 옷 상관없이 믹스매치해서 입거든요. 이런 것들이 좀 강제가 되지 않기 때문에 자신이 맞는 것들을 (입을 수 있는 거죠). 남성이 치마를 입는다거나 하는 것들은 아직까지는 못 하더라도 한국의 사회적인 통념 안에서 용인될 수 있는 한에서는, 이성의 옷을 입어도 뭐라 하는 사람이 없다는 것 덕분에 (젠더 수행이 자유롭다고 말할 수 있습니다). ― 나은

지수 역시 최근에 구직하면서 면접에 명백히 여성복으로 보일 만한 원피스를 입고 간 적이 있다며 경험담을 들려주었다.

이제 여성의 모습으로 가죠. 일단 이력서랑 달라서 놀라는 경우가 있긴 한데 결국 모른 척을 해요. 딱히 그런 거에 대해 신경을 안 쓰는 분위기예요. … 복장이 자유롭다는 점도, 게임 개발만 하고 코딩만 하고 양복을 한 번도 안 입었어요. 아무거나 입어도 되고, 이런 분위기가 영향을 약간 미치는 것 같아요. 개방적인 분위기였죠. ― 지수

윤지와 하진, 그리고 지수의 경우 과연 회사 동료들이나 면접관들이 그들을 트랜스젠더로 받아들이고, 이에 대한 존중으로 아무런 언급도 하지 않았을까? 그럴 가능성은 사실상 낮다는 것이 윤지의 의견이다. 그렇기에 윤지

는 여전히 불편하다고 말한다.

> 회사 동료(개발자)들은 대학 친구 같은 밖에서 만난 사람들에 비해 너무 당연하
> 게 제가 시스헤테로(cishetero)일 거로 생각해요. 그래서 오히려 불편하죠. 우호
> 적이지 않음을 떠나서 사람들이 그럴 거라는 생각 자체를 안 해요. ― 윤지

높은 가능성으로 면접관들은 지수를 그가 제출한 이력서에 적힌 대로 '남
성'으로 받아들였을 것이다. 개발자로 취업하려는 여성들이 면접에서 대놓
고 남자 친구가 있느냐, 결혼은 언제 하느냐 등의 성차별적인 질문을 많이
받는다는 점을 상기한다면[46] 지수가 여러 번의 면접에도 트랜스젠더임과 관
련된 질문을 받지 않았다는 점은 지수가 여성이나 트랜스젠더로 인식되어
서라기보다는 '여성복을 입은 남성'으로 인식되었음을 짐작하게 한다.

3) '마초하지 않은 너드'로서의 남성 개발자

재희는 이 자유로운 복장 문화, 즉 전형적이지 않은 젠더 수행이 용인되
는 IT 분야의 문화를 '너드 문화'로 설명했다. 앞서 보인 바와 같이 '여성의 모
습을 한 남성' 개발자가 받아들여지는 현상은 개발자 집단이 다양한 젠더에
포용적이기 때문이 아니라 너드 개발자 특유의 비사회성 때문이라는 것이다.

> 진짜 잘하는 개발자들은, 이것도 편견일 수 있는데, 딱히 신경을 안 쓰는 것 같아
> 요. … 실제로 전형적으로 생각할 만한 개발자를 많이 만나 봤는데 그 사람들은
> 좀 사회적으로 생각하는 남성성이 강한 타입들이 아니다 보니까. 그런 면에서

---

46 윤명희, 「디지털 창의노동」, 116~117쪽.

긍정적인 부분이 있는 것 같기도 해요. 근데 확실히 뭔가를 알고 그런다기보다는 그냥 너드라서 그런 것 같아요. ─ 재희

재희는 너드들이 전통적인 남성성을 가지고 있지 않다는 사실이 자신과 타인의 다양성을 받아들이는 문화와 연결되어 있다고 보았다. 그리고 재희가 언급한, 전통적인 남성성을 가지고 있지 않은 '너드'에 대해서 다른 인터뷰 참여자인 하진과 나은 역시 동의하며 개발자의 너드 남성성을 인정했다.

서로가 서로에게 평등하게 대한다는, … 너드가 아닌 사람들 같은 경우에는 보통 서로 사회의 정상적인 인격을 보여주잖아요. 저는 보통 이걸 '허리를 세운다'라고 생각을 하고 있는데, 허리를 굽혀서 모두가 동일한 눈높이를 가지도록 그렇게 하는 것을 저는 '허리를 숙였다'라는 표현을 사용합니다. ─ 나은

위와 같이 나은은 너드를 "정상적인 인격"이 아닌 이들로 표현하지만, 그 의미는 다른 이들 앞에서 허리를 숙임으로써 상대방과 같은 눈높이를 가지려는 태도를 뜻한다. 나은은 재희가 묘사한 너드의 비사회성을 평등 의식으로 해석해 너드에 더 긍정적인 의미를 부여하고 있으며, 개발자들이 업계 외부인들과 다른 너드 정체성을 가지고 있다는 사실을 강조한다. 반면 하진은 너드를 '마초'와 구분해 너드의 비전형적인 남성성을 언급한다. 그는 이에 대해 "여성의 성적 대상화를 하거나 그런 식으로 배제를 하기보다는 편견의 양상으로 나타나요. 여자들은 뉴비[47]일 거라고 생각하고 자기들만큼 (분야에 대한) 진정성을 가지지 않을 거라는 편견이 있어요"라고 표현했다.
여성들에 대한 성적 대상화를 하고 여성을 배제하는 것이 마초 남성의 특

---

47 새로 무언가를 시작한 사람을 뉴비(newbie)라고 한다.

성이라면, 너드는 여성의 개발자로서의 능력에 편견을 가질 뿐이라는 게 하진의 의견이다. 여성 개발자를 열등하게 본다는 하진의 표현은 그가 IT 분야의 남성 중심적 문화를 인정하면서도 너드가 마초와는 다른 남성성을 가졌다고 여김을 보여준다. 너드와 마초를 구분하고 전자에게는 후자의 특성이 없다는 인식은 IT 문화가 다양성에 상대적으로 열려 있다는 평가로 이어졌다. 하진은 너드들이 프로그래밍 외의 관심사에 따라 세분화된 하위 집단들에 속해 있다는 점을 들어 이들이 다양한 주제나 취향, 정체성 등에 열려 있다고 보았다.

> 프로그래밍 너드들 중에서 퀴어이고 특이하고 그런 너드들의 서브셋이 소속감을 느낄 수 있을 정도로 크고, 주변의 다른 사람들이 그 그룹을 대놓고 비하할 정도로 영향력이 없는 그룹이 아니니까요. … 너드들이랑 있으면 대놓고 사회 부적응하는 티를 내도 그냥 그럴 수도 있다 정도로 받아들여주더라고요. ─ 하진

동료 개발자들을 다양한 취향을 인정하고 전통적인 남성성을 강하게 가지고 있지 않은 너드로 보는 인식은 트랜스젠더 개발자들이 느끼는 소속감과 직결된다. 인터뷰 참여자들이 트랜스젠더 개발자로서 IT 분야에서 일상적으로 배제당하는 경험을 하기보다는 소속감을 느끼는 가장 큰 이유는 타인에 대해 무관심한, 너드의 비사회적인 특성에 있었다. 재희는 이에 대해 "젠더에 대해서 무지해요. 신경을 안 쓰죠. 남한테 관심이 없어요. … 워낙 개발자들 성향 자체가 자유로운 편이에요. 일하고 싶을 때 일하고 싶어 하고 좀 혼자 있는 걸 좋아하고 그런 성향 때문에…"라고 표현했다.

재희는 남에게 관심이 없고 혼자 있는 걸 좋아하는 성향인 주위의 너드 개발자들 덕분에 자신이 사회적으로 받아들여지는 성별의 규범을 따르지 않아도 문제가 되지 않았고, 그래서 편안했다고 말했다. 나은의 경험도 비슷했다. 주변 동료들이 젠더 정체성을 굳이 궁금해하지 않고 관심을 두지 않았으나, 간혹 정체성을 알려주었던 경우에도 받아들이고 존중해 주었다

고 했다. 하진은 주변 동료들에게 자신의 정체성을 밝힌다고 해도 "서로 특별한 일이 되지는 않았으면 좋겠다고 생각"하는데 동료들 역시 "퀴어거나 말거나 술이나 같이 먹으면 됐지"라는 식으로 생각한다며 너드 개발자들 사이에 있을 때 느껴지는 소속감을 표현했다.

5. 너드 개발자와 IT 분야 남성성의 작동

1) '너드'라고 불리는 남성 개발자

인터뷰에서 언급된 '너드'는 남성이 다수를 차지하는 IT 분야의 문화를 잘 보여주는 특정한 정체성을 가진 개발자를 가리키는 용어이다. 너드의 뜻에 대해서는 인터넷에 올라온 너디티 검사(Nerdity Test)[48]를 참고해 볼 만하다. 이 검사는 교육과 지식, 생활 방식과 소유물, 옷차림과 성격 세 가지 영역으로 나뉘어 있다. 검사 문항에 따르면 너드는 수학과 과학에 대해 박학다식하고 관심이 많으며, 컴퓨터 사용에 능숙하며 이용 시간이 길고, 〈스타트렉(Star Trek)〉, 〈스타워즈(Star Wars)〉 등 SF(science fiction) 또는 관련 만화나 미디어에 대한 관심이 많으며, 사회적으로 미숙하고 용모 복장이 단정하지 못하다는 등의 특징을 가지고 있다. 너드는 아니지만 비슷한 특징을 가진 개발자를 지칭하는 더 오래된 단어로는 '컴퓨터 범(computer bum)'이 있다. 1976년 MIT의 컴퓨터 과학 교수였던 조지프 와이젠바움(Joseph Weizenbaum)은 그가 쓴 인공 지능 윤리와 관련된 고전인 『컴퓨터 권력과 인간 이성: 판단

---

48 여러 버전이 있고, 여러 유머 사이트 등에 퍼져 있으며, 여러 사람에 의해 수정되고 업데이트되었다. 이 글에서 참고한 것은 제프 베넷(Jeff Bennett)에 의해 1992년 3월 12일에 편찬된 Nerdity Test version 2.1로, 지금은 사라진 MIT 유머 게시판에 올라왔다(Bennett, 1992).

에서 계산까지(Computer Power and Human Reason: From Judgment to Calculation)』
에서 '컴퓨터 범'이라고 불리는 개발자에 관해 묘사했다. 와이젠바움은 이
들이 늘 헝클어진 머리와 구겨진 옷, 지저분한 얼굴로 컴퓨터 앞에 앉아 있
고, 거의 쓰러질 때까지 한 번에 스무 시간에서 서른 시간씩 일하며, 오직
컴퓨터만을 통해서 그리고 컴퓨터만을 위해서 존재한다고 기술하고 있다.[49]

비슷하게 쓰이게 된 단어로 해커(hacker)와 긱 등도 있다. 해커의 유행은
개인용 컴퓨터가 등장하면서 컴퓨터가 열어준 새로운 세계를 파헤칠 만한 창
의성과 에너지가 있는 청소년들을 중심으로 시작되었다. 처음에는 컴퓨터
게임 등을 불법으로 교환하는 몇몇 청소년의 집단으로 시작했다가, 1983년
에 〈워 게임(War Games)〉이라는 해커 관련 스릴러 영화가 개봉하면서 해커
커뮤니티는 더욱 커졌고 해커 이미지가 대중에게 알려졌다. 영화에 나온 어
린 해커는 어른들보다 많은 것을 알고 있고, 이를 통해 권력을 얻고 재앙을
막는다. 그러나 이후 컴퓨터 관련 범죄가 대두하면서 해커는 부정적인 이미
지로 많이 쓰이게 되었다.[50] 해커와 달리 긱은 더 넓은 의미로 쓰인다. 예전
에는 '전문성은 갖췄지만, 사회성은 부족한 사람들을 향한 멸칭'이었지만,
현재는 특정한 분야에서 자신의 힘으로 전문가가 되는 사람을 가리키는 친
근감 있는 호칭이 되었다. 이 표현은 컴퓨터나 프로그래밍 외에도 다양한
분야에 대한 전문가를 지칭하는 데 쓰이고, 긱들이 많은 분야, 가령 컴퓨터,
애니, 게임 등은 긱스러운(geekish) 분야로 불린다.[51]

IT 분야에서 전형적이거나 이상적으로 여겨지는 이러한 개발자의 이미지

49 Joseph Weizenbaum, *Computer Power and Human Reason: From Judgment to Calculation* (San Francisco: W. H. Freeman & Co, 1976).

50 R. Skibell, "The Myth of the Computer Hacker," *Information, Communication & Society*, Vol. 5, No. 3(2002).

51 J. A. McArthur, "Digital Subculture: A Geek Meaning of Style," *Journal of Communication Inquiry*, Vol. 33, No. 1(2009).

가 처음 등장할 때 쓰이던 표현인 범은 현재 많이 쓰이지 않는다. 해커는 현재도 많이 쓰이지만, 주로 컴퓨터로 범죄를 저지르는 청소년을 지칭하는 표현으로 이 글에서 쓰이는 것보다는 좁은 의미이다. 너드와 긱 모두 영미권에서는 많이 쓰이는 표현이고, 거의 상호 교환 가능하게 쓰이고 있으나, 긱은 한국에서는 거의 쓰이지 않는다. 무엇보다 너드는 인터뷰 참여자들이 실제로 사용하며 그들에게 가장 익숙한 표현이었다. 앞서 살펴본 바와 같이 너드로 통칭하는 개발자의 이미지를 표현하는 용어는 여러 가지이지만, 예외 없이 발견되는 공통점은 그들이 모두 남성을 지칭한다는 사실이다. 따라서 이 글에서는 IT 분야의 남성 중심적 문화, 특히 프로그래밍 문화의 남성성을 상징하는 남성 개발자를 '너드'로 통칭하며, 이들이 수행하는 특유의 남성성을 '너드 남성성'이라고 부르고자 한다.

너드는 젠더화되어 있을 뿐만 아니라 인종화되어 있는 이미지이다.[52] 온라인 포럼에서의 너드 문화를 분석한 로리 켄달(Lori Kendall)의 연구에서, 연구 참여자들은 이러한 백인 너드들이 "하얀 원더브레드(white wonderbread)" 같다고 표현했다. 즉, 싱겁고 영양가 없고 지나치게 가공된 흰 식빵처럼, 평범하고 특정적이지 않으며 인종적 다양성이 없다는 점이 너드의 특징임을 보여준다.[53] 너드는 특정한 남성성을 가진 백인 남성 개발자인 셈이다. 너드가 가질 것이라고 여겨지는 남성적인 특성은 컴퓨터를 능숙하게 다루는 능력뿐이 아니다. 1968년 컴퓨터 기계협회(Association of Computing Machinery) 회의에서 컴퓨터 인사 컨설턴트 리처드 브랜던(Richard Brandon)이 설명하기로 그들은 "보통 자기중심적이고, 약간 신경증적이며, 조현병의 경계에 있다"

---

52 Lori Kendall, " 'White and Nerdy': Computers, Race, and the Nerd Stereotype," *Journal of Popular Culture*, Vol. 44, No. 3(2007).

53 Lori Kendall, " 'Oh No! I'm a Nerd!' Hegemonic Masculinity on an Online Forum," *Gender & Society*, Vol. 14, No. 2(2000), p. 269.

고 했다. 그는 "턱수염, 샌들, 그리고 그 외의 투박한 개인주의나 관행에 따르지 않는 모습들은 이 인구 통계학적 집단에서 다른 곳보다도 두드러지게 크다"며 너드 개발자의 특성들을 강조했다. 이러한 너드의 특성들은 남성성의 일종으로 받아들여졌다.[54]

너드 남성성이 모든 남성 개발자가 갖는 특성인 것은 아니다. 인터뷰에서 재희가 말했듯이 너드는 "진짜 잘하는 개발자" 혹은 "전형적으로 생각할 만한 개발자"이지 모든 개발자의 평균은 아니다. 1990년대 말 미국 카네기 멜런 대학(Carnegie Mellon University) 컴퓨터 과학과 학생들을 조사한 결과를 보면 남학생의 30%가량은 자신을 너드와 동일시하지 않았다.[55] 개발자 문화에서 너드가 갖는 힘은 그것이 모든 남성 개발자가 실제로 공유하는 자질이기 때문이 아니라, 너드가 진정한 개발자로 이상화되고 미화되어 '신화'처럼 작용한다는 데에 있다.[56] 이때 너드가 가지고 있는 비사회성이나 비전형적인 남성성은 그가 진정한 개발자의 자질을 가졌다는 증거가 된다. 모든 개발자가 천재가 아니듯이, 너드 남성성 역시 모든 개발자가 공유하는 특성이 아니라 '진짜 개발자'로 여겨지는 이들이 보여주는 특성에 가깝다. 미국의 실리콘 밸리 문화나 미국 IT 회사의 조직 문화를 롤 모델로 삼는 한국 IT 분야의 특성상, 모든 한국 개발자가 너드 남성성을 갖는다고 볼 수는 없으나 미국의 너드 문화와 거리를 두기보다는 오히려 그것을 공유하려고 할 것이라는 점은 부인하기는 어렵다.[57]

---

54 Ensmenger, "Beards, Sandals, and Other Signs of Rugged Individualism," p. 50.

55 Jane Margolis and Allen Fisher, *Unlocking the Clubhouse: Women in Computing* (MIT press, 2002). 이 글에서는 너드 대신 긱이라는 용어를 사용했으나, 긱을 너드와 유사하게 천재성, 비사회성, 여성 배제 효과 등으로 설명했다.

56 신화는 그것을 믿는 사람들에게는 존재하는 것이며 현실에 실질적인 영향을 준다. 이러한 이유로 제인 마골리스(Jane Margolis)와 앨런 피셔(Allan Fisher)는 컴퓨터 과학 전공자들의 긱 정체성의 존재와 효과를 '긱 신화(geek myth)'라고 명명했다(Margolis and Fisher, 같은 책).

역사적으로 너드 남성성이 갖는 독특함은 물질적인 차원에서도 구축되었다. 그들은 남성적 연대가 형성되는 그들만의 공간을 가지고 있다. 1970년대 대학의 컴퓨터 랩들이 그랬고, 1980년대 이후 개인용 컴퓨터가 등장하면서는 침실, 지하실, 기숙사 등에서도 이러한 공간이 만들어졌다.[58] 그들은 함께 긴 코딩 세션을 거치며 며칠씩 탄산음료와 불량 식품만을 먹고 살고, 그 외에도 여러 욕구와 취향을 용인하거나 과장하며 나름의 남성성을 증명한다. 현실에서는 여성과 교류하지 않지만, 컴퓨터 스크린으로는 여성들의 사진이나 포르노그래피를 전시하며 남성성을 과시하기도 한다.[59] 너드들은 외부인과의 교류는 끊겨 있어도 그들 사이의 상호 작용은 활발한데, 이는 심미적 만족감을 주는 코드를 쓰면서 서로에게 인정받으며 그들만의 남성적인 경쟁을 하는 것이다. 트랜스젠더 친화적이라고 여겨져온 온라인 하위문화와 인터뷰 참여자들이 소속감을 느끼는 개발자 커뮤니티와 SNS 역시 이러한 공간의 일종으로 볼 수 있다.

2) 마초와 '마초하지 않은' 너드의 연대

이 글의 인터뷰에 참여한 트랜스젠더 개발자들은, 특히 법적 성별이 남성인 이들은, 트랜스젠더 친화적인 밈과 다양성에 따른 하위 집단이 존재하는

---

57 2절에서 보인 바와 같이 한국의 개발자 문화와 IT 분야의 문화에 대한 선행 연구가 거의 없기에 미국의 너드 문화가 한국의 개발자들에게 구체적으로 어떻게 작용하는지를 이 글에서 다룰 수는 없었다. 다만 이 글을 위해 인터뷰한 개발자들이 너드라는 단어를 사용해 개발자 문화의 포용성을 설명했다는 점과 IT 업계에서 미국이 갖는 산업적·문화적 영향력을 고려한다면 한국 개발자들이 너드 문화와 전혀 무관할 수 없을 것이라 여겨진다. 이에 대해서는 한국 개발자 문화에 대한 본격적인 별도의 연구가 필요하다.

58 Ensmenger, "Beards, Sandals, and Other Signs of Rugged Individualism," p. 43.

59 Ensmenger, 같은 글, p. 58.

개발자들의 온라인 문화, 그리고 복장이나 취향 등을 신경 쓰지 않고 전통적인 남성성을 갖지 않은 너드가 주류인 IT 업계에서 제한된 의미의 소속감을 느끼고 있었다. 이들의 제한적 소속감이 어떤 의미인지, IT 분야의 남성 중심적 문화가 어떻게 작동하는지, 그리고 이들의 소속감이 왜 여성과 성소수자에 대한 포용성과 바로 연결되지 않는지를 이해하기 위해서는 너드 남성성의 작동을 더 들여다볼 필요가 있다.

너드 남성성은 다른 남성성과의 비교에서 드러난다. 인터뷰 참여자들이 너드를 마초와 명확하게 구분했다는 사실에 주목하자. 너드 남성성은 경찰이나 운동선수 등이 표상하는 남성성과 다르다. 남성성 연구자들에 따르면 너드는 전통적인 남성성으로부터 퇴출당한 남성들의 종류 중 하나이다.[60] 현재는 친근감 있는 호칭으로 의미가 변화하기도 했지만, 이전에는 너드가 남성성이 부족하다고 여겨지는 남자들에 대한 멸칭으로 쓰이는 경우가 많았다. 너드에게 부족한 남성성이자 전통적인 남성성이 바로 인터뷰 참여자들이 '마초'라고 칭하는 남성들이 갖는 남성성이다. 너드 남성성은 일반적으로 남성 개발자에게 적용되지만, 그들이 갖는 남성성과 마초가 보여주는 남성성은 분명히 다르다.

너드 남성성은 지식인이나 학자가 대체로 갖는 남성성과도 다르다. 너드들은 직관적인 천재성을 가졌다는 이미지를 가지고 있다. 그래서 해커와 혼용되어 쓰이는 경우도 많다. 개발자가 처음 등장할 때 프로그래밍은 선천적이고 독특한 능력으로 취급받았다. 진정으로 능력 있는 개발자는 개인의 창의력이 뛰어나고, 일반 사람은 이해하기 어려운 기술을 갖추고 있을 것이라는 이미지가 있다. 이런 천재성은 단단한 이론적 지식을 기반으로 한 상아탑의 남성 이미지와도 구분된다.[61]

IT 분야 너드 남성성의 작동 기제는 잘 알려진 '헤게모니적 남성성'의 개

---

60 Raewin W. Connell, *Masculinities* (Routledge, 2020).
61 Ensmenger, "Beards, Sandals, and Other Signs of Rugged Individualism," p. 53.

념으로 설명할 수 있다. 코넬(Raewin W. Connell)은 헤게모니적 남성성을 "남성과 여성 간의 권력관계를 확고하게 한다고 현재 받아들여지고 있는 젠더수행의 형태"[62]로 정의한다. 헤게모니적 남성성은 가부장제에 당위성을 부여하는, 남성성의 형태 중에서도 가장 대표적인 것이지만, 고정된 성질을갖지는 않는다. 역사적인 혹은 사회적인 맥락에 따라, 혹은 집단이나 분야에 따라 '남성적'인 것이 무엇인지는 달라질 수 있다. 중요한 것은 복수의 남성성이 공존할 수 있으며, 남성성이 다양해진다고 해서 가부장제의 권력이약화 되지는 않는다는 사실이다. 다양한 남성성들이 존재하면 어떤 남성성은 경시되거나 헤게모니를 가진 남성성 혹은 '진짜' 남성성으로 인정되지 않기도 한다. 그러나 그렇게 주변화된 남성성과 헤게모니적 남성성은 서로 관계를 맺으며 연대한다. 예를 들어, 백인 남성 중심의 사회에서 흑인 남성 스포츠 스타가 유명해진다면 흑인 남성도 남성성을 인정받으면서 가부장제로부터 발생하는 이득을 보게 될 것이다. 그렇다고 해서 흑인 남성이 남성을대표하게 되는 것은 아니며, 모든 흑인 남성이 이로부터 득을 보는 것도 아니다. 주변화된 남성성을 수행하는 개인들은 때로는 권력을 내세우는 헤게모니적 남성성으로부터 거리를 두려고 하지만, 한편으로는 자신이 남성이기때문에 받는 특권은 받아들이는 식으로 헤게모니적 남성성과 연대한다.[63]

너드 남성성의 작동도 이와 유사하다. 켄달은 너드 남성성과 헤게모니적남성성 연대의 핵심에 여성 혐오가 있다고 본다. 너드 개발자들은 주로 컴퓨터 스크린으로만 여성을 접할 만큼 여성의 쟁취에서 탈락한 남성들이다.[64]켄달의 연구에 참여한 남성 너드들은 "Didja spike her?〔그녀의 음료에 (강간)약이라도 탔니?〕" 하고 농담하곤 한다고 했다. 음료에 약을 타지 않는 이상 너드

---

62 Connell, *Masculinities*, p. 77.
63 Connell, 같은 책, p. 79.
64 Ensmenger, "Beards, Sandals, and Other Signs of Rugged Individualism," p. 58.

들은 여성과 섹슈얼한 관계를 맺지 못할 것이라는 전제를 반영한 말이다.[65] 동시에 자신을 헤게모니적 남성 집단에서 탈락한 존재로 여기는 탓에 자조를 목적으로 한 농담이다. 인터뷰 참여자 하진 역시 여성을 직접적으로 대상화하고 폭력을 행사하지 않았기 때문에 너드가 마초와는 다르다고 했으나, 이 농담들로부터 진정으로 피해받는 것은 여성들이라는 점에서 너드 남성성이 여성 혐오와 연동됨을 부인할 수는 없다.[66] 너드들이 다양한 하위문화를 가지고 있어서 다양한 사람들이 너드 문화 어딘가에는 받아들여질 수 있지만, 문화 전체로서는 배타적인 성향이라고 했던 하진의 말과도 상통한다. 켄달은 초기 연구에서 너드의 "백인 남성성"을 잘 수행한다면 여성, 퀴어, 그리고 아시아인도 IT 문화에 소속감을 느낄 수 있다고 했으나[67] 이후 연구에서는 너드들이 다양성을 내세우는 것조차 농담으로 취급된다는 점에서 오히려 여성과 다른 인종 등이 철저히 배제된다는 점을 지적한 바 있다.[68]

여성 혐오는 한국 사회의 남성성을 이해하는 데에 핵심적이다. 한국의 남성들은 헤게모니적 남성성과 가부장제의 안락한 자리를 다시 차지하기 위해 여성을 처벌하는 방식으로 여성 혐오를 해왔다.[69] 이는 전통적인 한국식 가부장제와 차별의 구조, 그리고 신자유주의의 심화로 인한 '재생산의 위기'에 따른 남성성의 위기에 대한 반응에서 나온 것이다. 남성들의 능력의 빈곤으로 인해 연애·결혼·출산이 어려워진 상황에서 한국 남성들은 학교와 군대에서의 '남성-사회화'로 인해 여성이 겪는 차별과 고통은 보지 못한 채 본인들이 "역차별"을 당하고 있다는 피해 의식을 가지고 있다. 이런 상황에서 남성

65 Kendall, " 'Oh No! I'm a Nerd!' Hegemonic Masculinity on an Online Forum," p. 262.

66 Kendall, 같은 글, p. 265

67 Kendall, 같은 글, p. 263

68 Kendall, " 'White and Nerdy'," p. 509.

69 김수아·김세은, 「'좋아요'가 만드는 '싫어요'의 세계: 페이스북 '여성혐오'페이지 분석」, ≪미디어, 젠더 & 문화≫, 31권, 2호(2016).

들이 구조적인 문제를 해결하려고 하기보다는 여성에게 화살을 돌리는 것이 한국 남성들의 여성 혐오가 갖는 맥락이다.[70] 이들은 여성 혐오를 통해 자신들이 원하는 남성과 여성의 관계를 만들어내려고 한다.[71] '남성됨'이라는 성적 주체화를 이루기 위해 '여성'이라는 타자에 의존하는 것이다. 따라서 여성 혐오를 구심점으로 삼는 다양한 남성성의 연대는 한국 사회에서도 예외 없이 작동한다. 이를 통해 너드 문화, 그리고 프로그래밍 삭스나 크로스드레싱과 같은 전형적이지 않은 젠더 수행이 밈으로는 쓰여도, IT 인력의 젠더 격차는 좀처럼 좁혀지지 않는 현실을 이해할 수 있다. 한국 IT 분야는 여성적 젠더 수행을 하는 남성 개발자에게는 관대해도, 타자인 여성은 배제하는 것이다.

한국과 미국의 헤게모니적 남성성이 다름에도 불구하고 너드 남성성이 유사하게 작동하는 점은 좀 더 분석이 필요하다. 무엇보다 너드와 대비되는 '마초'를 이해하는 데에 핵심적인 요소인 인종주의가 한국에서 동일하게 작용한다고 보기 어렵다. 그러나 인터뷰에 참여한 트랜스젠더 개발자들과 같이 너드라는 말에 익숙한 한국 개발자들에게 너드 문화는 그 자체로 한국 IT 업계가 참조점으로 삼는 미국 중심의 '글로벌한 IT 업계 문화'이기 때문에 영향력을 갖는다. 흥미로운 점은 한국의 가부장적 남성이 마초에서 먼 만큼 너드 남성성에 가깝다는 사실이다. 최근 한국 사회에서 여성 혐오를 주도하는 이들이 1980~1990년대의 여아 낙태의 결과 인구학적으로 여성과 연애나 결혼이 힘들어진 젊은 남성들이라는 점을 떠올리면, 한국의 헤게모니적 남성성은 '여성 쟁취에 실패한' 남성으로서의 너드 남성성에 가까워 보인다. 한국에서 너드 개발자에 대한 학술적 관심이나 연구가 거의 없고 사회적으로도 너드 남성

---

70 천정환, 「강남역 살인사건부터 '메갈리아' 논쟁까지: '페미니즘 봉기'와 한국 남성성의 위기」, ≪역사비평≫, 116호(2016년 가을), 367쪽.

71 엄진, 「전략적 여성혐오와 그 모순: 인터넷 커뮤니티 '일간베스트저장소'의 게시물 분석을 중심으로」, ≪미디어, 젠더 & 문화≫, 31권, 2호(2016).

성이 가시화되고 있지 않은 상황은 한국 사회 특유의 헤게모니적 남성성 자체가 이미 충분히 '마초하지 않은' 남성성, 즉 이미 너드 남성성에 가까운 남성성이기 때문일 수 있다. 그런 의미에서 한국의 너드 개발자는 너드 남성성이 다양한 스펙트럼의 남성성과 공존할 수 있음을 보여주는 사례이기도 하다.

3) 지연된 (트랜스-)여성 혐오

남성성의 연대는 특히 지정 성별 남성인 트랜스젠더 당사자들이 너드 개발자들 집단에서 느끼는 소속감을 잘 설명해 준다. 그러나 그들의 소속감에는 분명한 한계가 있다. 그들이 일상적으로 갖는 편안함은 '크로스드레싱하는 너드', 즉 비헤게모니적 남성성을 가진 남성으로서 수용된 결과이기 때문이다. 법적 성별이 여성인 재희의 경험이 이를 역설적으로 잘 보여준다. 정체화한 젠더는 각자 다르지만, 직장에서 윤지, 지수, 하진 그리고 나은은 남성으로, 재희는 여성으로 받아들여지고 있으며, 그에 따라 IT 문화의 남성성과 포용성에 대한 인식에는 큰 차이가 있었다. 인터뷰 결과, 전자의 경우는 개발자 직군이 다른 직군에 비해 여성 차별이 덜하다고 생각하고 있었지만, 재희는 그런 차이를 느끼지 못했다. 트랜스젠더로서의 정체성과 법적 성별로 인해 주변에서 정의하는 정체성이 충돌하는 지점에서 남성성 연대에 속하는지는 거의 전적으로 법적 성별, 혹은 현재 사회적으로 받아들여지고 있는 성별에 영향을 받는다.[72] 윤지, 지수, 하진과 나은이 트랜스젠더로서 전형적인 남성처럼 보이지 않은 젠더 수행을 하더라도, 그조차 일종의 남성성으로서 받아들여지는 것이다. 재희처럼 여성으로 인지되는 경우는

---

72 앞서 언급했듯이 인터뷰 참여자 중 성별 정정을 한 이는 없었으며, 그로 인해 모두 지정 성별과 법적 성별이 같은 상태였다. 따라서 이 부분에서 언급한 '법적 성별'은 인터뷰 참가자들의 지정 성별을 가리키기도 한다고 볼 수 있다.

다양성이 용인되는 남성 집단에 처음부터 낄 수 없다.

한 연구에 따르면 트랜스젠더 여성들은 시스젠더 여성들과 다른 트랜스-여성 혐오(trans-misogyny)를 경험한다고 한다.[73] 트랜스젠더들은 기본적으로 법적 성별과 다른 젠더 정체성으로 인해 일상적으로 무수한 스트레스와 미묘한 차별(microaggression)을 겪게 되는데, 트랜스젠더 여성의 경우 여성용 화장실과 같이 성별화된 공간에서 침입자로 간주되어 더 직접적인 혐오에 노출되는 경향이 있다. 의료적 트랜지션을 통해 여성으로 패싱되지 않는 상태에서 패싱되는 상태로 이동하려고 한다 해도, 트랜스젠더에 대한 사회적 편견은 그들을 다시 패싱되지 않는 상태로 돌려놓는다. 트랜스-여성 혐오는 이 끊임없이 순환하는 '패싱 콤플렉스'의 억압적 구조에서 발생한다.[74]

이렇게 본다면 지정 성별 남성인 트랜스젠더가 맞닥뜨릴 여성 혐오 혹은 트랜스-여성 혐오는 '아직' 오지 않은 것이지, 없다고 단언할 수는 없다. 법적 성별 정정 이후로 미뤄진 것일 뿐이라고 볼 수도 있다. 성별 정정 이후에는 윤지, 지수 그리고 나은을 안전하게 만들어주는 너드 남성성의 '안전망'이 사라질 수 있기 때문이다. 이들은 이분법적인 성차별의 대상도, 트랜스젠더로서의 차별의 대상도 될 수 있다. 패싱되는 성별이 바뀌었을 때 이분법적인 성차별의 대상이 된 트랜스젠더 개발자들의 사례는 이미 존재한다. 인터섹스[75]이자 프리랜서 디지털 아티스트인 델라니 킹(Delaney King)은 남성

---

73 Sean Arayasirikul and Erin C. Wilson, "Spilling the T on Trans-misogyny and Microaggressions: An Intersectional Oppression and Social Process among Trans Women," *Journal of Homosexuality*, Vol. 66, No. 10(2019).

74 성별화된 공간에서 트랜스젠더 여성이 겪는 혐오에 대한 상세한 논의는 이 글의 범위를 벗어난 것이기 때문에 여기에서는 트랜스-여성 혐오를 설명하기 위한 사례로만 제시하는 바이다.

75 간성이라고도 하며 동시에 남성으로도 여성으로도 받아들여질 수 있는 생물학적인 특성을 지니고 태어나는 사람을 가리키는 용어이다(Harper, 2020).

으로 살아가다가 트랜지션을 거쳐 여성으로 보이게 되었다. 성공적인 커리어를 이어나가던 그는 트랜지션 이후에는 고용 단계에서부터 성차별의 대상이 되었다. 트랜지션 이전에 열 곳에 지원해 여덟 번의 인터뷰 제안과 일곱 번의 일자리 제안을 받았던 그는 트랜지션 이후 똑같이 지원했을 때 두 곳에서 인터뷰와 일자리 제안을 받았고, 그중 하나는 이전보다 하급직이었다.[76] 소프트웨어 개발자이자 트랜스젠더 여성인 다니엘라 페트루잘렉(Daniela Petruzalek)의 경우도 비슷했다. 트랜지션 이전과 달리 여성으로 보일 때는 사람들은 그에게 의견을 묻지 않았고, 똑같이 행동했을 때 오만하고 실력이 부족한 것으로 취급받았다고 한다.[77] 한국에서는 법적 성별이 여성으로 받아들여지는 순간 이런 차별을 겪게 될 수 있다. 그뿐만 아니라 패싱에 실패하고 정체성이 드러날 때 트랜스젠더로서의 차별도 겪을 수 있다.

트랜스젠더 혐오의 지연은 서구 사회와 달리 법적 성별이 중요한 한국 사회에서 더욱 문제시된다. 특히 한국 사회의 IT 분야 특성상 개발자의 법적 성별은 제도적으로 가시화된다. 법적인 성별 정정 절차를 거치지 못한 이들은 정체화한 젠더로 패싱된다고 해도 주민 번호에 명확히 표시되는 법적 성별로 인해 원치 않은 상황에 놓일 수 있다. 병역 문제는 특히 과학 기술 분야인 IT 업계에 큰 영향을 준다. 인터뷰 참여자 중 윤지와 하진은 군 대체복무로서 근무하고 있었는데, 이는 이들이 겉으로 정체화한 젠더로 패싱이 되더라도 법적 성별을 기준으로 받아들여지게 하는 데에 결정적인 역할을 한다. 이 글에서의 지정 성별 남성 트랜스젠더가 트랜스-여성 혐오를 경험

---

76 Alison DeNisco Rayome, "Transgender Employees in Tech: Why This 'Progressive' Industry Has More Work to Do to Achieve True Gender Inclusivity"(October 25, 2019), https://www.techrepublic.com/article/transgender-employees-in-tech-why-this-progressive-industry-has-more-work-to-do-to-achieve-true-gender-inclusivity/(검색일: 2021.10.17).

77 Ford, Milewicz, and Serebrenik, "How Remote Work Can Foster a More Inclusive Environment for Transgender Developers," p. 10.

하기보다는 '여성의 옷을 입은' 너드 남성으로 소속감을 느끼는 데에는 이러한 제도적 맥락 역시 작동하고 있다.

6. IT 분야 남성성 연구의 필요성

이 글은 남성의 비율이 매우 높은 IT 분야에 상대적으로 트랜스젠더 개발자의 비율이 높을 것이라는 통계적 추정치와 '트랜스젠더 친화적'이라고 불리는 프로그래밍 하위문화가 존재한다는 사실에서 출발했다. 트랜스젠더 개발자와 관련한 이러한 수량적·경험적 사실은 IT 분야가 여성과 성 소수자를 배제하고 차별한다는 기존 연구들과 양립할 수 없는 것처럼 보였다. 그러나 다섯 명의 트랜스젠더 개발자에서 직접 들은 그들의 이야기는 그들이 어떻게 너드 남성으로 가득한 IT 분야에서 소속감을 느끼며 살아가는지, 그리고 동시에 그들이 느끼는 소속감이 얼마나 제한적인지를 보여주었다. 남성으로 인지되는 개발자의 여성적 젠더 수행이 주로 너드 남성의 하위문화 안에서 주변적인 너드 남성성을 수행하는 남성으로서 받아들여지는 것, 특히 복장과 외모와 같이 일부 젠더 수행에서만 허용된다는 사실은 트랜스젠더 개발자의 소속감에 뚜렷한 '경계'가 있음을 보여준다. 이는 다양한 취향을 인정하는 하위문화가 주류 IT 문화에서 받아들여지고 너드들이 '마초'와는 다른 남성성을 가졌다고 해도 그것이 곧 IT 분야가 트랜스젠더를 있는 그대로 포용하거나 성차별적이지 않음을 뜻하는 것은 아니라는 점을 시사한다.

이 글은 트랜스젠더에 관한 기존 연구들과 달리 그들에 대한 차별과 혐오가 아니라 그들이 느끼는 소속감에 주목함으로써 너드 남성이 주류인 IT 분야의 특수성과 동시에 성별화된 위계에 근거한 남성성의 작동 기제를 드러내고자 했다. 너드 남성성이라는 비헤게모니적 남성성의 작동을 중심으로 IT 분야의 문화적 속성을 이해하는 것은 IT 분야의 고질적인 인적 다양성

결여 문제를 해결하는 데에 필요한 작업이다. 전형적이지 않은 젠더 수행에 대한 용인을 IT 분야의 포용성과 동일시하지 않고, 인적 다양성의 결여를 개별 여성과 소수자의 진출을 격려하고 지원하면 될 문제로 간주하지 않는 것이 출발점이다. 이 글은 다양한 남성성의 스펙트럼을 남성의 전유물로 남겨두지 않는 것, 즉 다양한 남성성 연대를 가능하게 하는 여성 혐오를 근절하는 것이 트랜스젠더 개발자의 인권을 온전히 보호하기 위해서도 필수적임을 보였다. 디지털 시대라고 불릴 정도로 IT 산업이 일상의 일부가 된 21세기 한국 사회에서 IT 분야의 포용성과 그에 기반한 인적 다양성은 사회 전반의 포용성과 성 평등을 구현하는 디지털 기술 개발에도 크게 기여할 것이다.

IT 분야를 포함해 전반적으로 남성 인력 비율이 높은 과학 기술 분야에 여성의 진출을 돕기 위한 정부의 정책과 제도가 있어왔으나, 개별 여성에 대한 지원에 집중할 뿐 구조적 개선의 노력은 미흡했다는 비판이 있어왔다.[78] 이제 IT와 과학 기술 분야 전반의 남성 중심적 문화 혹은 남성성 연대에 대한 더 정교한 분석과 문제 제기가 필요하다. 한국 개발자 집단과 문화에 대해서도 더 많은 연구가 이루어져야 하겠지만, 더 많은 트랜스젠더 개발자, 그리고 여성 개발자와 다른 소수자 정체성을 가진 개발자들의 목소리를 듣는다면 한국 IT 분야의 문화를 더 입체적으로 이해할 수 있을 것이다. 이 글은 소수의 트랜스젠더 개발자의 경험에 근거한 것이기에 한계를 가질 수밖에 없다. 이 글을 계기로 앞으로 더 규모 있고 체계적인 연구가 수행되어 구체적인 현실과 구조적인 문제 인식에 근거한 이론과 정책의 생산으로 이어지기를 기대한다.

---

78 이은경, 「한국 여성과학기술인 지원정책의 성과와 한계」, ≪젠더와 문화≫, 5권, 2호(2012); 주혜진, 「여성과학기술인 지원정책에 '여성'은 있는가: 참여토론과 AHP를 통한 정책 발굴의 의의」, ≪페미니즘 연구≫, 14권, 2호(2014); 정인경, 「과학기술 분야 젠더거버넌스: 미국과 한국의 여성과학기술인 정책」, ≪젠더와 문화≫, 9권, 1호(2016).

참고문헌

김보명. 2020. 「급진 페미니즘의 과거와 현재」. ≪문화과학≫, 104호, 73~91쪽.

김수아·김세은. 2016. 「'좋아요'가 만드는 '싫어요'의 세계: 페이스북 '여성혐오'페이지 분석」. ≪미디어, 젠더 & 문화≫, 31권, 2호, 5~44쪽.

루인. 2013. 「젠더, 인식, 그리고 젠더폭력」. ≪여성학논집≫, 30권, 1호, 199~233쪽.

민윤영. 2013. 「트랜스젠더 문제에 대한 법미학적 조명」. ≪법철학연구≫, 16권, 2호, 167~198쪽.

박한희. 2018. 「'트랜스젠더 정체성'의 비병리화 담론의 전개와 인권적 의의: 국제질병분류 제11판의 개정을 앞두고」. ≪인권연구≫, 1권, 1호, 153~203쪽.

_____. 2021. 「트랜스젠더의 법적 성별정정제도에 대한 입법적 제안」. ≪人權과 正義: 大韓辯護士協會誌≫, 498호, 41~60쪽.

손인서. 2018. 「트랜스젠더의 젠더정체성 구성: 커뮤니티 동학과 젠더이분법의 재생산」. ≪경제와 사회≫, 120호, 198~228쪽.

손인서·이혜민·박주영·김승섭. 2017. 「트랜스젠더의 의료적 트랜지션과 의료서비스 이용」. ≪韓國社會學≫, 51권, 2호, 155~189쪽.

엄진. 2016. 「전략적 여성혐오와 그 모순: 인터넷 커뮤니티 '일간베스트저장소'의 게시물 분석을 중심으로」. ≪미디어, 젠더 & 문화≫, 31권, 2호, 193~236쪽.

윤명희. 2021. 「디지털 창의노동: 여성 게임개발자 사례」. ≪문화와 사회≫, 29권, 1호, 91~148쪽.

윤지영. 2017. 「페미니즘 난국(feminism crisis)의 도발적 변곡점: 급진퀴어페미니즘은 가능한가?」. ≪한국여성학≫, 33권, 3호, 141~198쪽.

이상규. 2018. 「디지털 창의 노동자는 어떻게 불안정성에 대응하는가?: 한국의 게임 개발자들을 중심으로」. 서울대학교 언론정보학 박사학위논문.

이은경. 2012. 「한국 여성과학기술인 지원정책의 성과와 한계」. ≪젠더와 문화≫, 5권, 2호, 7~35쪽.

이준일. 2008. 「트랜스젠더(transgender)의 헌법적 문제」. ≪고려법학≫, 50호, 39~75쪽.

이호림·이혜민·윤정원·박주영·김승섭. 2015. 「한국 트랜스젠더 의료접근성에 대한 시론」.

≪保健社會硏究≫, 35권, 4호, 64~94쪽.

정인경. 2016. 「과학기술 분야 젠더거버넌스: 미국과 한국의 여성과학기술인 정책」. ≪젠더와 문화≫, 9권, 1호, 7~43쪽.

주혜진. 2014. 「여성과학기술인 지원정책에 '여성'은 있는가: 참여토론과 AHP를 통한 정책 발굴의 의의」. ≪페미니즘 연구≫, 14권, 2호, 153~202쪽.

지은희. 2014. 「소프트웨어 산업 실태조사 분석 연구」. 소프트웨어정책연구소 연구보고서.

천정환. 2016. 「강남역 살인사건부터 '메갈리아' 논쟁까지: '페미니즘 봉기'와 한국 남성성의 위기」. ≪역사비평≫, 116호(가을), 353~381쪽.

통계청. 2021. 「지역별 고용조사」.

홍성수. 2020. 「트랜스젠더 혐오차별 실태조사」. NHRC 국가인권위원회 발간자료.

Contest Korea. https://www.contestkorea.com/sub/list.php?int_gbn=1&Txt_bcode=030220003(검색일: 2022.2.9).

DC인사이드. "PS 갤러리". https://gall.dcinside.com/mgallery/board/lists?id=ps(검색일: 2022.2.9).

Facebook. "개발자 유머". https://www.facebook.com/developerhumor/(검색일: 2022.2.9).

_____. "생활코딩". https://www.facebook.com/groups/codingeverybody/(검색일: 2022.2.9).

_____. "코딩이랑 무관합니다만". https://www.facebook.com/groups/System.out.Coding/ (검색일: 2022.2.9).

KLDP. https://kldp.org/(검색일: 2022.2.9).

WISET. 2022. 「2011-2020 남녀 과학기술인력 현황(2020년도 인포그래픽 통계보고서)」. 과학기술정보통신부.

Arayasirikul, Sean and Erin C. Wilson. 2019. "Spilling the T on Trans-misogyny and Microaggressions: An Intersectional Oppression and Social Process among Trans Women." *Journal of Homosexuality*, Vol. 66, No. 10, pp. 1415~1438.

Barker, Lecia J. and William Aspray. 2006. "The State of Research on Girls and IT." in Joanne Cohoon and William Aspray(eds.). *Women and Information Technology: Research on Underrepresentation*. Cambridge, MA: MIT Press Scholarship Online.

Bennett, J. 1992. "The Nerdity Test(version 2.1)." http://www.mit.edu/afs.new/sipb/user/ nygren/humor/nerdity-test(검색일: 2021.10.20).

Connell, Raewin W. 2020. *Masculinities*. Routledge.

DeNisco Rayome, Alison. 2019.10.25. "Transgender Employees in Tech: Why This 'Progressive' Industry Has More Work to Do to Achieve True Gender Inclusivity." https://www.techrepublic.com/article/transgender-employees-in-tech-why-this-progressive-industry-has-more-work-to-do-to-achieve-true-gender-inclusivity/(검색일: 2021.10.17).

Ensmenger, Nathan. 2015. "Beards, Sandals, and Other Signs of Rugged Individualism: Masculine Culture Within the Computing Professions." *Osiris*, Vol. 30, No. 1, pp. 38~65.

Flores, A. R., J. L. Herman, G. J. Gates, and T. N. Brown. 2016. *Race and Ethnicity of Adults Who Identify as Transgender in the United States*. Los Angeles, CA: Williams Institute, UCLA School of Law.

Ford, Denae, Reed Milewicz, and Alexander Serebrenik. 2019. "How Remote Work Can Foster a More Inclusive Environment for Transgender Developers." *2019 IEEE/ACM 2nd International Workshop on Gender Equality in Software Engineering (GE)*. IEEE.

FunnyJunk. 2017. "Any Programmer Wear These?" https://funnyjunk.com/Any+programmer+wear+these/funny-pictures/6175411/(검색일: 2021.10.20).

GeekGirl's. https://geekgirls.com/(검색일: 2021.10.26).

Geiger, R. S. 2017. "Summary Analysis of the 2017 Github Open Source Survey." https://osf.io/preprints/socarxiv/qps53(검색일: 2021.10.20).

GirlGeeks. https://www.girlgeeks.uk/(검색일: 2021.10.26).

Github. 2019. "Dress." https://github.com/komeiji-satori/Dress(검색일: 2021.10.20).

Harper, C. 2020. *Intersex*. Routledge.

Hicks, Mar. 2017. *Programmed Inequality: How Britain Discarded Women Technologists and Lost Its Edge in Computing*. MIT Press.

Kendall, Lori. 2000. "'Oh No! I'm a Nerd!' Hegemonic Masculinity on an Online Forum." *Gender & Society*, Vol. 14, No. 2, pp. 256~274.

_____. 2007. "'White and Nerdy': Computers, Race, and the Nerd Stereotype." *Journal of Popular Culture*, Vol. 44, No. 3, pp. 505~524.

Know Your Meme. 2019. "Programming Socks." https://knowyourmeme.com/memes/programming-socks(검색일: 2021.10.20).

Lew, Linda. 2019.4.28. "Meet China's Fabulous Cross-dressing Computer Coders." *South China Morning Post*. https://www.scmp.com/news/china/society/article/3007807/meet-chinas-fabulous-cross-dressing-computer-coders(검색일: 2021.6.9).

Lie, M. 1995. "Technology and Masculinity: The Case of the Computer." *European Journal of Women's Studies*, Vol. 2, No. 3, pp. 379~394.

Margolis, Jane and Allen Fisher. 2002. *Unlocking the Clubhouse: Women in Computing*. MIT press.

McArthur, J. A. 2009. "Digital Subculture: A Geek Meaning of Style." *Journal of Communication Inquiry*, Vol. 33, No. 1. pp. 58~70.

Misa, T. J. 2011. *Gender Codes: Why Women Are Leaving Computing*. John Wiley & Sons.

Oost, E. V. 2000. "Making the Computer Masculine." in E. Balka and R. Smith(eds.). *Women, Work and Computerization*. Boston, MA: Springer.

Oxford Languages. https://languages.oup.com/google-dictionary-en/(검색일: 2021.10.26).

Prado, R., W. Mendes, K. S. Gama, and G. Pinto. 2020. "How Trans-Inclusive Are Hackathons?" *IEEE Software*, Vol. 38, No. 2, pp. 26~31.

Quora. 2017. "Why Do Many Transgender Women Work in the IT Industry?" https://www.quora.com/Why-do-many-transgender-women-work-in-the-IT-industry(검색일: 2021.10.20).

Reddit. 2020. "Where Does the Trans Girl Programmer Stereotype Come From?" https://www.reddit.com/r/asktransgender/comments/iwb3jk/where_does_the_trans_girl_programmer_stereotype/(검색일: 2021.10.20).

Skibell, R. 2002. "The Myth of the Computer Hacker." *Information, Communication & Society*, Vol. 5, No. 3, pp. 336~356.

Stack Overflow. 2021. "Stack Overflow Developer Survey 2021." https://insights.stackoverflow.com/survey/2021/#demographics-gender(검색일: 2021.10.20).

Steam. 2017. "Programming while Crossdressing." https://steamcommunity.com/groups/manlyprogrammers/comments(검색일: 2021.10.20).

Stout, Jane G. and Heather M. Wright. 2015. "Lesbian, Gay, Bisexual, Transgender, and Queer Students' Sense of Belonging in Computing." *Research in Equity and Sus-*

tained Participation in Engineering, Computing, and Technology (RESPECT). IEEE.

Susan's Place. 2013. "Why Are So Many Transwomen Computer Programmers/Engineers/ IT?" https://www.susans.org/forums/index.php?topic=135589.0(검색일: 2021.10.20).

Twitter. 2018. https://twitter.com/rawrafox/status/993252881355689986?s=20(검색일: 2021. 10.20).

Weizenbaum, Joseph. 1976. Computer Power and Human Reason: From Judgment to Calculation. San Francisco: W. H. Freeman & Co.

4plebs. 2016. https://archive.4plebs.org/s4s/thread/5005848/(검색일: 2021.10.20).

제**8**장

우리 안의 인종주의*

관습과 클리셰를 교란하기

이진아

1. "나는 인종을 의식하지 않아요"라는 말

최근 한국 사회의 '인종주의', '인종적 편견'의 민낯을 드러내는 사건들이
언론을 통해 지속적으로 보도되고 있다. 한국 사회에서 인종 차별적 혐오
표현으로 기소된 첫 사례는, 2009년 인도에서 온 성공회대학교 연구 교수
보노짓 후세인(Bonojit Hussain)에게 혐오 발언을 한 30대 한국인 남성의 사건
이다. 이를 계기로 한국의 인종 차별 문제가 '가시화'되고[1] 인종 차별을 예방

---

* 이 글은 이진아, 「한국연극의 '무대 위 인종 재현'의 문제: 〈피어리스: 더 하이스쿨 맥베스〉
  와 〈SWEAT 스웨트: 땀, 힘겨운 노동〉을 중심으로」, ≪드라마 연구≫, 71호(2023)를 수정
  한 것이다.
1 후에 후세인 교수는 이 일을 기록으로 남기기 위해서 고소를 취하하지 않았음을 명확히
  했다. 그는 인터뷰에서 "지금 이 순간에도 대한민국 어딘가에서 인종차별이 일어나고 있
  다는 것을 사람들에게 알리고 싶었어요"라고 말했다. 노정연, 「인종차별적 발언으로 첫 기
  소 사례 만든 보노짓 후세인 교수」, ≪레이디 경향≫(2009.10.1), https://lady.khan.co.kr/

하고 구제할 법적 규제에 대한 인식도 확산되었지만,[2] 인종주의에 기반한 차별과 혐오는 이후 더욱 심각한 사회적 문제가 되어갔으며 이를 규제할 수 있는 포괄적 차별 금지법 등의 법제화 역시 난관에 부딪혀 있다.[3]

인종주의에 기반한 차별과 배제는 혐오 표현이나 증오 범죄에 국한되지 않는다. 스스로 인종주의자가 아니며 심지어 이에 반대한다고 주장하는 사람들조차도 인종주의에 기반한 사고와 행동을 할 수 있다. 은밀한 형태의 차별을 만들어내는, 사회 구조에 만연하지만 쉽게 보이지 않는, 제도화되어 있는 인종주의가 존재하기 때문이다. 이러한 인종주의는 잘 드러나지 않을 뿐 아니라, 종종 의도나 고의가 없었다는 변명으로 가려져 인종주의에 기반한 차별로 인정되지 않기도 한다. 그러나 지속적 차별을 만들면서도 비가시적이라는 점에서, 또 바로 그 때문에 차별과 배제를 우리 사회가 정상이자 기준으로 여기도록 만든다는 점에서 오히려 노골적인 인종주의보다 더 중요하게 다루어야 할 문제다.

---

issue/article/200910141648131(검색일: 2023.6.2).

2　당시 한국에는 인종 차별을 규제하거나 처벌하는 법이 없었기 때문에 후세인 교수에게 인종 차별적 발언을 한 남성은 모욕 혐의로 기소되었다. 한국은 1978년 유엔(UN)의 인종 차별 금지에 관한 협약[모든 형태의 인종 차별 철폐에 관한 국제 협약(Convention on the Elimination of All Forms of Racial Discrimination)]에 가입했지만, 실제로 이를 실행할 법적 근거는 현재까지도 마련되어 있지 않다. 2007년 제17대 국회에서 처음 발의된 '포괄적 차별금지법률' 안에 인종 차별 행위를 규제하는 장치가 포함되어 있지만, 처음 발의된 해로부터 현재까지 매 국회마다 지속적으로 발의만 되어왔을 뿐 법안이 통과된 적은 없다. 2018년 유엔의 인종 차별 철폐 위원회(UN Committee on the Elimination of Racial Discrimination: CERD)는 한국 사회의 인종 차별이 매우 우려할 수준임에도 불구하고 인종 차별 철폐를 위한 법 제도적 기반이 부재한 것에 대해 깊은 유감을 표한 바 있다.

3　2019년 국가인권위원회의 연구 보고서는, 기존의 법령 체계는 인종주의에 기반한 차별의 예방과 구제에 관한 구속력 있는 정책을 마련하고 집행하기에 권한과 적용 범위에 한계가 있을 뿐 아니라 일관성과 효율성도 떨어져 결국 법체계적 공백이 발생하기 때문에 포괄적 차별 금지법이 가장 바람직한 대안이라고 제안하고 있다. 김지혜 외, 「한국사회의 인종차별 실태와 인종차별철폐를 위한 법제화 연구」(국가인권위원회, 2019) 참조.

"나는 인종이나 피부색을 보지 않아요"라고 주장하는, 일견 인종주의에 반대하는 것으로 보이는 '색맹(color blind)' 역시 오히려 인종주의를 강화하는 데 기여할 수 있다. '백인들이 왜 인종주의적 쟁점과 마주하기 어려워하는가'를 다룬 논쟁적 저서 『백인의 취약성』의 저자 로빈 디앤젤로(Robin DiAngelo)는 이를 '색맹 인종주의'라고 부른다. 그는 "색맹 인종주의는 문화적 변화에 적응하는 인종주의의 능력을 보여주는 예"라고 일갈한다.[4] 인종주의도 복잡한 사회 구조에 맞추어 더 교묘하게 '진화' '적응'해 나가고 있는데, 이러한 '신인종주의(new racism, neo-racism)'[5]의 맥락에서 색맹 인종주의는 "인종을 말

---

4 '색맹'은 마틴 루서 킹(Martin Luther King)의 1963년 워싱턴 연설 '나에게는 꿈이 있습니다 (I Have a Dream)'에 포함된 문장에서 가져온 것으로, 본래는 흑인도 피부색이 아닌 인격으로 평가받는 날이 오기를 희망하는 메시지였다. 이 연설 이후 '색맹'은 인종주의의 해법으로 널리 홍보되고 사용되었다. 그러나 오늘날 '색맹'은 오히려 인종주의에 기여한다고 비판받고 있는데, 문제를 지나치게 단순화하는 것을 넘어서 인종주의자들의 변명이 되거나 진짜 문제를 감추는 방식으로 작동하기 때문이다. 로빈 디앤젤로, 『백인의 취약성』, 이재만 옮김(책과함께, 2020), 85~87쪽.

5 '신인종주의'는 시간의 흐름에 따라 인종주의가 적응해 온 방식을 포착하기 위해 미디어학자이자 문화 연구자인 마틴 바커(Martin Barker)가 1981년 저서 『신인종주의(The New Racism)』에서 제안한 용어다. 그는 20세기 초의 개념인 '인종 차별'이 오늘날 명백히 벌어지고 있는 문화적 차이에 기초한 편견을 고려하지 못하고 있음을 비판하면서 '문화적 인종 차별(cultural racism)'을 새로운 인종주의로 불렀다. 이후 에티엔 발리바르(Étienne Balibar), 피에르 앙드레 타기에프(Pierre-André Taguieff) 등이 새롭게 진화하는 인종주의에 주목하면서 '신인종주의', '문화적 인종주의'라는 용어를 정착시켰다. '신인종주의'는 생물학적 속성에 기대어 인간을 규정하고 위계화한 고전적 인종주의와 달리 문화적 지표를 더 중요한 요인으로 작동시키는 '진화한' 인종주의를 설명하기 위해 오늘날 학계와 사회 현장에서 널리 쓰인다. 신인종주의는 어느 인종이 다른 인종보다 생물학적으로 우월하다고 주장하는 고전적 인종주의의 논리에 기대기보다 '민족 간 문화 차이'를 부각하면서 "나는 지금 피부색을 문제 삼는 것이 아니다"라는 말로 자신은 인종주의자가 아니라고 주장한다. 그러면서 종교, 식습관, 의복, 언어 등과 같은 문화적 차이에 기반한 편견과 적대감, 구조적으로 불평등한 관행, 일상적 인종주의, 제도화된 인종주의를 가리거나 정당화한다. 최근 한국 사회도 만연한 신인종주의에 주목하면서, 이주민, 난민, 조선족, 혼혈인 등에 대한 일상화된 차별과 제도화되는 인종주의를 논하는 '한국 사회의 신인종주의'에 대한 학회와 포럼 들이 증가하

하는 사람이 인종주의자이지 인종을 중요하다고 생각하지 않는 자신은 인종주의자가 아니다"라는 주장으로써 오히려 사회 안에서 인종주의가 작동하는 복잡한 방식이나 내면화된 의식, 무의식적 믿음 등을 따져보기 어렵게 만들기 때문이다. 결국 의도적으로 색을 보지 않으려는 것은 종종 인종주의가 존재하고 작동한다는 것을 무시하거나 지우는 방식이 되고, 그 효과와 결과로써 인종주의를 강화하는 데 기여하게 되는 것이다. 이러한 이유로 디앤젤로는 "사실상 아무도 인종주의자를 자처하지 않지만 인종주의는 여전히 존재"하는 오늘날의 인종주의, 즉 '신인종주의'의 적응력과 변화를 간파해야만 우리 사회의 인종주의 문제를 제대로 파악하고 해결할 수 있다고 강조한다.[6]

이제오마 올루오(Ijeoma Oluo)는 인종주의를 "지배 체제(권력 구조)에 의해 유지되는 인종 편견"으로 정의하면서, 당신이 인종주의자가 아니라 하더라도 인종주의가 유무형으로 사회의 지배 체제로 작동하고 있는 한 인종주의 체제의 일부가 될 수 있다는 점을 강조한다. 우리는 이미 자리 잡은 사회 구조에 적응해 살고 있을 뿐이며, 우리의 사회 구조가 지속적인 차별을 암묵적으로 인정하는 구조라면 우리도 필연적으로 그 일부이기 때문이다.[7] 결국 인종적 편견을 강화하는 제도적 요소를 민감하게 인식하고, 계속해서 문제를 제기하고 문제를 보려고 애써 노력하지 않는다면, 그리하여 우리의 손으로 이를 바꾸려 하고 그렇게 구조의 변화가 따르지 않는다면, 우리는 원하든 원치 않든 인종주의가 재생산되는 것에 기여하게 된다.

인종주의는 차별화된 사회적 집합성을 구조화하고 정의하는 방식인 인종

고 있다.

6 디앤젤로, 『백인의 취약성』, 88쪽.

7 이제오마 올루오, 『인종 토크: 내 안의 차별의식을 들여다보는 17가지 질문』, 노지양 옮김 (책과함께, 2019), 44~49쪽.

화(racialization)로 진행된다. 인지 가능한 신체의 외적 형질들의 차이에 '사회적·상징적 의미를 부여하는 과정'이 인종화인데, 오늘날의 인종화는 피부색과 같은 신체적 특징을 꼭 필요로 하지 않으며 기존에는 인종적으로 분류되지 않았던 관계성, 사회적 실천, 집단 등으로 확장해 이를 통한 사회적 위계를 만든다는 데 특징이 있다.[8] 다시 말하면 오늘날의 인종주의는 피부색의 차이에 의해 구분되었던 고전적 인종주의로만 작동하지 않는 것이다. 인종화는 소수 집단을 인종에 결부시켜 표시하고 낙인찍으며, 그 결과로 특정 집단에 대한 본질주의적 관념을 만들어내고 확장하는 담론적·문화적 과정이다. 이것은 특히 미디어와 문화 재현물 등을 통해 강화되고 재생산되는데, 미디어의 무슬림 재현, 한국 영화의 조선족 재현 등의 소수자 정형화는 대표적인 인종화된 재현이다.

인종주의가 한국의 사회 문화 안에서, 특히 미디어와 영상물 등에서 어떻게 작동하는가에 대한 연구는 최근 활발히 진행되고 있다.[9] 그렇다면 한국

---

8 김지혜 외, 「한국사회의 인종차별 실태와 인종차별철폐를 위한 법제화 연구」, 6쪽. 신체적 형질 외의 요소들을 '인종화'하는 방식은 같은 인종이나 민족 간에도 작용한다. 일제 강점기 일제에 의한 조선인의 인종화도 그 예가 될 수 있다.

9 이에 대한 논문으로는 다음을 참조했다. 길진숙, 「〈독립신문〉 〈매일신문〉에 수용된 '문명/야만' 담론의 의미 층위」, ≪국어국문학≫, 136호(2004); 김현미, 「난민 포비아와 한국 정치적 정동의 시간성」, ≪황해문화≫, 101호(2018); 박노자, 「한국적 근대 만들기 I: 우리 사회에 인종주의는 어떻게 정착되었는가」, ≪인물과 사상≫, 45호(2002); 안진, 「나는 왜 백인 출연자를 선택하는가: 어느 TV 제작자의 자기민속지학적 연구」, ≪미디어, 젠더 & 문화≫, 30권, 3호(한국여성커뮤니케이션학회, 2015); 유선영, 「황색 식민지의 문화정체성」, ≪언론과 사회≫, 18호(1997); 정혜실, 「우리 안의 인종주의」, ≪여성이론≫, 39호(여이연, 2018); 정혜실, 「한국의 인종주의와 다문화주의」, ≪Homo Migrans(Migration, Colonialism, Racism)≫, Vol. 3(이주사학회, 2010); 하상복, 「황색 피부, 백색 가면: 한국의 내면화된 인종주의의 역사적 고찰과 다문화주의」, ≪인문과학연구≫, 33집(2012). 이들 외에도 한국 사회에 내재화된 인종주의, '동화 정책적 다문화주의'와 같은 제도적 인종주의 등에 대한 비판적 연구도 상당수 진행되었다.

연극은 이 문제에 대해 어떤 고민을 하고 있을까. 한국 연극에서 인종주의와 인종 재현의 문제가 가시화된 계기 중 하나는 2017년 국립극단의 '한민족 디아스포라 전'이다. 국립극단은 해외(엄밀히 말하면 미국, 캐나다, 영국 등 영어권)에서 활동하는 5인의 극작가들의 작품을 모아 무대에 올리는 '한민족 디아스포라 전'을 진행했다. 그런데 '한민족'이라는 타이틀을 앞세우며 '한국인의 정체성을 고민'한다는 의도와 달리, 이 기획전은 식민주의와 백색 신화의 내면화·내재화에 뿌리를 둔 '인종주의'로부터 우리의 객석과 무대가 결코 중립적일 수 없다는 문제를 한국 연극계에 던지게 된다.

'한민족 디아스포라 전'의 문을 연 첫 작품은 〈용비어천가〉(Songs of the Dragons Flying to Heaven, 영진 리(Young Jean Lee) 지음, 고영범 옮김, 오동식 연출)[10]였다. 관객을 불편하게 만드는 도발적인 작품으로 미국 연극계에서 유명한 영진 리의 2006년작 〈용비어천가〉는, 백인 사회가 기대하는 아시아 여성의 스테레오타입을 거의 자학에 가까운 자기 비하적 풍자로 비틀어 보여주는 작품이다. 그런데 무대 위 등장인물인 한국계 미국인 여성이 쏟아내는 인종 차별적 발언과 자기혐오적 대사는, 객석의 '백인' 관객을 특정하고 이들을 향해 발언된 것이었다.[11] 때문에 국립극단의 객석에 앉은 한국의 관객은 이 작품이 나를 향해 말하고 있지 않다는 것을, 즉 이것이 자신을 위한 작품이 아니라는 것을 시종 자각해야 했으며,[12] 작품이 전제하고 있는 '객석과 무대 사이의

---

10 2006년 뉴욕(New York) HERE 아트센터에서 초연됨.

11 작가 영진 리는 "이 연극은 사실 그들에게 벌을 주기 위해 썼어요. 미국 관객들에게 불편함을 안겨 주고 그들 안에 내재한 인종차별주의를 인식할 수 있게끔요"라고 말한다. 조희선, "인종차별 겪은 나 아웃사이더로 만든 미국인 꼬집었죠", ≪서울신문≫, 2017년 6월 6일자, https://www.seoul.co.kr/news/newsView.php?id=20170607024019&wlog_tag3=naver.

12 영진 리는 서면 인터뷰에서 이 연극을 보았을 미국 관객을 상상하라고 말한다. "한국 관객들은 이 작품이 미국 관객들을 불편하게 만들고 그들의 인종차별주의를 깨닫게 하기 위해 쓰였다는 것을 아셔야 합니다. 미국인 관객들이 이 작품을 보면서 어떻게 느꼈을지를 상상해 봐야 한다는 거죠"(국립극단 홈페이지의 작가 영진 리 서면 인터뷰 중). https://www.

인종 위계'와 그 위계를 비트는 풍자 속 그 어디에도 속하기 어려운 자신의 위치를 고민해야 했다. 〈용비어천가〉의 한국 관객이 느껴야 했던 위화감은 종종 번역극을 관람하면서 느꼈던 문화적 이질감이나 '한국 사회의 지금-여기'의 맥락과 관련된 문제가 아니었다. 한국 관객들이 서구 번역극을 수용하면서 당연하게 전제하곤 했던 '중립적이고 보편적인 연극', '보편적 관객으로서의 우리', '모두를 위한 이야기'란 기실 존재하지 않는다는 것을, 우리가 서구의 관객과 동일하게 '보편적이고 중립적인 관객'으로 존재한다고 여겼던 것이 사실 기만에 가까웠다는 것을 깨닫는 문제였다. 그리고 바로 이 무대와 객석 간의 어긋남이 역설적으로 우리가 지금껏 외면해 왔던 인종적 위계로 구성된 세계를 직시하고, 이른바 '보편 관객'으로 자임하며 서구 번역극을 취해 온 역사의 이면을 되돌아보는 계기가 된 것이다.

한편, 같은 기획하에 공연된 〈김 씨네 편의점〉(Kim's Convenience, 인스 최(Ins Choi) 지음, 이오진 옮김, 오세혁 연출)은 다소 '고전적이고 전통적인' 인종주의 논란을 일으켰다. 공연 중 흑인 인물을 맡은 배우가 얼굴을 비롯한 피부색을 어둡게 칠하고 아프로 스타일의 머리를 한 채 등장한 것이다. 이에 국립극단의 홈페이지에는 공연 예술사에서 '블랙 페이스(blackface)'가 지닌 인종주의의 역사를 언급하며, 이를 무비판적으로 답습하고 있는 창작진의 낮은 인종 감수성을 강하게 비판하는 글이 올라왔다.[13] 이 사건은 그간 번역극을 공연하면서 별다른 문제의식 없이 '흑인성', '흑인의 표지'를 전형과 편견에 기댄 스테레오 타입으로 재현해 온 한국 연극의 관행에 경종을 울리며 성찰의 계기를 마련했다.

최근 한국 연극은 서구 중심의 인종 위계를 내면화해 온 과거를 성찰하면

---

ntck.or.kr/ko/community/webzine/article/category/118/form.

13 작품의 아프리카계 등장인물의 재현에 대한 문제 제기는 한 관객에 의해 국립극단 홈페이지에 게시되었다. https://www.ntck.or.kr/ko/community/review/41004/view.

서 무대 위 인종 재현의 문제를 고민하는 다양한 연극적 시도를 보여주고 있다. 이 글은 이와 관련된 몇 가지 쟁점을 검토하고 한국 연극은 어떤 도전을 받고 있는가를 살핀다. 특히 이러한 고민에 응답하는 두 편의 작품 〈피어리스: 더 하이스쿨 맥베스(Peerless)〉와 〈SWEAT 스웨트: 땀, 힘겨운 노동(Sweat)〉을 '무대 위 인종 재현의 문제'를 중심으로 분석한다. 〈피어리스: 더 하이스쿨 맥베스〉는 작품이 다루는 인종적 소수자성의 문제를 희곡의 작가가 배우의 인종 다양성을 통해 구현하기를 원했음에도 불구하고 한국 연극의 현실적 조건에서 이것이 불가능함을 알려주어야만 했던 작품이다. 창작진의 고민과 작업을 통해 '인종을 무대 위에 재현/재현 못 함'의 연극적·사회적 의미를 살핀다. 〈SWEAT 스웨트: 땀, 힘겨운 노동〉은 인종 위계의 문제가 계급, 젠더, 이주/이민자, 신자유주의 시대 노동 시장의 변화 등과 복잡하게 얽혀 있음을 보여주는 작품이다. 이 작품을 통해서는 다양한 소수자성이 교차적으로 드러나는 작품을 배우 다양성이 확보되지 못한 한국 연극의 현실에서 인종 재현의 클리셰를 지양하면서도 무대에 구현하는 일에 대해 고민해 본다.

2. '무대 위 인종 재현'의 몇 가지 쟁점들

시각 문화와 영상 예술에서의 백인 재현의 문제를 비판적으로 다루고 있는 『화이트: 백인 재현의 정치학』의 저자 리처드 다이어(Richard Dyer)는 "전형을 따르지 않을 권리, 전형으로부터 차별화하거나 벗어날 권리는 사회에서 가장 특권적인 권리"[14]라고 말한다. 그는 "사람을 재현한다는 것은 신체

---

14   리처드 다이어, 『화이트: 백인 재현의 정치학』, 박소정 옮김(컬처룩, 2020), 77쪽.

를 재현한다는 것"[15]인데, 비백인(non-white)과 달리 백인은 인종이지만 인종화되지 않으며 백인으로 정체화되지도 않는다고 지적한다. 그들은 그저 '인간이라는 종(human race)'일 뿐이며, 정상성, 규범성, 보편성, 기준, 중립이 된다. 이것이 백인의 권력이며 '헤게모니적 백인성'이다. 즉, 백인은 인종적 정체성을 드러내는 주어 없이 발화할 수 있으며, 그 말은 자신의 인종이 아닌 인간 보편을 대변하는 말로 여겨지지만, 인종화된 사람(raced people)의 말은 오로지 자신들의 인종을 대변하는 것이 된다. 다이어는 이 점에 대해, 백인은 사실 백인만을 대변하거나 백인 중심의 시각을 강요해 왔으면서도, 스스로 인류를 대변한다고 믿고 주장해 왔다고 지적한다.[16] 그리고 바로 이 점에 헤게모니적 백인성의 모순이 놓여 있다고 말한다. 백인의 육체성을 드러내야 백인으로 보이겠지만, '진정한 백인'은 인종으로 환원되지 않는 비육체성에 있기 때문이다. 다시 말하면, 인종으로서의 백인성은 비가시적이어야 하며, 백인성은 보이지 않음으로써 권력을 유지할 수 있는 것이다. 다이어는 이것이 단순히 피부색에 대한 문제가 아니라는 점도 강조한다. 실제로 코카시아 인종인가 아닌가의 문제가 아닌 것이다. 이것은 지위이자 권력의 문제다.

이러한 백인 중심성으로부터 한국 연극도 자유롭지 않다. 그간 한국 연극에서 흑인 캐릭터는 인종적 전형을 가시화하는 방식으로 재현되었지만, 백인 등장인물을 재현하면서 백인이라는 인종적 표식을 드러내는 일은 거의 없었다. 흑인 등장인물의 재현이 그의 육체적·인종적 전형을 먼저 가시

---

15 다이어, 같은 책, 81쪽.
16 바로 그런 이유로 백인들은 자신들의 '백인성'이 주목받을 때 당황하게 된다고 지적한다. 다이어는 벨 훅스(bell hooks)를 인용하면서, 백인이 '백인'으로 호명될 때, 즉 보편적 주체성인 '그냥 인간'에서 밀려나 인종인 '백인'으로 호명되고 그리하여 "우리 모두는 그냥 인간이다"라는 백인 자유주의자들의 신념이 흔들리고 공격받게 될 때, 그들은 놀라고 분노하게 된다고 비판한다.

화하는 동안 백인 등장인물의 재현은 '개성'과 '보편'을 갖춘 '그냥 인간', '보통 인간', '개인'으로 다루어졌다. 국립극단의 〈김 씨네 편의점〉 논란에서 알 수 있듯 최근까지도 한국 연극에서 블랙 페이스와 흑인 인물의 전형화는 매우 흔한 일이었고 별다른 저항에 부딪히지도 않았다. 한국 연극은 다양한 비백인 등장인물의 인종 및 민족적 특징을 무대 위에 시각화한다는 명목으로 인종적·민족적 스테레오 타입을 별다른 문제의식 없이 무대 위에 재현해 온 것이다.

한국 방송의 백인 선호성, 백인 중심주의를 자기 민속지학적 접근을 통해 비판적으로 연구한 안진은 논문 「나는 왜 백인 출연자를 선택하는가」에서 우리 미디어가 보여주는 백인과의 동류의식을 비판한다. 그는 한국의 방송이 인종적으로 서열화된 사회적 관습에 따라 백인과 비백인 출연자를 선정해 왔고 이것이 외국인 이미지의 왜곡과 편견의 고착화에 기여해 왔음을 성찰한다. 그리고 이러한 '우월한 백인과의 동류의식'의 이면에는 '열등한 유색 인종과의 차이'를 느끼려는 심리가 있음을 지적한다.[17] 스스로 "나는 인종을 생각하지 않고 '그냥 인류 보편'의 문제를 다룬다"는 입장을 표명하지만, 기실은 백인 중심성을 내면화하고 있으며, 인종화된 세계, 인종주의적 위계질서를 반복적으로 승인하고 있는 것이다.[18]

---

17 안진, 「나는 왜 백인 출연자를 선택하는가」, 83~188쪽. 참조.

18 연구자들은 한국의 인종주의는 개화기 서구 문명의 수입과 함께 동시에 시작되었다고 지적한다. 19세기 말 서구 열강의 한반도 진출과 함께 서구 중심, 백인 중심의 식민주의적 인종 분류와 인종적 위계질서에 근간한 소위 '근대적 지식'이 별다른 비판 없이 수입되고 '백인=문명개화'라는 인식이 보편적·일반적 개념으로 정착, 체화된 것이다. 한국의 식민주의적 인종주의의 내면화는 오랜 역사를 갖고 있는 것이다. 강동국, 「근대 한국의 국민 인종 민족 개념」, ≪한국동양정치사상사연구≫, 5권, 1호(2006); 길진숙, 「〈독립신문〉〈미일신문〉에 수용된 '문명/야만' 담론의 의미 층위」; 김경일, 「문명론과 인종주의, 아시아 연대론: 유길준과 윤치호의 비교를 중심으로」, ≪사회와 역사≫, 79집(2008); 유선영, 「황색 식민지의 문화정체성」; 하상복, 「황색 피부, 백색 가면」 참조.

무대 위 인종 재현의 문제에 있어서 그간 가장 많이 비판되고 연구된 것은 특정 인종을 유형화된 방식으로 재현하는 문제이다. 이러한 인종적 유형은 주로 부정적이거나 수동적인, 어리석고 우스꽝스러운 유형으로 나타나며, 그 효과로서 해당 사회의 인종적 편견을 승인, 강화한다. 가장 대표적이고 악명 높은 것이 미국 문화 내 흑인 캐릭터의 스테레오 타입이다. 뚱뚱하고 유순한 남부 노예 삼보(Sambo), 검은 얼굴에 과장된 흰 입, 곱슬곱슬한 검은 머리를 한 북부 시티 댄디 짐 크로(Jim Crow), 풍만한 육체에 독립적이고 강한 기질을 가졌지만 백인의 가치를 내면화하고 주인을 잘 섬기는 여성 마미(Mammy) 등의 흑인 캐릭터는 미국 역사에서 가장 끈질긴 인종화된 재현이다. 두드러진 광대, 째진 눈, 뻐드렁니로 표현되는 아시아계 인물의 외형이나 순종적이고 소심하지만 약삭빠른, 혹은 영어도 못하고 폐쇄적인 성격이지만 경제적 성공에 대한 욕망은 아주 강한 아시아계 인물의 스테레오 타입도 할리우드 영화에 자주 등장하는 대표적 인종화된 재현이다. 할리우드 영화에서 오랜 역사를 가지고 있는 인종적 스테레오 타입은, 다른 민족을 희화화할 뿐 아니라 그 민족에 대한 부정적 고정 관념을 과장하고 고착화한다. 그리고 이것은 다시 현실 사회의 차별과 배제로 이어지게 된다.

인종 차별적인 관점을 영속화하는 데 기여하고 싶은 연극은 없을 것이다. 백인 헤게모니를 지지하고자 하는 연극도 '의식적으로는' 없을 것이다. 그럼에도 불구하고 무대 위 인종 재현은 쉽게 해법을 만들기 어렵다. 오늘날의 인종주의는 과거처럼 단순하지 않으며 단순한 피부색만의 문제도 아닐뿐더러, 사회와 제도 안에 이미 구조화되어 있어 쉽게 겉으로 드러나지 않기 때문이다. 또, 인종을 의도적으로 보지 않으려는 '색맹'이 그러하듯, 본래는 인종주의에 반대하려는 시도였지만 결과적으로는 인종주의를 강화하는 데에 일조할 수도 있다. 때문에 이미 익숙해진 사회 질서와 제도를 애써 들여다보지 않는다면 인종적으로 불평등한 결과를 낳으려는 의도가 전혀 없었음에도 그 결과로, 또는 그 파생적 효과로 인종 차별적이거나 불평등한 상황이 초래될 수 있다.

그중 하나가 보편성의 함정이다. 이는 종종 "우리의 작품은 인종에 대한 이야기를 하려는 것이 아니다. 우리는 '인종주의에 반대'하며, 오히려 우리야말로 인종을 보지 않는다. 우리는 '인종을 초월하는', '인종적으로 객관화된', '보편적인 텍스트'를 만들고자 한다"는 논리로 항변된다. 그러나 주장하는 '객관'과 '보편'은 사회 안에 이미 구조화된 인종주의에 저항할 수 없으며, 바로 그러한 이유로 결국 제도화된 인종주의와 백인 헤게모니에 공조하고 승인하며 이를 강화하게 된다. 아시아계 미국인 공연 예술가 행동 연합(Asian American Performers Action Coalition: AAPAC)의 연구에 따르면 2018년에서 2019년 사이 뉴욕(New York) 무대에서 백인 배우가 역할에 캐스팅된 비율은 73.5%이며 주연급은 89.7%를 차지하지만, 인구 조사에 따른 도시의 백인 인구는 약 44%였다.[19] 뉴욕의 무대가 뉴욕 도시의 인구 다양성을 전혀 반영하지 못하고 있는 것이다. 구조적 차별이 존재하는 사회에서 '최고의 배우를 캐스팅했을 뿐'이라거나 '우리는 오직 예술성을 우선으로 생각'했다는 말은 인종주의에 눈감는다는 말과 다르지 않다. 백인 배우가 비백인 배우보다 역할을 얻을 가능성이 매우 높고, 비백인 작가의 작품을 백인 연출가가 연출할 가능성은 매우 높은 반면 백인 작가의 작품(고전을 포함해)을 비백인 연출가가 연출할 가능성은 매우 낮다는 현실을 고려하지 않는 것이다. 같은 맥락에서, 앞서 인용된 안진의 연구가 보여주듯, 한국 미디어의 프로그램이 '우리는 프로그램에 적합한 출연자를 섭외했을 뿐'이라 주장하는 것 역시 우리가 일상에서 만나는 외국인들의 현실을 전혀 반영하지 못할 뿐 아니라 나아가 한국 사회의 인종적 스테레오 타입과 편견을 무비판적으로 반복하는 일이다.[20] 이러한 불일치는 인종주의가 오래도록 작동해 온 사회 구조적 문제와

---

19 AAPAC, *The Visibility Report — Racial Representation on NYC Stages* (2021), pp. 14~17, p. 30. http://www.aapacnyc.org/(검색일: 2023.6.8).

관련되어 있지만, '예술성', '능력', '자유' 등의 언어로 포장되면서 사람들이 구조화된 인종주의에 관심을 기울이지 않도록 만든다. 결국 무엇이 '보편'으로 여겨지는가를 문제 삼지 않으면 안 되는 것이다.

보편성에 대한 주장은 때로 유색 인종 작가의 작품이 지닌 소수자성이나 작품 내 소수자 캐릭터의 특징을 지우기도 한다. "우리는 그 작품의 보편성을 높이 사려는 것이지, 그 작품의 작가가 유색인이기 때문은 아니"라는 것이다. 같은 맥락에서 유색 인종의 역할에 백인을 캐스팅하는 '화이트 워싱(whitewashing)'[21]과 같은 관행에도 변명을 제공한다.[22] 화이트 워싱은 과거의 관행만은 아니다. 오늘날의 화이트 워싱은 더 복잡한 맥락에 놓인다. 일본의 유명한 SF 만화를 원작으로 하는 〈공각기동대〉가 2017년 할리우드에서 영화화되었을 때 메인 캐릭터인 구사나기 모토코 역은 백인 배우 스칼릿 조핸슨(Scarlett Johansson)에게 돌아갔다. 이것이 화이트 워싱이라는 비난에 대해 애니메이션 시리즈의 감독이었던 오시이 마모루(押井守)는 오히려 조핸슨

---

20 안진, 「나는 왜 백인 출연자를 선택하는가」, 108~115쪽.

21 할리우드 영화 제작의 오랜 관행이었던 화이트 워싱이 과거의 일만은 아니다. ≪BBC Culture≫는 2015년 기사에서 "백인이 아닌 역할에 백인 배우를 캐스팅하는 관행은 광범위한 비난과 항의에도 불구하고 할리우드에서 여전히 만연해 있다"고 지적한다. 기사에 따르면, 영화사 경영진의 94%가 백인이고 백인이 아닌 사람들은 영화 제작자와 배우로서 여전히 과소평가되고 있다는 것이다. ≪BBC Culture≫는 이러한 캐스팅 관행이 일어나는 이유는 제도적 인종 차별의 작용 결과로 진단하면서, 특히 잘 알려진 백인 배우가 캐스팅될 때 더 많은 관객을 끌어들이고 수익을 극대화한다는 믿음이 영화계에 팽배해 있다는 점을 지적한다. Tom Brook, "When White Actors Play Other Races," *BBC Culture*, 2015.10.6, https://www.bbc.com/culture/article/20151006-when-white-actors-play-other-race.

22 디앤젤로는 "나는 인종주의자가 아니며 피부색을 보지 않는다"고 '색맹'을 주장하는 사람들의 논리는 "인종주의 문제에 대한 발화자의 책임이나 관여를 깨끗하게 면제해 주는 기능" 외에 아무것도 아니라고 비판한다. 인종을 논의의 대상으로부터 치우고 추가적인 탐구를 하지 못하도록 닫아버리는 방식이며, 결국 이를 통해 현재의 인종주의적 상황을 유지하는 데 기여하는 일이라는 것이다. 디앤젤로, 『백인의 취약성』, 142~145쪽.

의 캐스팅을 옹호하면서 주인공은 사이보그이며 가상의 몸일 뿐 아시아인
도, 일본인도 아니라고 말했다. 나아가 그런 비판을 하는 사람들이야말로
매우 정치적 의도를 가지고 있다고 비판하면서 "예술적 표현은 정치로부터
자유로워야 한다고 생각한다"고 주장해 논란이 되기도 했다.[23] 공상 과학 영
화의 주인공이 화이트 워싱된 또 다른 유명한 사건 중 하나는 미국의 대표
적인 SF 판타지 작가 르 귄(Ursula Le Guin)의 소설 『어스시(Earthsea)』가 TV
시리즈로 제작될 당시 등장인물 대부분을 백인이 맡게 된 일이다. 이에 르
귄은 강하게 반발하며, 『어스시』는 처음부터 백인을 표준으로 보는 사회적
편견, 그리고 그 편견에 별다른 저항을 하지 않는 판타지 문학의 전통 양쪽
을 모두 의도적으로 거부한 작품인데, 소설에 등장하는 인물들이 백인이 아
닌 것을 제작사가 알고 있었음에도 '색맹 캐스팅(color blind casting)'을 내세우
며 인물들을 모두 하얗게 탈색해 놓았다며 강하게 비판했다.[24]

'색맹 캐스팅'이 인종주의적 편견에 대한 해결책일 수 있는가는 오늘날
여전히 논쟁적이다. 인종, 성별, 민족적 배경, 장애와 같은 신체적 특징 등
을 고려하지 않고 캐스팅하는 색맹 캐스팅은 비전통적 캐스팅(non traditional
casting)으로도 불리는데,[25] 본래는 그동안 캐스팅에서 소외되었던 다양한 소

---

23 Jack Shepherd, "Ghost in the Shell: Original Director Mamoru Oshii Defends Scarlett
    Johansson Casting," *Independent*, 2017.3.26, https://www.independent.co.uk/arts-entertain-
    ment/films/news/ghost-in-the-shell-original-director-mamoru-oshii-scarlett-johansson-castin
    g-whitewashing-a7650461.html.

24 Ursula K. Le Guin, "A Whitewashed Earthsea: How the Sci Fi Channel Wrecked My Books,"
    Slate, 2004.12.16, https://slate.com/culture/2004/12/ursula-k-le-guin-on-the-tv-earthsea.html;
    Ursula K. Le Guin, "Frankenstein's Earthsea," *LOCUS online*, 2005.1, http://locusmag.com/
    2005/Issues/01LeGuin.html.

25 Clarke Taylor, "Non-Traditional Casting Explored at Symposium," *Los Angeles Times*, 1986.
    11.29, https://www.latimes.com/archives/la-xpm-1986-11-29-ca-16057-story.html; Joe Brown,
    "Nontraditional Casting Not Just a Character Issue," *The Washington Post*, 1987.11.23, https://

수자 배우에게 더 많은 기회를 줄 수 있는 길을 열고자 하는 취지였다. 그러나 색맹 캐스팅은 인종적 고정 관념에 도전하지 못할 뿐 아니라, 편견과 차별이 사회 구조적으로 작동하고 있다는 점도 문제시하지 못한다. '인종을 보지 않는다'는 것은 '인종을 문제시하지 않고 무시하면 사라지는 것'이라는 인식으로 이어지며, 결국 제도적 변화의 필요성은 거의 건드리지 못하게 되기 때문이다. 나아가 색맹 캐스팅은 차별을 위해 오히려 역이용되기도 하는데, '화이트 워싱'이나 '소수자성 지우기'처럼 유색 인종을 더 소외시키고 그들을 거부할 논리로 작동하기도 한다. 또, 유색 인종 캐릭터의 전형화나 비판을 피하려고 인종 다양성의 구색을 갖추는 토크니즘(tokenism) 같은 방어적이고 기계적 대응을 방관한다는 점에서도 문제가 있다. 더불어 색을 보지 않는다고 말하지만, 그 이면에는 여전히 기본값은 백인이라는 전제가 있다는 점과, 바로 그 때문에 인종주의를 더 두드러지게 만드는 일일 뿐이라는 비판도 따른다.

'인종을 비가시화하는 것'이 지닌 문제점에 대한 논쟁은 색맹 캐스팅을 둘러싼 중요한 논점이다. 색맹 캐스팅을 비판하는 이들은, 색맹 캐스팅이 소수자를 위한 것이라 주장하면서도 정작 배우의 인종과 문화적 배경을 지워버림으로써 유색 인종의 역사와 문화적 기반을 무대 위에 새겨 넣는 것에 취약하다고 지적한다. 또 무대 위에 뚜렷하게 가시화되고 있는 배우의 인종적 특징을 마치 보이지 않는 척 눈감으면 해결된다는 식의 개념의 모순도 지적한다.[26] 그런 이유로 색맹 캐스팅을 비판하는 사람들은 이에 대한 대안

---

www.washingtonpost.com/archive/lifestyle/1987/11/23/nontraditional-casting-not-just-a-character-issue/674f076e-3b04-4ffc-8bc9-f597465e5757/ 참조.

26 델라웨어 셰익스피어(Delaware Shakespeare)는 "Two Perspectives on "Color-Blind vs. Color-Conscious Casting in Shakespeare""라는 주제 아래 2020년 10월 '색맹 캐스팅'과 '색을 의식하는 캐스팅'에 대한 온라인 토론을 진행해, 두 가지 접근 방식이 지니는 긍정적인 점과 부정적인 점을 토론하기도 했다. 이 토론의 패널에는 BIPOC(Black, Indigenous, and

으로 '색을 의식하는 캐스팅(color-conscious casting)'을 제안한다. 색을 의식하는 캐스팅은 극작가 오거스트 윌슨(August Wilson)이 TCG(Theatre Communications Group) 콘퍼런스 연설에서 색맹 캐스팅을 비판한 1996년 이후 색맹 캐스팅을 대체하는 더 적절한 용어로 사용되어 왔다.[27] 이것은 단순히 무대 위 배우의 인종을 의식한다는 의미로부터 더 나아가 그 역사적 차별과 현재 예술계의 불평등한 구조를 인식하고 있다는 의미이기도 하다. 색을 의식하는 캐스팅은 인종적 소수자성을 적극적으로 인식하고 의미를 부여하는 방식으로 설명될 수 있는데, 역할에 맞는 최고의 배우를 캐스팅할 뿐 아니라 특정 인종의 배우가 특정 역할에 기용되어야만 하는 의미를 작품과의 관계 속에서 유기적으로 고려하는 캐스팅이다. 인종이 해당 작품의 세계에 미치는 영향과 해석을 염두에 두며, 작품의 일부로서 유의미하게 작용하기를 원하는 것이다.

무대 위 인종 재현의 문제는 '제도화되고 비가시화된 인종주의', '오랜 관습과 제도', '예술성과 보편성에 대한 기준' 등이 복잡하게 얽힌 문제다. 당연하게 여겨온 예술계의 제도와 관습을 끈질기게 살피고 예민하게 들여다보지 않으면 해결하기 어려운 문제이기도 하다. 한국 연극은 최근 들어서야 비로소 '우리 안의 인종주의'를 자각하고 고민하기 시작했다. 오늘날의 인종주의는 그것이 인종의 문제라는 것 자체를 인식하는 것조차 쉽지 않다.

---

people of color)와 백인 연극인이 고르게 참여했다. https://www.youtube.com/watch?v=wJBXou9L4sc.

27 오거스트 윌슨의 연설 'The Ground on Which I Stand'와 그 연설이 지니는 역사적 의미에 대해서는 다음을 참조. https://www.americantheatre.org/2016/06/20/the-ground-on-which-i-stand/; https://www.americantheatre.org/category/special-section/20-years-on-wilsons-ground/; Rob Weinert-Kendt, "The Ground on Which He Stood: Revisiting August Wilson's Speech," *American Theatre*, 2016.4.21, https://www.americantheatre.org/2016/04/21/the-ground-on-which-he-stood-revisiting-august-wilsons-speech/.

한국 연극에서 이 문제를 적극적으로 고민하며 다루고 있는 작품들이 중요한 것도 이 때문이다.

3. 관습과 클리셰를 교란하기

1) 질문과 시도 들

별다른 문제의식 없이 인종적·민족적 스테레오 타입을 재현해 온 한국 연극의 역사와 그러한 역사가 감추고 있는 인종주의를 비판적으로 성찰하면서, 인종 문제를 무대화하는 새로운 방식을 고민하는 작품이 최근 늘고 있다. 그러나 배우 다양성이 확보되지 않은 한국 연극의 현실에서 인종적 소수자성을 재현하는 것은 그리 단순하지도 또 쉽지도 않다.[28] 희곡이 인종화된 인물들의 현실을 다루고 있을 때 제작팀이 캐릭터의 인종을 관객이 인지할 수 있도록 인종화된 몸의 특정한 측면을 가시화하는 선택을 하게도 되는데, 이를 '인종적 스테레오 타입의 강화'로 비판하는 것도 문제를 지나치게 단순화하는 일이다. 캐릭터의 본질을 연기하는 것에 배우의 신체적 특징이 중요한 것은 아니라는 연극 철학을 바탕으로 한다면, 배우의 인종이나

---

28 한국 연극의 배우 다양성 문제는 무대 위 인종 재현과 맞물려 중요하게 다루어져야 할 문제다. 연출가 이오진과 안경모는 필자와의 인터뷰에서 이 문제를 언급했는데, 캐스팅에 있어서 '인종적 당사자성의 문제', 혹은 그것이 아니라도 '인종적 소수자성'을 보여줄 수 있는 조건에 대해 말하며, 현재 한국 연극의 한계를 논했다. 특히 안경모 연출은 인종적 다양성을 확보하기 어렵게 하는 진입 장벽, 대학 연극학과의 입시 문제 등을 지적했으며, 이오진 연출은 인종뿐 아니라 장애, 젠더, 민족 다양성 등이 확보되어야 함을 강조하기도 했다. 모두 한국 연극의 인종주의, 인종 문제가 더 가시화되고 더 깊고 넓게 논의되어야 함을 강조했다.

민족을 고려하지 않고 앙상블을 구성하는 색맹 캐스팅 또한 여전히 유효한 선택이다. 머지않은 미래에 한국 연극의 배우 다양성이 확보되고 그리하여 인종적 당사자성을 고려한 캐스팅이 가능하다고 해도 이 모든 문제가 바로 해결되는 것도 아니다. '색맹 캐스팅'도 '색을 의식하는 캐스팅'도 모두 절대적이거나 유일한 해법이 될 수는 없다. 어떤 맥락에서는 최선이었던 것이 지금 이곳의 맥락에서는 최악일 수 있으며, 언젠가 유효한 선택이었던 것이 현재에는 더 이상 유효하지 않을 수도 있기 때문이다. 중요한 것은 차별과 배제를 작동시키는 현재의 구조적·제도적·문화적 관계 속에서, 또 '진화하고 적응하는 인종주의'에 대응하면서 이 문제를 고려해야 한다는 점이다.

한국 연극이 처한 현재 상황과 조건에서 인종 문제를 다루거나 인종을 재현해야 하는 작품들이 가장 먼저 고민하는 것은 다음과 같은 문제일 것이다. 연극 예술에서의 인종주의가 오랜 역사를 가지고 있으며, '인종적 스테레오 타입'이나 '에스닉 클리셰'를 무대화하는 것이 그러한 차별을 강화한다는 문제의식 견지하기, 관객에게 캐릭터의 인종적 특징과 그것이 작품 내에서 의미하는 바를 적절하게 이해시키면서 동시에 인종적 다양성을 확보하지 못한 한국 연극의 한계와 문제의식을 공유하기, 지금 이 무대 위에 구현된 캐릭터와 배우 간의 인종적 이질성이 어떤 의미를 지니는지를 고려하며 작업하기, 더불어 오늘날의 인종 문제는 계급, 젠더, 민족, 장애 등의 문제와 복잡하게 얽혀 있다는 문제의식을 고민하기다. 이러한 관점에서 〈글로리아(Gloria)〉,[29] 〈피어리스: 더 하이스쿨 맥베스〉,[30] 〈SWEAT 스웨트: 땀, 힘겨운 노동〉,[31] 〈편입생(Transfers)〉[32]은 한국 연극계에서 주목할 만한 시도를

---

29 노네임씨어터 컴퍼니 제작, 두산아트센터 space111에서 2016년 7월 26일부터 8월 28일까지 한국 초연됨. 브랜든 제이컵스-젱킨스(Branden Jacobs-Jenkins) 작, 김태형 연출, 여지현 번역, 이인수 윤색.

30 호랑이기운 제작, 세종문화회관 S씨어터에서 2020년 1월 9일부터 1월 19일까지 한국 초연됨. 지해 박(Jiehae Park) 작, 이오진 연출, 이리·이오진 번역.

보여준 작품이다. 이 작품들은 인종 문제를 정면으로 다루는 동시에 이것이 젠더, 계급, 민족, 세대, 계층 문화 및 사회적 제도(예컨대 소수자 우대 정책) 등과 복잡하게 얽혀 작동하고 있음을 말한다는 점에서 공통점을 갖는다. 희곡의 등장인물 소개에도 나이, 젠더와 함께 인종 혹은 민족적 배경이 명시되어 있기도 하다. 따라서 이 작품을 무대에 올린 한국의 창작진들은, 인종적 스테레오 타입이나 에스닉 클리셰를 지양하면서도 캐릭터가 지닌 이러한 특징을 관객에게 어떻게 전달할 수 있는가를 가장 먼저 고민해야 했을 것이다.

〈글로리아〉와 〈편입생〉은 이 문제에 있어 유사하면서도 조금 다른 선택을 한다. 〈글로리아〉는 뉴욕 미트타운(Meat town) 오피스의 잡지 편집부에서 일어난 총격 사건을 보여주는 전반부와, 사회적 비극과 트라우마를 대하는 미디어의 착취적이고 기회주의적 속성과 여기에 편승하는 인간의 추악한 욕망을 다루는 후반부로 나뉜다. 〈글로리아〉에서 인종은 매우 중요한 요소인데, 특히 작품 전반부에서 인종, 성별, 세대, 성적 취향, 계급, 학벌, 민족적 배경 등은 촘촘하고 복잡하게 사무실 안의 사회적 위계를 형성한다. 희곡에는 "백인(white)", "흑인(black)", "불확실(unclear)"처럼 인종이 명시되어 있으며, 다소 건방지고 으스대는 성격의 20대 중후반의 여성 인물 켄드라의 경우 단순한 아시아계가 아닌 '중국계 혹은 한국계(Chinese-American or Korean-American)'라고까지 구체적으로 명시되어 있다. 동료들에게 총격을 가하는 '글로리아'는 이 사무실에서 15년을 일한 30대 후반의 여성으로, 존재감도

---

31 국립극단 제작, 명동예술극장에서 2020년 9월 4일부터 9월 27일까지 한국 초연 예정이었으나 코로나19(COVID-19)로 인해 2020년 12월 18일부터 19일까지 온라인 상영으로 공개됨. 일부 캐스팅이 바뀐 후 2021년 6월 18일부터 7월 18일까지 재공연됨. 린 노티지(Lynn Nottage) 작, 안경모 연출, 고영범 번역.

32 두산아트센터 제작, 두산아트센터 space111에서 2022년 7월 5일부터 7월 23일까지 한국 초연됨. 루시 서버(Lucy Thurber) 작, 윤혜숙 연출, 한원희 번역. '두산인문극장 2022: 공정'의 일환으로 기획됨.

없고 동료들에게 늘 무시당하는 왕따인데, 그녀의 인종만은 "무엇이든(any-thing really)" 상관없다고 되어 있다. 사무실에서 가장 세련되고 인기가 많은 '딘'은 20대 후반의 백인 남성이며 동성애자다. 이제 갓 스무 살이 된 인턴 사원 '마일즈'는 흑인이지만 하버드대(Harvard University) 출신이다. 켄드라는 부자에 패셔니스타지만 아시아계 이민자이다.[33] 이 작품에서 인종적 위계는 단순하게 작동하지 않으며 여러 다양한 사회적 마이너리티 요소와 복잡하게 얽혀 나타난다.

〈편입생〉역시 인종과 계급, 소수자성의 문제가 복잡하게 얽힌 작품이다. 작품은 뉴욕 빈민가에서 자란 두 명의 저소득층 청년 '클라란스'와 '크리스토퍼'가 지역 인재로 추천되어 명문대 편입 면접을 위해 대학 근처 호텔에 도착하면서 시작된다. 클라란스는 학문적 열정도 있고 문학적 감수성도 뛰어날 뿐 아니라 솔직하고 사려 깊으며 좋을 글을 쓰는 재능 있는 학생이지만 SAT 점수는 그리 높지 못하다. 크리스토퍼는 욕을 입에 달고 살며 행동도 거칠고 여성과 성 소수자에 대한 존중도 배우지 못한 인물이지만, 재능 있는 운동선수이며 SAT 성적도 좋다. 이들에게 명문대로의 편입은 인생을 바꿀, 어쩌면 다시는 오지 않을 유일한 기회일지도 모른다. 최종 합격자를 결정하는 회의에서 이들을 지원하기 위해 나온 시민 단체 직원 '데이비드'는 이들 두 청년의 삶은 출발선부터 달랐다고 항변하며 면접관들이 내세우는 소위 '공정한' '객관적' 합격 기준에 문제를 제기한다. 작품의 등장인물인 빈민가 출신인 두 청년, 대학의 면접관인 문학 전공 교수와 럭비부 코치, 시민 단체 직원 데이비드는 서로 다른 인종적·문화적·계급적 배경을 지닌다. 인물의 젠더 정체성 역시 이들 간의 관계에 미묘한 변수로 작용한다.

〈글로리아〉와 〈편입생〉은 인물의 인종적 특징을 시각적으로 가시화하

---

33 Branden Jacobs-Jenkins, *Gloria* (Dramatists Play Service Inc., 2016) 참조.

지 않는다는 점에서는 공통점을 갖는다. 블랙 페이스나 인종적 스테레오 타입을 무대 위에 재현하는 것을 가장 우선해 피하고자 한 것이다. 인종 다양성이 없는 배우 앙상블로 공연해야 하기 때문에 예민한 관객이 아니라면 등장인물의 인종적·민족적 배경이 인물의 상황이나 운명에 어떤 역할을 하는지 알아차리지 못할 가능성이 있다는 것도 기꺼이 감수한다. 그런데 〈글로리아〉의 경우 인종적 정체성을 어느 정도는 인물의 개성 안에 녹여내고자 시도한다. 유행에 민감한 아시아계 여성 켄드라는 어딘지 '아시아적 메이크업'을 하고 있다거나, 아프리카계 남성이며 명문대생인 갓 스무 살의 인턴사원 마일즈는 댄디한 옷차림에 단정하니 짧게 친 머리를 하고 있지만 아프로 헤어의 특징인 곱슬머리를 하고 있다거나, 20대 후반의 백인 남성이며 동성애자인 딘의 경우 편집부의 다른 사원들에 비해 조금 튀는 세련되고 시크한 복장을 하고 있는 식이다. 이러한 외형은 인물들 간의 대화가 진행되면서 인물의 인종적·문화적·젠더적 특징을 파악하는 데 중요한 보충 정보가 된다.

반면 〈편입생〉의 경우 인물들의 대사가 주는 정보 외의 요소로 인물의 인종적 특징과 배경을 파악하기는 쉽지 않다. 사실 공연에서 인종 문제는 거의 수면 아래로 내려앉는다. 이 작품을 한국 사회에서 공연하면서 인종 문제까지 전달하는 것은 쉽지 않을뿐더러 한국 사회의 맥락에서 교육 기회의 공정성 문제를 다룬다면 인종보다는 계급의 문제에 집중하는 것이 더 적절하다고 판단했기 때문일 것이다. 그 결과 계급, 성적 지향, 인종, 계층 문화 등의 문제가 얽힌 인물들의 상황은 한국 공연에서는 잘 드러나지 않는다. 교육 제도의 모순 역시 '저소득층 기회 균등 문제' 정도로 다소 단순화된다.

2018년 뉴욕 MCC 프로덕션의 루실 로텔 극장(Lucille Lortel Theater) 초연 당시 클라란스 역은 아프리카계 배우 아토 블랭크슨-우드(Ato Blankson-Wood)가, 크리스토퍼 역은 라틴계 배우 후안 카스타노(Juan Castano)가 맡았다. 섬세하고 다소 억눌린 듯 조용하지만, 미래에 대한 열정이 있으며, 교육 기회를 통해 '빈곤과 폭력으로부터의 탈출'을 절박하게 원하는 '흑인 성 소수자' 소년 클라란스 역할을, 배우는 자신의 인종적·신체적 특징을 통해 외형적 이미지로부터 구현했다. 또 레슬링 선수로서 전국 순위권이며 SAT 성적도 좋지만, 자신의 미래에 전혀 도움이 되지 않는 거친 말투와 대학 면접관에게조차 반항적인 크리스토퍼의 행동 역시 라틴계 배우의 존재만으로 '누구 하나 당장 죽어 나가도 전혀 이상할 게 없는' 환경에서 자란 '히스패닉계' 도시 빈민이라는 배경을 이해하도록 돕고 있었다.[34] 그러나 한국 공연에서는 크리스토퍼가 히스패닉계라는 것도, 클라란스의 인종과 성적 지향도, 크리스토퍼를 면접한 백인 여성 럭비 코치 '로지'가 도시 빈민 출신이라는 것도 모두 대사를 통해서만 파악할 수 있다. 때문에 그 효과와 의미는 현저히 약화된다. 클라란스를 면접하는 카리브해 출신 남성 교수의 경우는 한국 공연에서 인종을 특정하지 않은 여자 교수로 바뀌기도 했다.[35] 때문에 '교육 기

---

34 Ben Brantley, "Review: 'Transfers' and the Anguished Art of the College Interview," *The New York Times*, 2018.4.23, https://www.nytimes.com/2018/04/23/theater/transfers-lucy-thurber-review.html; Jonathan Mandell, "Transfers Review: Escape from New York, If They Get the Scholarship," *New York Theater*, 2018.4.23, https://newyorktheater.me/2018/04/23/transfers-review/; Victor Gluck, "Transfers - Lucille Lortel Theatre - MCC Theater - Lucy Thurber," *Theater Scene Net*, 2018.5.1, http://www.theaterscene.net/plays/offbway-plays/transfers/victor-gluck/ 참조.

35 뉴욕 MCC 공연에서 클라란스를 면접한 교수는 '카리브해 태생 남성'인 러시아 문학 전공인 교수 '제프리'였다. 그러나 한국 공연에서는 인종을 특정할 수 없는 '조지아'라는 이름의 여성 교수로 설정되었다. 뉴욕 공연에서는 백인 여성인 럭비 코치 로지를 제외하고는 모두 유색 인종 배우가 캐스팅되었다. 이는 면접 과정과 그 결과의 드라마틱한 대조(상대적으로 클라란스는 성공적으로, 크리스토퍼는 위태롭게 면접을 마무리한 것으로 보이지만 정작 입학을 허락받은 것은 크리스토퍼이다)를 위한 것으로 보인다. 자신 또한 빈민가 출신인 백인 여성 로지가 크리스토퍼의 상황을 이해하고 그의 입학을 허락하는 것에 반해, 유색인 남성 제프리의 경우 면접에서는 클라란스에게 공감하는 듯한 태도를 보이지만 최종 회의에서는 'SAT 점수가 규칙이고 공정이다'라는 원칙을 고수하는 보수적이고 기만적인 인물이라는 점에서, 대조와 극적 효과가 강화되기 때문이다. 이를 통해 작가는 인종, 계

회 부여의 공정성', '입학 제도의 공정성'이라는 이슈 외에, 인종, 젠더, 계급이 복잡하게 얽힌 인물들의 상황과 이와 결부된 결말의 의미는 한국의 공연에서는 다소 희석된다.

〈글로리아〉와 〈편입생〉은 무대 위에서 등장인물의 인종을 재현하는 선택이 자칫 범할 수 있는 인종주의를 피하고자 이를 인위적으로 가시화하지 않는 방법을 취했다. 그러나 아이러니하게도 그 결과 인종으로 위계화된 세계를 비판적으로 바라보는 작품의 의미를 보여주는 것에는 한계를 드러냈다. 이 문제를 돌파하기 위해 〈피어리스: 더 하이스쿨 맥베스〉와 〈SWEAT 스웨트: 땀, 힘겨운 노동〉은 일종의 '연극적 장치', '연극적 약속'을 활용한다. 두 작품 모두, 작품이 다루는 주제인 인종적 위계가 작동하는 세계를 관객에게 제대로 전달하기 위해서는 어떤 방식으로든 등장인물의 인종적 배경을 무대에 가시화하지 않을 수 없다고 판단하는데, 그러나 '블랙 페인팅'과 같은 방식의 인종 재현은 분명히 거부한다. 다음 항에서는 두 작품이 각각 어떠한 시도를 했으며 그에 이르기까지의 과정과 고민은 무엇이었는가를 구체적으로 살핀다.

2) 〈피어리스: 더 하이스쿨 맥베스〉의 경우

〈피어리스: 더 하이스쿨 맥베스〉(이하 〈피어리스〉로 약칭)는 배우이기도 한 한인 1.5세대 한국계 미국인 작가 지해 박(Jiehae Park)의 작품으로 예일 레퍼토리 극장(Yale Repertory Theatre)에서 2015년 초연되었다.[36] 한국 초연은 2019 유망예술지원사업 뉴스테이지(NEWStage) 선정작으로 지원받아, 2020년 1월 9일부터 19일까지 세종문화회관 S씨어터에서 호랑이기운 제작, 이오진 연

급, 성적 지향, 문화적 배경 등이 복잡하게 얽힌 사회적 편견의 문제를 제기하고자 한다.
36 https://www.concordtheatricals.com/p/61983/peerless.

출로 공연되었다.[37] 〈피어리스〉는 셰익스피어(William Shakespeare)의 「맥베스」에서 모티프와 인물을 가져왔지만,[38] 극의 주제도, 장르도 매우 다른 작품이다.[39] 아시아계 미국인 쌍둥이 자매인 M과 L은 아이비리그의 명문 대학에 입학하기 위해 자신의 모든 것을 건다. M은 SAT 점수가 매우 우수하지만, 그것만으로 원하는 대학에 들어가기는 충분하지 않다. 그들은 전략적으로 미국 중서부 시골 마을 노웨어스빌(nowheresville: 아무 데도 없는 마을)의 고등학교로 전학해 단 한 명을 선발하는 소수자 우대 특별 전형(affirmative action)으로 대학에 들어가고자 한다. M이 먼저 입학한 후 L이 가족 특별 전형(sibling preference)으로 입학하려는 계획이다. 그런데 명백히 백인으로 보이는 1/16의 북미 원주민이라는 D가 '그들의 자리'를 빼앗는다. M과 L은 D를 죽이기로 한다. 그러나 D의 죽음 후 입학 기회는 흑인 남성인 BF(M의 남자 친구)에게 돌아간다. 그들은 두 번째 살인을 실행한다. 왕위를 얻기 위한 맥베스의 피비린내 나는 행보는 이제 대학 입시 기간의 고등학교를 배경으로 아시아

---

37 극작: 지해 박, 연출: 이오진, 번역: 이리·이오진, 무대감독: 전서아, 드라마터그: 장지영, 무대 및 소품디자인: 장호, 조명디자인: 신동선, 사운드디자인: 목소, 의상디자인: 김미나, 출연: 부진서·오남영·변승록·정대용·김신록.

38 작품의 주요 인물들은 '더러운 애(Dirty Girl, '예쁜 애(Preppy Girl)'와 1인 2역이다]'와 '남친'(BF, M의 남자 친구)을 제외하고는 모두 알파벳 이니셜을 이름으로 갖고 있다. 주인공 M과 L은 맥베스와 레이디 맥베스를, D는 덩컨 왕을 암시한다. M의 남자 친구 BF는 뱅코를 연상시키며, 더러운 애는 마녀를 연상시킨다. 작품에는 "만세(hail)"와 같은 표현이나 「맥베스」에서 인용된 운문 대사도 일부 포함되어 있다. 한편, 연출가 이오진의 설명에 따르면, 작품의 제목 "Peerless"는 「맥베스」 1막 4장의 덩컨 왕의 대사 "나의 하나뿐인 핏줄(It is a peerless Kinsman)"에서 가져온 것으로 M와 L의 관계를 상징하는 것이라고 한다. 이오진, 「〈피어리스: 더 하이스쿨 맥베스〉의 문화번역: 한국과 미국의 십대들」, ≪한국연극학≫, 76호(2020), 214쪽.

39 지해 박은 작가 노트에 희곡의 스타일에 대해 "이것은 코미디다. 그렇지 않을 때까지(This play is a comedy. Until it's not.)"라고 명시해 두기도 했다. Jiehae Park, *Peerless* (Samuel French Inc., 2017) 참조.

계 쌍둥이의 과업이 된다.

작품은 소수자성이 교차적으로 작동하고 그것이 무기가 되는 순간의 모순과 아이러니를 말한다. 한 자리뿐인 소수자 우대 전형에서 유리하게 작용하는 것은 인종, 성별, 본인 혹은 가족 중 누군가의 장애, 한 부모 가정인가의 여부, 기초 생활 수급자 자격과 같은 증명된 가난 등이다. M은 자신이 동양인에 여성인 "이중 소수자(double minority)", "소수자 보지(minority vagina)"라고 주장하지만, 순번은 계속 밀린다.

인종적 소수자성이 작품의 핵심인 만큼 인물들의 인종적 특성과 배경을 관객이 인지할 수 있도록 하지 않고서는 공연을 진행하기 어렵다. 〈피어리스〉의 제작진은 "블랙 페이스는 안 된다. 더불어 그에 준하는, 스테레오 타입을 강화하는 재현도 안 된다"는 전제로 작품을 시작하기는 했으나, 그런 전제가 해법을 만들어주지는 않았다. 특히 연출가 이오진은 이 문제에 매우 예민할 수밖에 없었는데, 2017년 국립극단의 '한민족 디아스포라 전' 당시 블랙 페이스 논란을 일으킨 〈김 씨네 편의점〉의 번역자이기도 했기 때문이다. 그는 당시의 경험에 대해 다음과 같이 회고한다.

번역가로서 그 선택에 동의하지 않았으나 한국 문화에서 어느 정도는 필요성이 있으니 이러한 선택을 했다고 이해했었다. 당시 관객의 날 선 비판에 창작진들이 무척 당황했던 기억이 있다. 미국에서 대학원을 다닐 당시에 옐로우페이스, 화이트워싱 이슈를 놓고 수업을 들었던 적이 있어서, 〈피어리스〉 공연에서 등장인물의 불가능한 인종적 구현을 위해 한국 배우들이 분장을 하는 방법을 쓰는 것에 대하여 불편함이 있었다. 그런데 당시 나의 감각을 언어화해서 배우와 스태프들을 잘 이해시키고 납득시키는 데까지는 못 갔던 거 같다.[40]

---

40 이오진, 필자와의 인터뷰, 2023년 8월 11일(이하 연출가의 말을 직접 인용한 것 중 따로 각주를 달지 않은 것은 모두 필자와의 인터뷰이다).

이러한 이유로 인해 분장이나 인종적 스테레오 타입을 무대에 구현하는 잘못을 반복하는 일은 하고 싶지 않았다. 그러나 해법을 찾기가 쉽지 않아 "그때는 '뭘 어떻게 할지 모르겠다'고 고민하는 시간이 길었다"고 토로한다.

연출가의 선택은, 〈글로리아〉나 〈편입생〉의 창작진이 그랬던 것처럼 "그 인물이 가진 성격적 특성에 우리가 흔히 연상하는 인종적 스테레오 타입을 인위적이지 않은 범위 안에서 접목" 시키는 정도의, "한국 배우에게 한국 캐릭터를 입힐 때와 다르지 않은 방법"을 취하는 것이었다. 이에 대해 이오진 연출은 다음과 같은 부연 설명을 한다.

예를 들어서 껄렁껄렁하고 섹스를 밝히고 유쾌한, M의 흑인 남자친구 BF에게 뉴에라 모자를 씌우거나 금목걸이를 하게 하면 안 된다. 그리고 이상한 흑인스러운 제스처를 연기하게 해도 안 된다. 그러나 그의 '캐릭터'로 '껄렁껄렁하고 섹스를 밝히고 유쾌한' 인물을 만드는 것은 가능할 것이다. 'M'이나 'L'은 지나치게 성실하고 미친 듯이 공부하는 독한 여자아이들인데, 미국에서 봤을 때 동양인들은 '공부에 목을 맨다'는 편견이 있다. 그것을 '동양인스러운' 것으로 표현하지 않고 그들이 살아남기 위해 어쩔 수 없이 그렇게 해야 했던 상황을 잘 보여주고, 그들의 절박함을 표현함으로써 캐릭터의 '성격'이나 '개별성'으로 갖고 오는 것이다.

그는 이 선택을 잘한 일이라고 생각하면서도, 캐릭터의 인종적 특성이 잘 드러났는가를 묻는다면 그것은 미지수라고 말한다.

그러나 한편으로는 캐릭터를 충실하게 분석하는 것 외에 과연 '인종적 특성을 잘 드러내는 방법'이란 것이 가능한 접근이나 질문이기는 한 것인가 의문이 들기도 한다. '아시아 배우', '라틴계 배우', '백인 배우', '중국인 배우', '아일랜드 배우'와 같은 개념은 너무 추상적이며 일종의 관념이기 때문이다. 캐스팅에서 배우가 아이리시 혈통임에도 그의 외모가 제작사가 원하는 만큼 '충분히 아이리시 같지 않다'고 거절당하거나, 배우가 아시아계 인종임에도 그의 외모가 '아시아적'이지 않다고 해 캐스팅에 실패하거나 하는 이야기를 듣곤 한다. 또 일본인 역할에 한국계나 중국계를 캐스팅했다고 해 비판을 받는 일도 있다. 인종이나 민족적 이미지란 실제 당사자성의 문제만도 아니며, 작품 내적 문제만도 아닌 것이다. 더불어 그런 인종적 이미지나 당사자성에 대한 강박이 오히려 '인종주의'를 절대화하고 강화하는 일은 아닌지, 인종 분류의 신화를 절대적 기준으로 만드는 일은 아닌지도 성찰해야 한다. 인종적 당사자성이란 앞서 언급한 것처럼 만들어진 관념이자 결국에는 식민지적 인종주의를 재승인하고 확장하는 일이 되기 십상이다. 중요한 것은 인종주의가 작동하는 현실 세계의 문제점을 공연이 비평적으로 인지하고 있음을 드러내는 일이다.

실제로 〈피어리스〉의 예일 레퍼토리 극장 초연[41]에서도 M과 L의 역할을 맡은 배우는 아시아인이기는 하지만 극 안에서 암시되는 한국계나 중국계 여성으로 보이지는 않았다. 아마 미국 사회에서 아시아 여성에 대한 그런 디테일한 구별은 유효하지 않았을 것이다. 결국 당사자성이란 절대적 기준이라기보다 현실 사회의 차별에 대한 대응으로서 고려되어야 하는 의미가 더 큰 것이다. 인종적 위계가 작동하고 차별과 배제가 존재하는 현실을 극장이 고려하고 반영하는 문제가 결국 핵심인 것이다. 극장의 정책, 캐스팅의 관습, 더 많은 기회, 더 쉬운 접근 등에 있어서 인종 위계가 작동한다는 문제의식을 갖는 것, 인종주의에 기반한 차별 역시 늘 변화하고 교묘해지는 현실을 고려한 작업이어야 한다는 것이 중요한 점일 것이다. 캐릭터의 인종적 특성에 적합한 당사자 배우를 캐스팅했다고 해도 이 문제가 여전히 해결되지 않은 채 의문으로 남게 되는 것도 바로 이 때문이다. 유사한 문제 제기를 연출가 이오진도 한다. "한국에서 흑인이나 백인 배우가 연기를 해도 그

---

41 〈피어리스〉의 세계 초연은 2015년 11월 27일부터 12월 19일까지 예일 레퍼토리 극장에서 마고 보델런(Margot Bordelon)의 연출로 이루어졌다.

들 사이의 소수자 정치를 한국 관객들이 이해하기는 어려웠을 것이다."[42]

〈피어리스〉는 이 고민을 '연극적'인 방법으로 해결한다. 의자에 '백인', '흑인', '아시안', '더러운 애' 등의 이름표를 붙여놓고 각자 해당하는 자리에 앉아서 캐릭터의 특징을 드러낼 수 있는 포즈를 취하며 극을 시작한 것이다. 이 독창적이고 주목할 만한 도입부는 공연 연습의 거의 마지막에, 거의 우연에 의해 선택되었다. 이에 앞서 연출가는 원작자 지해 박과 작은 논쟁을 겪게 되는데, 작가가 이 작품이 한국에서 오직 한국인 배우들로만 구성된 앙상블로 공연된다는 것을 뒤늦게 알고 항의를 한 것이다. 연출가는 작가가 한국인 1.5세이기에 당연히 그 같은 상황을 이해하고 있을 것으로 생각했지만, 작가는 이토록 중요한 결정을 사전에 논의하지 않은 것에 대해 불편함을 드러냈다고 한다.

지해 박이 문제 제기한 것은 인종적 당사자가 해당 역할을 맡아야 한다는 것은 아니었을 것이다. 지해 박의 작품이 초연된 2015년 예일 레퍼토리 극장의 공연에서 M과 L의 역할은 아시아인 외모를 가진 티파니 빌라린(Tiffany Villarin)과 테리사 아비아 림(Teresa Avia Lim)이 맡았지만, 바로 이듬해 2016년 공연에서 M의 역할은 인종적으로 모호한 사샤 다이아몬드(Sasha Diamond)가 맡았다[L 역할은 로라 손(Laura Sohn)]. 사샤 다이아몬드는 2022년 뉴욕 오프 브로드웨이의 공연(Primary Stages at 59E59 Theaters)에서도 M 역할을 맡았다[L 역할은 섀넌 티오(Shannon Tyo)]. 지해 박의 문제 제기는 자신의 희곡 속 인물과 배우의 인종적·민족적 특성이 반드시 일치해야 한다기보다, 배우 다양성을 갖춘 캐스팅으로 소수자 인종 위계를 보여줄 수 있어야 한다는 주장이었을 것이다. 인종적 소수자성을 중점적으로 다루는 작품이 인종 다양성을 무시한 캐스팅을 한다는 것은 모순이라는 문제 제기인 것이다. 무엇보다 작가는

---

42 이오진, 「〈피어리스: 더 하이스쿨 맥베스〉의 문화번역」, 218쪽.

한국의 연극계가 '블랙 페이스'와 같은 인종 차별적 선택을 할 수도 있다는 의심을 했던 것으로 보인다.[43] 작가와의 논쟁은 서로의 입장과 의도를 확인하는 정도에서 멈추었고 이오진 연출은 작품 연습을 이어갈 수 있었지만, 한국인 배우들만으로는 소수자 간의 인종적 위계를 표현할 수 없다는 한계는 여전히 고민으로 남았다고 회고한다.

그러나 한편으로 연출가는, 배우의 현존으로 보여줄 수 있는 인종적 위계의 감각은 잃었을지 모르나 인종적 차이로 발생하는 위계는 연출적으로 구현해 냈으며, 이를 관객에게 전달하는 데에도 어느 정도 성공했다고 자평한다.[44] 그것이 가능했던 것은 앞서 언급한 방식의 영리한 도입부 덕분이었다. 매우 연극적인 이 선택은, 극장 무대와 객석을 뒤집은 공연의 공간 연출과, 다소 우화적인 블랙 코미디인 희곡의 분위기와도 잘 맞아떨어졌다. 이 작품은 무대에 관객을 앉게 하고 계단식 객석을 무대로 사용해 진행되었는데, 그렇게 얻게 된 계단식 무대 공간은 인물 간 계급의 피라미드, 인종적 위계 등을 암시하는 공간이기도 했다.

이러한 연극적 도입부는 거의 개막 직전에 결정되었는데, 캐릭터의 인종적 특성과 배경을 어떻게 전달할 것인가를 내내 고민하면서 그 한계를 절감하던 중 조명 디자이너가 극장 셋업을 하는 과정에서 그 단초를 제안한 것이다. 당시 상황을 연출가는 다음과 같이 설명한다.

---

43 실제로 지해 박은 이오진과 메일을 주고받는 과정에서 이를 언급하기도 했다. 이오진은 인터뷰에서 그 상황을 다음과 같이 설명한다. "지금 돌이켜보면 작가는 저랑 실제로 만난 적이 없기에, 제가 어떻게 곡해할 것인가에 대한 어느 정도 두려움이 있었던 것도 당연하다고 생각한다. 마지막에는 저에게 얼굴에 흑인 분장을 하지 말라고 주의를 주었었는데, 저는 그 이메일을 읽고 '아, 이분이 나를 믿지 못하는구나'라는 생각을 했다. 그러나 무얼 보고 저를 믿을 수 있었을까 싶기도 하다."

44 이오진, 「〈피어리스: 더 하이스쿨 맥베스〉의 문화번역」, 217~218쪽.

무대 위에서 인종적 특성의 직접적 구현을 제하고 작업하고 있었으나, 여전히 이런 부분이 아예 드러나지 않아도 되는 걸까, 마지막까지 고민하고 있었다. 그 때 조명 디자이너가 희곡의 첫 페이지에 인물 소개가 나와 있는 것처럼, 무대에 서 지시적으로 이들이 무엇인지 알려주는 방법을 쓰면 안 되나? 제안했다. 그 의견을 들은 무대 디자이너는 그렇다면 그런 인종적인 특성이 얼마나 별거 없는 것인지를 보여줄 수 있도록 그냥 대충 A4 용지에 뽑아서 의자에 붙여놓는 것이 좋겠다고 제안했다.

그런 후 도입부에서 등장인물들이 취하는 포즈는 셋업이 끝난 극장에 들 어와서 배우들과 함께 만들게 되었다.

신이 나서 달려오는 해맑은 미국 원주민 백인 D, 와서 예쁜 척 셀카 찍고 있는 M 과 L, 느긋하게 내려와 맨 뒤에 앉아 이 무심하게 상황을 내려다보는 흑인 BF, 아 예 통로 계단에 드러누워 있는 드러운 애. 우리가 작품에서 어떤 사람들인지 배 우들이 직접 소개하는 첫 장면은 희곡에 없는 장면으로 추가되었다.

도입부는 아주 우연히 그리고 빠르게 결정된 것이기는 하지만, 동시에 아 주 오랜 고민이 있었기에 가능했던 것이기도 했다. 연출가는 "이러한 선택 들은 대부분 감각적으로 이루어졌고, 지금처럼 상황을 통합적으로 바라보 며 작업할 수 있는 환경도 경험도 없던 때"였다고 술회한다. 아마도 이 작업 을 다시 하게 된다면 위와 같은 선택들에 대해서 더 논리적으로 정립한 후 배우와 스태프를 설득해 나가면서 진행할 수 있을 것이다. 하지만 그렇게 되면 〈피어리스〉가 당시 가졌던 '날것'의 맛, 몸으로 감각하고 움직였던 생 생함은 덜하지 않을까 싶다고 말한다. 그는 한국 연극 안에서 이런 고민들 이 더 진행되고 관련 논의와 작업이 더 깊고 넓게 진행되어 어느 정도의 컨 센서스가 창작진들 사이에 생긴다면, 향후 이러한 문제를 다루는 번역극을 공연하는 창작자들이 선배들이 했던 실수를 반복하지 않으리라 생각한다고도 말했다. 인터뷰에서 그는 아주 중요한 지점을 언급했는데, 이는 다음과 같다.

인종 문제를 무대 위에 공연하려고 할 때 정답이 없다는 것, 때문에 '문화번역'이라는 큰 개념 위에 서서 매 순간 '오늘'을 기준으로 판단을 해야 한다는 것. 그리고 모든 사람이 이에 대한 감각이 다를 수 있다는 것을 생각하고 있다.

배우 다양성에 대한 고민을 이오진은 2022년 두산아트센터 space111에서 〈댄스네이션(Dance Nation)〉을 올리면서도 했다고 한다. 클레어 배런(Clare Barron)의 출판본 희곡에는 작가가 적어놓은 '캐스팅을 위한 노트'가 있는데, 작가는 "댄스 교사와 팻, 엄마들을 제외한 모든 인물은 11세에서 14세 사이이지만, 그들은 12세에서 75세+ 사이의 다양한 연령의 배우들에 의해 연기되어야 한다. 어떤 배우도 10대를 닮을 필요는 없다. 그리고 배우 다양성이 있을수록 좋다"[45]라고 명시해 놓았다. 한국 공연에서 연출가는 장애를 가진 배우들을 비장애 배우들과 함께 캐스팅해 배우 다양성을 일부 충족시키기는 했지만, 인종적·민족적 다양성을 충족시키지 못한 것은 여전히 숙제로 남았다.

3) 〈SWEAT 스웨트: 땀, 힘겨운 노동〉의 경우

〈SWEAT 스웨트: 땀, 힘겨운 노동〉(이하 〈스웨트〉로 약칭)은 린 노티지(Lynn Nottage)의 2015년작으로 작가는 이 작품으로 2017년 두 번째 퓰리처(Pulitzer)

---

45 Clare Barron, *Dance Nation* (Samuel French Inc., 2019), p. 7.

상을 수상했다. 한국 초연은 국립극단 제작, 고영범 옮김, 안경모 연출로 명동예술극장에서 2020년 9월 4일에서 27일까지 공연될 계획이었으나, 코로나19로 인해 일반 공개는 취소되고 온라인 공개(2020년 12월 18~19일)만 이루어졌다.[46] 재공연은 이듬해 일부 캐스팅을 교체해 2021년 6월 18일부터 7월 18일까지 진행되었다. 이 작품은 미국 펜실베이니아주의 레딩(Reading, Pennsylvania)이라는 매우 구체적인 장소와 2000년부터 2008년까지 미국의 사회경제적 상황(구조 조정과 경제적 양극화-테크버블 붕괴-서브프라임 모기지 사태-장기간의 경기 침체)을 배경으로 한 작품이다. 그러나 동시에 "세상의 모든 레딩"[47]이라는 표현처럼 신자유주의 시대 한국 사회의 노동 계급이 처한 현실과도 멀지 않은 작품이다.

이 작품이 다루는 노동 문제는 계급, 인종, 젠더 등 다양한 소수자성과 교차적으로 드러난다. 아프리카계 미국 여성 작가로서 인종, 계급, 성별 위계와 차별에 매우 민감한 의식을 보여주었던 린 노티지는, 이 작품에서도 인종 문제는 계급 문제와 분리될 수 없는 것임을 말한다. 그러나 연출가 안경모가 국립극단으로부터 이 작품의 연출을 제안받았을 때, 인종 문제를 다루는 것에 있어서는 처음부터 한계를 인정할 수밖에 없었다고 한다. 그는 "개인적으로 나의 강박일 수도 있는데, 인종 문제는 쉽게 우리가 표현해내기 어려운 지점들이 많다 보니 그 지점보다는 오히려 보편타당한, 또 한국 사회, 한국 관객과 소통이 더 원활한 부분에 집중되도록 한 면이 더 크다"[48]고

---

46 극작: 린 노티지, 연출: 안경모, 번역: 고영범, 드라마투르기: 최성희, 무대디자인: 도현진, 조명디자인: 김영빈, 의상디자인: 오수현, 영상디자인: 박준, 음악감독: 윤현종, 음향디자인: 송선혁, 분장디자인: 백지영, 소품디자인: 송미영, 무술감독: 이국호, 출연: 이항나·강명주·이찬우·김수현·최지연·유병훈·송석근·박용우·김세환.

47 프로그램 북에 수록된 드라마투르그 최성희 교수의 투고문 제목.

48 안경모, 필자와의 인터뷰, 2023년 8월 2일(이하 연출가 말의 직접 인용한 것 중 각주를 따로 달지 않은 것은 모두 필자와의 인터뷰이다).

말한다. 한국 관객에게 작품을 전달하는 데에도, 한국 사회와의 접점을 찾는다는 면에서도, 노동 문제에 좀 더 집중하는 것이 낫겠다는 판단을 한 것이다.[49] 그러나 작품의 내용상 인종적 위계와 갈등은 노동 문제와 분리될 수 없는 부분이었기에 인물의 인종적 특징을 관객에게 전달하는 문제를 해결하지 않을 수는 없었다. 연출가는 "인종 문제는 일종의 숙제처럼 저에게 던져진 상황이 되었다"고 말한다.

그리하여 연출가가 찾은 방법은, 등장인물이 피부색 때문에 타인으로부터 배척당하거나 인종적 위계가 작동한다고 여겨지는 순간 배우가 자신의 몸에 '블랙 페인팅'을 해 그 장면이 '인종화된 상황', '낙인의 상황'이라는 것을 드러내는 방식이다. 그는 이를 '스티그마(stigma)'라고 불렀는데, 어빙 고프먼(Erving Goffman)의 저서와 이론으로부터 아이디어를 가져왔기 때문이다.[50] 프로그램 북에 수록된 연출가 인터뷰에서 안경모는 이를 다음과 같이 설명한다.

---

49 그는 필자와의 인터뷰에서 이 작품을 처음 접했을 때의 인상, 강하게 마음이 끌린 주제, 형식 등에 대해 다음과 같이 말한다. "처음 이 작품을 접했을 때 가장 먼저 마음에 와닿은 문제는 신자유주의 시대 노동의 의미, 노동자의 정체성 문제였다. 신자유주의하의 노동 조건들, 해고와 파업의 문제 등을 단순히 파업, 투쟁, 연대 등의 도식화된 노동 문학의 방식으로 접근하지 않는 것이 흥미로웠다. '노동자의 정체성 문제'를 건드리고 있다고 생각되어 그 부분이 가장 크게 다가왔던 부분인데, 칼 폴라니(Karl Polanyi)가 말한 '문화적 진공 상태'가 가장 먼저 떠올랐고, 사람들이 자신의 직업을 훼손당했을 때 어떻게 정체성의 붕괴를 만들어내고 있는지를 너무나 잘 그려내고 있는 작품이라고 생각되었다. 노동과 관련된 이야기가 최근 우리 연극계에도 부쩍 많아졌다. 노동연극에 대한 고민은 1980년대 대학가 중심으로 강력하게 진행되었다가 한동안 잠잠했는데, 한국연극에서는 최근에 다시 등장했다고 본다. 개인적으로는 과거의 연극들과 최근의 박찬규 작가의 〈공장〉 등이 먼저 떠올랐다. 어떻게 공동체가 파괴되는지를 보여주는 작품이라 생각되었다. 형식적으로는, 희곡 안에서 매 장마다 시의적인 뉴스들이 등장하는데, 작가의 시점에서 뉴스가 가지고 있는 의미, 즉 거시세계와 미시세계가 연결되는 구조와 힘이 매우 인상적이었고 그런 부분을 잘 그려내고 잘 살려내고 싶다고 생각되었다."
50 어빙 고프먼, 『스티그마: 장애의 세계와 사회적응』, 윤선길·정기현 옮김(한신대학교출판부, 2009) 참조.

태생적으로 타고난 피부색이 어떻게 사회적인 차별과 멸시 등을 만들어내는지를 연극적으로 보여주기 위해서 생각한 개념이에요. 설명하자면 인물이 인물에게 구체적으로 멸시와 모멸을 안기는 순간에 대사와 시각적 표현으로 낙인이 찍히는 것을 보여주자는 것인데요, 그 순간이 닥쳐오기 전에는 인종이 겉으로 드러나지 않아요. 낙인 전까지는 인종이 겉으로 드러나지 않다가 모멸의 순간 인물의 얼굴 등에 검은 페인팅이 추가되는 식의 표현이에요. 그래서 관객들이 인종을 인식하는 순간의 충격을 인물의 모멸감과 함께 경험할 수 있도록 하는 것이죠. 차별을 받는 인물들에 있어 가장 모멸감을 느끼는 순간이 언제인지 찾아내는 것이 낙인찍기의 핵심인 것 같아요.[51]

블랙 페이스나 인종적 스테레오 타입을 피하면서도 인물의 인종적 특성을 관객이 인지할 수 있게 하는 방법을 고민한 끝에 고안한 것이 '스티그마'라고 할 것이다. 그런데 이런 선택을 하기까지 공연 제작팀 안에서는 많은 논쟁이 있었다. 우선 크리에이티브 스태프 중에서 왜 그간 해온 방식인 흑인 분장을 하지 않아야 하는지 이해할 수 없다는 의견이 나왔다. 어차피 연극은 재현인데 검은 얼굴은 검게 표현하는 것이 왜 문제가 되느냐, 우리가 그런 의도가 아니면 되는 것 아니냐는 항의였다. 또 다른 입장으로 '블랙 페인팅' 역시 일종의 '블랙 페이스'가 아닌가 하는 문제 제기도 있었다. 특히 제작 극장의 입장에서 과거 국립극단의 작품으로 블랙 페이스 논란을 겪은 터라 인종 재현의 문제에 대한 민감함이 있었다. 이렇게 〈스웨트〉를 만들어가는 과정은 그간 한국 연극이 관습적으로 재현해 온 인종적 스테레오 타입을 검토하고, 이 문제에 대해 서로의 다른 입장과 태도를 확인하고 토론하면서 인종적 감수성을 공유하는 자리가 되었다.

---

51 국립극단, 〈스웨트〉 공연 프로그램 북(2020), 6쪽.

블랙 페인팅을 이용한 '스티그마'는 블랙 페이스의 차별적 역사를 역으로 이용하는, 전략적으로 과잉된 재현, 과잉된 가시화를 취하는 방식이라 할 것이다. 블랙 페이스는 '숨기는 방식', '흑인인 척하는 방식', '흑인다움의 편견을 자연스러운 것인 양 재생산하는 방식'인 반면, 블랙 페인팅을 이용한 '스티그마'는 '눈앞의 배우가 흑인이 아님', '흑인이라는 기표임', '인종 재현에 한계가 있음'을 드러내는 방식인 것이다. 문제와 한계가 존재함을 테이블에 가시화해 올려놓는 것으로, 블랙 페이스와는 전혀 다른, 오히려 정반대의 접근이라 할 수 있다. 배우 다양성이 확보되지 못한 한국 연극의 현실과 주어진 조건에서 할 수 있는 한 영리한 선택이었다고 생각된다. 그러나 다른 한편으로, 작품의 해석을 연출적으로 제한하고 강요하는 방식은 아닌가 하는 의문도 있다. '스티그마'가 가시화되는 순간이 지나치게 강렬하기에, 그 장면이 이르기 전까지 전개되었던 인물들 간의 복잡한 관계가 그 순간 오직 피부색의 문제로만 수렴되고 마는 것이다.

더불어 인종 위계와 관련된 대화 속 미묘한 뉘앙스들과 긴장들을 긴 시간 동안 관객이 대부분 알아채지 못하고 있다가 스티그마가 가시화된 이후에야 뒤늦게 파악하게 된다는 문제도 있다. 예를 들어 극의 시작을 여는 백인 청년 '제이슨'과 흑인 중년의 남성 '에반'의 만남은 인물 중 그 누구도 입을 떼지 않았음에도 두 사람의 등장만으로도 긴장감을 만들 수 있는 장면이다. 제이슨은 온몸에 자신이 백인 우월주의자이며 인종 차별주의자임을 드러내는 문신을 하고 있는데, 그의 앞에 앉은 담당 보호 감찰원은 흑인이기 때문이다. 그러나 한국 공연에서는 이러한 인종적 갈등을 배우의 등장만으로 드러낼 수 없었다. 제이슨이 침을 뱉고 에반이 자신의 얼굴에 블랙 페인팅을 하는 '스티그마'의 순간까지 의미는 계속 유예되었다. 또, '스탠'의 바(bar)에 둘도 없는 친구처럼 들어서는 '크리스'와 제이슨의 장면에서도 한국의 관객은 이들이 서로 다른 피부색을 가졌다는 것을 처음에는 알지 못한다. 콜롬비아계 미국인 '오스카'에게 보여주는 두 청년의 각각 다른 태도도 인물의 성격뿐 아니라 인종적·문화적 배경과도 관련 있어 보이지만, 관객은 이를 두 인물의 피부색이 암시된 나중에야 깨닫게 된다. 인종적 갈등이 불거진 한참 뒤에야 관객은 앞의 장면을 되짚어 의미를 다시 새겨야 하는 것이다. 승진한 '신시아'에게 '트레이시'가 노골적인 불만을 내보인 끝에 신시아가 자신의 블라우스 소매를 걷어붙여 검은 칠이 된 팔뚝을 보여주며 "이것 때문이지?"라고 묻는 '스티그마'의 장면 이전에도, 관객은 둘 사이의 대화에 깔린 인종적 갈등을 읽어냈어야 했지만, 그것은 쉽지 않다. '인종화된 낙인의 순간', 즉 '스티그마'의 순간이 올 때까지 의미는 계속 유예된다.

이러한 문제를 연출가와 배우들 역시 고민했다고 한다. 연출가는 이를 다음과 같이 토로한다.

> 흑인 역할을 맡은 배우들과 논의하면서 '이 지점은 이들이 흑인이기 때문이구나. 그것이 전제된 대사이구나' 싶은 부분들이 분명히 있는데 그것을 우리가 표현하면서 계속 유보하고 있는 것은 아닌가. 우리가 '스티그마'라고 부른 블랙 페인팅이 나오는 장면 전까지는 이 문제가 계속 유보되고 있구나, 이건 좀 아쉽다는 고민을 했다.

여기에 더해 안경모 연출 개인적으로는 '스티그마'가 양식적 충돌을 일으키는 것은 아닌가 하는 고민도 있었다고 한다. 작품은 철저하게 리얼리즘적인 세계인데, 그 안으로 갑자기 대단히 인위적이고 상징적인 표현 방식이 들어오는 것이 양식적 충돌을 일으키는 것은 아닌가 하는 고민이었다.

그런데 '스티그마'는 아프리카계 인물들에게만 적용되었다. 이에 대해 연출가는 "주되게는 흑인을 중심으로 이 문제를 드러나게 하려고 했는데, 어쨌든 이 작품에서 가장 차별적 위치에 있는 것이 흑인계열이라고 생각했기 때문이다"라고 설명한다. 반면, 독일계, 이탈리아계, 콜롬비아계의 경우는 개별 캐릭터 내에서 민족적 기질을 암시적으로 드러내는 방법을 고민했다고 한다. 〈글로리아〉나 〈피어리스〉의 창작진들이 그랬던 것처럼, 스테레오 타입으로 보이지 않으면서도 캐릭터의 개성 안에 민족적·인종적 특징들을 녹여 구현하는 방식을 택한 것이다. 특히 그가 중요하게 정한 원칙은 "현 한국 문화의 스펙트럼 내에서 수용 가능한 것을 표현한다"는 것이었다. 등장인물의 인종적·문화적 특징과 한국 문화의 교집합적 영역을 찾아 풀어내는 방식이다. 예를 들어 아프로 스타일의 헤어는 한국 사회에서 흔히 볼 수 없기 때문에 그런 인위적인 것은 배제하지만, 머리를 짧게 하고 다운 펌을 해 붙이는 방식의 헤어스타일이라면 실제 한국 사회의 젊은 친구들 사이에서도 볼 수 있으므로 그런 교집합적인 부분은 가져오는 방식이다. 이렇게 문화적으로 공통의 협의점들을 계속 찾아가면서 캐릭터를 만들었다고 한다. 그는 이 부분의 가능성과 한계에 대해 다음과 같이 설명한다.

> 스테레오 타입은 피하고자 했으나, 인물 안에 녹아 있는 민족적 특성은 인물의 개성 속에서 어느 정도 표현하고자 했다. 예를 들어 독일계 인물에게는 자신들의 노동에 대한 자부심, 견고한 태도 등이, 이탈리아계 인물에게는 자유분방함, 감정적인 부분 등이 원작의 작품 안에도 어느 정도 녹아 있다고 생각했다. 이런 부분을 캐릭터화하려고 했다. 그러나 관객들이 그런 것을 보면서 '아 저 사람은 이탈리아계구나' 뭐 그렇게 판정하지는 못할 것으로 생각하기는 했다.

〈스웨트〉에 등장하는 인물들은 다양한 인종과 민족적 배경을 가지고 있다. 그런데 작가는 등장인물 설명에서 "모두 펜실베니아 주 벅스 카운티 태생"이라고 명시하고 있다.[52] 즉, 이들은 모두 '그곳에서 나고 자라고 일하는' '그곳 토박이' '미국인'인 것이다. "아프리카계", "독일계", "이탈리아계", "콜

---

52 린 노티지, 『SWEAT 스웨트: 땀, 힘겨운 노동』, 고영범 옮김(알마, 2020), 7쪽.

롬비아계"라는 점에서 차이가 있을 뿐이다. 스탠의 술집은 '이민자들의 나라', '문화적 혼종의 나라' 미국을 상징적으로 보여주는 장소다. 아직 경제적으로 여유가 있을 때 이들은 인종, 젠더, 세대를 아우르며 서로 어울린다. 콜롬비아계 오스카처럼 노조에 들어갈 수 없는 이들도 있고, 아프리카계 신시아처럼 조합원이 되기 위해 독일계나 이탈리아계보다 상대적으로 더 애를 써야 했던 이들도 있지만, 그런 갈등은 같은 일터에서 같은 노동자로 같은 조합원으로서 일한다는 자부심 아래 잠재워지고 공동체는 결속을 유지해 나간다. 그러나 경제적 위기가 시작되고 대대적인 구조 조정이 일어나자, 잠재워진 갈등과 인종적 편견이 수면 위로 떠오른다. 개인을 고립시키는 각자도생의 신자유주의 체제에서 직장을 잃은 분노는 엉뚱하게도 진짜 적이 아닌 또 다른 약자를 향한다. 연출가 안경모는 공동체를 분열시키고 마이너리티가 마이너리티를 공격하게 만드는 일은 레딩뿐 아니라 오늘날 신자유주의 시대의 지구촌 곳곳에서 일어난다는 점을 강조한다. 노조를 파괴하고, 생산 공장을 값싼 노동자들이 있는 나라로 옮겨버리고, 더 낮은 임금과 더 열악한 조건에서도 일을 하려는 이주 노동자를 고용하고, 노동자 간 분열을 조장하는 일은 실제 한국에서도 일어나고 있기 때문이다. 그럼에도 불구하고 배우 다양성이 확보되지 않은 한국 연극의 상황에서 이를 구현하는 것은 쉬운 문제는 아니었다. 연출가는 "우리 연극계가 인종적 다양성을 표현할 수 있는 조건이었다면 어느 정도는 인종적 마이너리티성을 지닌 배우들과 함께 어느 정도 치환이 가능한 인종적 선택을 할 수 있지 않았을까 하고 생각해 보았다"라고 말한다.

〈스웨트〉는 한국의 관객에게도 많은 생각거리를 던져준 작품이었지만, 작품의 제작 과정에서 창작 스태프들과 배우들에게도 인종 문제를 고민하고 무대 위 인종 재현에 관한 공부가 된 작품이기도 했다. 연출가 역시 이번 작품으로 뭔가 해결되었다고 보긴 어렵지만, 그간 별 고민 없이 인종을 재현해 왔던 문제들에 대해서 새롭게 질문을 던지고 성찰할 수 있는 계기가

된 작품이었다고 평가한다. 안경모 연출이 고민 끝에 고안한 '스티그마'는
여러 한계를 가지고 있음에도 불구하고 현 한국 연극의 상황에서 잠정적으
로나마 유용한 인종 재현의 방법이 아니었나 싶다. 그 때문인지 "인종 표현
에 있어 가장 합리적인 표현인 듯한데 이걸 사용해도 좋겠냐"는 허락을 구
하는 다른 연출가의 연락도 있었다고 한다. 안경모 연출은 인터뷰에서 다음
과 같은 말을 전하며 생각할 거리를 던졌다.

> 최근 10년간 인종 문제와 관련하여서도, 또 문화 다양성과 관련하여서도, 여러
> 가지 문제들이 제기되어 왔는데, 그것이 사회적으로 충분히 논의되지는 못한 것
> 같다. 특히 예술계 내에서 이 문제가 논의되고 있지는 못한 듯하다. 바로 이런
> 이유로 한국 내에서 인종 문제가 더 부상되고 더 표면화되어 있어야 한다고 생
> 각한다. 지역의 다양한 인종들, 이주노동자들과 노동시장의 변화들, 지역 구성
> 원의 인종적 문화적 다양성으로 지역문화의 변화들 등이 현실에서 감지되는데,
> 무대예술도 이 문제를 더 적극적으로 고민하고 배우 다양성 문제에 대한 개방적
> 태도를 받아들여야 한다.

4. 그때는 맞고 지금은 아니다

한국 연극은 최근 들어서야 비로소 '우리 안의 인종주의'를 자각하고 고
민하기 시작했다. 오늘날의 인종주의는 그것이 인종 위계에 기반한 차별이
라는 것 자체를 인식하는 것조차 쉽지 않다. 사회의 제도, 체계, 문화 안에
인종적 편견을 강화하고 재생산하는 요소들이 뿌리 깊게 박혀 있기 때문이
다. 한국 연극에서 이 문제를 적극적으로 고민하며 다루고 있는 작품들이
중요한 것은 이 때문이다.
　이 글에서는 〈피어리스: 더 하이스쿨 맥베스〉, 〈SWEAT 스웨트: 땀, 힘겨

운 노동〉을 중심으로 인종주의와 무대 위 인종 재현의 문제에 대한 한국 연극의 고민과 시도, 그리고 남은 과제 들을 살폈다. 이들 작품은 배우 다양성을 확보하지 못한 한국 연극의 현 조건에서 인종 문제를 다룬다는 것이 지닌 한계를 작품 안에서 오히려 분명히 하고 이를 연극적 방법으로 해결했다는 공통점이 있다. 그렇게 해 만들어진 작품과 객석 간의 거리감은 관객의 비평적 공간을 확보할 수 있었고, 이를 통해 번역극이 제공하는 낯선 시공간 속에서 한국 사회의 현실과 모순을 찾을 수 있는 가능성을 만들어주었다.

그러나 이러한 시도가 항상 정답인 것은 아니다. 작품을 연출한 이들이 자신의 체험을 나누면서 입을 모아 강조한 것처럼, 또 이미 많은 학자가 지적한 것처럼, 현실의 인종주의는 '진화'를 거듭하고 있으며 사회적 변화와 정책에 '적응'해 나가며 끈질기게 우리 안에 파고들고 있기 때문이다. 색맹 캐스팅이 그러한 것처럼, 또 인종적 당사자성의 문제가 그러한 것처럼, 어떤 맥락에서는 최선이었던 선택이 어떤 맥락에서는 그렇지 않을 수 있는 것이다. 결국 중요한 것은 무대 예술이 현실 사회의 모순과 상황을 끊임없이 성찰하며 고민해야 한다는 점일 것이다. 주어진 시스템에 안주해서는 '우리 안의 인종주의'를 성찰하기 어려우며, 그 결과 우리가 원하지 않고 의도하지 않는다고 해도 인종 위계와 인종주의를 승인하게 되기 때문이다.

무대 위 인종 재현에 대한 문제의식과 성찰은 한국 연극에서 이제 시작이다. 창작 작업뿐 아니라 극장의 정책, 제도, 제작 현장, 예술 교육 현장 등 좀 더 폭넓은 영역에서 이 문제가 다루어져야 할 것이다.

참고문헌

길진숙. 2004. 「〈독립신문〉〈민일신문〉에 수용된 '문명/야만' 담론의 의미 충위」. 국어국문
학회. ≪국어국문학≫, 136호, 321~353쪽.

김민관. 2017.7.25. "영진 리 연출, 〈용비어천가〉의 모호함이란!". ≪ARTSCENE≫, https://
www.artscene.co.kr/1631(검색일: 2022.6.1).

김종목. 2011.8.9. "백인 동경사회의 인종차별". ≪주간경향≫, http://m.weekly.khan.co.kr/
view.html?med_id=weekly&artid=201108031802061&code=#c2b(검색일: 2022.6.1).

김지혜 외. 2019. 「한국사회의 인종차별 실태와 인종차별철폐를 위한 법제화 연구」. 국가인
권위원회.

노정연. 2009.10.1. "인종차별적 발언으로 첫 기소 사례 만든 보노짓 후세인 교수". ≪레이디
경향≫. https://lady.khan.co.kr/issue/article/200910141648131(검색일: 2023.6.2).

노티지, 린(Lynn Nottage). 2020. 『SWEAT 스웨트: 땀, 힘겨운 노동』. 고영범 옮김. 알마.

다이어, 리처드(Richard Dyer). 2020. 『화이트: 백인 재현의 정치학』. 박소정 옮김. 컬처룩.

디앤젤로, 로빈(Robin DiAngelo). 2020. 『백인의 취약성』. 이재만 옮김. 책과함께.

안진. 2015. 「나는 왜 백인 출연자를 선택하는가: 어느 TV 제작자의 자기민속지학적 연구」.
한국여성커뮤니케이션학회. ≪미디어, 젠더 & 문화≫, 30권, 3호, 83~188쪽.

올루오, 이제오마(Ijeoma Oluo). 2019. 『인종 토크: 내 안의 차별의식을 들여다보는 17가지
질문』. 노지양 옮김. 책과함께.

유선영. 1997. 「황색 식민지의 문화정체성」. 한국언론학회. ≪언론과 사회≫, 18호, 81~122쪽.

이규승. 2022.2.24. "2022년에 필요한 여성들의 이야기: 「인터뷰」 이오진 연출가". ≪오마이
뉴스≫. https://omn.kr/1xi5j(검색일: 2022.6.6).

정혜실. 2018. 「우리 안의 인종주의」. 여이연. ≪여성이론≫, 39호, 205~215쪽.

_____. 2020. 「한국의 인종주의와 다문화주의」. 이주사학회. ≪Homo Migrans(Migration,
Colonialism, Racism)≫, Vol. 3, 95~109쪽.

조희선. 2017.6.6. 「인종차별 겪은 나 아웃사이더로 만든 미국인 꼬집었죠」. ≪서울신문≫.
https://www.seoul.co.kr/news/newsView.php?id=20170607024019&wlog_tag3=n
aver(검색일: 2023.5.18).

캘리니코스, 앨릭스(Alex Callinicos). 2020. 『인종차별과 자본주의』. 차승일 옮김. 책갈피.

하상복. 2012. 「황색 피부, 백색 가면: 한국의 내면화된 인종주의의 역사적 고찰과 다문화주의」. 강원대학교 인문과학연구소. ≪인문과학연구≫, 33집, 525~556쪽.

홀, 스튜어트(Stuart Hall). 2018. 『문화, 이데올로기, 정체성』. 임영호 옮김. 컬처룩.

AAPAC. 2021. *The Visibility Report — Racial Representation on NYC Stages*. http://www.aapacnyc.org/(검색일: 2023.6.8).

Barron, Clare. 2019. *Dance Nation*. NY: Samuel French Inc..

Bergman, J. Peter. 2016.7.27. "Theatre Review: 'Peerless,' Dynamic, Obsessive Twins on the Loose at Barrington Stage." *The Berkshire Edge*. https://theberkshireedge.com/theatre-review-peerless/(검색일: 2022.6.1).

Brantley, Ben. 2018.4.23. "Review: 'Transfers' and the Anguished Art of the College Interview." *The New York Times*. https://www.nytimes.com/2018/04/23/theater/transfers-lucy-thurber-review.html(검색일: 2023.6.6).

Brook, Tom. 2015.10.6. "When White Actors Play Other Races." *BBC Culture*. https://www.bbc.com/culture/article/20151006-when-white-actors-play-other-race(검색일: 2023.5.18).

Brown, Joe. 1987.11.23. "Nontraditional Casting Not Just a Character Issue." The *Washington Post*. https://www.washingtonpost.com/archive/lifestyle/1987/11/23/nontraditional-casting-not-just-a-character-issue/674f076e-3b04-4ffc-8bc9-f597465e5757/(검색일: 2023.5.18).

Espteinm, Helen. 2016.7.26. "Theater Review: "Peerless" — Unexpectedly Wonderful." *the art fuse*. https://artsfuse.org/148195/fuse-theater-review-peerless-unexpectedly-wonderful/(검색일: 2022.6.1).

Gelt, Jessica. 2020.5.28. "Authenticity in Casting: From 'Colorblind' to 'Color Conscious', New Rules Are Anything But Black And White." *Los Angeles Times*. https://www.latimes.com/entertainment/arts/la-ca-cm-authenticity-in-casting-20170713-htmlstory.html(검색일: 2022.5.15).

Gluck, Victor. 2018.5.1. "Transfers - Lucille Lortel Theatre - MCC Theater - Lucy Thurber." *Theater Scene Net*. http://www.theaterscene.net/plays/offbway-plays/transfers/victor-gluck/(검색일: 2023.6.6).

Hall, Stuart. 1992. "The West and the Rest: Discourse and Power." *Formations of Modernity*. Bram Gieben(ed.). Oxford: Polity. pp. 276~314.

Jacobs-Jenkins, Branden. 2016. *Gloria*. NY: Dramatists Play Service Inc..

Le Guin, Ursula K. 2004.12.16. "A Whitewashed Earthsea: How the Sci Fi Channel Wrecked My Books." *SLATE*. https://slate.com/culture/2004/12/ursula-k-le-guin-on-the-tv-earthsea.html(검색일: 2022.6.1).

_____. 2005.1. "Frankenstein's Earthsea." *LOCUS online*. http://locusmag.com/2005/Issues/01LeGuin.html(검색일: 2022.6.1).

Mandell, Jonathan. 2018.4.23. "Transfers Review: Escape from New York, If They Get the Scholarship." *New York Theater*. https://www.nytimes.com/2018/04/23/theater/transfers-lucy-thurber-review.html(검색일: 2023.6.6).

Park, Jiehae. 2017. *Peerless*. NY: Samuel French Inc..

Shepherd, Jack. 2017.3.26. "Ghost in the Shell: Original Director Mamoru Oshii Defends Scarlett Johansson casting." *Independent*. https://www.independent.co.uk/arts-entertainment/films/news/ghost-in-the-shell-original-director-mamoru-oshii-scarlett-johansson-casting-whitewashing-a7650461.html(검색일: 2023.5.18).

Soloski, Alexis. 2022.10.11. "Review: In 'Peerless,' Elite College Admissions Are Something Wicked." *The New York Times*. https://www.nytimes.com/2022/10/11/theater/peerless-review.html(검색일: 2022.6.1).

Taylor, Clarke. 1986.11.29. "Non-Traditional Casting Explored at Symposium." *Los Angeles Times*. https://www.latimes.com/archives/la-xpm-1986-11-29-ca-16057-story.html(검색일: 2023.5.18).

Weinert-Kendt, Rob. 2016.4.21. "The Ground on Which He Stood: Revisiting August Wilson's Speech." *American Theatre*. https://www.americantheatre.org/2016/04/21/the-ground-on-which-he-stood-revisiting-august-wilsons-speech/(검색일: 2022.5.15).

Wilson, August. 2016. "The Ground on Which He Stood." 20 YEARS ON WILSON'S GROUND Archiving. https://www.americantheatre.org/category/special-section/20-years-on-wilsons-ground/(검색일: 2022.5.15).

제3부

경계 넘기와 연대의 상상력

제9장

혐오에 저항하는 경계 넘기는 가능한가?[*]

현대 일본의 인종·젠더 혐오와 후카자와 우시오 소설에
나타난 교차적 상상력

김지영

1. 들어가는 말

2013년 2월 24일, 일본 오사카시 쓰루하시(大阪市鶴橋) 코리아타운 거리에
한 일본인 여중생이 마이크를 쥔 채 서 있다. 그녀는 지나가는 행인들을 향
해 말문을 뗀다.

쓰루하시에 사는 망할 재일조선인 여러분, 그리고 지금 이곳에 계신 일본인 여
러분, 안녕하세요!
저는 지금 재일조선인 당신들이 너무 미워서 견딜 수가 없어요. 여러분도 불쌍
하고 나도 짜증나고, 아, 그냥 죽여 버리고 싶어! 끝까지 그렇게 거만하게 군다면

---

* 이 글은 김지영, 「혐오에 저항하는 경계 넘기는 가능한가?: 후카자와 우시오(深沢潮) 소설
에 나타난 교차적 상상력을 중심으로」, ≪일본학보≫, 134집(2023)을 일부 수정·보완한
것이다.

난징 대학살이 아니라 '쓰루하시 대학살'을 일으킬 거예요! 일본인들의 분노가 폭발하면 그 정도는 할 수 있어요. 대학살을 저지를 수 있다고! 그러니까 그러기 전에 본국으로 돌아가세요. 여긴 일본입니다. 한반도가 아닙니다. 이제 좀 돌아가!

여중생이 스피치를 이어가는 동안 대다수 행인들은 무표정한 얼굴로 그 앞을 지나쳐 가고, 주위를 둘러싼 사람들 중 일부는 "맞아, 맞아!"라고 맞장구를 치며 갈채를 보내기도 한다.[1]

이는 2013년 무렵 도쿄의 신오쿠보(東京新大久保)와 오사카 쓰루하시 등지에서 반복적으로 열린 헤이트 시위 가운데 한 장면이다. 백주에 공공장소에서 섬뜩한 혐오 발언을 거리낌 없이 외치는 소녀의 모습은 일본 사회의 변모를 실감케 했다. 이 영상은 인터넷상에서 빠르게 확산되었고 해외 언론 매체를 통해서도 보도되었다. 2015년 일본 법무성이 처음으로 실시한 헤이트 스피치 실태 조사에 따르면, 2012년 4월부터 2015년 9월까지 전국 29개 도도부현(都道府県)에서 확인된 헤이트 스피치 가두시위는 총 1152건에 이른다.[2]

일본에서 혐오가 심각한 사회적 이슈로 부상한 것은 '헤이트 스피치(hate speech)'가 '유캔 신조어·유행어 대상(ユーキャン新語·流行語大賞)'의 유행어 '톱 10'에 선정된 2013년 무렵부터이다. 2006년에 결성된 극우 배외주의 단체 '재일특권을 용납하지 않는 시민 모임'(在日特権を許さない市民の会, 이하 재특회)으로 대표되는 '행동하는 보수(行動する保守)' 세력은 인터넷과 거리를 점령하며

---

1   "'한국인 대학살 하겠다" 이번엔 일본 여중생의 망언", ≪조선일보≫, 2013년 4월 2일 자. https://www.chosun.com/site/data/html_dir/2013/04/02/2013040202253.html(검색일: 2023. 10.2); 有田芳生,『ヘイトスピーチとたたかう！— 日本版排外主義批判』(東京: 岩波書店, 2013), pp. 6~7, p. 20. 이날의 시위는 우파계 시민 단체 '재일특권을 용납하지 않는 시민 모임(在日特権を許さない市民の会)'과 '신슈미쿠니카이(神鷲皇國會)'의 공동 개최로 열렸으며 여중생은 신슈미쿠니카이 소속이었다.
2   "'デモ' 1152件 12年以降, 29都道府県で法務省初調査", ≪毎日新聞≫, 2016년 3월 31일 자.

급속히 세력을 키워나갔고, 이에 맞서기 위해 2013년경부터 인종·민족 차별주의에 반대하는 시민들의 대항 운동인 '카운터스'가 카운터 데모를 전개하면서 사회적 이목을 끌었다.[3] 이와 같은 흐름 속에서 '헤이트 스피치'가 그 해의 유행어가 되었고, 2016년 6월 3일 '헤이트 스피치 해소법(ヘイトスピーチ解消法)'이 제정되었다.[4]

헤이트 스피치를 둘러싼 대항적 움직임에 힘입어 헤이트 시위의 횟수나 참가자 수는 2013년을 정점으로 눈에 띄게 감소했지만, 그 사실이 곧바로 일본에서 헤이트 스피치나 차별이 줄었다는 것을 의미하는 것은 아니다. 재특회를 심층 취재한 저널리스트 야스다 고이치(安田浩一)가 "이제 재특회를 필요로 하지 않을 만큼 차별이 일상화된 것은 아닐까?"라고 반문한 바 있듯이, 혐오 발언은 사회 곳곳으로 퍼져 나가 오히려 '사회의 재특회화'가 진전되었다고 보는 시각도 있다.[5] 2021년 8월 재일코리안 집단 거주지인 교토부 우지시(京都府宇治市)의 우토로(ウトロ)에서 발생한 방화 사건은 한국인에 대한 적대 감정에 기반한 '증오 범죄(hate crime)'였음이 밝혀져 혐오 확산의 위험성을 다시금 상기시켰다. 다행히 인명 피해는 없었지만, 이는 헤이트 스피

---

3 헤이트 시위와 카운터 운동에 관한 르포르타주로는 다음을 참조. 야스다 고이치, 『거리로 나온 넷우익: 그들은 어떻게 행동하는 보수가 되었는가』, 김현욱 옮김(후마니타스, 2013); 간바라 하지메, 『노 헤이트 스피치: 차별과 혐오를 향해 날리는 카운터펀치』, 홍상현 옮김(나름북스, 2016); 이일하, 『카운터스: 인종혐오에 맞서 싸우는 행동주의자의 시원한 한 방!』(21세기 북스, 2016).

4 정식 명칭은 '본국 외 출신자에 대한 부당한 차별적 언동의 해소를 향한 조치에 관한 법률(本邦外出身者に対する不当な差別的言動の解消に向けた取組の推進に関する法律)'. 일본의 '헤이트 스피치 해소법'은 이념법(理念法)으로 처벌 조항이 없어 강제력은 없지만, 헤이트 스피치를 사회악으로 규정하는 사회적 규범을 명시하는 효과가 있으며, 각 지방 자치체들이 이 법률을 기반으로 삼아 혐오 표현을 규제하는 지방 조례를 제정할 수 있다는 점에서 그 의미는 크다.

5 야스다 고이치, 「〈작품해설〉 현대 일본사회에 만연한 민족적 배타주의와 싸우며」, 황영치, 『전야』, 한정선 옮김(보고사, 2017), 313쪽.

치가 언어적 차별 선동을 넘어 물리적 공격의 단계로 한 걸음 더 나아갔음을 보여주는 사건이었다는 점에서 사회적 대응이 요청되고 있다.[6]

이와 같은 사회적 움직임을 배경으로 이 글에서는 2010년대 이후 일본에서 급속히 확산된 헤이트 스피치 현상을 인종·젠더의 상호교차적 관점에서 조망하고, 재일코리안[7] 여성 작가 후카자와 우시오(深沢潮, 1966~)의 작품에 나타난 교차적 상상력을 통해 혐오에 저항하는 대항적 글쓰기의 가능성을 모색하고자 한다.

후카자와는 2012년 신초샤(新潮社)가 주최하는 제11회 '여성에 의한 여성을 위한 R-18 문학상(女による女のためのR-18文学賞)'에서 『가나에 아줌마(金江のおばさん)』로 대상을 수상하며 문단에 등장한 이래로, 『어엿한 아버지에게』(ひとかどの父へ, 2015), 『초록과 빨강』(緑と赤, 2015), 『애매한 생활』(曖昧な生活, 2017), 『바다를 안고 달에 잠들다』(海を抱いて月に眠る, 2018), 『비취색 바다에 노래하다』(翡翠色の海へうたう, 2021) 등의 작품을 통해 여성과 마이너리티, 빈곤 문제 등에 천착해 온 작가로 알려져 있다. 이 글에서는 후카자와의 작품 가운데 헤이트 스피치를 중심적 소재로 다룬 『초록과 빨강』 및 오키나와(沖縄)의 조선인 위안부를 그린 『비취색 바다에 노래하다』를 대항 담론의 관점에서 고찰할 것이다.

---

6 미국의 사회 심리학자 고든 올포트(Gordon Allport)가 사회적 편견과 차별을 설명하고자 고안한 '올포트 척도'는 '적대적인 말→회피→차별→물리적 공격→절멸'로 이어지는 5단계로 언어적·물리적 폭력의 상승 단계를 도식화한다.

7 일본에 거주하는 한반도 출신자에 대해서는 '재일한국·조선인,' '재일교포,' '재일동포,' '자이니치(在日)' 등 다양한 호칭이 혼용되고 있다. 이 글에서는 혐한·재일코리안 혐오에서 국적 및 정체성, 신/구 정주자 구분을 막론하고 혐오의 대상이 되고 있다는 점, 이 글이 중심적으로 다루는 작가 후카자와 우시오가 '재일코리안'이라는 명칭을 사용한다는 점 등을 감안해 '재일코리안'이라는 용어를 사용하기로 한다. 다만 일부 인용문에서는 원문을 존중해 '재일조선인'으로 번역한다.

2. 현대 일본 사회의 헤이트 스피치 현상과 재일코리안 혐오:
   인종·젠더의 상호교차적 관점에서

2010년대 이후 일본 사회는 혐오의 급격한 확산을 목도하고 있다. 이러한 움직임에 대응하기 위해 2019년에 '반(反)헤이트를 위한 교차로(反ヘイトのための交差路)'를 기치로 내걸고 창간된 잡지 ≪대항언론(対抗言論)≫ 창간호의 권두언에서 비평가 스기타 슌스케(杉田俊介)와 사쿠라이 노부히데(櫻井信栄)는 다음과 같이 동시대를 진단한다.

> 우리는 지금 혐오의 시대를 살고 있다.
>
> 현재 일본 사회에서는 각기 서로 다른 역사와 맥락을 지닌 인종 차별주의(민족 차별, 재일코리안 차별, 이민 차별), 성차별(여성 차별, 여성 혐오, LGBT 차별), 장애인 차별(우생 사상) 등이 점차 합류하고 결합하면서 화학 변화를 일으키듯 그 공격성을 나날이 더해가고 있다. … 이러한 복합적 혐오의 시대는 앞으로 길게 지속될 것이다.[8]

이처럼 현재 일본에서 나타나고 있는 혐오 현상은 소수자와 사회적 약자를 향한 혐오가 복합적으로 분출되고 있다는 데에 그 특징이 있다.

이와 같은 혐오의 양상에 접근하기 위한 유효한 분석 틀로 근래 주목받는 것이 '상호교차성(intersectionality)' 개념이다. 패트리샤 힐 콜린스(Patricia Hill Collins)와 시르마 빌게(Sirma Bilge)에 따르면 상호교차성은 "세계, 사람들, 그리고 인간 경험의 복잡성을 이해하고 설명하는 방법"이며, "사회 불평등 문제에 있어서 사람들의 삶과 권력은 인종, 젠더, 계급 등 사회를 나누는 하나

---

8   杉田俊介·櫻井信栄, 「巻頭言」, 杉田俊介·櫻井信栄 編, ≪対抗言論: 反ヘイトのための交差路≫, Vol. 1 (2019), p. 3.

의 축에 의해 형성되는 것이 아니라 함께 작동하고 서로 영향을 주고받는 여러 축들에 의해 형성되는 것으로 더 잘 이해될 수 있다".[9] 이 같은 관점에 선다면, 혐오에 저항하기 위한 대항 담론을 구축하기 위해서는 헤이트 스피치 현상을 구성하고 있는 다양한 갈래의 정치 역학을 풀어볼 필요가 있을 것이다. 따라서 이 절에서는 2010년대 이후 일본 사회에서 눈에 띄게 확산된 혐오 담론의 중심에 있는 재일코리안 혐오에 어떠한 역학이 교차하고 있는지를 조감해 보고자 한다.

현대 일본에서 재일코리안에 대한 혐오와 차별이 두드러지게 나타나는 배경에는 복합적인 요인이 작용하고 있다. 식민 지배와 냉전의 역사, 북한의 납치 문제와 경색된 한일 관계 등 정치·역사적 요인에 더해, 인터넷과 뉴 미디어 환경의 일상화, 한류 붐과 혐한 담론의 확산, 편향된 미디어 보도와 정치인의 혐오 선동, 역사 수정주의의 대두, 신자유주의의 진전과 경제적 양극화의 심화, 내셔널리즘과 배외주의의 확산까지 복수의 요인이 복잡하게 뒤엉키면서 혐오 정동을 증폭시키고 있다.[10]

---

9   Patricia Hill Collins and Sirma Bilge, *Intersectionality* (Cambridge: Polity Press, 2020), p. 2. 한국어판은 콜린스·빌게, 『상호교차성』, 이선진 옮김(부산대학교 출판문화원, 2020), 22쪽 참조.

10 일본의 헤이트 스피치 현상 및 혐한·재일코리안 혐오와 관련한 주요한 선행 연구는 다음을 참조. 량영성, 『혐오표현은 왜 재일조선인을 겨냥하는가: 사회를 파괴하는 혐오표현의 등장과 현상』(산처럼, 2018); 梁英聖, 『レイシズムとは何か』(東京: 筑摩書房, 2020); 히구치 나오토, 『폭주하는 일본의 극우주의: 재특회, 왜 재일 코리안을 배척하는가』, 김영숙 옮김(미래를 소유한 사람들, 2015); 히구치 나오토, 『재특회(在特会)와 일본의 극우: 배외주의 운동의 원류를 찾아서』, 김영숙 옮김(제이앤씨, 2016); 오구라 기조, 『일본의 혐한파는 무엇을 주장하는가』, 한정선 옮김(제이앤씨, 2015); 倉橋耕平, 『歴史修正主義とサブカルチャー』(東京: 靑弓社, 2018); 安田浩一·倉橋耕平, 『歪む社会: 歴史修正主義の台頭と虚妄の愛国に抗う』(東京: 論創社, 2019); 高史明, 『レイシズムを解剖する: 在日コリアンへの偏見とインターネット』(東京: 勁草書房, 2021); 有田芳生, 『ヘイトスピーチとたたかう!: 日本型排外主義批判』(東京: 岩波書店, 2013); 무라야마 도시오, 『아베에서 스가까지 조작되는 혐한 여론: 한국 혐오를 조

재일코리안을 표적으로 한 물리적 폭력이 현실적인 위협으로 부상한 것은 이와 같은 상황에서이다. 물론 이는 새로운 문제는 아니며 간토 대지진(1923년) 당시 일어난 조선인 학살을 비롯해 조선인과 재일코리안에 대한 인종주의적 폭력은 역사적으로 반복되어 왔다.[11] 하지만 근래에는 재특회의 교토 조선제일초급학교 습격(2009년), 조총련 본부 총격(2018년), 우토로 방화 사건(2021년) 등 재일코리안을 표적으로 한 폭력이 빈발하고 있을 뿐만 아니라 그 수위 또한 높아지고 있어 자칫 제노사이드로 비화될 수도 있는 위험성을 안고 있다.[12]

그런데 역설적인 것은, 이처럼 명백히 인종·민족 차별이 존재하고 있음에도 불구하고 일본 사회에서는 인종 차별의 존재 자체가 비가시화되는 기묘한 뒤틀림이 존재한다는 점이다. 일본 내 대표적인 민족적 소수자(ethnic minority) 집단인 재일코리안, 아이누, 오키나와인에 대한 차별은 모두 유엔(UN) 인종 차별 철폐 위원회에 의해 공인된 '인종 차별'에 해당한다.[13] 유엔

장하는 일본 언론의 민낯』, 서승철 옮김(생각비행, 2020); 師岡康子, 『ヘイト・スピーチとは何か』(東京: 岩波書店, 2020).

11 량영성, 『혐오표현은 왜 재일조선인을 겨냥하는가』, 제3장 참조.

12 각주 7 참조.

13 일본인과 재일코리안, 아이누, 오키나와인은 모두 '황색 인종'이기 때문에 일본에는 '민족 차별'만이 있을 뿐 '인종 차별'은 존재하지 않는다는 주장이 있다. 하지만 현대 생물학에서 생리학적·유전적 범주로서의 '인종'의 과학적 근거(과학적 인종주의)는 이미 부정되었으며, 오늘날의 '인종주의'는 '문화적 인종주의'(Etienne Balibar) 또는 '인종 없는 인종주의'라고도 불린다. 즉, 과학적으로 '인종'은 존재하지 않으며 '인종주의'란 '인종화하는 권력 작용'에 다름 아니다. 또한 사카이 나오키(酒井直樹)에 따르면 "생물학적 분류로서의 '인종', 문화적 분류로서의 '민족', 정치적 분류로서의 '국민'은 끊임없이 혼동되며 항상 상호 침윤"하므로 이들 사이의 관계는 유동적이고 모호하며, 세 가지 범주를 구분하는 것은 불가능하다. 鵜飼哲·酒井直樹·テッサ·モーリス=スズキ·李孝德, 『レイシズム·スタディーズ』(東京: 以文社, 2012), p. 16. 량영성(梁英聖)은 "일본인도 조선인도 같은 '황색 인종'이라는 말 자체가 인종주의"이며, "일본에는 인종 차별은 없다"는 발상이야말로 새로운 차별을 낳고 있다고 지적한다. 梁英聖, 『レイシズムとは何か』, pp. 7~8.

인종 차별 철폐 위원회는 일본 정부에 '포괄적 차별 금지법' 제정을 수차례 권고해 왔다. 하지만 일본은 1995년 유엔의 '인종 차별 철폐에 관한 국제 협약'에 가입했음에도 불구하고 이에 상응하는 국내 처벌법 제정 요구에는 응하지 않고 있으며, 표현의 자유와 저촉할 위험이 있고 기존의 법률만으로도 대응이 가능하다는 입장을 고수하고 있다. 또한 일본 정부는 유엔 인종 차별 철폐 위원회에 제출한 2017년 보고서에서도 "일본에는 법률로 금지해야 할 만큼 심각한 인종 차별은 존재하지 않는다"고 명기한 바 있다. 이는 일본 정부의 공식 입장이자 일본 사회의 기본적 인식을 단적으로 보여준다. 이러한 상황에 대해 일본의 인종주의를 고찰한 량영성(梁英聖)은 일본 사회의 반인종주의 정책 및 사회적 규범의 결여가 인종주의의 비가시화를 초래해 이 문제에 대한 사회적 '침묵 효과'를 낳고 있다고 비판한 바 있다.[14]

이렇게 본다면, 재일코리안에 대한 혐오에 효과적으로 대응하기 위해서는 먼저 일본 사회 내에 존재하는 인종주의를 가시화하는 것이 필요할 것이다. 그런데 이처럼 인종 차별 문제의 삭제에 대항해야만 하는 한편으로, 상호교차성 관점에서 본다면 재일코리안 혐오에서 비가시화되고 있는 성차별주의에도 동시에 주의를 기울일 필요가 있다. 일본의 페미니즘 연구자 기쿠치 나쓰노(菊池夏野)는 현재 진행되는 '헤이트 스피치' 현상을 '인종 차별주의(racism)'로만 해석할 경우 이 현상을 구성하고 있는 중요한 요소인 '성차별주의(sexism)'를 보지 못한다고 지적한다.[15]

재일코리안 혐오에 성차별주의가 깊이 얽혀 있음을 단적으로 보여주는 사례가 재일코리안 여성 이신혜(李信惠)의 '반헤이트 스피치' 재판이다. 재일코리안 2.5세 프리랜서 작가 이신혜는 자신을 향해 혐오 발언을 집요하게 반복해 온 재특회의 사쿠라이 마코토(櫻井誠) 전 회장과 우익 성향의 인터넷

---

14 량영성, 『혐오표현은 왜 재일조선인을 겨냥하는가』, 23쪽.
15 菊地夏野, 『日本のポストフェミニズム』(東京: 大月書店, 2019), p. 166.

사이트 '보수속보(保守速報)'를 상대로 2014년 8월 손해 배상 소송을 제기했다. 재판장에서 사쿠라이 전 재특회 회장은 "야스다 고이치 씨도 당신을 비판하는데 왜 이신혜 씨를 공격 대상으로 택했는가?"라는 질문에 대해, 단적으로 "(이신혜 씨가) 여성이었기 때문"이라고 답변한 바 있다. 이 재판에 제출된 원고 측 의견서는, 재일코리안 여성 이신혜가 겪은 '복합차별(複合差別)'[16]은 민족적 출신에 대한 강한 혐오감과 증오, 즉 인종주의와 결부되어 있다는 점에서 "여성 일반이 겪는 폭력과는 그 본질에 있어 크게 다르다"는 점을 강조하고, "민족차별·인종차별과 젠더차별의 양쪽에서 표적이 되는 마이너리티 여성은 마이너리티 남성 이상으로 차별의 대상이 되기 쉽고", 또한 민족적 출신에 대한 강한 혐오감과 증오를 가장 효과적으로 표출하기 위한 수단으로 여성 차별이 이용된다는 점을 지적했다. 즉, "이신혜 씨 개인을 지명하여 자행된 헤이트 스피치란, 단순한 명예훼손도 단순한 민족차별·인종차별도 아니"며, "젠더차별로 현현(顯現)한 인종차별주의인 동시에 인종차별주의적 의식을 지님으로써 더욱 치열해진 젠더차별이라는, 복합차별에 의한 명예훼손"이라는 것이다.[17] 이러한 원고 측 입장이 받아들여져 결국 원고 이신

---

16 우에노 지즈코(上野千鶴子)는 1996년에 발표한 「복합차별론(複合差別論)」이라는 글에서 "복수의 차별이 그것을 성립시키는 복수의 문맥 속에서 뒤틀리거나, 갈등하거나, 하나의 차별이 다른 차별을 강화하거나 보상하거나 하는 복잡한 관계 속에 있는 차별"을 '복합차별'이라고 한다고 제시한 바 있다. 上野千鶴子, 「複合差別論」, 井上俊ほか 編, 『岩波講座現代社会学15 差別と共生の社会学』(東京: 岩波書店, 1996). 유엔의 여성 차별 철폐 위원회 보고서에서는 '복합 차별'과 '교차적 차별'이라는 말이 뚜렷한 구분 없이 사용되어 왔는데, '상호교차성'이라는 개념이 비교적 널리 알려지게 된 2018년 이후에는 '복합 차별(multiple discrimination)'보다는 '교차적 차별(intersectional discrimination)'이라는 말이 더 많이 쓰이고 있다. 일본의 피차별 부락(被差別部落) 여성을 연구한 구마모토 리사(熊本理抄)는 상호 교차성 개념이 유입되기에 앞서 "페미니즘의 한계나 편향을 묻기 위한 도구가 아닌 '복합차별론'이 일본에서 유통됨으로써 여성차별을 보편적인 문제로 보는 주류파 페미니즘의 억압성이 충분히 검토되지 못했다"고 문제적 상황을 지적한 바 있다. 熊本理抄, 『被差別部落女性の主体性形成に関する研究』(大阪: 解放出版社, 2020), p. 357.

혜는 2018년 이 재판에서 최종 승소했고, "인종차별과 여성차별의 복합차별에 해당한다"라는 판결을 받았다. 이는 복합차별이 법정에서 최초로 인정된 획기적인 판례로 평가받는다.

이러한 판결 사례가 보여주는 바와 같이 재일코리안을 향한 혐오에는 인종주의와 성차별주의가 얽혀 있다고 한다면, 기쿠치 나쓰노는 여기에서 한 발짝 더 나아가 헤이트 스피치와 '위안부' 문제의 연관에도 주의를 촉구한다. 기쿠치에 따르면, 거리나 인터넷에서 행해지는 재일코리안에 대한 헤이트 스피치를 관찰해 보면 대부분의 경우 '위안부' 피해자나 지원 운동에 대한 비난과 공격이 포함된다. "헤이트 스피치는 1990년대에 생겨난 '위안부' 문제 부정 운동, 즉, '새로운 역사교과서를 만드는 모임(新しい歷史敎科書をつくる会)'의 위안부 교과서 기술 반대 운동을 주요한 원류"로 삼고 있으며, 따라서 헤이트 스피치와 '위안부' 문제의 관련성을 보지 않는다면 현재 일어나고 있는 문제의 전모를 파악할 수 없다는 것이다.[18] 조경희 역시 "일본에서 역사부정의 대표 세력들이 모두 일본군 '위안부' 부정에 집착했고, 재일조선인들을 왜곡했고, 동시에 여성혐오를 작동시킨 것처럼 역사부정과 소수자 혐오는 늘 결합되면서 일어나고 있다"고 단적으로 지적한 바 있다.[19] 따라서 재일코리안 혐오에 대응하기 위해서는 소수자 혐오와 결합된 역사 수정주의와 젠더 백래시의 맥락에도 주의를 기울일 필요가 있다는 것이다.

---

17 李信惠・上瀧浩子, 『#黙らない女たち: インターネット上のヘイトスピーチ・複合差別と裁判で闘う』(京都: かもがわ出版, 2018), pp. 99~100; 李信惠, 『#鶴橋安寧: アンチ・ヘイト・クロニクル』(東京: 影書房, 2015). 이신혜의 반-헤이트 스피치 재판 과정은 오소영 감독에 의해 다큐멘터리 영화 〈더 한복판으로〉으로도 제작되었다.

18 菊地夏野, 『日本のポストフェミニズム』, pp. 165~166.

19 조경희, 「마크 램지어의 역사부정과 소수자 혐오: 관동대지진 조선인 학살, 재일조선인, 부라쿠민 서술 비판」, ≪여성과 역사≫, 34집(2021), 115쪽. 히구치 나오토(樋口直人) 역시 혐한・재일코리안 혐오의 주요한 요인으로 역사 수정주의를 꼽는다. 히구치 나오토, 『폭주하는 일본의 배외주의』 참조.

이상의 논의를 정리하자면, 현대 일본 사회에서 나타나고 있는 재일코리안 혐오는 인종주의와 성차별주의, 역사 수정주의, 혐한과 배외주의 담론까지가 복잡다단하게 얽혀 있는 양상을 보인다. 그렇다면 이처럼 다양한 정치 역학이 복잡하게 교차하며 작동하는 한가운데에서 재일코리안 여성 작가 후카자와는 어떠한 목소리를 내고 있을까?

일본에서는 최근 콜린스·빌게의 『상호교차성(Intersectionality)』의 일본어판이 출간(2021년)되고 잡지 ≪현대사상(現代思想)≫에 '상호교차성' 특집호(2022년 5월)가 꾸려지는 등,[20] '상호교차성'은 일종의 '지적 유행'과도 같은 양상을 보이고 있다.[21] 그런데 이 개념의 수용 양상을 살펴보면, '상호교차성'이 주목받으면서도 인종에 관한 논의가 적고, 이 개념이 수용되기 이전에 축적된 일본 마이너리티 여성들의 운동은 크게 주목받지 못하고 있다는 특징이 있다. 이와 관련해 아이누 민족 뿌리를 지닌 문화 인류학자 이시하라 마이(石原真衣)는, 상호교차성 개념이 본래 블랙 페미니즘을 중요한 원류로 삼고 있음에도 불구하고 일본에서는 상호교차성 논의에서 인종의 측면이 빠져버리는 것은 그야말로 일본적인 문맥을 반영하는 것이라고 지적하면서, "일본 안에는 '백인'적 일본인과 '흑인'적 일본인이 있다고 저는 이해하고 있고, 일본의 페미니즘에 대해서는 이러한 마이너리티 여성들 —— '재일' 여성…이나 아이누 여성…, 피차별부락 여성 운동 등으로부터 강한 비판이 있었는데, 그럼에도 불구하고 일본의 페미니스트는 여전히 자신들의 인종적 특권성='백인성'을 깨닫지 못하고 있다"고 일본 주류 페미니스트의 무의식화된 인종주의를 꼬집은 바 있다.[22] 2010년대 중반 이후 일본에서도 #MeToo의

---

20 パトリシア・ヒル・コリンズ, スルマ・ビルゲ, 『インターセクショナリティ』, 小原理乃 訳(京都: 人文書院, 2021); ≪現代思想≫, Vol. 50, No. 5(2022).

21 森山至貴, 「今度はインターセクショナリティが流行ってるんだって?」, ≪現代思想≫, Vol. 50, No. 5(2022).

22 石原真衣・下地ローレンス吉孝, 「インターセクショナルな「ノイズ」を鳴らすために」, ≪現代思想≫,

확산을 계기로 페미니즘에 재주목하는 움직임이 있었고, 이는 한국 페미니즘('K-페미니즘')과도 접속되는 양상을 보이기도 했지만, 재일코리안 여성의 목소리나 위안부 문제에 관한 논의는 충분히 가시화되지 못하는 상황이 있어왔다. 그러한 점에서도 새로운 세대의 재일코리안 여성 작가로 주목받는 후카자와가 어떠한 목소리를 내고 있는지는 더욱 주목되는 바이다. 다음으로 헤이트 스피치와 오키나와의 조선인 위안부를 그린 두 작품을 통해 후카자와가 시도하는 대항 담론을 살펴보기로 한다.

3. 『초록과 빨강』의 교차적 시점을 통해 본 일본의 헤이트 스피치 현상

재일코리안 2.5세 작가 후카자와 우시오는 재일 문학의 새로운 목소리로 주목받는 작가이다. "재일코리안의 일상을 담담하고 유머러스하게 그리고 있어 재일코리안 문학에 새로운 세대의 출현을 알"린 작가[23]이자, 순문학이 주류를 이뤘던 재일코리안 문학에 근래 나타나고 있는 "대중소설화 경향"을 대표하는 작가로 꼽힌다.[24] 이러한 평가에서도 보이듯이 후카자와의 작품은 '무겁지 않게' 읽히지만, 주제적으로 볼 때 사회의식을 담아낸 작품이 많다.

작품과 더불어 작가 역시 근래 사회적 발언을 통해 혐오의 확산에 대항하는 행보를 뚜렷이 보이고 있어 주목된다. 그중에서도 특히 화제가 되었던 것은 잡지 ≪주간 포스트≫〔週刊ポスト, 쇼가쿠칸(小学館) 발행〕 게재 에세이 연재 중단 사태이다. 2010년대부터 혐한 서적 붐이 지속되는 가운데 일본의 대

Vol. 50, No. 5(2022), p. 12

23 김계자, 「달라지는 재일코리안 서사: 후카자와 우시오의 문학을 중심으로」, ≪아시아문화연구≫, 47집(2018), 85쪽.

24 康潤伊・櫻井信栄・杉田俊介, 「在日コリアン文学15冊を読む」, ≪対抗言論: 反ヘイトのための交差路≫, Vol. 2(2021), p. 140.

표적 주간지 가운데 하나인 ≪주간 포스트≫는 2019년 9월 '한국 따위 필요
없다(韓国なんて要らない)' 특집호를 발행했다.[25] 이 특집호의 지면에는 "혐한이
아닌 단한(斷韓)", "귀찮은 이웃에 안녕" 등 한국과의 단교를 주장하는 기사
뿐만 아니라 "분노를 참지 못하는 '한국인이라는 병리(病理)'"와 같이 자칫
우생학적 발상으로 이어질 수 있는 인종주의 담론까지 혐한 및 재일코리안
혐오를 부추기는 내용의 기사들이 대거 게재되었다. 이에 당시 해당 잡지에
서 에세이를 연재하던 후카자와는 SNS에 "차별선동을 간과할 수 없다"는
비판 글을 올리고, 항의의 뜻으로 연재 중단을 선언했다.[26] 후에 후카자와는
이 사태와 관련해, "차별이나 불합리에 대한 정당한 분노를 … 근거가 위태
로운 국민성, 자질의 문제로 돌려버리는 것"의 위험성을 경고하기도 했다.[27]

이 밖에도 후카자와는 반혜이트 활동을 위해 결성된 단체 노리코에넷토
(のりこえねっと)가 발간한 반혜이트 만화 『당신과 나와 헤이트 스피치』(あなた
と私とヘイトスピーチと, 2015)[28]의 원작 원고를 집필하고, 일본에서 '헤이트 스피
치 해소법' 제정 5주년을 맞아 2021년 5월 '인종 차별 철폐 기본법을 추구하
는 의원 연맹(人種差別撤廃基本法を求める議員連盟)'이 주최한 모임에 초청받아
'차별 금지법' 조기 제정을 호소하는 연설을 맡는 등 혐오에 맞서는 발언을
이어가고 있다.[29] 후카자와의 문학 작품은 이와 같은 일련의 활동의 연장선

---

25 ≪주간 포스트≫는 1969년 창간되었고 '일반 주간지'로 분류된 잡지 가운데 네 번째로 판
    매 부수가 많은 잡지이다. 잡지를 발행하는 쇼가쿠칸(小学館)은 1922년에 설립된 유서 깊
    은 출판사로 만화책과 어린이용 학습용 서적을 중심으로 출판한다.

26 "『週刊ポスト』の下劣ヘイト記事「韓国人という病理」に作家たちが怒りの抗議! ヘイト企画は「小
    学館幹部取締役の方針」の内部情報", LITERA(2019.9.2), https://lite-ra.com/2019/09/post-4941.
    html(검색일: 2023.10.2).

27 "[전문] "영혼의 살인 헤이트 스피치를 멈춥시다" 재일동포 작가의 호소", ≪한국일보≫,
    2021년 6월 4일 자, https://www.hankookilbo.com/News/Read/A2021060319020003205(검
    색일: 2023.10.2).

28 深沢潮 原作, 今川小豆 作画, 『あなたと私とヘイトスピーチと』(東京: のりこえねっと, 2015).

상에 있다고 볼 수 있을 것이다. 소설 『초록과 빨강』과 관련해 작가는, "헤이트 스피치의 옳고 그름에 대한 논의는 많지만, 그것으로 인해 상처받는 현실의 사람들의 모습에 다가서려는 움직임은 보이지 않는다"고 하면서, " '헤이트 스피치'에 대한 기호(記号)적인 해석에서 누락되는 것들을 이 이야기가 조금이나마 건져 올릴 수 있다면 좋겠다"고 바람을 이야기한 바 있다.[30]

소설 『초록과 빨강』은 일본에서 헤이트 시위가 가장 기승을 부렸던 2013년에서 2014년 봄 무렵을 시간적 배경으로 하고 있다. 작가 후카자와가 실제로 신오쿠보의 헤이트 스피치를 목도하고 집필했다는 이 소설은 주인공인 재일조선인 4세 여대생 지영/지에(知英), K-pop을 좋아하는 지영의 친구 아즈사(梓), 신오쿠보 카페에서 일하는 한국인 유학생 준민(ジュンミン), 차별 선동 데모 단체에 대한 카운터에 열정을 기울이는 중년 여성 요시미(吉美), 일본 국적으로 귀화한 재일코리안으로 서울에서 유학 중인 류헤이(龍平)라는 다섯 명의 등장인물의 교차하는 시선을 통해 일본 사회의 혐오와 헤이트 스피치, 재일코리안의 정체성 갈등을 그려낸다. 소설은 다섯 명의 등장인물의 이름을 딴 타이틀이 달린 여섯 개의 장으로 구성되며(주인공은 일본식 통명 '지에'와 한국명 '지영'으로 첫 장과 마지막 장을 구성), 각 장마다 주요 인물의 시선을 따라가면서 다양한 인물 군상의 반응과 내면을 비춰내는 서사 구조를 취한다. 이와 관련해 후카자와는, "차별이라는 현상이 있을 때 그 원인을 생각하는 것도 물론 중요하지만, 차별을 당하는 사람들의 구체적인 피해 양상이나 그 마음속을 아는 것이 이해를 위해서는 특히 중요한 일이 아닐까 생각한다. 『초록과 빨강』에서는 헤이트 스피치와 맞닥뜨린 재일코리안 여대생과 그 주변

---

29 ≪한국일보≫, 2021년 6월 4일 자, 같은 글.

30 深沢潮, "11月の新刊『赤と緑』に寄せて ヘイトスピーチに遭ったそのときに…", https://j-nbooks.jp/novel/columnDetail.php?cKey=49(검색일: 2023.10.2). 초출은 ≪月刊 ジェイ・ノベル≫(2015. 12).

사람들의 마음의 움직임을 그리고 있다"[31]고 집필 의도를 밝힌 바 있다.

한국 국적을 지닌 재일코리안인 주인공 지영은 열여섯 살이 될 때까지 자신이 '자이니치'임을 모른 채 '일본인'으로 자랐고, 자신의 출신 배경을 알게 된 후에도 '가네다 지에(金田知英)'라는 통명을 사용하며 한국인임을 굳이 드러내지 않고 살아왔다. 재일동포 커뮤니티나 친척과의 교류도 없이 지내온 그녀에게 한국어와 한국 문화는 외국의 것처럼 낯설게 다가올 뿐이며, '자이니치'라는 뿌리 역시 "무언가 성가신 존재"라는 부정적 정체성으로 인식된다.[32] 이 때문에 그동안 자신의 뿌리를 외면하며 지내온 지영은 대학 친구 아즈사와 해외여행을 계획하게 되면서 어쩔 수 없이 재일코리안의 정체성과 현실을 마주하게 된다. 해외여행을 위해 처음으로 발급받은 녹색 한국 여권은 마치 지영에게 "당신은 일본인이 아닙니다. 한국인입니다"라고 선고하는 것처럼 느껴진다. 소설 제목의 '초록'과 '빨강'은 각각 한국과 일본의 여권 색상을 상징하며, 이 작품의 서사는 '초록'과 '빨강' 사이에서 그 어느 쪽에도 속하지 못하는 '자이니치'의 입지와 정체성 갈등을 그려낸다.

정체성을 둘러싼 지영의 혼란과 불안은 K-pop을 좋아하는 일본인 친구 아즈사를 따라 처음으로 찾은 신오쿠보에서 헤이트 시위대와 맞닥뜨리게 되면서 더욱 증폭된다. 이 소설이 그려내는 2013년의 '신오쿠보'는 한류 팬들이 모이는 'K-pop의 성지'이자 헤이트 시위대와 카운터 부대가 격렬히 맞부딪히는 현장이다. 한국 음식점과 상점이 늘어선 신오쿠보의 인파로 북적이는 거리를 헤이트 시위대가 활보하는 정경은 다음과 같이 묘사된다.

---

31 深沢潮, "傷つけられる, 心の内は: ヘイト解消法5年 深沢潮さんおすすめ 差別を考える6冊", ≪東京新聞(TOKYO Web)≫, 2021년 6월 7일 자, https://www.tokyo-np.co.jp/article/109093(검색일: 2023.10.2).

32 深沢潮, 『赤と青』(東京: 小学館, 2019), p. 12. 이하 이 책에서의 인용은 괄호 안에 쪽수로 표기한다.

대열을 이룬 집단이 다가왔다.

주위가 소란스러워진다.

대열 바깥쪽을 기동대가 걸어가고, 다시 그 주위를 사람들이 에워싸고 고함치거나 욕설을 퍼붓고 있다. 사람들이 뭐라고 하는지는 여기서는 잘 알 수 없고, 대열을 이룬 사람들의 모습도 전혀 보이지 않는다.

하지만 스피커로 외쳐대는 여성의 목소리는 귀에 들어왔다.

"조센징(한반도 출신자를 비하하는 멸칭 ─ 인용자)", "한국인"이라는 단어는 분명히 들린다.

"죽여 버려."

"목매달아 죽이자."

"서울 거리를 불태워버리겠어."

"신오쿠보에 가스실을 만들겠어."

귀를 틀어막고 싶어지는 말이 되풀이되고, 지에의 가슴은 미어지는 것처럼 아파왔다(21).

시위대가 외쳐대는 "날것 그대로의 증오"가 담긴 말들에 충격을 받은 지에는, "평소에는 재일코리안이라는 사실을 잊고 지낼 정도니까 나와는 관계없다"고 되뇌이며 자신과의 연관성을 애써 부정하려 하지만, 이날 이후 혐오 시위 장면이 뇌리를 떠나지 않게 된다.

하지만 모든 일본인들이 혐오 선동에 동조하는 것은 아니다. 헤이트 시위대의 반대편에는 이들을 에워싼 카운터 부대도 있다. 카운터 데모를 위해 모인 사람들은 폭력적인 차별 발언을 내뱉는 시위대를 향해 "돌아가, 돌아가"라고 고함치며 항의하고, 지나가는 행인들에게 "사이좋게 지내요(仲よくしようぜ)"라는 문구가 적힌 카드를 나눠 주기도 한다. 소설의 서사는 카운터 데모에 참가하는 일본인 요시미의 시선을 통해 헤이트 시위대와 카운터 부대가 격돌하는 현장을 생생하게 그려낸다. 군마현(群馬県)에 거주하는 중년

여성 요시미는 K-pop 팬으로 SNS를 통해 알게 된 아즈사와 함께 신오쿠보를 찾았다가 헤이트 시위를 목도하고 이후 카운터 활동에 열정적으로 합류하게 되는 인물이다. 헤이트 시위대를 바라보는 요시미의 내면은 이를테면 다음과 같이 묘사된다.

> 마스크로 얼굴을 가리고, "바퀴벌레, 구더기", "조센, 돌아가", "일본에서 내쫓자", "조선 여자를 강간해" 같은 말들을 태연하게 하는 모습이 떠올라 한 번 진정되었던 분노가 다시 올라온다.
>
> 사진을 찍으려고 요시미가 데모대에 스마트폰을 들이대니, 중년 남성이 추녀, 아줌마 하며 욕을 퍼붓는다. 반대로 요시미를 집요하게 촬영하는 놈도 있다. '바-보, 바-보' 하고 유치한 말을 내뱉는 남자도 있었다.
>
> 그래도 요시미는 괜찮아, 하고 스스로에게 말하고 카운터를 계속했다. 적어도 나는 죽어, 죽이자 하고 그들이 말하는 대상인 코리안이 아니다. 면전에 대고 그런 소리를 해봤자 초등학생 수준의 모욕이니 타격은 없을 것이라고 마음을 강하게 먹고 시위에 맞선다. … 그런데도 그들의 말에 깊이 상처 입고, 슬퍼하는 사람들이 있다. 그런 마음을 안고 반론하지 못하는 사람들이 많다. … 함께 카운터를 하고 있는 동료들 중에도 재일코리안은 있지만, 그렇게 많지는 않다. 역시나 당사자에게는 인종차별주의자와 직접 마주해야 하는 카운터는 너무 힘들어서 그럴 것이다.
>
> 그렇다면, 내가 앞에 서서 그들과 맞서야겠다고 생각한다.
>
> 그와 동시에, 이러한 집단의 만행이 내가 생활하는 사회 속에서 버젓이 행해지고 있다는 사실이 견디기 어렵다(149~150).

헤이트 시위대가 외치는 "바퀴벌레, 구더기"는 동물적 속성을 특정 집단이나 개인에게 전가하는 전형적인 투사적 혐오 표현이며,[33] "조선 여자를 강간"하라고 외쳐대는 선동형 헤이트 스피치에는 명백히 성차별주의가 얽혀

있다. 이러한 공격은 "한국 것을 좋아하는 여성들을 매춘부라고 부른다"거나, 카운터에 참가하는 요시미를 "추녀, 아줌마", "너 총(チョン: 한반도 출신자에 대한 강한 멸칭 표현 - 인용자)이지?"라고 모욕하는 발언에서 보이는 것처럼, 헤이트 스피치에 반대하는 일본인에게도 향한다.

헤이트 시위를 목도한 요시미는 "그야말로 보통의 사람들"이 일종의 놀이처럼 "너무나 캐주얼"하게 차별에 가담한다는 사실에 내심 충격을 받으면서도, 헤이트 스피치의 표적이 된 재일코리안의 상처 입은 마음을 이해하려 하고, 나아가 "내가 하는 일은 필요한 일이다. 코리안을 위해서만이 아니다. 오히려 일본 사회, 일본인을 위해서다"라고 생각하며 헤이트 시위대에 맞선다. 소설의 내면 묘사에 따르면, 요시미가 카운터 운동에 몰입하게 되는 동기는 단순히 재일코리안을 향한 이타주의적 감정이나 시민적 정의감 때문만은 아니다. 남편과 이혼한 뒤 친정으로 돌아와 생활하고 있는 요시미는 "북간토(北関東)에 사는 별 볼 일 없는 중년 여자"로 스스로를 정체화하고 있으며, 따라서 카운터 활동을 통해 자신의 존재감을 확인하고 인정 욕구를 충족시키는 인물이기도 하다. 소설의 묘사는 그러한 요시미의 욕망을 냉정하게 바라보면서도, 다른 한편으로 그녀가 중년 여성으로 겪는 사회적 소외감과 일상 속 곳곳에서 경험하는 여성 혐오를 조명함으로써 일본 사회 내에 존재하는 다양한 편견과 혐오로 시야를 확장하기도 한다. "요시미가 속한 사회는 속성에 따라 사람을 구분 짓는 장면이 너무나 많다"(156).

다른 한편으로 이 소설의 묘사는 대항 운동이 직면하는 어려움도 비춰낸다. 카운터 활동에 적극 동참하게 되는 요시미와는 달리, 작품 속 대부분의 등장인물들이 헤이트 스피치에 대해 보이는 반응은 방관과 무관심이다. 이를테면 지영과 아즈사가 다니는 대학의 일본인 친구들은 대부분 헤이트 스

---

33 마사 너스바움, 『혐오에서 인류애로』, 강동혁 옮김(뿌리와 이파리, 2016), 53~55쪽.

피치 문제에는 관심이 없으며, 한국 문화에도 냉담한 반응을 보인다. 아즈사의 한류 팬 친구로 K-pop 아이돌이 즐겨 입는 브랜드와 '얼짱 메이크업'를 좋아하고 신오쿠보와 서울을 즐겨 찾는 하나에(はなえ)조차, 카운터 활동이 발신하는 트위터에 대해서는 "교장 선생님 설교 같달까. 도덕 시간에 하는 얘기들인가? 하는 … 차별은 안 돼요, 라니 당연한 소리를 언제까지나 하고 있고. 너무 정의감 넘쳐서 거부감 들어. 그게 다 나는 훌륭한 사람이다 하고 어필하고 싶은 거 아냐?"(83~84)라며 거부감을 보인다. 아즈사는 헤이트 시위에 대한 "강한 분노의 감정"은 있지만, 그와 동시에 헤이트 스피치를 반격하는 카운터 부대의 트윗에 대해서도 "누구를 향한 것이건 더러운 언어나 과격한 말들, 공격적인 표현을 보는 것은 기분이 좋지 않"다고 느낀다. "내 타임라인에는 좋은 것, 귀여운 것, 근사한 것, 모에(萌え) 같은 기분 좋은 말들만 있었으면 좋겠다"(89)고 생각하는 아즈사는 내심 카운터 트윗에 대한 하나에의 반응에 공감하는 모습을 보인다. 재일코리안인 지영을 친구로 두고 있고, 신오쿠보에서 만난 한국인 유학생 준민과 이성 친구로 교제하게 되는 아즈사는 헤이트 스피치에 대한 대항과 방관 사이에서 시종일관 갈등하는 양상을 보이며 용기를 내서 카운터 시위에 참가해 보기도 하지만, 헤이트 시위대를 막기 위해 도로 위에 드러눕는 '싯 인' 전술을 펼치는 카운터 부대의 거친 시위 방식에는 두려움과 함께 어딘지 모를 위화감을 느낀다. "신오쿠보에 올 때에는 즐겁고 기쁜 마음만 느끼고 싶"은 것이 솔직한 심정이다(98).

이러한 장면 묘사에서는 케이 팝을 향유하는 젊은 세대는 재일코리안과 한국인을 향한 헤이트 스피치에 대항하는 데에는 소극적이며, 정치적으로 무관심하고 '정치적 올바름'에 대한 거부감을 안고 있는 모습을 엿볼 수 있다. 이 작품에 등장하는 한류 팬 아즈사나 한국인 유학생 준민은 한국과 일본의 상대국 문화를 일상적으로 향유하며 인적 교류를 통해 서로 활발히 접촉하지만, 이 사실이 곧바로 혐한·재일코리안 혐오 현상에 대한 해결책이 되지는 않는다. 작품 속에서 지영이 "K-POP이나 한류와 자이니치는 전혀 다른 문제"이며, "재일코리안이라는 존재 자체가 일본의 부(負)의 역사를 추궁당하는 것 같아 아마도 많은 사람들이 회피하고 싶어지는 것"(267)이라고 생각하는 것처럼, 재일코리안을 향한 차별과 혐오에는 역사성이 깊이 얽혀 있다. 또한 다카 후미아키(高史明)가 한류 붐을 경험한 2010년대 일본에서 한국인은 "가장 중요한 부정적인 타자"가 되고 있다고 지적한 바 있듯이,[34] '혐한'은 한류와 한일 문화 교류의 활성화를 배경으로 나타났다는 사실 또한 상기할 필요가 있다.

그렇다면 아즈사보다 윗세대의 일본인들은 어떨까? 아즈사를 통해 헤이트 시위대의 영상을 접한 아즈사의 부모는, "일부 이상한 사람들이 하는 일일 뿐이니 내버려두면 된다"(70)라고 응하며, 요시미의 모친은 필리핀인 이주 여성인 며느리와 지역 사회에 거주하는 일본계 브라질인 이민 노동자들, 한국을 포함한 아시아인에 대한 차별적 인식을 서슴없이 내비친다. 또한 젊은 시절 학생 운동에 치열하게 참여했던 요시미의 삼촌을 통해 드러나는 것은, 1960년대에 활발했던 좌익 운동이 실패한 경험에 대한 반동으로 인해 운동에 대한 기피감을 안고 있는 기성세대의 모습이다.

다시 지영의 묘사로 돌아가 보면, 소설의 마지막 장에서는 일상생활이 어려울 정도로 정신적으로 피폐해진 지영의 모습이 그려진다. 헤이트 스피치로 인해 상처 입은 지영의 눈에 비친 "2014년 봄의 일본"은 견디기 힘든 장면들로 가득하다. TV를 켜면 뉴스 프로그램 특집에서 한국 정부와 국민들의 "반일(反日)적 행동"이 대대적으로 보도되고 있고, 전철 안 광고에는 "한국을 폄하하는 표제어들"이 즐비하다. 혐한 책이 "잘 팔리는 책 랭킹"에 들어가 있어 서점에 들어가는 것조차 주저하게 된다. 인터넷은 혐오 발언이

---

34 高史明, 『レイシズムを解剖する』, pp. 184~185.

가장 노골적으로 분출하는 공간이다. 포털 사이트 메인 뉴스에 뜬 한국 관련 뉴스의 댓글 창은 차별적인 말들로 가득하다. 이러한 헤이트 스피치에 반복적으로 노출된 지영은 재일코리안에 대한 낙인의 내면화와 자기혐오에 괴로워하며 헤이트 시위의 트라우마에 시달린다. 다음은 지영이 시부야(渋谷) 거리를 걷다가 문득 헤이트 스피치 시위 장면이 머릿속에 플래시백 되면서 공포감에 사로잡히는 장면이다.

시부야 거리는 봄 방학이라서 그런지 꽤 혼잡했다.

목적지인 숍을 향해 스크램블 교차로의 인파를 가르며 건너고 있는데 갑자기 숨이 막혔다.

만약 큰 재해가 일어나기라도 한다면, 스쳐 지나가는 사람들이 간토 대지진 때처럼 갑자기 나를 습격하고 학살하는 것은 아닐까 하는 공포에 사로잡힌 것이다. … 신오쿠보에서 시위대가 "조선인을 죽여 버려" 하고 외치던 모습이 머릿속에 플래시백 된다.

진땀이 난다. 서둘러 횡단보도를 건너고 멈춰 섰다.

심호흡을 반복하고 간신히 숨을 고른다. 잠시 그렇게 있다가 조금 진정되었을 때 지하도로 내려가 쇼핑을 포기하고 전철을 탔다.

하지만 이번에는 이 도망칠 곳도 없는 밀실 속에 있는 사람들이 모두 한국인을 증오하고 있을지도 모른다, 나를 싫어할지도 모른다 하는 생각에 사로잡힌다. 바로 앞자리에 앉은 같은 또래 여성의 얼굴이 아즈사의 얼굴이 되어 무서운 표정으로 "한국인 싫어", "한국인 죽어 버려" 하고 증오심을 담아 말한다. 서둘러 눈을 감지만 심장이 뛰어 손잡이를 붙들고 간신히 서 있는 상태가 된다(260~261).

후카자와에 따르면 이러한 장면 묘사에 대해서는 지나치게 과장되어 "현실성이 떨어진다"는 비판의 목소리가 있었다고 하는데, 이에 대해 작가는 실제로 자신의 조부가 간토 대지진 당시 살해당할 뻔한 재해 생존자였다는 사실을 언급하면서, 그러한 기억을 지닌 재일코리안들에게 소설 속 인물이 느끼는 공포는 지극히 현실적인 공포라고 응답하기도 했다.[35]

이처럼 소설 『초록과 빨강』은 다양한 인물 군상을 통해 혐오와 반혐오 세력이 팽팽히 길항하고 있는 일본 사회의 모습을 비춰내고 헤이트 스피치가 당사자들에게 야기하는 고통을 생생히 그려낸다. 그렇다면 소설 속 인물들은 서로 다른 입장과 경계를 넘어 상호 이해에 이르고 있을까? 재일코리안으로서의 정체성 갈등과 헤이트 스피치의 트라우마로 괴로워하는 지영을 지켜보던 일본인 친구 아즈사는 작품의 결말부에서 아직 깊은 이해에는 이르지는 못하지만 지영의 마음에 한 걸음 다가서고자 하는 모습을 보인다. 지영과 같은 세대로 일본인으로 귀화한 재일코리안 류헤이의 주변 일본인 중에는 미디어와 인터넷에서 접한 편향된 정보를 무비판적으로 믿고 '재일특권'을 비난하며 차별적 발언을 내뱉는 친구도 있지만, 류헤이를 통해 헤이트 스피치의 실상을 알게 되면서 류헤이의 아픔에 공감하고 함께 고민을 껴안게 되는 친구 역시 그려진다. 재일코리안과 일본인 사이에 좁혀지지 않는 거리감은 여전히 존재하지만, 이제 막 이해를 향한 출발선에 선 듯한 결말로 소설은 끝을 맺는다.

이상으로 살펴본 것처럼, 후카자와는 이 작품에서 등장인물들의 교차적 시선을 통해 헤이트 스피치가 당사자들에게 야기하는 고통을 이야기하고, 일본인 등장인물이 점차로 재일코리안을 이해하게 되는 과정을 그려냄으로써 혐오에 대한 대항 담론을 시도하고 있는 것으로 이해할 수 있다. 그렇다면 이러한 대항 담론은 어느 정도 유효한 것으로 볼 수 있을까?

무엇보다 작품 속 대부분의 일본인 등장인물들이 헤이트 스피치에 대해 보이는 무관심이 현대 일본 사회에서 일본인들의 평균적 반응이라고 본다

---

35 "深沢潮さん「戦時下の女性たち: その後に続く差別」", Radio Dialogue(2021.9.1), https://www. youtube.com/watch?v=zqCzaYwhfZo(검색일: 2023.10.2).

면, 헤이트 스피치의 실상을 전달하고 이에 대한 관심을 촉구하는 문학적 서사의 의미는 크다고 해야 할 것이다. 그런데 한편으로 여기서 주목하고 싶은 것은 문학적 대항 담론을 구축하는 과정에서 후카자와가 택한 재현 전략이다. 작가가 이 작품에서 시도한 것은, '자이니치'라는 말조차 모르는 사람이라도 쉽게 읽힐 수 있도록 묘사함으로써 독자의 공감을 이끌어내려는 전략이다. 후카자와는 이러한 전략을 택한 이유에 대해 다음과 같이 발언한 바 있다.

소설을 쓸 때 차별이나 빈곤과 같은 무거운 주제를 다루게 되더라도, 독자가 읽기 전에 각오가 필요해지는 이야기로 만드는 것은 피하고 있습니다. 오히려 '자이니치가 뭐야?'라는 정도의 인식을 지닌 사람이라도 소설 세계 속으로 쉽게 들어갈 수 있도록 의식해서 썼습니다.

일본은 동질(同質) 사회라서 자신과 같은 것에 대한 공감은 매우 높은 반면, 자신과 다른 것에 대해 감정이입하는 것은 좀처럼 어려워하는 것처럼 보입니다. 그러니까 소설 속에서는, 재일코리안 설정의 등장인물이라 할지라도 독자가 '나와 같다'고 생각할 수 있는 상황 설정이나 묘사에 신경 썼습니다. … 독자와 비슷한 처지에 있고, 비슷한 생각을 하거나 비슷하게 느끼거나 하는 등장인물을 그림으로써, 읽는 사람들이 좀 더 친근하게 느껴주었으면 하는 마음이 있습니다.

재일코리안을 주제로 하는 이야기가 많다고 해서, 거기에 정치적인 의도는 없습니다. 일상생활 속에서 고민하는 여성의 이야기나 가족 갈등의 이야기의 무대로서, 저에게 인연이 깊은 재일코리안 문제를 다루고 있을 뿐입니다. 소설의 진정한 테마는 사람들이 느끼는 고민이나 갈등 쪽에 있습니다.[36]

36　小説丸, "『翡翠色の海へうたう』刊行記念対談 深沢潮×内田剛"(2021.12.2), https://shosetsu-maru.com/special/quilala_special/fukazawa_uchida(검색일: 2023.10.2).

재일코리안을 특별한 존재가 아닌 일상을 살아가는 평범한 사람으로 그려내는 경향은 후카자와의 다른 작품에도 공통적으로 보인다고 할 수 있는데, 위의 발언에서도 알 수 있는 것처럼 후카자와는 일본인 독자가 작품 속 재일코리안 등장인물들에 감정적으로 몰입할 수 있도록 일본인들과의 동질성에 호소하면서 일본의 주류 사회가 손쉽게 받아들일 수 있을 정도의 무게감으로 자이니치의 문제를 전달하고, 작품에 정치적인 의도가 없음을 강조한다. 그런데 이처럼 동질성에 기댄 서사 전략은 일본인 독자의 공감을 손쉽게 이끌어낼 수 있는 반면 자칫 재일코리안의 경험을 매저리티(majority) 일본인들이 쉽게 이해 가능한 표준화된 아픔으로 환원시킬 수도 있는 양가적인 가능성을 지닌 것은 아닐까? 이는 일본 주류 사회에서 작동하는 내집단에 대한 동조 압력을 강화시켜 일본 내 소수자 혐오 재생산으로 이어질 수도 있는 가능성을 내포한다는 점에서도 경계가 필요할 것이다. 이러한 양가성은 다음으로 살펴볼 『비취색 바다에 노래하다』의 서사도 공통적으로 안고 있는 것처럼 보인다.

4. 『비취색 바다에 노래하다』가 그리는 오키나와의 조선인 '위안부': 민족·젠더·계급의 교차와 연대의 모색

『비취색 바다에 노래하다』는 가도카와쇼텐(角川書店)이 발행하는 문예 웹진 ≪가도분 노벨(カドブンノベル)≫에 연재된 후 2021년에 단행본으로 출간된 장편 소설이다.[37] 후카자와는 이 소설에서 조선인 위안부와 오키나와로

---

37 초출은 가도카와쇼텐의 전자책 문예지인 ≪가도분 노벨≫(2020년 1월호, 4월호, 9~12월호). 단행본은 深沢潮, 『翡翠色の海へうたう』(東京: 角川書店, 2021). 이하 이 책에서의 인용은 괄호 안에 쪽수로 표기한다.

차별과 혐오의 주제를 확장해 보인다. 재일코리안 문학에서 오키나와 주제와의 교차는 새로운 시도이며, 소설이 담고 있는 마이너리티 간 연대의 주제나 위안부 서사의 측면에서도 눈길을 끄는 작품이다.

이 소설은 태평양 전쟁 말기 오키나와의 조선인 '위안부'와, 동시대 일본을 살고 있는 30세 작가 지망생으로 취재차 오키나와를 방문한 일본인 여성의 서사를 교대로 그려낸다. 후카자와는 이러한 서사 구조를 택한 이유에 대해, "위안부 한 사람에 초점을 맞춰 그녀의 인생을 시간 순서로 그려내는" 구성도 가능했지만, "특별한 사람의 특별한 이야기로 위안부의 인생을 그리고 싶지 않았"고, 위안부 문제는 현재 여성들이 안고 있는 젠더 문제와도 이어져 있다는 점을 드러내고자 하는 의도가 있었다고 발언한 바 있다.[38] 여기서 특이한 점은 작가와 같은 재일코리안이 아닌 일본인 여성을 작품의 주요 시점 인물로 설정했다는 점인데, 후카자와는 작가 자신이나 조선인 위안부에 민족적으로 더 가까운 재일코리안이 아닌 일본인 여성을 주인공으로 설정한 이유와 관련해, 같은 소재의 작품을 처음에는 재일코리안을 주인공으로 하는 중편 소설로 집필했었으나 결국 어디에도 정식으로 게재가 되지 않았고, 후에 작품을 장편 소설로 재구성하는 과정에서 편집자와 상의해 독자에게 더 가까워지는 쪽으로 인물 설정을 조정했다고 집필 경위를 밝힌 바 있다.[39] 일본인 독자의 감정 이입이 용이하도록 세심한 주의를 기울였음을 엿볼 수 있는 대목이다. 오키나와전(戰)과 '위안부'라는 묵직한 주제를 담고 있는 만큼 독자의 진입 장벽을 낮추고자 고심한 흔적을 읽을 수 있다.

---

38 "時代を超えて共鳴する想い 深沢潮氏インタビュー 『翡翠色の海へうたう』刊行を機に", ≪読書人WEB≫, https://dokushojin.com/reading.html?id=8426(검색일: 2023.1.30). 초출은 ≪週刊読書人≫(2021.9.24).

39 佐藤慧, "インタビュー 他人が差別されていることを見過ごすことに, 居心地の悪さを感じない社会 —『翡翠色の海へうたう』から考えるレイシズム, 女性差別の問題(深沢潮さんインタビュー)", Dialogue for People(2021.9.28), https://d4p.world/news/12926/(검색일: 2023.10.2).

이 소설의 무대가 되는 곳은 류큐 처분(琉球處分, 1879년)에 의해 일본에 병합된 이래로 일본 내 '내부 식민지'와도 같은 역사를 걸어온 오키나와이다. 잘 알려진 것처럼 태평양 전쟁 당시 일본에서 유일하게 지상전이 치러진 오키나와에서는 주민의 1/4가량이 희생되었고, 전후에는 일본 영토 총면적의 0.6%에 불과한 오키나와에 주일 미군 시설의 70%가 집중되어 있어 미국과 일본에 의한 중층적 폭력이 현재까지 지속되고 있다. 그런데 동시에 제국 일본의 또 다른 피지배 민족이었던 조선인의 시선에서 본다면, 오키나와는 가해와 피해가 중첩되고 차별과 피차별이 착종(錯綜)된 공간이기도 하다. 오키나와의 조선인을 사료 발굴을 통해 추적한 오세종(吳世宗)의 연구에 따르면, 태평양 전쟁 당시 오키나와 본도를 비롯해 미야코섬(宮古島), 이시가키섬(石垣島), 이에섬(伊江島), 게루마섬(慶留間島), 도카시키섬(渡嘉敷島), 다이토섬(大東島) 등에는 주민들의 가옥을 접수하거나 참호를 이용해 만들어진 '위안소'가 140곳이 넘게 설치되어 있었다.[40] 당시 오키나와에 있었던 위안부는 약 1000명 정도로 추정되나 정확한 수는 파악되지 않으며, 최초의 위안부 피해 증언자로 알려진 배봉기(裵奉奇) 외에는 피해 여성들의 삶 역시 거의 알려져 있지 않다. 『비취색 바다에 노래하다』는 이처럼 지워진 목소리를 복원해 내려고 한 문학적 시도라 할 수 있으며, 이는 역사 수정주의에 맞서는 대항 담론으로서의 성격을 지닌다고 볼 수 있을 것이다. 후카자와는 "아무래도 위안부라고 하면 그 말 자체가 왠지 '건드려서는 안 되는 것'이라는 감각이라든지, 어떤 특정한 종류의 감정을 환기"하는 상황이 일본 사회에 만연해 있는데, "실제로 그곳에 어떤 삶이 있고 사람들이 있었는지"를 그려내고 싶었다"[41]고 집필 동기를 설명한 바 있어 이러한 맥락을 의식하고 있었음을 알

40　吳世宗, 『沖縄と朝鮮のはざまで: 朝鮮人の〈可視化/不可視化〉をめぐる歴史と語り』(東京: 明石書店, 2019), p. 42.

41　佐藤慧, "インタビュー 他人が差別されていることを見過ごすことに, 居心地の悪さを感じない社会",

수 있다.

후카자와는 오래전 여행으로 오키나와의 전쟁 유적을 방문했을 때 처음으로 오키나와전의 참혹한 실상을 알게 되었고, 후에 위안부 문제에도 관심을 가지면서 이 작품을 집필하게 되었다고 한다. 취재를 위해 아카섬(阿嘉島)을 찾아 위안소 여성들을 돌보았던 오키나와 여성의 이야기를 직접 들을 수 있었고, 『초록과 빨강』 집필 당시 한국을 취재했을 때 '나눔의 집'을 방문하기도 했다고 언급한 바 있다.[42] 또한 작가는 "지금까지 썼던 많은 작품과는 달리 오키나와전도 위안부도 직접적인 당사자는 아니기에 더욱 철저히 사전 조사를 하고 집필에 임했다"고도 발언했는데,[43] 소설 말미에 수록된 참고문헌 목록은 작가가 증언을 폭넓게 섭렵하고 작품을 집필했음을 짐작케 한다. 비당사자가 오키나와의 조선인 위안부의 삶에 육박해 가는 작가의 집필 과정은, 소설 텍스트 내 서사 구조와도 겹쳐진다. 이 소설의 서사는 오키나와의 조선인 '위안부'와 현대 일본을 사는 작가 지망생 일본인 여성의 서사를 교대로 그려낸다. 즉, 당사자 시점과 역사를 추체험하는 비당사자 시점이 교차적으로 그려지도록 설정되어 있는 셈이다. 이러한 서사를 통해 이 소설은 포스트 증언 시대의 위안부/오키나와 서사가 필연적으로 맞닥뜨릴 수밖에 없는 다음과 같은 물음들을 탐구한다. 당사자가 아닌 이가 써도 되는가? 왜 쓰려고 하는가? 당사자란 누구인가? 비당사자인 일본인이 위안부/오키나와를 이해하는 것은 가능한가? 어떻게 가능한가? 이 책의 일본어 판 띠지에는 "나라도 시대도 성별도 모든 경계를 넘어서 가라"는 광고 문구가 인쇄되어 있다. 그렇다면 혐오에 저항하는 경계 넘기는 가능한가? 또는

---

42 "時代を超えて共鳴する想い 深沢潮氏インタビュー 『翡翠色の海へうたう』刊行を機に", ≪読書人 WEB≫.

43 같은 글; 佐藤慧, "インタビュー 他人が差別されていることを見過ごすことに, 居心地の悪さを感じ ない社会".

어떻게 가능한가?

소설의 두 주인공 중 한 명인 가와이 하나(河合葉奈)는 도쿄에 있는 회사에 계약직 사원으로 근무하며 소설가를 지망하는 30세 일본인 여성이다. 그녀는 어느 날 인터넷상에서 한 K-pop 아이돌이 '위안부' 피해자 할머니들이 디자인하고 수익의 일부를 학대 피해 아동 지원을 위해 기부한다는 모 브랜드의 옷을 입고 올린 SNS 글이 악플 세례를 받는 것을 우연히 보게 되고, 이를 계기로 위안부 피해자에게 관심을 갖게 된다. 하나는 오키나와의 조선인 '위안부'야말로 신인상 공모전에서 승부를 걸 만한 절호의 소재임을 확신하게 되고, 작품 집필을 위한 취재차 오키나와로 떠난다. 다음은 하나가 오키나와의 조선인 위안부를 주제로 소설을 쓰기로 결심하는 장면이다.

성차별과 성폭력…

그러고 보니 요즈음 SNS에서는 me too 글이 자주 보이고, 뉴스 기사에서는 성차별이나 성폭력과 관련된 것들이 늘고 있는 듯하다.

이번에는 위안부라는 단어를 검색해본다. 한국, 전쟁, 배상과 같은 단어들이 많이 보인다. 매춘부, 날조, 소녀상 등의 말도 보이고, 정보량이 너무나 방대하다.

그날은 인터넷 기사를 닥치는 대로 읽다가 정신을 차려 보니 한숨도 못 잔 채로 아침을 맞이했다.

조사를 해보니 오키나와에 위안소가 있었고, 목격 증언도 적지 않다는 사실을 알게 되었다.

태평양전쟁 중에 지상전의 무대가 된 오키나와.

그리고 그곳에 있었던 불쌍한 여성들.

마치 퀴즈에서 정답을 맞힌 것처럼, 머릿속에서 힘차게 종이 울렸다.

찾았다. 이것이다.

이 소재야말로 내 인생을 바꾸기 위한 마지막 퍼즐 조각이다. 여성들 역시 자신들이 겪은 피해를 알리고 싶을 것이다. 전쟁의 어리석음, 오키나와전의 비참함도 전달할 수 있다.

쓰자. 쓰는 수밖에 없다. 꼭 써야만 하는 이야기이다(16~17).

하지만 이처럼 '경박한' 동기에서 출발해 의욕만이 앞서 있는 그녀에게 인터뷰를 위해 만난 한 오키나와인은 "야마토(大和: 본토 일본인 – 인용자)가 쓴 오키나와전은 가짜"라며 거부감을 드러내고, 단순한 호기심과 얄팍한 정의감만으로 충분한 준비 없이 '위안부'의 삶을 소설화하려는 하나에게 친구와 편집자는 신중히 접근할 것을 조언한다. 하나는 처음에는 반발심을 느끼지만, 이러한 과정들을 겪으며 '위안부' 문제의 "당사자는 누구인가"를 끊임없이 자문하고, 증언에 귀를 기울이는 행위를 통해 자신의 오만을 깨닫고 타자의 아픔에 조금씩 다가서게 된다.

한편, 하나를 시점으로 하는 서사와 병행해 이 소설은 오키나와의 한 조선인 위안부의 일인칭 서사를 통해 전쟁 말기 오키나와로 독자를 데려간다. 위안부 여성의 시점에서 진행되는 서사에서 '나'는 본명을 빼앗긴 채 '고하루(コハル)'라는 일본명으로 불리며 군인들의 성적·물리적 폭력에 시달린다. 위안부 여성에게 가해진 성적 폭력은 '나'의 서사에서 반복되는 "구멍이 된다(穴にされる)"라는 표현을 통해 '구멍'의 이미지로 형상화되며, 나아가 이는 오키나와 곳곳에 뚫려 있는 동굴(ガマ)과 참호, 폭격으로 인해 섬의 도처에 뚫린 '구멍'의 형상과도 겹쳐지면서 오키나와에 가해진 전쟁의 폭력을 환기하기도 한다. 또한 일본어(한자/가타카나)와 한글로 변주되며 반복적으로 삽입되는 아리랑 노랫소리는 위안부 여성들의 고난과 삶의 애환을 상징한다.

이처럼 소설 『비취색 바다에 노래하다』는 위안부와 오키나와에 가해진 폭력을 서사화하는데, 이 작품의 서사에서 특히 주목되는 지점은 여기서 한 발 더 나아가 마이너리티 간 연대의 가능성을 모색하고 있다는 점이다. 조선인 위안부 '나'는 미군의 오키나와 상륙 후 치열한 지상전에 휘말려 군부대와 함께 도주하다가 전쟁터에 유기되고, 폭격을 피해 은신해 있던 동굴을 향해 미군이 분사한 화염 방사기로 인해 전신 화상을 입고 정신을 잃은 상태에서 나포되어 포로수용소에 수용된다. 하지만 일련의 사건의 충격으로 인해 실어증에 걸린 '나'는 자신과 같은 또래의 딸을 폭격으로 잃은 한 오키나와인 남성을 만나 부녀지간과도 같은 관계를 맺게 되고, 그의 보살핌을 받아 생존한다. 이 소설은 전쟁 말기 오키나와인의 보살핌으로 생존한 조선인 위안부가 전후 미군의 성폭력에 노출된 전쟁고아 오키나와 소녀들을 돌본다는 서사를 통해, 조선인 위안부와 오키나와인 사이의 연대를 그려낸다.

그런데 이처럼 마이너리티 간 연대를 모색하는 한편으로, 후카자와가 취재차 방문한 오키나와의 반(反)기지 운동 현장에서 만난 어느 오키나와인과의 일화를 통해 마이너리티 간 연대의 어려움에 대해서도 이야기한 바 있다는 점은 주목해 둘 필요가 있다. "2013년 무렵부터 넷우익이 공격하는 타깃이 재일코리안에서 오키나와로 시프트했다"는 말이 나올 만큼, 오키나와인을 향한 헤이트 스피치는 날로 심각해지고 있으며, 현재도 계속되는 미군 기지 반대 투쟁은 혐오가 분출되는 현장이기도 하다.[44] 「선을 넘어도 되는가」(線を跨いでいいのか, 2019)라는 에세이 글에서 작가가 회상한 바에 따르면, 미군 기지 반대 투쟁 현장을 찾은 후카자와는 "일본 정부로부터 핍박받아왔다는 의미에서 우치나(ウチナ: 오키나와인이 '야마토'라 부르는 일본 본토와 대비해 오키나와를 부르는 명칭 – 인용자) 사람들과 일본의 식민지였던 한반도에 뿌리를 둔 재일코리안인 나 사이에는 서로 공감할 수 있는 일이 많을 것"처럼 느껴졌고, 또한 기지 반대 운동에 대해서도 강한 공감을 갖고 있었기에, 한 오키나와인에게 만나자마자 "오키나와에 대한 헤이트 스피치, 너무하지요. 저도

---

44 古谷経衡, 『ネットと差別煽動』(大阪: 解放出版社, 2019), p. 144. 특히 2016년에는 오키나와에서 미군의 헬리콥터 이착륙장 건설에 반대하는 시위를 하던 오키나와인을 향해 현장에 투입된 오사카부경(大阪府警) 소속 기동대원이 '토인(土人)'이라는 차별적 발언을 해 물의를 일으키는 사건이 발생하기도 했다.

재일코리안이라서 자주 공격당해요"라고 말을 걸었다고 한다. 하지만 이때 돌아온 오키나와 여성의 반응은, "아아, 당신 얘기는 인터넷에서 검색해 봤는데, 공격당해서 힘든데 굳이 위안부 이야기를 쓰려고 하다니, 왜죠? 주목받고 싶은 건가요? 당신이 쓰지 않아도 누군가가 쓰지 않을까요?"라는 냉담한 것이었다. 오키나와 여성의 "선을 긋는 듯한" 차가운 응답에 상처 입은 기분이 된 후카자와에게, 취재 코디네이터로 현장에 동행했던 본토 출신 일본인 지인이 던진 발언은 다시 한 번 충격을 준다.

> "내가 가진 실감으로는, 10년을 있어도 우치나(오키나와 사람)는 나이처(본토 사람)에게 선을 그어요. … 재일코리안이라고 해도, 우치나에게는 나이처에 불과하죠. 그러니 그렇게 손쉽게 선을 넘으려고 하는 건 오만 아닐까요. 공감이라는 것이 폭력이 되는 경우도 있잖아요."
> 나는 뺨을 얻어맞은 것처럼 화들짝 놀랐다. 재일코리안이라는 원 안에 집어넣어지는 것에 대한 저항감이 있으면서, 스스로 선을 긋고, 게다가 그 선을 넘어 우치나의 원 안으로 밀고 들어가려 해버린 것이다. 손쉽게 서로를 이해하고자 하는 게 얼마나 오만한 일인가 하는 점을 깨닫지 못했다. 자만하고 있었다. 똑같이 일본 사회 안에 있는 마이너리티라는 것을 방패삼아 제멋대로 공감(sympathy)하는 것은 실례인 것이다. 나 역시 귀국자녀라는 어떤 사람으로부터 "재일코리안은 힘들죠, 잘 알아요"라는 말을 듣고 짜증이 났던 적이 있지 않은가?[45]

후카자와는 충격을 받은 나머지 오키나와 취재에서 돌아온 후에도 한동안 자기혐오에 빠져 지내는데, 그 과정에서 그녀가 발견한 것은 '부정적 능력(negative capability)'이라는 개념이다. 역자에 따라 '소극적 수용력'으로도

---

45 深沢潮, 「線をまたいでいいのか」, ≪跨境≫, Vol. 8(2019), pp. 6~7.

번역되는 이 개념은 19세기 낭만주의 시인 존 키츠(John Keats)가 처음 사용한 말로, "조급하게 사실이나 이유를 찾으려 애쓰지 않고 불확실성, 신비, 의심 속에서 머물 수 있는 능력"을 뜻한다.[46] 후카자와는 손쉽게 어떠한 경계를 넘지 않고 '부정적 능력'을 구사해 선 위에 버티고 서는 것이야말로 소설을 쓰는 일 그 자체가 아닐까라는 결론에 도달한다. 이때 '부정적 능력'은 바꾸어 말하자면, 타자의 곁에 서고자 하지만 섣불리 이해했다고 말하지 않고 결론을 언제까지나 유보 상태에 두는 것, 타자를 단일한 상으로 환원하지 않으며 하나로 규정되지 않음을 인정하는 것을 뜻한다는 점에서, 문학의 언어뿐만 아니라 상호교차성 개념이 내포하는 타자 이해의 가능성과도 통저(通底)한다고도 볼 수 있을 것이다.

한편 후카자와는 이 소설에서 다양한 경계를 넘어 '위안부' 서사와 일본 사회와의 접속을 시도하고 있다. 요시미 요시아키(吉見義明)가 지적하듯이 "(일본)군 '위안부' 문제란 여성에 대한 성폭력과 이민족에 대한 차별 그리고 가난한 사람에 대한 차별이 겹쳐서 발생한 문제"[47]라고 본다면, 이 소설은 조선인 '위안부' 서사에서 확장해 젠더적 관점에서는 #MeToo 서사와의 접속을 시도하며, 민족적 관점에서는 오키나와인과의 연대를, 계급적 관점에서는 오키나와 미군 기지 여성들, 쉼터에 있는 싱글 맘 여성들, 주인공 하나의 계약직 사원으로서의 불안정한 처지 등을 그려냄으로써 여성의 빈곤 문제로도 시야를 확장시킨다. 특히 위안부 서사로서 볼 때 이 작품은 여성주의의 관점에서 위안부 문제에 접속을 시도하고 있는 점이 큰 특징이라 할 수 있다. 작품 속에 등장하는 젊은 세대의 일본인 여성 인물들은 성폭행/추행을

---

46 '부정적 능력'에 관해서는 帚木蓬生, 『ネガティブ・ケイパビリティ ― 答えの出ない事態に耐える力』(東京: 朝日新聞出版, 2017)을 참조.

47 요시모토 요시아키, 『일본군 '위안부' 그 역사의 진실: 일본군 위안부 제도란 무엇인가?』, 남상구 옮김(역사공간, 2013), 11쪽.

당할 뻔했던 일상의 경험에서 출발해 '위안부' 피해 여성들로 상상력을 확장하는 모습을 보인다. 다음은 길에서 추행을 당할 뻔한 일을 겪은 주인공 하나가 친구와 나누는 대화 장면이다.

"위안부라는 게 성폭력이랄까, 성착취라고 생각해."

"그러니까 생각보다 가까운 문제가 아닐까 하고."

"예전에 이야기했을지 모르겠는데."

"나 대학생 때 미팅에서 술에 취해서 성폭력을 당할 뻔했던 위험한 적이 있어. 그런 일과도 이어져 있는 것이 아닐까 하고."

그때는 남의 일이라고 생각했는데, 오늘 내가 맞닥뜨린 일은 가오루가 경험한 일에 가깝다. 나나 가오루가 느낀 공포 이상의 것을 위안부 여성들은 느꼈을 것이다. 그것도 오랜 시간에 걸쳐 그 공포는 반복되었다(89~90).

이러한 묘사를 통해 이 작품은 다양한 위치에 있는 여성들의 '소리 없는 목소리'들을 서로 잇고, 여성 혐오 문제와의 연결 고리를 만듦으로써 위안부 문제에 대한 일본인 독자들의 공감과 관심을 환기하고자 시도하는 것으로 이해할 수 있다.

그런데 다른 한편으로 상호교차성의 관점에서 본다면, 이러한 작품의 서사는 명백한 한계 또한 내포하고 있다고 볼 수 있을 것이다. 즉, 본토 일본인 여성 하나의 시점에 선 위안부/오키나와 서사가 일본 여성과 조선/오키나와 여성들 사이에 있는 식민주의적 위계 관계에 대한 내성을 결여한 채 여성 간 연대로 안일한 접속을 시도하고 있다는 점이다. 여기서 상기하고 싶은 것은 1990년대에 위안부 운동을 둘러싼 한일 페미니스트들의 연대가 구축되는 가운데 재일 여성들이 제기한 비판에는 식민주의에 대한 관점을 결여한 일본의 주류 페미니스트들 – "제국의 페미니스트" – 을 고발하는 목소리도 포함되어 있었다는 점이다.[48] 그러한 점에서 『비취색 바다에 노래하다』

의 서사는 아이러니하게도 일본 주류 페미니스트의 시점을 반복하고 있는 것처럼도 보인다. 이를 공감에 기대어 대항 담론을 구축하려는 이 작품의 서사적 한계로 볼 것인가, 혹은 – '위안부'라는 말을 꺼내는 것조차 터부시되고 있는 현재 일본에서 받아들여질 수 있는 위안부 서사의 한계선을 보여주는 작품이라는 점에서 – 문학 작품이 수용되는 사회의 문제로서 볼 것인가? 이는 평가가 엇갈리는 지점일 것이다. 하지만 그 어느 쪽이든, 후카자와의 서사는 그러한 한계와 어려움까지를 포함해 혐오가 확산된 현대 일본 사회에서 대항 담론을 모색해 가는 과정으로서 의미가 있다고 할 수 있을 것이다.

5. 나가는 말

이 글에서는 2010년대 이후 일본에서 확산된 혐오 현상을 상호교차적 관점에서 살펴보고, 재일코리안 여성 작가 후카자와 우시오의 작품이 일본 사회의 혐오와 어떻게 마주하며 대항 담론을 모색하고 있는지를 고찰했다. 『초록과 빨강』에서 후카자와는 헤이트 스피치가 일상화된 시대를 살아가는 재일코리안과 일본인 들의 일상의 풍경을 담아낸다. 나아가 『비취색 바다에 노래하다』의 서사는 오키나와의 조선인 위안부로 서사를 확장하면서 마이너리티 간 연대의 가능성을 모색한다. 교차적 시선에 입각한 서사 구조를 지닌 두 작품을 통해 작가는 다양한 경계 너머에 있는 타자의 아픔에 공감하고 이를 이해하려는 상상력을 독자에게 요청한다. 일반 대중이 기피하는 '무거운' 주제를 담고 있는 소설 『비취색 바다에 노래하다』에 대해 많은 독

---

48 金富子, 『継続する植民地主義とジェンダー —「国民」概念·女性の身体·記憶と責任』(横浜: 世織書房, 2011); 熱田敬子, 「ポスト証言の時代の日本軍性暴力研究」, ≪現代思想≫, Vol. 50, No. 5 (2022) 등을 참조.

자들이 보인 긍정적 반응은 이러한 시도가 대항 담론으로 지닐 수 있는 호소력을 시사한다고도 볼 수 있을 것이다.

그러나 한편으로 독자의 공감에 호소해 연대의 기반을 구축하려고 하는 후카자와의 서사 전략은 자칫 마이너리티의 서사를 주류 서사의 틀 속에 회수할 수 있다는 점에서 그 효과는 양가적이라고도 볼 수 있다. 물론 이러한 서사에 대한 평가는 동시대의 자장 속에서 이루어져야만 할 것이다. 후카자와는 『비취색 바다에 노래하다』와 관련해 다음과 같이 발언한 바 있다.

다른 사람이 차별받는 것을 보고도 못 본 척하는 것에 대해 불편함을 느끼지 않는 사람이 많습니다. 오히려 편안하다고 생각하는 사람도 많다고 할 수 있을지 모르겠습니다. '동질적인 것'에 편안함을 느끼는 사회 분위기에서는 '다른 사람'을 소홀히 대하기 쉬운 것이 아닐까요.

제가 소설을 쓸 때에 어떠한 등장인물이라도 '우리와 같은 인간입니다'라는 시점에서 출발해서 '그렇지만 다른 점도 있어요'라는 방식의 글쓰기를 하는 것은, 역시나 근본적으로 그러한 사회에 대한 강한 의식이 있다고 느낍니다.

… 이 소설은 '나는 여기에 있다!'는 외침을 담은 소설입니다. 저마다가 살아 있다는 것, 그 자체가 존중받아야 한다는 말을 하고 싶어 썼습니다. 테마가 '위안부'든지 '오키나와전'이라고 하면, '무거운 이야기인가…'라고 생각하는 경우도 있는 것 같습니다만, 문체도 굉장히 조심해서 쉽게 읽히도록 쓰고자 노력했습니다.

물론 페이지를 넘기는 것이 힘들어지는 묘사도 있지만, 그 아픔이라는 것도 느껴주셨으면 합니다. 역사적인 치부를 접하는 것 ─ 잘못한 일과 마주하는 것은 아픔을 동반합니다. 하지만 그 '아픔'으로부터 시선을 회피하면 역사수정주의자가 되거나, '일본은 훌륭했어', '전쟁은 옳은 일이었어', '식민지가 아니고 좋은 일도 했어'라는 식의 언설로 이어진다고 생각합니다.

아픔에서 무언가를 배운다는 것은 매우 중요한 일이라고 생각합니다. 그러한 아픔 때문에 '피하고 싶다'고 생각되는 테마라 할지라도 소설이나 여러 가지 작품을 통해 추체험하면서 접하는 것은 하나의 입구가 되지 않을까 생각합니다. 관심이 있는 분은 꼭 읽어주셨으면 합니다.[49]

이러한 발언으로 미루어 볼 때, 작품이 수용되는 담론장의 역학을 민감하게 응시하고 있는 후카자와의 서사는 독자에게 수용 가능한 서사의 한계선을 가늠하면서 대항 담론을 구축해 가는 과정으로서 보아야 할 것이다. 그 서사는 역사에 무관심한 대중 독자층을 '입구'(출발선)에 서도록 하는 데에 조준이 맞춰져 있다. 1990년대 이후 진행된 젠더 백래시와 역사 수정주의의 결합이 위안부 문제에 대해 피로를 느끼는 광범위한 대중을 낳았다는 점을 감안한다면,[50] 일견 '가벼운' 듯 보이는 『비취색 바다에 노래하다』의 문체나 그 한계 역시 일본 사회 내 위안부 문제에 대한 관심과 공감이 높았던 1990년대보다 훨씬 더 후퇴한 지점에 입각한 서사 전략을 취할 수밖에 없다는 사실을 의미하는지도 모른다.[51] 정치적 메시지가 지나치게 부각되지 않도록 세심한 배려를 기울이는 후카자와의 서사는 철저히 일본 문학의 미학적 규범을 따르는 듯 보인다. 이와 관련해 후카자와가 한 대담에서 "일본의 문학은 '정치적 올바름'을 기피하는 경향이 강하지만, 한국 문학은 '올바름'을 있는 그대로 표현합니다. 일본의 가치관과 다른 것들이 밖에서 들어와서 안을 변화시킬 가능성도 있습니다"[52]라고 발언하며 'K-페미니즘' 서사와의 접속

---

49 佐藤慧, "インタビュー 他人が差別されていることを見過ごすことに, 居心地の悪さを感じない社会".

50 조경희, 「일본의 #MeToo 운동과 포스트페미니즘: 무력화하는 힘, 접속하는 마음」, ≪여성문학연구≫, 47호(2019), 95쪽.

51 이를테면 리뷰 사이트 Book Live의 『비취색 바다에 노래하다』 페이지에 게재된 리뷰 글 중에는 "지금 시대에는 무거운 주제를 중후하게 그려내는 것보다는 이렇게 자신과 가깝게 느껴지도록 쓰는 편이 잘 받아들여지는 것 같다"는 독자의 반응도 보인다. https://booklive.jp/review/list/title_id/20036525/vol_no/001(2021.12.22. 검색일: 2023.10.2).

52 구리하라 준코, "일본 서점의 '혐한' 책들, 오락으로 소비되는 혐오: 중장년 남성이 주 독자…표현의 자유니까 괜찮다?", ≪일다≫, 2020년 6월 13일 자, https://m.ildaro.com/8756

에 기대를 걸기도 했다는 사실 또한 위와 같은 맥락에서 이해될 수 있다.

마지막으로, 물론 동질성과 공감에 기반해 연대를 구축해 가고자 하는 후카자와와는 다른 전략도 가능할 것이다. 이를테면 이시하라 마이와 시모지 로렌스 요시타카(下地ローレンス吉孝)는 상호 교차성을 논한 대담에서, "매저리티를 이해시키기 위해 마이너리티의 현실에서 어떤 특정한 부분을 추출해서 유형화하는 것"까지를 마이너리티에게 떠넘기는 매저리티의 태만과 무의식화된 특권을 꼬집으면서, "갈등과 모순을 해결하지 않은 채 잠음을 내는 것"의 중요성을 강조한 바 있다. 이들은 일본의 주류 사회가 마이너리티의 목소리에 귀를 기울여 "상처나 불쾌함을 글을 읽는 이가 몸소 경험할 때 그를 통해 비로소 진정한 '대화'를 열어가는 것이 가능해질 것"이며, 이를 위해서는 "차이를 넘어서는 것이 아니라, 차이를 그대로 가져가면서 '횡단'하는 것이 필요"하다고 논한다.[53] 이러한 전략은 대중적 소구력 면에서는 다소 떨어질 수 있지만, 후카자와가 시도한 대항 담론과는 다른 또 하나의 대안적 서사의 가능성을 시사하기도 한다. 하지만 중요한 것은 양자택일은 아닐 것이다. 혐오의 확산에 대항하기 위해서는 어느 단일한 목소리가 아닌 서사의 다양화로 맞서야만 할 것이다.

(검색일: 2023.10.2).
53 石原真衣·下地ローレンス吉孝,「インターセクショナルな「ノイズ」を鳴らすために」, p. 19.

참고문헌

간바라 하지메(神原元). 2016. 『노 헤이트 스피치: 차별과 혐오를 향해 날리는 카운터펀치』. 홍상현 옮김. 나름북스.

구리하라 준코. 2020.6.13. "일본 서점의 '혐한' 책들, 오락으로 소비되는 혐오: 중장년 남성이 주 독자…표현의 자유니까 괜찮다?". ≪일다≫. https://m.ildaro.com/8756(검색일: 2023.10.2).

김계자. 2018. 「달라지는 재일코리안 서사: 후카자와 우시오의 문학을 중심으로」. ≪아시아문화연구≫, 47집, 63~86쪽.

너스바움, 마사(Martha Nussbaum). 2016. 『혐오에서 인류애로』. 강동혁 옮김. 뿌리와 이파리.

량영성(梁英聖). 2018. 『혐오표현은 왜 재일조선인을 겨냥하는가: 사회를 파괴하는 혐오표현의 등장과 현상』. 김선미 옮김. 산처럼.

무라야마 도시오(村山俊夫). 2020. 『아베에서 스가까지 조작되는 혐한 여론: 한국 혐오를 조장하는 일본 언론의 민낯』. 서승철 옮김. 생각비행.

야스다 고이치(安田浩一). 2013. 『거리로 나온 넷우익: 그들은 어떻게 행동하는 보수가 되었는가』. 김현욱 옮김. 후마니타스.

_____. 2017. 「〈작품해설〉 현대 일본사회에 만연한 민족적 배타주의와 싸우며」. 황영치. 『전야』. 한정선 옮김. 보고사.

오구라 기조(小倉紀藏). 2015. 『일본의 혐한파는 무엇을 주장하는가』. 한정선 옮김. 제이앤씨.

요시미 요시아키(吉見義明). 2013. 『일본군 '위안부' 그 역사의 진실: 일본군 위안부 제도란 무엇인가?』. 남상구 옮김. 역사공간.

이일하. 2016. 『카운터스: 인종혐오에 맞서 싸우는 행동주의자의 시원한 한 방!』. 21세기 북스.

조경희. 2019. 「일본의 #MeToo 운동과 포스트페미니즘: 무력화하는 힘, 접속하는 마음」. ≪여성문학연구≫, 47호, 87~118쪽.

_____. 2021. 「마크 램지어의 역사부정과 소수자 혐오: 관동대지진 조선인 학살, 재일조선인, 부라쿠민 서술 비판」. ≪여성과 역사≫, 34집, 85~121쪽.

≪조선일보≫. 2013.4.2. ""한국인 대학살 하겠다" 이번엔 일본 여중생의 망언". https://www.chosun.com/site/data/html_dir/2013/04/02/2013040202253.html(검색일: 2023.10.2).

콜린스(Patricia Hill Collins)·빌게(Sirma Bilge). 2020. 『상호교차성』. 이선진 옮김. 부산대
　　학교 출판문화원.

≪한국일보≫. 2021.6.4. 〔전문〕 "영혼의 살인 헤이트 스피치를 멈춥시다" 재일동포 작가의
　　호소". https://www.hankookilbo.com/News/Read/A2021060319020003205(검색일:
　　2023.10.2).

히구치 나오토(樋口直人). 2015. 『폭주하는 일본의 극우주의: 재특회, 왜 재일 코리안을 배척
　　하는가』. 김영숙 옮김. 미래를 소유한 사람들.

_____. 2016. 『재특회(在特会)와 일본의 극우: 배외주의운동의 원류를 찾아서』. 김영숙 옮김.
　　제이앤씨.

康潤伊·櫻井信栄·杉田俊介. 2021. 「在日コリアン文学15冊を読む」. ≪対抗言論≫, Vol. 2, pp.
　　140~142.

古谷経衡. 2019. 『ネットと差別煽動』. 大阪: 解放出版社.

高史明. 2021. 『レイシズムを解剖する ― 在日コリアンへの偏見とインターネット』. 東京: 勁草書房.

菊池夏野. 2020. 『日本のポストフェミニズム ― 女子力とネオリベラリズム』. 東京: 大月書店.

金富子. 2011. 『継続する植民地主義とジェンダー ―「国民」概念·女性の身体·記憶と責任』. 横浜: 世
　　織書房.

梁英聖. 2020. 『レイシズムとは何か』. 東京: 筑摩書房.

李信恵. 2015. 『#鶴橋安寧 ― アンチ·ヘイト·クロニクル』. 東京: 影書房.

李信恵·上瀧浩子. 2018. 『#黙らない女たち ― インターネットとヘイトスピーチ·複合差別と裁判で
　　闘う』. 京都: かもがわ出版.

≪毎日新聞≫. 2016.3.31. "'デモ' 1152件 12年以降, 29都道府県で法務省初調査".

師岡康子. 2013. 『ヘイト·スピーチとは何か』. 東京: 岩波書店.

森山至貴. 2022. 「今度はインターセクショナリティが流行ってるんだって?」. ≪現代思想≫, Vol.
　　50, No. 5, pp. 64~73.

杉田俊介·櫻井信栄 編. 2019. ≪対抗言論 ― 反ヘイトのための交差路≫, Vol. 1.

_____. 2021. ≪対抗言論 ― 反ヘイトのための交差路≫, Vol. 2.

上野千鶴子. 1996. 「複合差別論」. 井上俊·上野千鶴子·大澤真幸·見田宗介·吉見俊哉. 『岩波講座 現
　　代社会学15 差別と共生の社会学』. 東京: 岩波書店.

石原真衣·下地ローレンス吉孝. 2022. 「インターセクショナルな「ノイズ」を鳴らすために」. ≪現代
　　思想≫, Vol. 50, No. 5, pp. 12~19.

深沢潮. 2015. "11月の新刊『赤と緑』に寄せて ヘイトスピーチに遭ったそのときに…". https://j-nbooks. jp/novel/columnDetail.php?cKey=49(검색일: 2023.10.2).

―――. 2016. 「きんようぶんか 著者に聞く『緑と赤』深沢潮さん 声を上げられない人の心の傷を描きたい」. ≪金曜日≫, Vol. 24, No. 8, p. 54.

―――. 2019a. 「線を跨いでいいのか」. ≪跨境: 日本語文学研究≫, Vol. 8, pp. 4~7.

―――. 2019b. 『赤と青』. 東京: 小学館.

―――. 2021. 『翡翠色の海へうたう』. 東京: 角川書店.

―――. 2021.6.7. "傷つけられる, 心の内は ― ヘイト解消法5年 深沢潮さんおすすめ 差別を考える6冊". ≪東京新聞(TOKYO Web)≫. https://www.tokyo-np.co.jp/article/109093(검색일: 2023.10.2).

深沢潮 原作. 今川小豆 作画. 2015. 『あなたと私とヘイトスピーチと』. 東京: のりこえねっと.

深沢潮・内田剛. 2021.12.2. "『翡翠色の海へうたう』刊行記念対談 深沢潮×内田剛". ≪小説丸≫. https://shosetsu-maru.com/special/quilala_special/fukazawa_uchida(검색일: 2023.10.2).

安田浩一・倉橋耕平. 2019. 『歪む社会 ― 歴史修正主義の台頭と虚妄の愛国に抗う』. 東京: 論創社.

熱田敬子. 2022. 「ポスト証言の時代の日本軍性暴力研究」. ≪現代思想≫, Vol. 50, No. 5, pp. 159~167.

呉世宗. 2019. 『沖縄と朝鮮のはざまで ― 朝鮮人の〈可視化/不可視化〉をめぐる歴史と語り』. 東京: 明石書店.

熊本理抄. 2020. 『被差別部落女性の主体性形成に関する研究』. 大阪: 解放出版社.

有田芳生. 2013. 『ヘイトスピーチとたたかう! ― 日本版排外主義批判』. 東京: 岩波書店.

鵜飼哲・酒井直樹・テッサ・モーリス=スズキ・李孝徳. 2012. 『レイシズム・スタディーズ』. 東京: 以文社.

佐藤慧. 2021.9.28. "インタビュー 他人が差別されていることを見過ごすことに, 居心地の悪さを感じない社会 ―『翡翠色の海へうたう』から考えるレイシズム, 女性差別の問題(深沢潮さんインタビュー)". Dialogue for People. https://d4p.world/news/12926/(검색일: 2023.10.2).

倉橋耕平. 2018. 『歴史修正主義とサブカルチャー ― 90年代保守言説のメディア文化』. 東京: 青弓社.

帚木蓬生. 2017. 『ネガティブ・ケイパビリティ ― 答えの出ない事態に耐える力』. 東京: 朝日新聞出版.

パトリシア・ヒル・コリンズ & スルマ・ビルゲ. 2021. 『インターセクショナリティ』. 小原理乃 訳. 京都: 人文書院.

LITERA. 2019.9.2. "『週刊ポスト』の下劣ヘイト記事「韓国人という病理」に作家たちが怒りの抗議! ヘイト企画は「小学館幹部取締役の方針」の内部情報". https://lite-ra.com/2019/09/post-4941.

html(검색일: 2023.10.2).

Radio Dialogue. 2021.9.1. "深沢潮さん「戦時下の女性たち ― その後に続く差別」". https://www.you-tube.com/watch?v=zqCzaYwhfZo(검색일: 2023.10.2).

"時代を超えて共鳴する想い 深沢潮氏インタビュー『翡翠色の海へうたう』刊行を機に". ≪読書人WEB≫. https://dokushojin.com/reading.html?id=8426(검색일: 2023.10.2).

Collins, Patricia Hill and Sirma Bilge. 2020. *Intersectionality*. Cambridge: Polity Press.

제10장

혐오에서 연대로*

〈버든〉에서 읽는 새로운 가치의 탄생

이승훈

1. 들어가며

혐오의 감정은 왜 발생하는 것이며, 어떻게 유지 전달되는 것일까? 혐오는 단지 상대방을 싫어서 미워하는 것이 아니라, 증오하며 사라져 없어져버리기를 바라는 감정이다. 혐오란 "감정적으로 싫은 것을 넘어서 어떤 집단에 속하는 사람들의 고유한 정체성을 부정하거나 차별하고 배제하려는 태도를 뜻"하는 것이다.[1] 부정하고 보이지 않도록 하라는 적극적 태도를 드러내는 감정이다. 싫어하고 미워하는 일이야 우리의 삶에서 피할 수 없는 것이지만, 다른 사람이 없어지고 사라져버렸으면 좋겠다는 것은 차원이 다른 종류의 감정이다. 특히 다양한 차이와 다름이 서로 어울리고 협력하며 살아

---

* 이 글은 이승훈, 「혐오에서 연대로: 영화 〈버든〉에서 읽는 새로운 가치의 탄생」, ≪공공사회연구≫, 11권, 2호(2021)를 수정한 것이다.

[1] 홍성수, 『말이 칼이 될 때』(어크로스, 2018), 24쪽.

가야 하는 현대 사회에서, 타자를 혐오하는 현상은 다원주의 시대가 해결해야 할 가장 시급하고도 중요한 과제라고 할 수 있을 것이다. 한국 사회도 예외는 아니다. 여성, 난민, 노인, 인종, 성 소수자 등에 대한 배제와 혐오 문제가 심심찮게 들려온다. 그만큼 혐오 현상에 대한 분석과 극복을 위한 방안을 모색하는 것은 한국 사회도 외면할 수 없는 중요한 문제라 할 수 있다.

영화 〈버든(Burden)〉은 미국 사회의 인종 혐오를 다루고 있는 영화이다. 이 글은 〈버든〉에 대한 분석을 통해서, 혐오 감정이 발생하고 지속되는 이유, 그것을 극복할 수 있는 대안이 무엇인지를 논의하는 것을 목적으로 한다. 제목은 영화의 주인공 마이클 버든(Michael Burden. 이하 마이크 버든)의 이름으로부터 따왔다. 영화는 1996년 미국 사우스캐롤라이나 로런스(Laurens, South Carolina) 지방에서 실제로 있었던 사건을 바탕으로 만들어졌다. 그 사건이란 미국의 비합법적 백인 우월주의 단체(Ku Klux Klan, 이하 KKK)가 'KKK 박물관'을 설립한 일을 말한다. 인종 차별을 기념하는 박물관을 둘러싸고 벌어지는 갈등 속에서, 인종 혐오가 왜, 어떻게 발생하고 지속되는지를 이해할 수 있게 된다. 나아가 KKK의 단원이었던 주인공 마이크 버든이 KKK를 탈퇴하고 흑인들과의 연대 관계를 형성하는 과정을 통해서, 우리는 혐오의 감정이 어떻게 연대라는 새로운 가치로 변화될 수 있었는지를 살펴볼 수 있을 것이다. 그것은 새로운 가치가 탄생하는 과정에 대한 이야기이자, 영화의 한국어 제목 부제로 붙은 것처럼, '세상을 바꾸는 힘'에 대한 이야기이기도 하다. 미국 사회를 배경으로 하고 있고, 또 인종 혐오라는 현상을 소재로 하고 있지만, 혐오 현상 일반에 대해 시사하는 바 역시 적지 않다. 당연히 한국 사회의 혐오 현상을 이해하는 데에도 도움이 될 수 있을 것이다.

영화에 대한 분석이지만, 이 글은 영화의 줄거리를 좇아가지 않을 것이다. 혐오 현상의 분석을 위한 논리적인 흐름에 중점을 두고 논의를 전개하고자 한다. 이 글은 다음과 같은 순서로 구성된다. 먼저 영화를 통해 드러난 혐오의 특징을 밝히고, 혐오의 원인에 대해 논의하고자 한다. 이어서 혐오를 유지하고 지속시키는 기제가 무엇인지를 살펴볼 것이다. 마지막으로 혐오를 극복하고 '차이의 연대'를 실현할 수 있는 방안을 제시하고자 한다.

2. 영화 〈버든〉에서 읽는 혐오 현상

1) 혐오는 사회 현상이다

혐오와 관련된 현상은 개인의 일탈 행위가 아니다. 특별한 개인이 행하는 일탈적이고 우연한 행동이 아니라는 것이다. 혐오 표현/행위는 사회적·역사적 기원을 가지고 있으며, 이를 지속시키는 사회적 기제가 작동하고 있다는 점에서 그러하다. 『혐오사회』의 저자 엠케(Carolin Emcke)에 따르면, 혐오 표현은 사적인 행위도 아니고, 우발적으로 발생하는 사건도 아니다. 자기도 모르게 분출하는 막연한 감정이 아니라는 것이다. 혐오의 표현은 이데올로기에 따라 형성된 감정이고, 따라서 미리 정해진 일정한 양식이 있어야 가능해진다. 누구나가 모욕이라고 인정할 수 있는 언어 표현, 대상을 분류하고 평가하는 인식의 틀, 또 사고와 판단에 이용되는 연상과 이미지 들이 미리 마련되어 있어야 한다는 것이다. 그런 의미에서 혐오의 감정은 갑작스럽게 폭발하는 것이 아니라, 훈련되고 연습해야 하는 표현이다.[2]

마이크 버든의 흑인에 대한 혐오와 증오도 개인의 특성으로부터 유추할 수 없다. 개인으로 볼 때, 버든은 우리 주변에서 흔히 볼 수 있는 성실하고 평범한 청년이다. 변변치 않은 직업이지만 자기에게 주어진 일에 성실하며, 이웃들과의 관계도 나쁘지 않다. 실제 도움을 주지는 못하지만, 어려운 사

---

2   카롤린 엠케, 『혐오사회』, 정지인 옮김(다신지식하우스, 2020), 22~23쪽.

람들에게 공감도 할 줄 아는 사람이다. 친구를 괴롭히며 장난치는 아이들에게 "다른 사람 괴롭히지 마라. 누가 너한테 그러면 좋겠니?"라며, 말릴 줄 아는 보통의 청년이다. 영화에서 그려지는 버든의 개인적인 모습에서는 다른 인종에 대한 혐오나 증오의 단초를 전혀 찾아볼 수 없다. 하지만 그의 성실함과 공감의 능력은 흑인들을 향해서는 작용하지 않는다. "네가 싫은 행동은 다른 사람에게 하지 말라"는 버든의 도덕성과 공감 능력이 특정 집단에게는 적용되지 않는 것이다. 그 이유는 타자를 바라보고, 분류하고, 평가하는 그의 이데올로기적 인식 틀 때문이다. 그 틀 안에서 훈련되고 성장한 사회적인 배경 때문이다. 그런 의미에서 버든의 혐오 감정은 사회적으로 형성된 것이라고 할 수 있을 것이다.

혐오 표현/행동이 유지되고 지속될 수 있는 것은 보이지 않는(?) 권력과 사회 제도 때문이다. 그런 점에서도 혐오 현상은 사회적인 것이라고 말할 수 있다. 혐오의 감정과 이데올로기적 틀이 집단적으로 형성된 것이라면, 그것을 지속시키는 힘 또한 집단과 제도적 차원에서 작용한다. 개인의 혐오 표현/행동을 지지하고 부추기는 사회적인 힘이 존재한다는 것이다. KKK 박물관을 반대하는 흑인 시위대에 폭력을 행사한 백인을 체포하면서, 경찰은 KKK단의 지도자 톰 그리핀에게 "체포는 하지만 기소하지는 않겠다"는 약속을 한다. 경찰은 은밀하게 주류 백인들의 혐오 표현과 폭력을 지지한다. 경찰들만이 아니다. 폭력 현장을 지켜보던 다수의 시민들도 이들의 증오 폭력에 항의하거나 저항하지 않는다. 그것은 혐오 표현/행동을 해도 괜찮다는 암묵적인 동의의 표시이다. 영화 속에서 직접 등장하지는 않지만, 이들 다수는 사회적 영향력을 행사하는 주요 세력들이다. 버든이 KKK단을 탈퇴했을 때, 그는 집과 일터에서 모두 쫓겨나게 된다. 간단한 일자리조차 얻을 수 없게 된다. 버든뿐 아니다. 그의 연인인, 역시 백인인 주디도, 멀쩡하게 다니던 마트의 일자리에서 쫓겨난다. 해고된 주디에게 버든은 "KKK단 영향력 엄청나네"라며 중얼거린다. 이 말은 흑인들에 대한 증오와 폭력을 묵인하고 지지하고 있는 세력이 어디에 있는지를 보여준다. 흑인들에 대한 혐오는 눈에 띄고 행동하는 몇몇 KKK 단원들만의 문제가 아니다. 스스로 드러내지는 않지만 바라보며, 스스로 행동하지는 않지만 묵인하는, 다수의 관찰자들 또한 혐오를 지속시키는 주요 사회적 요인이다.

혐오는 사회 현상이다. 개인의 특성이나 돌발적인 행동이 아니라는 점에서, 그리고 혐오 표현/행동을 묵인하는 사회적 조건 속에서 등장한다는 점에서 그렇다.

2) 혐오는 자신의 취약성에 대한 투사이다

너스바움(Martha C. Nussbaum)에 따르면, 혐오는 자신의 동물성과 유한성, 취약성을 상기시키는 대상에 대해 갖게 되는 그런 감정이다. 우리 몸에 속하는 침이나 대변 등을 사람들이 혐오스럽다고 느끼는 이유는 그것이 우리의 동물성과 유한성을 상기시키기 때문이다. 부패된 음식이나 시체 등을 혐오스럽게 여기는 이유도 그것들이 인간의 유한성과 취약성을 상기시키기 때문이다. 더군다나 혐오의 대상은 접촉한 사람이나 주변을 오염시킨다는 비합리적인 사고와 결합되어 있다. 오염과 전염에 대한 두려움은 혐오스러운 대상과 접촉하지 않고 피하거나 없애버리려고 하는 욕망을 불러일으키게 된다.[3]

혐오에 대한 너스바움의 설명은 혐오의 원인이 그 대상에게 있는 것이 아니라, 주체 그 자신에게 있음을 보여준다. 우리는 자신의 동물성이나 취약성을 상기시키는 집단이나 대상에게 혐오의 감정을 드러내는 것이다. 그런 맥락에서 보자면 혐오의 감정은 지배 집단의 사람이나 약자 모두가 가질 수

---

3 마사 너스바움, 『혐오와 수치심: 인간다움을 파괴하는 감정들』, 조계원 옮김(민음사, 2020), 144쪽.

있는 감정이다. 하지만 우리는 약자의 분노나 증오를 혐오 표현으로 규정하지 않는다. 어떤 표현이나 행동이 혐오가 되는 조건은 그것이 "차별을 조장하고, 상처를 주고, 배제와 고립을 낳을 수 있"는 경우이다.[4] 혐오 표현/행동은 지배 집단이 사회의 약자에게 행하는 것으로, 타자에 대한 배제와 주변화를 수행하는 것까지 포함하는 것이다. 사회의 지배 집단은 자신들이 대면하고 싶지 않은 자신들의 모습을 대리 동물 집단을 통해 표상하고, 이들의 지위를 격하시켜 혐오의 대상으로 삼는다. 이로써 자신들이 이들에 비해 우월적 지위에 있음을 명백히 하려고 하는 것이다. 역사적으로 유대인, 여성, 동성애자, 하층 계급 등의 사람들은 모두 육신의 오물로 더럽혀진 존재로 상상되었고, 주류 집단의 지위와 권력을 공고히 하는 존재들로 활용되었다.[5] 물론 타자에게 투사된 이러한 상상이 실제 주류 집단으로서 자신들의 지위를 지켜줄 수는 없는 법이다.

　미국 사회는 백인이 주류인 사회이다. 수적으로 다수를 차지한다는 의미가 아니다. 사회의 권력을 장악하고 지배적인 위치를 차지하고 있다는 점에서 주류이다. 영화 속 주인공 버든 역시 백인이고, 미국 사회의 주류이다. 하지만 동시에 그의 지위는 취약하다. 버든의 직업은 레포(repo) 센터 직원이다. 빌린 돈을 갚지 못하는 사람들로부터 미지불 대금 대신 집 안의 물건을 회수해 가는 일을 하고 있다. 버든이 일상에서 만나게 되는 사람들은 "다 뺏기고 내쳐지는 기분" 속에서 언제 빈털터리가 될지 모른다는 걱정 가운데 사는 사람들이다. 이들의 모습에서 버든은 자신의 또 다른 모습을 보았던 것 아닐까? 버든에게 도움의 손길을 내밀었던 흑인 목사 케네디는 버든의 그런 두려움을 잘 알고 있다. 케네디 목사는 버든에 대해 "난 그런 애들이 불쌍해. 백인으로 태어난 것이 전부라고 배웠는데, 살다 보니 자기 삶이 한

4　　홍성수, 『말이 칼이 될 때』, 44쪽.
5　　너스바움, 『혐오와 수치심』, 201쪽.

심한 거지. 백인인데, 가난하고 잔인함과 중독 속에서 자라나서 교육도 부실"한 사람이라고 설명한다. "안 그래도 인생 더럽게 힘든데 그런 여유가 어디 있었겠어?"라는 버든의 절규는 그에 대한 케네디 목사의 인식이 틀리지 않았음을 보여주고 있다.

버든과 KKK단은 일도 없고 게으르며 복지 기금을 타서 생활을 이어가는 가난한 흑인들을 혐오한다. 이들에게 흑인은 "공짜 돈 잘 받아"먹는 존재들로 표상될 뿐이다. KKK단의 실질적 리더 톰 그리핀은 흑인을 검은 개에 비유하며 농담을 한다. 어떤 사람이 검은 개를 복지 사무소에 등록하러 갔는데 거절당했다. 개는 복지 수혜의 대상이 될 수 없다는 이유에서였다. 이에 개 주인은 모든 자격을 다 갖췄다며 이렇게 주장한다. "첫째, 까맣고, 둘째, 종일 앉아서 하는 일이 없고, 셋째, 아비가 누군지 모른다"는 것이다. 이들에게 흑인은 남의 도움에 의지해서 살아가는 짐승과 다를 바 없는 존재들이다.

하지만 이들이 가난한 흑인들을 이렇게 혐오하는 이유는, 언제든지 자신들도 그들과 같은 존재가 될 수도 있다는 두려움 때문이다. KKK단에 입단하기 위해 찾아온 젊은 백인에게 톰 그리핀은 말한다. "저것들(흑인들)이 앗아간 백인 미국인들의 꿈을 되찾고 싶지 않나?"라고. 백인의 삶이 이렇게 어렵고 힘겨운 이유를 흑인들 탓으로 돌리고 있는 것이다. 하지만 그리핀의 진단은 틀렸다. 불안과 두려움이라는 혐오의 원인과 혐오의 대상으로 지목된 흑인들은 서로 일치하지 않는다. 엠케의 지적처럼, 혐오 감정의 진짜 원인과 혐오하는 대상은 같지 않다.[6] 흑인들과 다를 바 없는 자신들의 비참한 현실을 견딜 수 있게 하는 것은 그래도 나는 이들보다는 낫다는 착각뿐이다. 성실하게 노력해도 원하는 목표를 달성하기 힘든 경쟁 사회일수록, 자신의 지위가 갖는 작은 우위에 더 집착하기 마련이다. 더 높이 올라갈 수 없

---

6   엠케, 『혐오사회』, 38쪽.

으니, 자신의 우위를 증명하는 방법은 나보다 못한 사람을 멸시하는 방법이다.[7] 멸시의 대상이 누구냐가 다를 뿐, 그 작동하는 논리는 동일하다. 주디는 이런 사실을 잘 알고 있다. 자주 가던 낚시터에 흑인들이 많아지면서 가지 않게 되었다는 버든을 향해, 주디는 말한다. "흑인들을 다 몰아내겠다고? 그들을 쫓아냈다고 치자. 그래 봤자, 우린 가난한 백인이야. 깔아뭉갤 누군가만 없을 뿐"이라고. 흑인들을 멸시하고 차별한다고 해도, 자신의 비천한 처지는 달라지지 않는다. 애초 혐오와 원인이 혐오하는 대상에게 있지 않기 때문이다.

3) 혐오는 '다원 사회'에 대한 부정적 대응이다

자신의 지위를 지키기 위한 투사가 혐오의 원인 가운데 하나라고 한다면, '다원 사회'의 등장은 혐오의 사회적 배경이다. 다원 사회는 다양성과 개인 선택의 증대라는 긍정적인 결과를 가져오지만, 동시에 안정감이 사라지면서 불안을 증대시키는 효과를 낳기도 한다. 불안이나 두려움과 직접 싸우지 못하고, 타자를 배제하고 멸시함으로써 극복할 수 있을 것이라고 잘못된 판단을 내릴 수 있다는 것이다. 그런 의미에서 혐오는 '다원 사회'의 불안에 대한 부정적인 대응 방안의 하나이다.

십자기를 불태우는 KKK단의 의례를 행하면서 톰 그리핀은 단원들 앞에서 연설을 한다. 미국 땅에는 마틴 루서 킹 박물관, 유대인 박물관, 아르메니아 박물관, 북미 원주민들의 박물관, 히스패닉 문화 센터 등 온갖 인종들의 박물관이 있다. 하지만 백인인 자신들을 위한 기념관은 존재하지 않는다. 이에 톰 그리핀은 하느님과 예수님의 선택된 백성인 자신들의 '백인됨'

---

7   오찬호, 『우리는 차별에 찬성합니다: 괴물이 된 이십대의 자화상』(개마고원, 2013), 167쪽.

을 기념하기 위한 시설도 필요하다고 말한다. '백인됨'을 기념하는 것은 자신들의 권리라는 것이다. 언뜻 그의 연설은 흑인이나 유대인, 북미 원주민과 히스패닉 등 다양한 인종들의 동등한 권리를 인정하는 말처럼 들리기도 한다. 하지만 그의 다양성의 주장은 곧바로 흑인들에 대한 혐오 발언으로 전환된다. 자신들이 짓고자 하는 기념관은 "흑인 강간범과 살인자 들로부터 가정을 지"키기 위해, 백인 "피의 순수함을 지키기 위해", "신의 뜻에 따라 인종의 순수성을 지키기 위해" 필요한 싸움이라는 것이다.

그의 연설은 흑인, 유대인, 아르메니아인, 북미 원주민, 히스패닉 등 다양한 인종들의 동등한 권리를 인정하는 것처럼 들리기도 한다. 하지만 다양성의 주장은 곧바로 "강간, 살인으로부터 가정을 지켜야" 하는 두려움의 원인이고, 백인의 순수성과 권리를 지키기 위한 싸움의 이유로 전환된다.

그런 의미에서 톰 그리핀의 연설은, 그의 의도와는 달리, 다원 사회에 대한 일종의 선언이다. 다원화는 과거에 당연하게 주어졌던 소속과 정체성을 위협한다. 다양한 삶의 가능성이 존재한다는 것은, 선택을 통해 다른 삶도 가능할 수 있다는 것을 말하는 것이다. 선택 가능성은 삶의 존재와 살아가는 방식을 근본적으로 바꾼다. 당연한 삶이란 없다. 따라서 현재 자신이 살아가는 방식과 자신의 정체성을 자기 스스로 확인하고 보증해야만 한다. 타인뿐 아니라 자기 자신에게도 현재 삶의 모습을 설득하고 정당화해야 한다. 이것은 본래 전형적인 소수자의 경험이다. 한 사회에서 소수자로 살아간다는 것은 매일매일 자신의 존재와 정체성을 증명해야 한다는 것을 의미하기 때문이다.[8] 이런 의미에서 다원화 사회에서 우리 모두는 소수자라고 할 수 있다. 우리 모두 현재의 모습을 스스로 보증해야 한다. 다원 사회에서는 백인들에게도 더 이상 당연하게 주어진 것은 없다. 과거 미국은 백인들에게는

---

8   이졸데 카림, 『나와 타자들』, 이승희 옮김(민음사, 2019), 59쪽.

당연한 집이었고, 이 집(미국)은 당연히 우리 가족(백인)의 것이었다. 하지만 다원 사회의 등장은 백인으로서 당연한 소속과 정체성도 타자를 향해 입증해야 하는 그 무엇이 되었다.

톰 그리핀과 버튼의 분노와 불안은 이들이 겪는 소수자 경험으로부터 발생한 것이다. 흑인, 유대인, 히스패닉 등의 존재는 백인으로서 자신의 소속과 정체성의 당연함을 앗아간다. 백인으로서 버튼과 그 친구들은 미국이라는 '집'에 불완전하게 소속되어 있을 뿐이다. 소속과 정체성의 불완전함은 백인으로서 자신의 존재와 권리를 스스로 확인하고 입증할 것을 요구한다. 그리핀과 버튼은 자신들의 확신을 백인 우월주의를 통해서 찾고자 한다.

앞서 보았듯이, 혐오는 자신의 상황을 타자에게 투사함으로부터 일어난다. 이때 작동하는 것이 역사적으로 형성되고 오랜 시간 전달되어 온, 이데올로기적 틀과 선입견이다. 톰 그리핀과 KKK 단원들의 현실 인식이 그렇다. 다원화로 인해 당연함이 사라진 시대, 순수성을 지키는 것이 불가능한 시대라는 상황 속에서, 이들은 '당연한 인종의 순수성'을 지킴으로서 자신들만의 '안전한 집'을 건설하려 한다. 백인들의 권리가 당연시되던 '안전한 집'으로서의 미국이란 존재하지 않는다. 타자, 외국인, 이방인, 유색 인종 등을 적으로 간주하고, 이들의 주권을 제한하고 경계를 만드는 행위는 은유적 표현으로 '안전한 집'이라는 이상적인 개념을 표방한다. '안전한 집'이라는 이미지에서 집 밖의 거리는 항상 위험이 가득한 지역이 된다. 집 밖 거리의 사람들은 위협적이고, 봉쇄하고, 쫓아내야 하는 존재들이다. 그렇기 때문에 집 안의 울타리 속에서만 나의 안전과 권리, 기준이 보호되고 유지될 수 있다.[9] 하지만 현실에서 그런 '안전한 집'이란 존재할 수 없다. 다원화된 현대 사회에서 모든 이들은 서로에 대한 낯선 존재들이다. 자기 자신조차도 때나

---

9   지그문트 바우만, 『방황하는 개인들의 사회: 우리는 각자 존재하고 … 나는 홀로 소멸한다』, 홍지수 옮김(봄아필, 2013), 153쪽.

장소에 따라서 소수자의 상황에 처하게 되기도 한다. 존재할 수 없는 집을 만들려면 빼고 배제하는 것 이외에 다른 방법은 없다. 나와 다르고, 낯선 사람들을 계속해서 쫓아내는 방법뿐이다. 계속해서 쫓아내면 언젠가는 '순수하고' '동질적인' 우리의 공동체가 형성될 것이라는 헛된 희망 속에서. 그것은 마치 무지개처럼, 결코 도달할 수 없는 목표이기 때문에 그만큼 더 절박하고 간절하다.

4) 혐오는 관습과 역사를 소환함으로써 작동한다

혐오는 특정 집단에 대해 형성된 선입견이다. 선입견은 "자기 집단/이방인 집단을 구별하는 사회적 범주화"의 결과이다. 집단들 간의 차이는 부각시키는 반면, 각 집단 내부의 유사성은 강조하면서, 각각의 집단이 차별적 특성을 가진 이미지로 그려지는 것이다. 이로부터 정형화된 고정 관념이 형성된다.[10] 따라서 혐오 감정은 과거의 차별과 배제의 역사적 경험, 이로부터 발생하는 사회적 범주화와 고정 관념의 형성되는 과정에서 만들어진다. 따라서 차별과 배제에 관한 이야기들은 오랜 전통을 가지고 있으며, 그 오랜 시간만큼 너무 많이 반복되면서 이제는 미심쩍다고 느끼지도 못할 만큼 무감각해지게 된다.[11]

톰 그리핀과 KKK의 박물관 건설은 백인들만의 공동체를 건설하겠다는 의지의 표현이다. 흑인(타자)들을 종속적 위치에 가두고 비가시화할 수 있었던 시절에 대한 그리움이다. 이들은 그 시절의 관습과 틀, 기억을 소환함으로써 그 목표를 이루려 한다. 당연했던 시절, 당연한 사람들이 만든, 당연한

---

10 베른트 지몬, 「동성애 거부: 선입견, 존중, 정치화」, 연구모임 사회비판과대안 엮음, 『호모 포비아: 그들은 왜 동성애를 두려워하는가?』, 홍찬숙 옮김(사월의 책, 2019), 49쪽.

11 엠케, 『혐오사회』, 137쪽.

인식의 틀은 세대를 거쳐 내려오면서 관습과 신념의 결과물로서 굳어지게 된다. 이 이데올로기적 틀은 "어떤 집단이 증오해야 마땅한 존재인지"를 밝혀준다. 특정 집단의 이미지를 괴물화함으로써, 집단 구성원 개개인의 모습과 특성 들은 보이지 않게 된다. 이처럼 혐오의 이데올로기는 상상력을 억압하고 현실을 협소화한다.[12] 각자 특유한 삶과 경험, 특징을 지닌 개인으로서의 사람의 모습을 보이지 않도록 하면서, 동시에 집단으로서의 부정적 이미지만으로 표상하고 가시화하는 것이다.

버틀러(Judith Butler)에 따르면, 혐오 발언은 말하는 자의 지배적 지위를 재인용하는 것이며, 발언의 대상이 되는 타자를 종속적인 지위의 주체로 구성하는 것이다. 혐오를 표현하는 순간에 지배와 종속의 지위가 재구성될 수 있는 것은 "그 '순간'이 압축된 역사성"을 지니기 때문이다. 오랜 시간 관습이나 의례로 굳어진 언어 표현은, 발언의 순간 과거의 지배와 종속의 관계를 재소환하게 된다.[13] 깜둥이(nigger)라는 말이 혐오 표현이 될 수 있는 이유는 그것이 백인에게 종속되었던 흑인들의 노예 시절을 상기시키기 때문이다. 영화 속에 등장하는 십자가를 불태우는 의례도 바로 백인의 우월한 지위와 흑인의 종속적 위치를 재확인하는 일종의 혐오 표현이다. KKK 기념관으로 대표되는 그 시절의 관습과 기억의 재소환이 바로 혐오를 작동시키고, 전달하는 기제가 되는 것이다.

---

12 엠케, 『혐오사회』, 76~77쪽.
13 주디스 버틀러, 『혐오 발언』, 유민석 옮김(알렙, 2009), 44쪽. 버틀러는 그런 혐오의 말이 반드시 상처는 주는 것은 아니라고 말한다. 혐오의 말에 대한 재수행하기와 재의미 부여하기, 곧 "모욕적인 발언의 관습을 드러내고 이에 저항할 수" 있는 주체의 가능성이 존재하기 때문이다. 말을 그 자체로 종속의 행위로 해석하는 것은 이를 받아들이는 주체가 가질 수 있는 의미의 전복과 재맥락화하기의 가능성을 부정하는 것이다. 버틀러는 혐오 발언에 대한 법적 규제보다는, 혐오 발언을 건네받은 자의 전복하기, 재의미화, 탈맥락화 등을 통한 정치적 저항을 더 중요하게 생각한다. 이를 보기 위해서는 버틀러, 같은 책, 184~194쪽 참고.

그런 의미에서 영화 속에서 나타난 KKK 박물관은 그 자체가 정치적 표현이자 동시에 혐오 행위가 될 수 있다. 흰 두건과 십자가 소각, 남북 전쟁 당시의 남부군 깃발 등은 아프리카계 미국인들에게 노예 시대의 종속적 지위를 상기시키는 역할을 한다. 톰 그리핀과 KKK 단원들이 세웠던 박물관은 백인으로서 우월한 권리와 그것이 당연하게 인정되었던 시절에 대한 회상이자, 그런 사회를 다시 회복하겠다는 의지의 표현이다. 다원화가 낳는 불안을 그들은 좋았던 과거 시절에 대한 회복을 통해서 극복하고자 한다. 하지만 그런 시도는 미래에 대한 어떤 전망도 결여하고 있으며, 유색 인종들에 대한 폭력을 긍정하는 일이기도 하다.

실제로 존재하는, 영화 속 박물관은 옛 극장 건물을 고쳐 만들어졌다. 옛 극장의 이름이었던 에코(ECHO)라는 간판은 '레드넥 KKK 박물관(The Redneck KKK Museum)' 간판 위에 그대로 남아 있다. 영어 단어 '에코'는 "반복해 상기시킨다"라는 뜻을 담고 있다. 그런 의미에서 KKK 박물관 위에 붙어 있는 '에코'는 백인들의 우월한 지위와 흑인들의 종속적인 위치를 반복해 상기시키겠다는 박물관의 정체성을 잘 보여주는 간판이라 할 수 있을 것이다.

5) 혐오의 극복은 고정된 인식 틀의 균열로부터 시작된다

혐오 표현/행동은 오랜 시간을 통해서 신념이 되고 습관이 되어버린 이데올로기적인 인식 틀로부터 비롯된다. 이러한 인식 틀을 악셀 호네트(Axel Honneth)는 '물화'라는 개념으로 부른다. '물화'는 습관적으로 고착된 관점으로, 타자를 살아 숨 쉬는 동료로서가 아니라, 감각이 없는 객체처럼 지각하는 경향을 말한다.[14] 물화, 곧 습관화된 인식의 가장 큰 특징은, 앞서 엠케가

---

14 악셀 호네트, 『물화: 인정이론적 탐구』, 강병호 옮김(나남, 2006), 68~69쪽.

언급한 것처럼, 현실을 협소화하는 시각이라고 할 수 있다. 다른 사람을 살아 있는 개인으로 보는 것이 아니라, 범주화된 고정된 이미지로만 인식하는 것이다. 영화 속 흑인들은 게으르고 복지 기금에만 의존해서 사는 공짜를 좋아하는 인간들로서, '검은 개'나 짐승과 같은 존재들일 뿐이다. 혐오가 고정된 인식 틀을 통해 작용한다면, 혐오의 극복은 그 인식 틀을 흔들고 깨뜨리는 것에서 시작한다고 할 수 있다.

습관의 균열은 어떻게 발생하는 것일까? 습관이란 단순히 과거의 행동을 반복하는 것이 아니다. 프래그머티스트 존 듀이(John Dewey)에 따르면, 습관도 과거 문제 상황을 해결하는 과정에서 습득한 인간의 활동이라고 한다. 익숙한 상황에서 우리는 습관에 따라서 행동한다. 습관은 "특정한 행위에 대한 요구"이다.[15] 하지만 익숙한 현실이 충격적인 경험이나 낯선 상황과 부딪히면서 흔들리게 되면, 기존 습관의 정당성에 대해서 질문하게 된다. 습관화된 인식/행위가 현재의 충격과 낯섦을 해결하지 못한다고 생각하면, 우리는 습관을 벗어난 새로운 행위를 모색하게 된다. 듀이에 따르면, 이것이 습관에 균열이 발생하고, 새로운 가치가 생성되는 조건이다.[16]

마이크 버든이 혐오하는 집단으로부터 벗어나게 되는 시작은 다른 사람들과의 만남을 통해서이다. 주디와의 만남은 버든의 습관적 인식과 이데올로기적 틀을 흔드는 계기가 된다. 스스럼없이 흑인들과 친구가 되고, 흑인을 비하하는 농담의 자리를 박차고 일어나는 주디의 모습은 버든에게는 생소한 모습이었을 것이다. 주디는 버디에게 묻는다. "KKK단인 걸 알면서 나는 당신을 사랑했어. 하지만 톰 그리핀은 당신이 KKK단을 나왔을 때도 당신을 사랑할까?" 주디와 톰 그리핀 사이에서 버든은 갈등한다. 마침내 "당

---

15 John Dewey, *Human Nature and Conduct* (New York: The Modern Library, 1930), p. 25.
16 Dewey, 같은 책, p. 76. 이승훈, 「민주주의와 시민 주체의 형성: 듀이의 정치 사상을 중심으로」, ≪사회이론≫, 43권(2013), 98~99쪽에서 재인용.

신은 그리핀의 개로 살아왔다"는 자신의 인생에 대한 주디의 판단을 받아들인다. 그리고 KKK단을 나온 후 그리핀 앞에서 "평생을 당신의 마당에 묶인 개처럼 살았어. 주는 건 뭐든 감사하며 짖지도 않고… 하지만 다시는 당신 앞에 엎드릴 일 없어"라고 선언하며 과거의 틀로부터 벗어난다. 영화가 끝난 후, 실제 인물인 마이크 버튼의 인터뷰가 나온다. 그는 자신이 KKK단을 나오게 된 이유가 주디와의 만남 때문이라고 말한다. "그녀가 절 바꿨어요. 그녀가 처음 그 벽에 아주 작은 구멍을 냈는데, 결국 작은 구멍은 점점 더 커졌고 계속해서 더 커졌어요." 단단하게 굳어 있었던 습관의 벽이 주디와 만남을 통해서 균열이 일어났던 것이다.

요아스(Hans Joas)는 새로운 가치의 형성은 '자기-형성(self-formation)'과 '자기-초월(self-transcendence)' 경험으로부터 나온다고 말한다.[17] 자신의 정체성을 형성하고 초월하려는 계기로부터 새로운 가치가 탄생한다는 것이다. 요아스는 다른 사람들과의 의사소통과 상호 작용에 관한 듀이의 논의를 바로 이러한 '자기-형성'과 '자기-초월'의 경험이라고 해석한다.[18] 사람과 사람의 만남과 그로부터 일어나는 소통은 다른 사람들에게 자신을 개방하는 사건이라고 할 수 있다. 듀이는 의사소통을 통해 사람들이 자기중심성을 극복할 수 있다고 말한다. 타자를 향한 소통과 헌신은 좁은 자아의 한계를 넘어서 자기 발전의 계기가 된다는 것이다. 그는 상호 작용과 의사소통에 참여하는 것은 자기 자신이 뒤흔들리는 경험을 할 준비가 되었다는 것을 뜻한다고 이해한다. 다른 사람들과 함께, 또 그들을 통해 자기 자신을 실현하려는 기회라는 것이다. 공론장에서 다른 사람들과 상호 작용과 의사소통에 참여하는 것 자체가 시민으로서의 자질을 함양하는 교육의 기회가 된다는 연구 결과들은 의사소통이 갖는 가치 창출의 힘을 확인시켜 준다.[19] 버튼의 경우는 주

---

17 Hans Joas, *The Genesis of Values* (Chicago: University of Chicago Press, 2000), p. 1.
18 Joas, 같은 책, pp. 117~118.

디와의 기독교적 사랑이 자기중심성을 극복하고 자기-초월을 위한 계기가 되었다. 하지만 듀이도 자신의 초기 저작에서 기독교적 개념의 사랑이 자기-초월적 소통의 모델임을 밝히고 있다.[20]

버든의 습관에 균열이 일어나는 또 다른 계기는 주디의 아들인 프랭클린의 흑인 친구, 두에인과의 만남이다. 버디는 주디의 아들 프랭클린과 함께 낚시를 가기로 한다. 하지만 그때 프랭클린과 함께 놀고 있던 두에인이 엉겁결에 이들과 동행하게 된다. 고기 잡는 법을 알려주고, 함께 고기를 낚는 즐거운 경험 속에서, 버든에게 두에인과 프랭클린은 똑같이 어린 시절의 자신과 같은, 사랑스러운 아이들일 뿐이다. 사람들을 구분하던 인종의 장벽이 사라진 것이다.

"부족한 상상력은 정의와 해방의 막강한 적대자"이다.[21] 듀이도 상상력이 야말로 새로운 가치를 생성할 수 있는 힘이라고 말한다.[22] 우리가 타인을 증오하고 상처를 주게 되는 것은, 구체적인 개인으로서 타자를 상상하지 못하기 때문이다. 곧 공감 능력이 없기 때문이다. 두에인과 만나고 같은 경험을 나누었던 일은, 버든에게 타자에 대한 상상력을 회복시키는 역할을 한다. 버든의 상상력이 회복되었다는 것은 타자를 살아 있는 개인으로 보게 되었음을 뜻한다. 톰 그리핀은 버든에게 KKK 박물관에 대한 항의 시위를 주도하고 있는 흑인 목사 케네디를 암살하라고 지시한다. 총을 들고 옥상으로 올라간 버든은 하지만 그에게 총을 쏘지 못한다. 프랭클린과 두에인이 자전거를 타고 그 충돌의 현장에 나타난 것은, 그가 더 이상 흑인들을 부정적인 표상으로만 보지 않게 되었음을 의미한다.

---

19 이승훈, 「공공의 시민 만들기: 자발결사체 참여 경험을 중심으로」, 『시민성과 통치성, 그리고 공공성』(백산서당, 2011).

20 Joas, *The Genesis of Values*, p. 117.

21 엠케, 『혐오사회』, 244쪽.

22 Joas, 같은 책, p. 115.

6) 새로운 가치의 탄생은 '타자의 인정'을 필요로 한다

습관화되고, 물화된 혐오의 인식 틀에 균열이 생긴다고 해도, 그것이 곧 새로운 가치의 탄생으로 이어지는 것은 아니다. 버튼은 KKK단으로부터 나왔지만, 타자와 연대를 맺은 건 아니었다. 그의 탈퇴로 자신과 연인 주디는 집과 직장을 포함, 모든 것을 잃게 되었다. 혐오 집단을 벗어났지만, 문제가 해결된 것은 아니었다. 오히려 갈등은 더 심해진다. 기존 관계와 끊어졌고, 대안 공동체라고 할 수 있는 아프리카계 미국인 공동체로부터도 그의 과거 전력 때문에 받아들여지지 않는다. 버튼이 KKK단을 탈퇴했다는 말에, 케네디 목사의 아들은 "나오는 게 어디 있어요? 다 (가슴을 가리키며) 이 안에 있는 건데"라고 한다. 혐오 감정과 인식 틀은 여전히 마음에 남아 있는 것 아니냐는 의문이다. 실제로도 버튼은 어렵게 얻은 직장에서 폭력과 '깜둥이'라는 비속어를 사용해서 일자리를 잃게 된다.

혼돈과 어려움에 처한 그의 가족을 받아들인 것은 흑인 목사 케네디이다. 케네디 목사는 가족들의 반대를 무릅쓰고서, 갈 곳 없는 버튼의 가족이 집에서 지낼 수 있도록 한다. 그의 이러한 받아들임이 타자와의 연대를 형성할 수 있게 하는 동력이 된다. 케네디 목사의 행위는 "무시당한 사람들과 배제된 사람들이 자신들의 경험을 폭력적인 저항 문화 속에서 발산하도록 내버려"두지 않고,[23] 건강한 공동체에 통합할 수 있도록 하는 것이 어떤 것인지를 보여준다. 혐오의 주체들에게 필요한 것은 서로의 차이가 동등하게 만날 수 있는, "추상적이지 않은 만남의 장"을 마련하는 것이라 할 수 있다.[24] 케네디 목사의 받아들임은 버튼에게 바로 이런 만남의 장을 마련한 것이다. 듀이는 서로 다른 타자들 간의 연대를 위해서, 사람들 간의 상호 작용과 소

---

23   악셀 호네트, 『정의의 타자』, 문성훈·이현재·장은주·하주영 옮김(나남, 2009), 135쪽.
24   카림, 『나와 타자들』, 71쪽.

통이 중요하다고 말한다. 이웃 간의 친밀한 접촉과 경험은 이웃을 이해하는 데 있어 중요한 조건이다. 이런 경험이 없는, 멀리 떨어진 사람에 대해서는 관심의 정도가 떨어질 수밖에 없다. 우리가 일상에서 만날 수 없는 사람들도 존경심, 경쟁심, 노예적 복종심, 광신적 당파심, 영웅 숭배 등을 고취시키는 경우는 있겠지만, 사랑과 이해를 고취시키는 것은 거의 불가능하다는 것이다. 사랑과 이해는 가까운 결속에 대한 애착으로부터 발산한다. 그에 따르면, "민주주의는 고향에서 시작해야 하며, 민주주의의 고향은 이웃 공동체"이다.[25]

벗어남이 곧 새로움의 탄생으로 이어지기 위해서는 타자의 인정을 필요로 한다. 추상적인 관계는 경쟁과 투쟁, 우월감을 고취할 수 있을 뿐이다. 타자로부터 인정을 받은 사람만이 다른 사람을 이해하고 사랑할 수 있게 된다. 케네디 목사가 한 것은 버튼을 인정하는 것이었다. "두려움과 대항해 싸울 무기는 복수도 증오도 아닌, 사랑이다"라는 케네디의 설교는 한 사람의 변화와 '세상을 바꾸는 힘'이 무엇인지를 말해주고 있다. 그로부터 버튼은 비로소 흑인들과의 연대 관계로 나아갈 수 있게 된다.

다원 사회에서 사회적 연대는 동일성에 기반한 것일 수 없다. 따라서 연대를 위한 자연적 토대라는 것도 존재하지 않는다. 그것은 차이를 토대로 한 연대이어야 한다. 차이가 어떻게 서로 연대할 수 있는가? 서로 공동의 목표를 확인함으로써 가능해진다. 호네트에 따르면, 타자와의 연대란 연대의 대상이 되는 그 타자를 공동의 목표와 실천에 필요한 중요한 가치 속성을 가진 사람으로 인정한다는 것이다. 그런 의미에서 연대의 관계란 단순히 타자를 존중하면서 참아내는 것 이상을 뜻한다. 연대는 타자의 능력에 의해서 내 삶의 목적이 가능해지고 풍부해진다는 것을 인식하는 것이다.[26] 버틀

---

25 존 듀이, 『현대 민주주의와 정치 주체의 문제』, 홍남기 옮김(씨·아이·알, 2010), 199쪽. 이
    승훈, 「민주주의와 시민 주체의 형성」, 118쪽에서 재인용.

러도 '유동적 정체성'에 의한 사회적 연대를 주장한다. 그녀에 따르면, 남성성과 구별되는 여성만의 본질 같은 것은 없다고 말한다. 여성으로서 공유하고 있는 자연적인 토대나 동일성은 없다는 것이다. 그럼에도 불구하고, 여성 연대가 가능한 것은, 맥락에 따라서 공동의 목표를 설정하고, 이를 실현하기 위해 공동의 정체성을 '구성'할 수 있기 때문이라고 말한다.[27] 차이를 넘어서는 '임의의 정체성'을 구성함으로써, 서로의 차이를 존중하는 연대의 관계를 만들어갈 수 있게 된다.

영화는 숲속의 사슴에게 손을 내미는 버든의 모습으로 끝난다. 어린 시절 버든은 아버지와 사냥을 나간 적이 있었다. 산에서 만난 사슴에게 친밀감을 느낀 버든이 사슴에게 손을 내미는 순간, 아버지의 총에 사슴이 죽게 된다. 슬픈 마음에 울고 있던 버든에게 아버지는 "계집애같이 나약한 녀석"이라며 혼을 낸다. 그때부터 사슴을 만나게 되면 자신에게 다가오지 못하도록 돌을 던졌다. 어쩌면 그 사슴은 버든에게는 낯선 타자와 같은 존재일지도 모른다. 하지만 그때의 경험은 그에게 낯선 존재에게 마음을 주어서는 안 된다는 사실을 가르쳐줬다. 내가 마음을 주어서 사슴이 긴장을 풀고 편해졌기 때문에 죽었다고 생각하게 된 것이다. 그때부터 버든은 낯선 타자를 항상 긴장 속에서 대하며 살아갔다. KKK단의 톰 그리핀은 그에게 아빠와 같은 사람이었다. KKK단으로 돌아가지 않겠다는 버든에게 그리핀은 저주하며 말한다. "그 목사(케네디), 교회, 네 흑인 친구 녀석, 다 태워버릴 거야. … 넌 그 인간들 우물의 독이야 또 널 받아주는 누구든." 그리핀은 버든에게 타자가 너에게 '독'이듯이, 너도 타자에게 독과 같은 존재라고 규정한다. 하지만 케네디 목사는 버든의 존재를 인정하며, 서로가 서로에게 필요한 존재라고 말한다. 더 이상 긴장할 필요 없이, 다른 사람들에게 다가가도 된다고

---

26 호네트, 『정의의 타자』, 401쪽.
27 문성훈, 『인정의 시대』(사월의 책, 2014), 396쪽.

설득한다. 그리핀이 동질성에 기초한 폐쇄적인 '우리'를 원했다면, 케네디는 차이의 연대에 기초한 포괄적인 '우리'를 만들고자 했다. 다가오는 사슴에게 손을 내미는 버든의 모습은 혐오라는 틀을 벗어나, 연대적 관계의 공동체를 선택했음을 보여주는 장면이 아니었을까?

3. 나가며

영화 〈버든〉은 실화를 바탕으로 인종 혐오 문제를 다루고 있다. KKK단에 속했던 한 청년이 인종 혐오를 극복하게 되는 과정을 잘 보여주고 있는 영화다. 이 글은 〈버든〉을 통해서 혐오의 특징과 형성 과정을 살펴보고, 혐오 감정이 어떻게 유지되고 전달되는지를 분석하고 있다. 나아가 혐오의 감정을 넘어서 사회적 연대라는 가치로 나아갈 수 있는 방안이 무엇인지를 모색하고자 했다. 먼저 혐오는 사회 현상이다. 혐오 감정은 개인의 기질이나 우연적으로 발생한 현상이 아니라는 것이다. 혐오 현상이 발생하고 반복되는 이유는 혐오를 가능케 하는 사회적 조건에서 찾아야 한다. 둘째, 개인적 차원에서 혐오의 원인은 혐오의 대상이 아니라, 혐오하는 주체 자신에게 있다. 혐오는 자신의 취약성을 다른 타자에게 투사한 결과로부터 발생한다. 셋째, 사회적 차원에서 혐오는 '다원화'가 낳는 불안에 대한 부정적 대응의 결과로서 나타난다. 현대 사회의 다원화 경향은 모든 '당연함'을 부정한다. 자신의 정체성도 타자에게 그 정당성을 입증해야 한다. 혐오는 자신의 정체성을 타자에 대한 우월감을 통해서 드러내고자 하는 시도라고 할 수 있다. 넷째, 혐오는 과거의 역사와 관습을 통해서 작용한다. 혐오 표현/행동은 과거의 차별과 배제의 역사적 경험, 그리고 이로부터 형성된 고정 관념을 통해 만들어진다. 혐오는 이런 습관과 인식 틀을 재소환하고자 한다. 다섯째, 혐오의 극복은 고정된 인식 틀의 균열로부터 시작된다. 오랜 시간을 거쳐서 형성된 혐오의 틀은 타자를 바라보는 고정되고, 습관화된 인식 틀로 굳어진다. 낯선 타자들과의 만남은 고정된 혐오의 틀을 깨는 기회가 된다. 타자와 소통하고 경험을 공유하는 일은 굳어진 인식의 틀, 고정된 자아를 초월할 수 있는 계기가 된다. 여섯째, 새로운 가치는 '타자의 인정'으로부터 탄생한다. 습관으로부터 벗어나는 것이 곧바로 새로운 가치의 탄생으로 이어지지는 않는다. 사회적 연대는 공동의 목표를 실현하기 위해서 서로가 서로에게 필요한 존재임을 확인할 수 있을 때 실현될 수 있다. 이를 위해서 타자를 인정하는 태도가 필요하다.

영화 주인공 버든의 삶은 혐오와 관련된 이러한 과정들을 잘 보여주고 있다. 비록 미국 사회의 인종 혐오라는 소재를 다루고 있지만, 혐오의 감정이 어떻게 만들어지고, 유지되며, 또 극복되는지를 잘 드러내고 있다. 그런 의미에서 혐오와 관련된 다양한 사회 문제를 안고 있는 한국 사회에도 시사하는 바가 적지 않다고 생각한다. 한국 사회의 역사와 문화 맥락에서, 혐오 현상은 또 어떤 공통점과 차이점이 있는지, 구체적인 비교 분석이 필요하다고 할 것이다.

참고문헌

너스바움, 마사(Martha C. Nussbaum). 2020. 『혐오와 수치심: 인간다움을 파괴하는 감정들』. 조계원 옮김. 민음사.

듀이, 존(John Dewey). 2010. 『현대 민주주의와 정치 주체의 문제』. 홍남기 옮김. 씨·아이·알.

문성훈. 2014. 『인정의 시대』. 사월의 책.

바우만, 지그문트(Zygmunt Bauman). 2013. 『방황하는 개인들의 사회: 우리는 각자 존재하고 … 나는 홀로 소멸한다』. 홍지수 옮김. 봄아필.

버틀러, 주디스(Judith Butler). 2009. 『혐오 발언』. 유민석 옮김. 알렙.

엠케, 카롤린(Carolin Emcke). 2020. 『혐오사회』. 정지인 옮김. 다신지식하우스.

오찬호. 2013. 『우리는 차별에 찬성합니다: 괴물이 된 이십대의 자화상』. 개마고원.

이승훈. 2011. 「공공의 시민 만들기: 자발결사체 참여 경험을 중심으로」. 『시민성과 통치성, 그리고 공공성』. 백산서당.

_____. 2013. 「민주주의와 시민 주체의 형성: 듀이의 정치 사상을 중심으로」. ≪사회이론≫, 43권, 93~124쪽.

지몬, 베른트(Bernd Simon). 2019. 「동성애 거부: 선입견, 존중, 정치화」. 연구모임 사회비판과대안 엮음. 『호모포비아: 그들은 왜 동성애를 두려워하는가?』. 홍찬숙 옮김. 사월의 책.

카림, 이졸데(Isolde Charim). 2019. 『나와 타자들』. 이승희 옮김. 민음사.

호네트, 악셀(Axel Honneth). 2006. 『물화: 인정이론적 탐구』. 강병호 옮김. 나남.

_____. 2009. 『정의의 타자』. 문성훈·이현재·장은주·하주영 옮김. 나남.

홍성수. 2018. 『말이 칼이 될 때』. 어크로스.

Dewey, John. 1930. *Human Nature and Conduct*. New York: The Modern Library.

Joas, Hans. 2000. *The Genesis of Values*. Chicago: University of Chicago Press.

제11장

시간과 공간을 횡단하는 여성(들)*

조애나 러스의 『여성남자』

김경옥

1. 제2물결 페미니즘과 실험적 글쓰기

SF와 판타지 작가이자 비평가인 조애나 러스(Joanna Russ)는 1937년 뉴욕 (New York)에서 태어나 코넬 대학교(Cornell University)에서 영문학을 공부하고 예일 대학교 드라마 스쿨(Yale School of Drama)에서 석사 학위를 받은 후 워싱턴 대학교(University of Washington)에서 교수로 활동했다. 러스가 작품 활동을 시작한 1960년대는 제2물결 페미니즘이 급속도로 발전하던 시기였다. 당시 케이트 밀릿(Kate Millett), 슐라미스 파이어스톤(Shulamith Firestone) 등의 급진주의 페미니스트의 영향을 받은 러스는 「그것이 변했을 때」(When It Changed, 1972), 『여성남자』(The Female Man, 1975), 『앨릭스의 모험』(The Adventures of Alyx, 1976) 등의 작품을 통해 이성애 중심주의와 성, 젠더, 섹슈얼리티의 문제에

---

* 이 글은 김경옥, 「조안나 러스의 『여성남자』에 나타난 여성 주체의 포스트모던 서사」, ≪미국소설≫, 27권(2020)을 일부 수정·보완한 것이다.

깊이 천착했다. 또한 「과학 소설 속 여성 이미지(The Image of Women in Science Fiction)」, 『여성의 글쓰기를 억압하는 방법(How to Suppress Women's Writing)』, 『여성처럼 글쓰기: 페미니즘과 과학 소설(To Write like a Woman: Essays in Feminism and Science Fiction By Joanna Russ)』 등의 에세이에서 주류 문학과 과학 소설, 페미니즘을 교차적으로 사유하며 여성성 및 만연해 있는 이성애 규범이라는 가부장적인 사상이 여성에게 가하는 피해를 폭로하고 해부했다.[1]

제2물결 페미니즘은 당시의 사회적·정치적 상황과 깊은 관계가 있다. 1920년대 이후 미국 여성 참정권이 인정된 후 많은 여성들이 노동 시장에 진입하고 교육의 기회를 가졌음에도 불구하고 여전히 "여성의 영역은 가정이다"라는 이데올로기가 팽배해 있었다. 미국의 페미니즘은 후퇴했으며 여성들의 사회 참여 의지는 저하되었다. 1966년에 설립된 전미 여성 협회(National Organization for Women)의 초대 회장인 베티 프리든(Betty Friedan)은 『여성성의 신화』(The Feminine Mystique, 1963)에서 남성 중심적인 가부장제가 여성을 어떻게 길들이고 고정된 성 역할을 강제해 왔는가에 대한 문제를 제기했다. 이런 가운데 사회 제도와 교육의 문제를 논의하던 자유주의 페미니스트들과는 달리, 이성애 사회로 인해 내면화된 젠더 규범과 가부장제가 여성을 억압하는 근본 원인이자 가장 뿌리 깊은 문제라고 지적하는 급진주의 페미니즘이 등장했다. 급진주의 페미니스트들은 '의식 고양'이라는 행위를 통해 여성으로서의 개인적인 경험을 서로 공유하며 개별적 경험이 자신만의 문제가 아닌 여성들의 공통의 문제임을 깨닫게 되었다. 급진주의 페미니스트들은 '개인적인 것은 정치적'이고 여자들 모두가 '자매'라고 선포했다. 그들은 남자들이 여자들의 성생활과 출산 행위 그리고 여자들의 자아 정체성, 자존심, 자부심을 모두 다 지배하는 것이 인간이 서로에게 행하는 모든 억

---

1   셰릴 빈트, 『에스에프 에스프리: SF를 읽을 때 우리가 생각할 것들』, 전행선 옮김(아르테, 2019), 203쪽.

압 행위 중에서 가장 근본적이라고 주장했다.[2] 밀릿은 『성의 정치학』(Sexual Politics, 1970)에서 남성과 여성의 관계는 모든 힘의 관계의 패러다임이라고 주장하며 여성의 해방을 위해서는 남성의 지배를 제거해야 함을 역설했다. 또 다른 급진주의 페미니스트인 파이어스톤은 여성의 해방을 위해서는 소규모의 변화보다 훨씬 강도 높은 변혁을 강조했다. 그녀는 "페미니스트 혁명의 최종목적은 남성 특권의 폐지뿐만 아니라 성 구분 자체를 철폐"[3]하는 것이라고 했다. 파이어스톤은 여성 해방을 위해서는 생물학적 혁명이 필요하며 산아 제한뿐만 아니라 체외 인공 수정, 인공 태반과 같은 과학 기술의 사용을 역설했다. 또한 여성에게 성적 자유를 허용하고 재생산의 압제로부터 여성을 해방하며, 양육의 역할을 남성뿐만 아니라 사회 전체로 확산시켜야 한다는 파이어스톤의 주장은 페미니스트 혁명에 논쟁을 불러일으켰다.

이와 같은 급진주의 페미니즘의 영향으로 러스는 가부장제와 이성애 중심주의에 대한 비판을 통해 여성 주체의 다양한 성과 젠더, 섹슈얼리티의 문제를 주요 주제로 다룬다. 특히 러스는 레즈비언 작가로서 여성 범주의 해체와 같은 젠더 초월, 이성애 정상성의 탈주를 주장한다. 이러한 러스의 글쓰기를 논의하는 데 있어서 빼놓을 수 없는 중요한 요소는 그녀가 과학 소설을 주요 장치로 사용한다는 것이다. 러스는 "SF는 근본적으로 현저히 다른 형식의 문학예술"[4]이며 페미니즘을 이야기하기에는 SF가 가장 적당하다고 주장했다. 러스는 전혀 예기치 못한 방식으로 이야기를 비틀고 해체함으로써 자신의 주제를 설득력 있게 재현한다. 이에 헬렌 메릭(Helen Merrick)은 러스를 "SF계에서 가장 혁명적이고 문체론적으로 완성된 작가 중의 한

---

2   로즈마리 통, 『페미니즘 사상』, 이소영 옮김(한신문화사, 2000).
3   슐라미스 파이어스톤, 『성의 변증법』, 김민예숙·유숙열 옮김(꾸리에북스, 2016), 25쪽.
4   조애나 러스, 『SF는 어떻게 여자들의 놀이터가 되었나』, 나현영 옮김(포도밭 출판사, 2020), 30쪽.

명"이라고 칭한다.[5] 세라 레퍼뉴(Sarah LeFanu) 역시 러스는 "가장 중요한 SF 여성 작가"임을 인정한다.[6]

『여성남자』는 시간 여행과 평행 세계, 사이보그와 로봇, 유토피아와 디스토피아 등 과학 소설적 상상력과 패러디, 아이러니, 자기 반영성, 파편화, 비선형성의 포스트모던적 서사 기법이 혼재된 독특한 실험적 글쓰기이다. 『여성남자』는 1969년의 현재와 1969년의 대안 역사, 여성 유토피아 '와일어웨이(Whileaway)', '성 전쟁(Battle of the sexes)'을 벌이고 있는 '여성국(Womanland)' 과 '남성국(Manland)'을 배경으로 억압적 사회 구조와 여성의 문제를 복합적으로 제시한다. 시간과 공간이 다른 평행 세계에서 온 네 명의 여성, 재닛(Janet), 제닌(Jeannine), 조애나(Joanna), 자엘(Jael)의 이야기가 중심이다. 특이한 점은 여성 주인공들의 '제이(J)'라는 동일한 이니셜이 말해주듯이 이들은 서로 다른 시공간에서 살고 있지만 동일한 유전자를 공유한 여성들이라는 점이다. 이들 여성들은 "사이-세계에 살고(live between worlds)" 있는 "모든 여성(every woman)"[7]이면서 각각의 세계에 존재하는 여성 자아의 개별성을 상징한다.

『여성남자』는 1960년대 후반에 완성되었지만 러스에게 적대적인 출판계의 반대로 인해 1975년에 세상에 알려지게 되었다. '와일어웨이'의 이야기가 실린 초기 단편 「그것이 변했을 때」[8] 역시 당시 SF 게토의 남성 위주의

---

5   Helen Merrick, "The Female 'Atlas' of Science Fiction," in Farah Mendelsohn(ed.), *On Joanna Russ* (Middletown, CT: Wesleyan UP, 2009), p. 48.

6   Sarah Lefanu, *Feminism and Science Fiction* (Bloomington: Indiana UP, 1988), p. 173.

7   Joanna Russ, *The Female Man* (Beacon Press, 1986), p. 212. 이후 이 작품 인용 시 해당 부분에 쪽수를 표기한다.

8   단편 소설인 「그것이 변했을 때」는 여성들만의 세계 '와일어웨이'의 이야기이다. 6세기 전 남성이 전염병으로 사라진 지구 식민지인 '와일어웨이'에 '여성 유전자'를 찾기 위해 지구 남성들이 도착하면서 이야기는 시작된다. 여성만으로 구성된 세계를 받아들이는 데 어려움을 겪는 지구 남자들은 역사적 사실을 들었음에도 불구하고 계속해서 "사람들은 어디에 있습니까?"(236)라고 질문을 한다. 이때의 '사람'은 '남성'만을 의미하는 것이다. 러스는 가

폐쇄적 출판 관습에 의해 출간되지 못하다가 할런 엘리슨(Harlan Ellison)의 선집 『다시, 위험한 비전』(Again, Dangerous Visions, 1972)에 실리면서 세상에 알려지게 되었다. 『여성남자』는 출판 당시 많은 비난에 직면했다. 전통적 과학 소설과 달리 복수의 여성 주인공들과 성의 변형, 레즈비언, 사이보그 남성과 같은 소재로 인해 많은 남성 작가들은 『여성남자』가 너무나 실험적이며 인식론적으로 결여되어 있고, 일관성 없는 플롯과 결말의 미결정성으로 인해 평가할 가치조차 없다는 비난을 했다. 출판업자들 역시 이 작품이 "자기연민의 칭얼거림"이 가득한 소설이라고 평가했다.[9] 그러나 ≪토론토 스타(Toronto Star)≫의 비평가인 더글라스 바버(Douglas Barbour)는 "러스는 놀라울 만큼 감각적이다"라고 말하며 『여성남자』는 "심오하고 감정적이며 지적인 진실"이 가득 찬 작품이라고 평가한다.[10] 주디스 가디너(Judith Gardiner)는 이 소설이 "프리든, 밀릿, 그리어(Germaine Greer), 파이어스톤의 성지"[11]라고 말하며 이에 리치 캘빈(Ritch Calvin) 역시 『여성남자』가 페미니즘 문학사에서 매우 중요한 위치를 선점한 작품으로 인정한다.[12] 『여성남자』는 국내에서는 아직 미번역 상태이고 연구도 거의 되어 있지 않지만 서구에서는 과학 소설과 페미니즘 분야의 고전으로 활발한 연구가 이루어지고 있다. 프랜시스 바트코스키(Frances Bartkowski)는 마지 피어시(Marge Piercy)의 『시간의 경계에 선 여자(Woman on the Edge of Time)』와 『여성남자』를 비교하면서 러스

부장제가 가지고 있는 여성 부재의 역사를 드러낸다.

9   Donna Perry, "Joanna Russ," *Backtalk: Women Writers Speak Out*, Donna Perry(ed.) (New Brunswick, NJ: Rutgers UP, 1993), p. 296.

10   Ritch Calvin, " 'This shapeless book': Reception and Joanna Russ's *The Female Man*," *Femspec*, Vol. 1, No. 2(2010), p. 26.

11   Judith Gardiner, "Empathic Ways of Reading: Narcissism, Cultural Politics, and Russ's 'Female Man'," *Feminist Studies*, Vol. 20, No. 1(Spring 1994), p. 87.

12   Calvin, 같은 글, p. 25.

의 이야기가 『오디세이아(Odyssey)』와 같은 고전 서사와 성서의 서사 방식을 혼용하고 있다고 언급하면서 『여성남자』를 SF적 방법론이 작동하는 변증법적 유토피아 서사로 읽을 것을 주장했다.[13] 가디너는 정신 분석 이론의 '나르시시즘'의 정서에서 『여성남자』를 해석한다. 텍스트에 대한 독자의 반응과 감정의 역할과 그것을 어떻게 읽을 것인가 그리고 사회적 관계와의 연관성을 분석한다.[14] 캐슬린 스펜서(Kathleen L. Spencer)는 러스의 작품에 나타난 '여자아이'의 이야기에 주목하고 가부장적 문화에서 소년의 성장과 소녀의 성장 과정 차이의 근원을 분석한다. 그녀는 캐럴 길리건(Carol Gilligan)과 낸시 초도로(Nancy Chodorow)의 대상관계 발달 이론과 연결해 소녀가 가부장적 제도에서 탈주해 어떻게 페미니스트 의식을 갖게 될 수 있는지 논한다.[15]

이 글은 『여성남자』가 젠더 정체성의 허구성과 인위성에 대한 재현이자 비판이라는 것에 주목하고자 한다. 러스는 동일한 유전자를 공유하고 여성이라는 동일한 범주를 구성하는, 같지만 다른 여성(들)의 모습을 재현하면서 사회의 남성 이데올로기에서 구조화된 여성의 모습을 풍자하고 비판한다. '와일어웨이'에서 살고 있는 재닛의 이야기는 1960년대의 제닌과 조애나의 세계와 병렬적으로 교차한다. 재닛의 '와일어웨이'는 젠더의 구분이 없는 세계로 여성들만이 존재하고 여성들 스스로 국가를 건설하고 사회 체계를 형성한다. 네 명의 여성들은 서로 다른 세계에 있으면서 시공간이 다른 세계를 여행하고 횡단한다. 이러한 여행의 모티프는 여성들이 '남자의 세계'에서 살아남기 위해 얼마나 고군분투해야 하는지를 설명한다. 그들의 만남

---

13 Frances Bartkowski, "The Kinship Web: Joanna Russ's *The Female Man* and Marge Piercy's *Woman on the Edge of Time*," *Feminist Utopias* (Lincoln: University of Nebraska Press, 1989), pp. 48~78.

14 Gardiner, "Empathic Ways of Reading," pp. 87~111.

15 Kathleen L. Spencer, "Rescuing the Female Child: The Fiction of Joanna Russ," *Science-Fiction Studies*, Vol. 17, No. 2(1990), pp. 167~187.

은 서로에게 영향을 주며 그들의 삶을 평가하도록 하고 여성이라는 존재가 무엇인가를 다시 생각하게 한다. 네 명의 여성들은 생물학적으로, 유전적으로 동일하다. 그러나 여성들의 성격과 행동은 유사하지 않으며 환경의 차이로 인해 성과 젠더와 섹슈얼리티는 다르게 표출된다. 러스는 이 작품을 통해 '여성과 남성', '여성다움과 남성다움'과 같은 성별 이분법이 '자연적이며 본질적인 것'이 아님을 천명하며 사회가 규정한 여성 정체성을 해체한다. 제닌과 조애나의 사회는 성과 계급이 여성의 삶을 어떻게 형성하고 한정하는지에 대해 자세히 기록하고 있으며 여성에게 희생을 강요하고 그들이 순응하지 않을 때 어떤 비극이 초래되는지 폭로하고 해부한다. 이들 모두는 같은 여성이지만, 뚜렷한 젠더 훈련 체제 탓에 달라졌으며, 따라서 소설은 여성의 삶을 손상시키는 기술로서 젠더 이데올로기를 의심한다.[16] 러스는 네 명의 여성 주인공들의 이야기를 통해 여성 억압과 가부장 제도의 폭력을 파헤쳐 현실의 부조리함을 직시하도록 만든다. 또한 소설은 이야기 속의 이야기와 겹겹이 쌓은 다양한 글의 형태로 자유롭게 이동하는 여성들의 다양한 층위의 의식 구조와 내면의 자의식을 보여준다.

러스는 가부장적 구조와 여성의 성적 억압을 정당화하는 남성들의 지배 신화를 비판하기 위해 여성 자아를 해체하는 전복적 글쓰기를 한다. 수전 에어스(Susan Ayres)는 모니크 위티그(Monique Wittig)의 말을 빌려 『여성남자』를 문학의 "전쟁 기계(war machine)"라고 설명한다. 그것은 이 소설의 "설계와 목적이 오래된 형식들과 관습들을 부수기 때문이다".[17] 즉, 러스는 가부장 사회가 갖고 있는 결함과 모순을 밝혀내기 위해 지금껏 누구도 사용하지 않은 방식을 사용한다. 등장인물, 시간, 공간, 플롯, 서사 구조 등 기존의 문

---

16 빈트, 『에스에프 에스프리』, 204쪽.

17 Susan Ayres, "The "Straight Mind" in Russ's *The Female Man*," *Science-Fiction Studies*, Vol. 22(1995), p. 22.

학 형식을 해체하고 새로운 쓰기/읽기 행위를 창조하는 것이다. 『여성남자』의 서사는 네 명의 여성들의 개인적 경험에 초점을 맞추는데 그들의 경험은 사회와 문화적 조건에 따라 변화한다. 다른 시간대를 가로질러 존재하는 여성 주체는 분열된 주체로 분열된 각각의 렌즈로 그들의 경험과 인식이 해체되고 구성되면서 새로운 여성 주체로 창조된다. 따라서 이 글에서는 '모든 여성'이면서 '개별 여성'을 상징하는 네 명의 여성 주인공들의 이야기와 불연속적인 서사 구조를 통해 해체와 재구성이 어떤 방식으로 이루어지는지를 살펴보면서 여성 포스트모던 서사의 의미를 탐구한다.

2. 다중적이자 유동적 주체: 재닛, 제닌, 조애나, 자엘

『여성남자』는 시간과 장소가 다른 평행 세계에서 온 '여성(들)'의 이야기이다. 네 명의 주인공은 각각 다른 시간과 공간에 존재하면서 서로 다른 젠더 역할과 '여성' 정체성을 보여주고 있다. 러스는 네 명의 여성이 모두 다른 세계에 있지만 "개연성/연속체(probability/continuum)"(22)에 중첩되어 존재하고 있으며 서로 관련이 있음을 재현한다. 주인공들은 대안 자아를 재현하지만 젠더 불평등의 사회적 결과를 알려주며 과거뿐만 아니라 현재와 미래의 허구적 세계를 통해 여성과 남성이 문화적으로 구성되어 있다는 방식을 드러낸다. 여성 유토피아에서 온 재닛, 미국의 경제 대공황이 끝나지 않은 1960년대의 제닌, 작가와 동시대에 살고 있는 조애나, 여성과 남성이 격렬한 싸움을 벌이고 있는 미래의 디스토피아에서 온 킬러 자엘의 모습을 통해 러스는 여성 자아가 가지고 있는 다양한 층위를 변별하고 의미를 해석하고 있다.

나는 와일어웨이에서 태어났다. … 나는 재닛 에바슨이다. …
제닌 다디에르는 일주일에 세 번 공공사업 촉진국에 고용되어 뉴욕시에서 사서로 일을 했다. 그녀는 톰킨스 스퀘어 지부의 청소년 섹션에서 일했다. … 1969년 3월 셋째 주 월요일에 그녀는 재닛 에바슨에 관한 첫 헤드라인을 봤지만 관심을 두지 않았다. 그녀는 청소년 소설에 하루 종일 도장을 찍었고 주머니에 있는 거울로 눈가의 주름을 살폈다(난 겨우 스물아홉이야!). …

재닛 에바슨이 오후 두 시 브로드웨이가에 속옷차림으로 나타났다. 그녀는 당황하지 않았다. … 경찰관이 팔을 잡으려고 하자 그녀는 무술로 그를 위협했지만 그는 사라졌다. …

… 나는 미드맨해튼의 칵테일파티에 앉아 있었다. 나는 이제 막 남자로 변했다. 나, 조애나, 물론 나는 여성남자이다. 나의 몸과 영혼은 정확히 똑같았다. 물론 나도 있다.

I was born on a farm on Whileaway. … I am Janet Evason. …

Jeannine Dadier (DADE-yer) worked as a librarian in New York City three days a week for the W.P.A. She worked at the Tompkins Square Branch in the Young Adult section. … On the third Monday in March of 1969 she saw the first headlines about Janet Evason but paid no attention to them; she spent the day stamping Out books for the Young Adults and checking the lines around her eyes in her pocket mirror (I'm only twenty-nine!). …

Janet Evason appeared on Broadway at two o'clock in the afternoon in her underwear. She didn't lose her head. … When a policeman tried to take her arm, she threatened him with le savate, but he vanished. …

… I sat in a cocktail party in mid-manhattan. I had just changed into a man, me, Joanna. I mean a female man, of course; my body and soul were exactly the same. So there's me also(1~5).

소설의 1장은 재닛의 이야기로 시작된다. 이어 2장과 3장은 3인칭 화자가 제닌과 와일어웨이에서 온 재닛을 묘사한다. 4장은 다른 인물인 "여성남자"인 조애나의 이야기이다. 러스는 1인칭 주인공에서 3인칭 주인공으로,

한 세계에서 다른 세계로 순간적인 공간 이동의 모습을 통해 등장하는 네 명의 여성 주인공들의 모습을 파편적으로 배치함으로 이야기를 시작한다.

러스는 1960년대의 급진적 사회 변화가 일어나지 않은 가상의 대체 역사를 상상해 여성들의 억압적 상황과 사회, 경제적 상관관계를 드러낸다. 제닌의 세계는 1936년에 히틀러(Adolf Hitler)가 암살당함으로 일본 제국주의가 중국을 지배하고 있고 제2차 세계대전은 발발하지 않았으며 미국의 경제 대공황은 끝나지 않았다. 이런 상황에서 여성들은 "결코 좋은 직업을 가질 수 없"(113)었다. "어리석고, 소극적임, 무기력함, 인지 결여"(92)라는 설명으로 묘사된 제닌은 수동적이며 대상화된 여성이다. 제닌은 일주일에 세 번 도서관에서 일을 하며 결혼을 원하지 않지만 그녀의 엄마와 오빠는 임시직인 그녀의 능력을 탓하며 남자 친구인 칼(Cal)과의 결혼을 종용한다. 러스는 경제의 영역에서 삶의 주체성을 누릴 수 없는 제닌을 통해 경제 활동을 남성의 영역으로만 이해하고 있는 가부장제를 비판한다. 실제 미국은 제2차 세계대전을 전후로 여성 노동자의 지위를 이데올로기의 편의에 따라 취하고 배제했다. 제닌은 자신은 책을 좋아하며 읽고 생각하는 것을 사랑한다고 말하지만 그것은 칼에 의해 "몽상"(150)으로 치부된다. 이러한 상황에서 제닌을 향한 조롱은 "비행 조종사가 되길 원합니까? 그것을 원합니까? 그들이 허락을 할까요? 당신은 수학에 재능을 가지고 있었습니까? 그들은 당신이 트럭 운전사가 되는 것을 거부했습니까?"(122)라는 질문으로 사회가 얼마나 젠더화되어 있으며 '남성성'에 함몰되었는지를 상징적으로 보여준다. 거세당한 제닌의 모습은 강압적이고 남성 지배적인 사회관계 속에서 더 이상 주체성을 담보하기 어려움을 의미하며 여성으로 강제되는 상황 속에 있음을 상기시킨다.

조애나는 『여성남자』가 실제로 쓰인 1969년 현재의 미국 사회를 살아가는 여성이다. 영문학 교수로 당당한 그녀지만 사회에 만연한 '여자에 대한 편견'은 그녀를 불안감과 자괴감에 빠져들게 할 뿐만 아니라 스스로에 대한 정체성을 획득하지 못하게 한다. 제닌과 마찬가지로 조애나의 세계 역시 남

성 중심의 가부장제는 유지되며 여성들은 성적으로 대상화되어 있다. "우리가
사랑을 나눈 후, 그는 벽을 보고 돌아누운 후 말을 해. "여자여, 당신은 사랑
스러워. 당신은 육감적이지. 당신은 긴 머리와 눈 화장을 하고 몸에 딱 붙는 옷
을 입어야 해" "(150)라는 조애나의 서술에서 그녀 역시 여성 역할이라는 사회적
기대와 그녀의 일에 대한 성취 사이에서 갈등을 느끼고 있음을 알 수 있다.
이에 조애나는 "이것을 어떻게 나의 인간적 삶과 지적인 삶, 고독, 초월성, 나
의 두뇌, 나의 두려운, 두려운 야망과 결합해야 합니까?"(151)라고 고백한다.

> 나는 아빠는 널 사랑하지 않을 거야 말하는 다섯 살 자아를 가지고 있다.
>
> 나는 소년들이 너와 놀지 않을 거야 말하는 열 살 자아를 가지고 있다.
>
> 나는 아무도 너와 결혼하지 않을 거야 말하는 열다섯 살 자아를 가지고 있다.
>
> 나는 너는 아이들 없이 만족한 삶을 살 수 없을 거야 말하는 스무 살 자아를 가지
> 고 있다.
>
> I had a five-year-old self who said: Daddy won't love you.
>
> I had a ten-year-old self who said: the boys won't play with you.
>
> I had a fifteen-year-old self who said: nobody will marry you.
>
> I had a twenty-year old self who said: you can't be fulfilled without a child(135).

조애나의 자기혐오적이고 부정적 여성 정체성의 고백은 "나는 아프고 미
친 여자야. 남자의 자존심을 완전히 깔아뭉개고 남자를 파멸시켜"(135)라는
자괴감으로 확장된다. 이것은 역사 속에서 여성의 존재는 주체가 아닌 타자였
으며 마녀이고 괴물이었음을 의미한다. 여성은 남성을 파탄에 빠뜨리는 존
재였을 뿐만 아니라 오물과 더러움, 유혹하는 오염의 원천으로 표현되어 왔
으며, 그러므로 어떻게든지 접근하지 못하게 하고 응징해야 하는 존재로 여
겨져왔다.[18] 이로 인해 여성 스스로 종속적이고 식민화된 모습으로 내면화하
는 것이다. 조애나의 세계는 변혁의 시기임에도 불구하고 페미니즘이 "매우

잘못된 실수"라고 말해지며 여성들이 임신 중단과 같은 권리를 가졌음에도 불구하고 여전히 "아기 살인자"(136)라고 불린다.

『여성남자』에서 여성 주체는 단일하고 고정된, 안정된 주체가 아니라 구성적이며 다중적이고 유동적 주체이다. 전통적인 SF 소설이 남성 영웅 중심의 단일하고 통일된 이야기를 전달하는 것과 달리 이 작품은 복수의 여성 인물을 등장시켜 시공간을 초월해 여성이 어떻게 구성되고 존재하는지를 세밀하게 묘사하고 있다. 이름의 유사성이 상징하는 것처럼 네 명의 여성 주인공은 같은 여성 인물인지, 아니면 다른 인물이지만 같은 자아를 소유하고 있는 것인지 명확한 해답을 제공하지 않는다. 또한 여성들이 순차적으로 등장하는 것이 아니라 서로의 세계를 공유하고 경험하면서 교차적으로 등장한다. 이들은 함께 서로의 세계를 여행하며 생활하고 같은 경험을 나누며 TV 속 인물로 또는 신문에 등장하는 인물로 스쳐 지나가기도 한다. 즉, 여성이라는 범주가 다양한 차이와 의미화에 따라서 분화될 수 있음을 보여준다. 주디스 버틀러 (Judith Butler)에 따르면 "젠더는 일종의 행위이며 그것이 자동적이거나 기계적인 것이 아니다".[19] 젠더는 구조화된 틀 안에서 양식화된 반복적 수행이다. 러스는 여성 젠더 정체성을 본질적이고 변화 불가능한 것이 아니라 사회, 문화적 담론과 더불어 수행적으로 형성됨을 보여준다. 그녀는 재닛의 모습을 통해 젠더는 이분법적 성 역할의 한계를 뛰어넘는 행위임을 재현한다. 재닛은 젠더 규범이 사라진 세계, 와일어웨이에서 왔다. 재닛은 여성과 남성의 대립과 위계 구조를 이해하지 못한다. 와일어웨이의 "안전과 평화 관리자"(1)인 재닛을 통해 러스는 '여성다움'과 '남성다움' 혹은 젠더에 대한 편견이 역사적·사회적으로 얼마나 구조화되어 있고 낙인찍어 왔는지를 설명한다.

---

18 마사 너스바움, 『혐오와 수치심: 인간다움을 파괴하는 감정들』, 조계원 옮김(민음사, 2015), 209쪽.

19 주디스 버틀러, 『젠더 허물기』, 조현준 옮김(문학과 지성사, 2015), 10쪽.

열세 살에 나는 48위도선 위의 북 대륙에서 혼자서 늑대를 총으로 사냥했다. 나는 머리와 발을 운반하기 위하여 기구를 만들었고 머리를 버리고 마침내 하나의 발만 가지고 집에 돌아왔다. 나는 광산, 라디오방송국, 우유농장, 채소농장에서 일을 했고 다리가 부러진 후에는 6주 동안 사서로 일했다. 나는 서른 살에 유리코 재닛슨을 낳았다. … 유키는 아이스크림에 빠져 있다. 나는 딸을 사랑한다. 나는 가족을 사랑한다(나의 가족은 열아홉 명이다). 나는 아내 빗토리아를 사랑한다. 나는 네 번의 결투를 했다. 나는 네 번 누군가를 죽였다.

When I was thirteen I stalked and killed a wolf, alone on North Continent above the forty-eighth parallel, using only a rifle. I made a travois for the head and paws, then abandoned the head, and finally got home with one paw, proof enough (I thought). I've worked in the mines, on the radio network, on a milk farm, a vegetable farm, and for six weeks as a librarian after I broke my leg. At thirty I bore Yuriko Janetson; … But Yuki is crazy about icecream. I love my daughter. I love my family (there are nineteen of us). I love my wife (Vittoria). I've fought four duels. I've killed four times(1~2).

재닛은 와일어웨이에 있는 아내와 딸을 소개하며 자신에 대해 이야기한다. 첫 장에 등장하는 재닛의 이야기에서 독자들은 재닛의 젠더 정체성에 대한 모호함과 불확실함을 발견하게 된다. 젠더 정체성에 대한 이와 같은 러스의 의도적 서술은 가부장적 문화의 성별 고정 관념에 대한 비판을 분명히 보여준다. 젠더는 변화하거나 맥락화된 현상으로서, 본질적인 존재를 의미하는 것이 아니라, 문화적이고 역사적인 특수한 일련의 관계를 둘러싼 상호 수렴의 지점인 것이다.[20]

---

20 버틀러, 『젠더 트러블』, 103쪽.

젠더가 사라진 와일어웨이는 '난자 융합'을 통해 여성들만의 사회를 구축하며 경쟁이나, 전쟁 혹은 착취 같은 것이 일어나지 않는 아나키즘적인 세계이다. 와일어웨이 여성들 역시 아이를 낳고 기른다. 그들은 "생물학적 어머니('신체의 어머니')인 유전자 모가 되며, 아이를 낳지 않는 어머니는 다른 난자를 제공"(49)하는 과학 시스템을 사용한다. 와일어웨이 사람들은 출산을 자연적이며 생물학적인 과정으로 여기지 않는다. 그들은 "항상 일을 한다. 그들은 일을 한다. 일을 한다"(54)라는 반복적 서술에서 보듯이 여성들이 '모성'이라는 이름으로 가부장제 가족 안으로 들어가는 것이 배제된 세계이다. 『여성남자』는 가부장제 문화를 탈주하기 위해 여성들이 가정을 떠나는 대신에 가부장제라는 틀 자체를 없애는 과학과 테크놀로지를 이용한다.[21] 공간을 교차적으로 이동하는 재닛과 와일어웨이는 누구도 여성으로 태어나지 않으며 성차는 사회와 문화적으로 구성된 유물론적 결과물임을 상징한다. 시간 여행자로서 재닛은 해방적이며 전복적인 인물이다. 이것은 재닛이 조애나의 세계에서 전형적 이성애 가족의 딸인 사춘기 소녀 로라 로즈(Laura Rose)를 만나는 장면을 통해서 알 수 있다. 와일어웨이는 금지된 섹슈얼리티는 없다. 와일어웨이 사람들의 성관계는 사춘기에 시작하고, 그들은 "오직 한 사람과의 결혼 생활을 영위하지 않으며"(28) 자유로운 성생활을 추구한다. 와일어웨이의 단 하나의 금기는 자신보다 나이가 훨씬 많거나 적은 사람과의 성적 관계이다. 재닛이 로라와 데이트를 하고 마지막에 함께 떠나는 모습은 버틀러가 말하는 "불연속적인 젠더 존재",[22] 즉 퀴어 가능성을 설명한다. 그들은 "문화적 인식 가능성이 있는 젠더 규범을 따르는 데 실패한 존재"(115)인 것이다. 재닛은 와일어웨이의 금기에 저항하고 로라는 이성애 사회의 금

---

21 Lisa Yaszek, *Galactic Suburbia: Recovering Women's Science Fiction* (The Ohio State: The Ohio State UP, 2008), p. 207.

22 버틀러, 『젠더 트러블』, 115쪽.

기를 위반한다. 두 사람의 관계는 레즈비언적 관계이며 그것은 "성 범주(여성과 남성)를 넘어서는 유일한 개념"[23]이 된다. "이성애자가 되기를 거부하는 것은 의식적으로든 아니든 언제나 남성 혹은 여성이 되는 것을 거부"[24]하는 개인으로 존재해 가부장제 질서에 저항하는 정치적 주체로 인식된다.

러스는 여성 자아를 여성만의 공간으로 후퇴시키거나 남성 주체로 흡수시키지 않고 새로운 여성 주체로 재구성한다. 재닛을 만나고 조애나는 '여성적 인물(female figure)'에서 '여성남자(female man)'로 변형된다. 조애나의 여성 주체 인식의 첫 단계는 자신의 정체성에 대한 스스로의 인식을 인지하는 것으로 시작한다. 자신의 욕망과 그로 인한 실패가 아니라 젠더화된 사회에서 구성된 논리적 패러독스를 인지하는 것이다. 조애나는 "오랫동안 나와 함께해달라고, 나를 사랑하고, 나를 증명하고, 나를 규정하고, 나를 정상으로, 나를 인정하고, 나를 지지해달라고 말해왔다"(140)며 자신의 욕망을 취할 수 있는 유일한 방법은 남성이 되는 것이라고 결론짓는다. 그녀는 여성이 '되고(become)' 남성이 '되어야만 했다(had to)'. '여성남자'의 의미는 단순히 남성적 특질을 전유하고 동일시하는 것이 아니며 모순의 체현도 아니다. 그것은 젠더 사회가 건설한 이분법적 대립에서 그녀의 공식적인 지위를 거부한 조애나를 나타낸다. 여성과 결합된 '남성(man)'의 성별은 일반 남성에 여성을 '포함'하고 '인간(man)'에서 여성을 '배제'하는 것의 모순을 강화한다. '여성남자'로서 구성된 조애나의 주체는 억압받는 집단의 구성원으로서 지배하는 문화와 주변 문화로서 그녀의 정체성을 표현한다. '여성남자'라는 새로운 조어는 가부장제 사회에서 이제 여성이 정의되고 있음을 가리킴과 동시에 불평등에 대한 저항의 행위이다.

---

23 모니크 위티그, 『위티그의 스트레이트 마인드: 이성애 제도에 대한 전복적 시선』, 허윤 옮김(행성비, 2020), 74쪽.

24 위티그, 같은 책, 64쪽.

조애나의 젠더 수행성은 그녀에 의해 수행되고 그녀를 수행한다. 조애나의 '여성남자'는 젠더의 이원론적 구조에 대해 질문을 제기한다. 여성이란 무엇인가 또는 남성이란 무엇인가, 남자가 된다는 것은 혹은 여자가 된다는 것은 무엇을 의미하는가? 조애나는 '여성다움'의 개념에서 스스로 자신을 구원한다. 그녀는 끊임없이 "나는 여성남자가 되었어"(60)를 호명하며 이성애 사회에서 규정되지 않는 새로운 젠더를 구성한다. 조애나는 젠더를 파괴하고 그녀가 '여성남자'가 될 때 보편적 존재가 될 수 있다고 믿는다. 조애나의 '여성남자'[25]의 은유적 변형은 젠더가 존재가 아니고 '행하기'임을 의미한다. '여성남자'로 자신을 바꾼 후에 조애나는 자신의 첫 감정을 표출한다. 그것은 바로 분노이다. "나는 당신이 날 남자로 부르는 편이 나은 것 같아. 만약 당신이 그렇게 하지 않으면 신과 성인들의 이름으로 너의 목을 부러뜨리고 말겠어"(67)라는 조애나의 분노는 여성 주체가 새롭게 재구성되었음을 보여준다. 작품 속에서 조애나는 "아빠는 항상 화를 낸다. 엄마는 그저 한숨만 쉰다. 엄마는 결코 화내지 않는다. 그것이 그녀의 일"(94)이라고 기억한다. 이와 반대로 젠더가 존재하지 않은 곳에서 온 재닛은 화를 참지 않는다. 경찰이 재닛의 팔을 잡으려고 할 때 그녀는 남성을 위협한다. 동일자와 타자의 경계가 불분명한 '여성남자'의 선언은 젠더가 수행적임을 강조한다.

러스의 여성 자아는 구성되고 해체된다. 러스는 네 명의 여성 주인공을 끊임없이 환기시킨다. 파편적인 그들의 이야기는 사라지거나 부재하는 것이 아니라 재구성되어 나타난다. 마지막으로 자엘을 통해 가부장적 세계에서 재현되지 않은 새로운 여성 주체의 모습을 보여준다. 자엘의 세계는 "육

---

25 작품의 제목이기도 한 '여성남자'는 상당히 도발적이며 모순적인 용어이다. '인간(man)'이 '여성(woman)'을 포함하고 있지만 가부장적 담론에서 젠더적 용어인 인간(man)은 여성을 배제하고 남성을 이야기하고 있기 때문이다. 이러한 러스의 문제의식을 나타내기 위해 이 글에서 한국어 제목은 『여성남자』로 번역했다.

아는 여성의 일이라고 믿는"(83) 남성국과 여성국 사이의 '성 전쟁'이 격렬하게 일어나는 디스토피아이다. 여성국과 남성국에서 섹슈얼리티는 매우 중요한 문제로 남성들은 "성적 즐거움"(83)과 "아이들을 돌보기"(83) 위해 소년들을 외과적 수술을 사용해 여성으로 고치고, 여성들은 남성을 대체하기 위해 로봇 남성을 만들어 애인으로 사용한다. '성'으로 분리된 두 국가의 설정은 성별 차이로 이분화된 젠더 정체성의 아이러니를 극화한다. 남성국의 "변형인(changed)"과 "반변형인(half-changed)"은 과학 기술을 이용해 여성으로 또는 남성으로 변형된 인물인데 러스의 이러한 묘사를 통해 젠더의 고정성과 안정성이 얼마나 허구적이며 피상적인지를 풍자한다. 여성국의 자엘은 여성국과 남성국의 오랜 전쟁을 끝내길 원한다. 사실 재닛, 조애나, 제닌을 소환해 한자리에 모이게 한 이유도 바로 그것 때문이다.

결국 오랫동안 순종적이며 참을성 있고 수동적인 '여성적' 젠더를 수행해 왔던 자엘은 작품의 마지막에 남자로 가장해 남성을 죽이는 킬러의 역할을 한다. 남자를 공격하는 행위를 통해서 그녀는 육체적으로 약하고 감정적이라는 전형적인 '여성성'을 거부한다. 자엘의 행위는 지금껏 숨죽여왔던 여성의 분노와 저항을 표출한 것으로 오로지 여성을 성적 대상으로만 취급하는 현실에 대한 저항이자 전복적 행위이다. 자엘은 '여성의(female)' 육체를 가지고 있지 않으며 '여성다운(feminine)' 특성도 보이지 않는다. 그녀는 금속의 장치를 삽입한 사이보그로 사이보그인 남성 데이비(Davy)를 통제하며 남성과 여성의 관계가 더는 지배와 종속의 관계가 아님을 보여준다. 자엘은 남성을 가장한 "남성-여자(man-woman)"(188)가 된다. '여성남자'인 조애나와 '남성-여자'인 자엘은 여성성과 남성성의 패러디라고 할 수 있다. 러스는 이러한 패러디를 통해 전복적인 타자의 목소리를 발화하며, 이항 대립을 지속적으로 붕괴시키면서 고정된 범주화에 저항한다.

러스는 시공간을 교차하는 복수적 주체의 모습을 통해 가부장적 사회가 주입하고 강요하는 단일하고 통합적 여성 주체를 해체하고 다중적이고 유동적인 주체를 재현한다. 유동적 여성 주체의 정체성은 지적·심리적·사회적·제도적·정치적 상황에 따라 복잡하게 구성되어 있으며 끊임없이 변화한다. 이것은 와일어웨이에 있는 "신의 조각상"(103) 묘사를 통해 은유적으로 드러난다. 보편적 남성으로 상징되는 '신'은 여성 유토피아인 와일어웨이에서 여성형으로 묘사되는데 곧 남성도 여성도 아닌 재현 불가능한 모습으로 설명된다. "그녀는 끊임없이 변화하는 모순적 존재이며, 다정한 모습으로, 때로는 섬뜩한 모습으로 때로는 혐오스러운, 때로는 사랑스러운, 때로는 어리석은 모습이 되며, 마침내는 형언할 수 없는 모습으로 변한다"(103)라는 서술은 '신'을 포함한 모든 것이 고정된, 통합된 불변하는 정체성을 가지고 있지 않으며 변화하는 과정에 있음을 강조한다. 『여성남자』의 여성은 '대문자 여성(Woman)'이 아니라 다양한 수많은 '여성들(women)'로 존재한다. 러스는 "주권적이고 위계적이며 배타적인 주체로서가 아니라 복수적이고 개방적이며 상호 연결된 실체로 다시 코드화 혹은 다시 명명할 필요성"[26]을 가지고 여성 자아의 지형도를 그리고 있다. 이것은 재닛, 조애나, 제닌 그리고 자엘을 이질적이며 동일하고 상호 교차하고 상호 작용하는 "끝없는 등등(et cetera)"[27]의 주체로서 서로를 위치하게 한다.

3. '낯설게 하기'의 서사: 자유와 해방의 공간

『여성남자』가 갖고 있는 특별함과 독창성은 포스트모던 여성 주체와 더불어 작품의 형식과 관련이 있다. 『여성남자』는 총 아홉 개의 부(part)로 나뉘어 있으며 하나의 부는 다섯 개에서 열여덟 개의 장으로 나뉘어 있고 한 장은 세 단어에서 여러 페이지로 나뉘어 있는 구조이다. 작품의 형식은 글 안

26　로지 브라이도티, 『유목적 주체』, 박미선 옮김(여성문화이론연구소, 2004), 249쪽.
27　버틀러, 『젠더 트러블』, 353쪽.

에 글이 있는 액자식 형태를 취하고 있으며 동화, 우화, 패러디, 독백, 대화문, 여행기, 인터뷰, 강연문 등 개별적이고 독립적인 하이퍼텍스트적 내러티브 형식을 취한다. 작품의 시간 역시 순차적이거나 선형적이지 않다. 예를 들면 자엘은 "나는 전염병이다"(211)라고 말하며 자신이 전염병의 원인으로 와일어웨이의 남성들을 죽인 그 바이러스가 자연적 결과나 돌연변이가 아니라 생물학적 테러 행위임을 주장한다. 이 이야기는 시간상으로 모순적인 면모를 가진다. 와일어웨이에서 일어난 사건은 900년 전에 벌어졌으며 이야기는 자엘을 포함한 네 명의 여성들이 같은 방에 앉아 있는 순간에 행해졌기 때문이다. 러스는 아리스토텔레스(Aristoteles)의 전통적 플롯을 "허구에 대한 믿음"[28]이라고 부르며 단일하고 통일적인 서사가 여성들에게 하나의 정답과 반박 불가능한 해석을 제공해 세뇌시켰음을 주장하며 남성 중심의 전통적인 내러티브를 비판한다. 그녀는 자신의 글을 '서정적'이라고 칭하며 그것은 "언외의 핵심 주제나 핵심 정서 주위에 개별적으로 흩어진 요소들(이미지, 사건, 장면, 구절, 단어 등)을 조직하는 원리"이며 "서정적 양식은 시간순서나 인과관계 없이도 존재하며 그 연결 원리는 연합적이다"[29]라고 말한다. 러스의 작품은 일반적인 형식의 기대를 깨뜨리고 있으며 "상상력의 에너지를 해방"시킨다.[30]

소설은 "나는 와일어웨이 농장에서 태어났다"(1)는 일인칭 화자인 재닛의 독백으로 시작한다. 재닛은 독자에게 자신과 가족을 소개한다. 하지만 다음 장에서 재닛은 브로드웨이에 나타났다가 곧 사라진다. 와일어웨이의 자신의 침대에서 그녀는 "누가 내 머릿속을 엉망으로 만들고 있지?"(5)라는 혼잣말을 하며 깨어난다. 실제 이야기인지 일인칭 화자인 재닛의 꿈인지 혼란과

---

28 러스, 『SF는 어떻게 여자들의 놀이터가 되었나』, 194쪽.

29 러스, 같은 책, 207쪽.

30 Catherine L. McClenahan, "Textual Politics: The Uses of Imagination in Joanna Russ's *The Female Man*," *Transactions of the wisconsin Academy of Sciences, Arts and Letters*, Vol. 70(1982), p. 116.

모호함을 제공하면서 소설은 시작된다. 1부의 2장은 삼인칭 화자에 의해 묘사되는 제닌에게 초점을 맞춘다. 하지만 4장은 삼인칭 화자에서 다시 "나는 막 남자로 변했다, 나, 조애나"(5)라고 말하는 일인칭 화자의 이야기가 진행된다. 7장은 다시 일인칭 화자로 이동된다. 이처럼 일인칭과 삼인칭을 교차하면서 이동하는 『여성남자』의 형식은 한 사람의 화자가 동일한 어조로 이야기를 이끌어가는 소설들과는 달리 여성 인물에 대한 독자의 긴장감과 거리감을 개별적으로 제공한다. 서술자가 누구인지에 따라 여성 인물에 대한 판단이 달라지는 것이다. 예를 들어 일인칭과 삼인칭 화자로 표현되는 다른 인물과 달리 제닌은 처음부터 끝까지 삼인칭 서술자에 의해서만 그려진다. 이것은 제닌이 주체적인 선택이 배제되고 종속적이며 무시당하는 대상화된 여성을 상징한다고 할 수 있다.

화자의 이동과 더불어 이 소설의 특이한 점은 바로 일인칭 화자 '나' 불확실성에 있다. 네 명의 여성들은 시간과 공간을 가로질러 서로의 세계에 등장한다. 이때 말하는 화자가 누구인지 정확히 알 수 없다. 네 명의 여성 주인공이 등장하는데 모두가 이야기를 하고 있으며 작품의 중간에는 마치 작가의 페르소나라고 할 수 있는 또 다른 인물의 목소리가 들리기 때문이다.

나는 텔레비전에서 본 재닛 에바슨을 보기 위해 갔던 칵테일 라운지에서 제닌을 보았다(나는 텔레비전 세트가 없다). 제닌은 어색해 보였다. 나는 그녀 옆에 앉았다. 그녀는 "나는 여기에 맞지 않아"라고 나에게 이야기했다. 우연히 도착하지 않는 한 그녀가 어떻게 그곳에 있는지 상상할 수 없다. 어둠 속에 앉아 있는 가냘픈 팔과 다리의 그녀는, 너무 작은 옷을 입은 망아지 같은 소녀, 머리에 망을 쓰고 높은 굽의 구두를 신은 모습은 마치 시대물 영화를 위해 옷을 차려입은 것처럼 보였다. I saw Jeannine shortly afterward, in a cocktail lounge where I had gone to watch Janet Evason on television (I don't have a set). Jeannine looked very much out of place; I sat next to her and she confided in me: "I don't belong here." I can't imagine how she got there, except by accident. She looked as if she were dressed up for a costume film, sitting in the shadow with her snood and her wedgies, long-limbed, coltish girl in clothes a little too small for her(7~8).

위의 인용문에서 일인칭 화자인 '나'는 1969년 맨해튼(Manhattan)의 칵테일 파티에서 시간 여행을 온 제닌을 만났다. 이 장면에서 말하고 있는 '나'는 조애나인지, 아직 등장하지 않은 또 다른 인물인 자엘인지 불분명하다. 이처럼 러스는 말하고 있는 인물이 누구인지를 명확히 밝히지 않는다. 또한 1부의 6장에서 화자는 갑자기 독자에게 말을 걸기도 한다. 화자는 "당신이 이해할지 모르겠지만"(7) "와일어웨이는 미래다. 하지만 우리의 미래는 아니다(Whileaway is in the future. But not our future.)"(7)라고 설명을 한다. 1부의 8장에서는 와일어웨이의 지형과 와일어웨이의 "휴머니티는 비자연적이다"(12)를 천명한 철학자 둔야사 버나뎃슨(Dunyasha Bernadetteson)을 호명하면서 일인칭 화자는 다음과 같이 끼어든다. "친애하는 독자여, 나사렛 예수의 시대에, 자동차는 없었다. 나는 때때로 여전히 걷는다"(13)라고 말하며 독자를 호명한다. 이 일인칭 화자는 누구인가? 네 명의 여성 중 한 명인가? 아니면 작가인가? 일관성 없는 이러한 서술은 통일성을 목적으로 하는 '남성 문화'의 "고유의 형식, 고유의 구조, 고유의 전망과 가치를"[31] 해체시키기 위한 러스의 분명한 의도이다. 서술자의 불안정과 불확실함은 획일성과 확실성이 지배하는 상징 세계를 해체시킨다.

4부의 17장에서 화자는 "마쇼피산맥 아래에는 운디드 니라고 불리는 마을이 있고 그 너머에는 그린베이의 농지가 있다"(79)고 말하면서 재닛이 와일어웨이의 주요 지형물이 정확히 어디에 있는지 상세히 말할 수 없고 "작가인 나 역시 말할 수 없다"(79)는 모호한 이야기를 한다. 갑작스럽게 끼어든

---

31 러스, 『SF는 어떻게 여자들의 놀이터가 되었나』, 205쪽.

이 장면에서 작가와 등장인물의 경계는 붕괴되며 독자는 더욱 혼란스러워진다. 8부의 7장에서는 조애나는 "그녀는 우리를 엘리베이터로 데려갔다. 그녀는 마음속으로 우리를 부르면서, 젊은 사람, 약한 사람, 강한 사람. 나는 작가이며 알고 있다"(165)고 말한다. 이때 러스는 이 작품에서 자신이 이야기하고 있다는 사실을 숨기지 않는다. 작품의 '나'는 독자들에게 직접 이야기하고 있으며 등장인물인 조애나와 관계하고 있는 사람임을 감추지 않는다. 그런데 다음 장에서 자엘은 "나는 작가의 영혼이야. 그리고 모든 것을 알고 있어"(166)라고 언급한다. 그럼 이때의 '나'는 누구인가? 러스는 독자의 인식론적 배경을 미묘하게 이동하면서 불확실성을 가중시킨다. 이러한 존재적 불확실성은 재닛과 조애나의 관계를 통해서도 알 수 있다.

재닛, 앉아.

재닛, 그렇게 하지 마.

재닛, 제닌을 차지 마.

재닛!

재닛, 하지 마.

나는 그녀를 상상했다. 예의 바르고, 속마음을 드러내지 않는, 완고하게 정형화된.

Janet, sit down.

Janet, don't do that.

Janet, don't kick Jeannine.

Janet!

Janet, don't!

I imagine her: civil, reserved, impenetrably formulaic(31).

러스는 등장인물 재닛이 등장인물 조애나의 상상력의 결과라고 제안함으로 등장인물의 관계를 더욱 복잡하게 만든다. 조애나는 "내가 재닛을 부른

후에, 아무 이유도 없이, 아니면 그녀가 나를 불렀다"(29)라고 말하며 "오! 나는 그 여성을 만들었어. 당신은 그걸 믿을 수 있어?"(30)라고 묻는다. 반면 9부는 "이것은 조애나의 책이다"라는 첫 문장으로 시작한다. 그렇다면 여기서 화자는 제닌인가? 자엘인가? 독자는 어떤 확실성을 가질 수 없다. 누가 말하고 있는지, 또는 그 화자를 믿을 수 있을지 알 수 없다. 이러한 부조화의 경향은 이야기의 흐름이 하나의 방향으로 나아가는 것을 방해하며 부조리한 현실의 가치들을 부정하고 전복할 수 있는 가능성을 제공한다. 러스는 여성의 글쓰기를 이야기하면서 남성의 관점에서만 글을 쓰는 것이 여성들에게 부여되었기 때문에 여성 작가가 서정성과 무질서 사이에서 이리저리 흔들리는 것이 이상하지 않다고 말한다. 러스는 「여주인공은 무엇을 할 수 있는가? 또는 여자는 왜 글을 쓸 수 없는가?」라는 에세이에서 "서양의 문학이 가부장적이다"라고 단언하며 남성들이 비판하는 비서사적인 방법을 찬양한다. 즉, 그녀는 서정적인 글쓰기를 통해서 다양한 모순과 정리되지 않는 방법 속에서 스스로 생각해낼 수 있는 힘을 키우고자 한다.

『여성남자』의 쓰기 행위는 조애나의 저항의 방법이다.[32] 러스는 조애나의 책을 비평적으로 읽음으로 독자들에게 상호 역할을 제안하고 권력에 대한 담론적 투쟁에 참여하게 한다. 러스는 일관된 자아가 아닌 다양한 자아를 등장시킴으로 여성들의 범주화를 해체한다. 분열적 화자는 소통 불가의 현실을 작가 스스로가 집요하게 응시하고자 했기 때문이다. 다원화된 다양한 층위의 서사 구조 자체는 독자들이 전통적 서사의 선형적 플롯과 통합된 인물에게 친숙하게 다가가는 것을 방해한다. 만약 전통적 서사가 주체가 쉽게 조종당하고 통제당하는 이념적 담론을 이끈다면 러스의 분열적 서사는 그러한 경향을 저항하고 전복시킨다. 고정된 이미지를 거부하는 탈중심적

---

32 Amanda Boulter, "Unnatural Acts: American Feminism and Joanna Russ's *The Female Man*," *Women: A Cultural Review*, Vol. 10, No. 2(1999), p. 54.

이고 분열된 존재를 실험하는 이러한 다양한 서술 전략은 지금껏 하지 않았던 여성 주체에 대한 사유를 목적으로 한다. 러스는 등장인물들의 서사를 비선형적으로 읽음으로 독자와의 상호 역할을 제안한다. 러스는 자신이 읽는 것을 선택할 수 있는 능동적인 행위자로서 독자를 재현한다. 그녀는 "만약 당신이 그것이 싫다면 다음 파트를 건너뛸 수 있다"(92)라고 말한다. 이러한 서술은 독자의 개입을 감독할 뿐만 아니라 의미 생산에 있어서 독자의 참여를 구조화한다. 한편 독자의 반응이 작가의 통제를 넘어서는 것을 인정한다. 의도적으로 오독의 가능성을 만듦으로써 러스는 교훈주의에 도전한다. 러스는 독자들이 성차별주의의 재현에서 스스로를 인식하기를 기대하며 읽기 행위에서 젠더 억압의 경험을 공유하기를 제안하는 것이다.

러스의 글쓰기는 사실과 허구, 소설과 실재를 넘나든다. 또한 그녀의 글쓰기는 "언어에 대한 투쟁이며, 완전한 의사소통에 대항하는 투쟁이고, 모든 의미를 완전하게 번역하는 유일한 코드, 즉 남근 중심주의의 중심적 교리에 대항하는 투쟁"인 것이다.[33] 익숙한 방식이 아닌 '낯설게 하기'를 보여줌으로 불안정한 화자는 어쩌면 남성 중심의 역사에서 사라져버린 유령화된 여성인지 모른다. 『여성남자』는 다원적이고 유동적이며 파편적인 서사 구조를 통해 독자의 읽기를 방해한다. 통합된 등장인물과 선형적 플롯의 전통적 서사에 익숙한 독자에게 러스의 분열된 서사는 유동적이고 비통제적 여성 주체를 묘사함으로 무질서를 가져오고 혼란을 야기시킨다.

5부의 11장에서 화자는 한 소녀의 "옛날 옛적에 곰이 키운 한 아이가 있었습니다"(96)라고 시작되는 이야기를 듣는다. 지루한 이야기 끝에 일인칭 화자는 중간에 끼어들며 "이 이야기는 결말이 없어. 이야기는 계속되고만 있어. 화산 이야기는 어떨까? 모험 이야기는 어때?"(99)라고 다른 이야기를 제안한

---

33 도나 J. 해러웨이, 『유인원, 사이보그 그리고 여자』, 민경숙 옮김(동문선, 2002), 315쪽.

다. 하지만 곧 그녀는 소녀가 이야기를 3일 동안 만들었으며 그 이야기가 자신에 관한 이야기임을 알게 된다. 러스처럼 소녀 역시 자신의 방법으로 이야기를 만들어내는 것이다. 소녀는 서구의 남성 문화와 과학에 의존하지 않는다. 러스가 과학 소설의 장르적 관습에 의지하지 않는 것처럼 소녀도 문화적으로 정의된 스토리텔링을 거절한다. 소녀의 이야기는 완결되지 않았으며, 러스의 이야기는 시간의 흐름에 따른 선형적 내러티브를 거부하며 다양한 장르를 마치 조각보 엮듯이 매듭짓는다. 러스의 실험적 텍스트는 서구 문학에서 사라진 다수의 여성들의 목소리를 복원하는 역할을 한다. 즉, 그녀는 네 명의 여성들의 이야기만이 아니라 다양한 세계의 역사 속에 존재하는 여성들의 이야기를 반영하기 위해 시간과 공간을 뛰어넘으며, 다양한 장르를 발굴하는 것이다. 과학 소설 자체가 블랙 코미디, 포스트 리얼리즘과 같은 부류에 속하는 모순적인 단어라는 말처럼 『여성남자』의 파편적이고 분열적 서사는 다중적이고 유동적인 포스트모던 여성 주체에 대한 새로운 가능성을 받아들이고 자유와 해방의 공간을 만들고자 하는 러스의 전략인 것이다. 러스에게 『여성남자』는 해방의 도구였으며 분노를 표출할 탈출구였다.

4. 경계 없음의 주체로 살아가기

일반적으로 과학 소설은 자연에 대한 인간의 힘의 역사를 추적하고 그 힘이 어떻게 작동하는지를 탐구하기 위한 특별한 비전과 지식을 사용한다.[34] 하지만 이때의 '인간'에서 여성은 배제되어 왔으며 과학 소설에서 여성의 존재는 사라지고 여성의 이미지만을 제공해 왔다. 러스는 이러한 과학 소설의 관습

34　Robert Scholes and Eric S. Rabkin, *Science Fiction: History, Science, Vision* (New York: Oxford UP, 1977), p. 191.

을 장르적 비유의 전복적인 변신을 통해, 기술적 변화뿐 아니라 사회 변혁도 충분히 구상해 내지 못한 과학 소설의 실패에 대한 비판적 고발을 통해, 과학 소설 메가 텍스트에 내재된 많은 가부장적인 추정을 가시화하고 다시 쓰는 활동을 지속했다.[35] 『여성남자』는 바로 그 예라고 할 수 있다. 『여성남자』는 지금껏 전통적인 과학 소설에서는 전혀 다루지 않았던 여성 주인공(들)과 레즈비언, 성전환한 남성, 섹스 로봇, 여성 킬러 등의 이야기를 통해 어느 누구도 말하지 않는 현실 속에서 여성과 사회의 구조적 문제를 직설적으로 이야기하면서 문제시한다. 러스는 한 인터뷰에서 과학 소설은 일반적으로 "급진적 사유"라고 정의하며 그것은 "일어나지 않고 일어나지 않았던 일에 관한 글쓰기이다"[36]라고 이야기하며 『여성남자』에게 쏟아진 비난을 일축했다.

러스는 『여성남자』에서 여성 주체는 본질적 정체성을 가지지 않으며 모든 여성은 동일한 이해관계를 가지지 않는 단일하고 획일적인 범주가 아님을 증명한다. 또한 여성은 동일한 방식으로 삶을 구성하지도 않음을 주장한다. 러스는 다양한 삶의 구성 방식이 여성 또는 남성이라는 이분법적 규범으로만 환원시켜야 하는지를 질문하며 그녀 특유의 포스트모던적 글쓰기를 통해 새로운 여성 주체를 만든 것이다. 작품의 결말에서 네 명의 여성들은 만난다. 그들은 헤어지면서 다섯 번째 화자, 즉 작가적 존재에 의해 서로 연결되고 교차된다. 하지만 작가적 존재는 다음 문장에서 "나는 안녕이라고 말한다. 나, 재닛은 로라와 떠났다. 나 역시 그들이 가는 것을 보았다. 나, 조애나. 나는 자엘에게 도시를 보여주기 위해 떠났다. 나 제닌, 나 자엘, 나 자신. 안녕, 안녕, 안녕"(212)이라고 말하며 이들 여성들의 차이를 모두 받아들이거나 통합하지 않는다. 네 명의 여성들은 통합되는 것을 거부하고 개별적인 주체로 남는다.

---

35 빈트, 『에스에프 에스프리』, 203쪽.

36 Joanna Russ, "The Images of Women in Science Fiction," *Science Fiction* (New York: Routledge, 2000), p. 3.

이 글은 러스의 『여성남자』가 포스트모던 여성 주체에 대한 인식의 지형도를 새롭게 그리고 있음을 분석하고 있다. 이 작품에서 러스는 정체성은 고정된 것이 아닌 형성의 과정에 있음을 보여줌으로써 여성의 정체성이 선험적으로 주어지는 자연스러운 것이 아니라 사회관계 안에서 이들의 적극적인 해석과 선택의 과정을 통해서 형성되는 것임을 재현하고 있다. 또한 포스트모던 여성 주체는 서구의 가부장적 이데올로기의 구속에 한정된 주체가 아닌 개별적이며 나누어지고 자유롭게 변화하는 주체로서 관습적 권위에 도전하는 열린 주체로서 위치한다.

러스는 소설의 마지막 단락에서 조애나의 "작은 책"에게 버스 터미널과 약국의 책 선반에서 너의 자리를 찾으라고 말하며 "무시당할 때 비명 지르지 말며", "이상하고 구식이 되는 때가 오더라고 불평하지 말라"고 격려한다. 또한 "우리가 자유로워지는 그날"이 올 것이라며 희망의 날을 선언한다 (213~214). 격동하는 페미니즘의 지형에서 탄생한 『여성남자』는 여성 해방의 상상력을 전면에 내세운 작품이다. 남성 중심적인 담론 체계와 억압적 현실 속에서 러스는 여성 신화를 해체하고 가부장제에 대항하는 시도로서 이분법적 경계를 무너뜨리는 복합적인 여성 주체를 창조했다. 이 다중적이고 유동적인 여성 주체에 대해 '존재하지 않는 여성'이라는 비판과 더불어 저항성에 의문을 제기하기도 하지만 러스는 우리가 '여성(들)'이라고 말할 때 여기에는 많은 개별 여성들이 포함되어 있으며 그들의 역사와 경험은 살아 있으며 서로 연결되어 있음을 강조하고 있다.

러스의 여성 주체의 해체는 스스로 창조하는 여성 주체의 재의미화를 위한 전제이며 교차적이고 유동적인 여성 주체는 젠더뿐만 아니라 인종과 계급, 국적, 종교 등의 사회 문화적 경계를 넘나드는 포스트모던 주체로서의 가능성을 기대할 수 있다. 어쩌면 러스가 말하는 '그날'인 오늘의 현실에서 여성 주체의 역할은 이분화된 경계의 해체가 아니라 경계 없음을 주장하는 주체로 살아가는 것이다.

참고문헌

너스바움, 마사(Martha Nussbaum). 2015. 『혐오와 수치심: 인간다움을 파괴하는 감정들』. 조계원 옮김. 민음사.

러스, 조애나(Joanna Russ). 2020. 『SF는 어떻게 여자들의 놀이터가 되었나』. 나현영 옮김. 포도밭 출판사.

버틀러, 주디스(Judith Butler). 2008. 『젠더 트러블』. 조현준 옮김. 문학동네.

_____. 2015. 『젠더 허물기』. 조현준 옮김. 문학과 지성사.

브라이도티, 로지(Rosi Braidotti). 2004. 『유목적 주체』. 박미선 옮김. 여성문화이론연구소.

빈트, 셰릴(Sherryl Vint). 2019. 『에스에프 에스프리: SF를 읽을 때 우리가 생각할 것들』. 전행선 옮김. 아르테.

위티그, 모니크(Monique Wittig). 2020. 『위티그의 스트레이트 마인드: 이성애 제도에 대한 전복적 시선』. 허윤 옮김. 행성비.

통, 로즈마리(Rosemarie Tong). 2000. 『페미니즘 사상』. 이소영 옮김. 한신문화사.

파이어스톤, 슐라미스(Shulamith Firestone). 2016. 『성의 변증법』. 김민예숙·유숙열 옮김. 꾸리에북스.

해러웨이, 도나 J.(Donna J. Haraway). 2002. 『유인원, 사이보그 그리고 여자』. 민경숙 옮김. 동문선.

Ayres, Susan. 1995. "The "Straight Mind" in Russ's *The Female Man*." *Science-Fiction Studies*, Vol. 22, pp. 22~34 (Print).

Bartkowski, Frances. 1989. "The Kinship Web: Joanna Russ's *The Female Man* and Marge Piercy's *Woman on the Edge of Time*." *Feminist Utopias*. Lincoln: University of Nebraska Press. pp. 48~78.

Boulter, Amanda. 1999. "Unnatural Acts: American Feminism and Joanna Russ's *The Female Man*." *Women: A Cultural Review*, Vol. 10, No. 2, pp. 54~73 (Print).

Calvin, Ritch. 2010. "'This shapeless book': Reception and Joanna Russ's *The Female Man*." *Femspec*, Vol. 10, No. 2, pp. 24~34 (Print).

Gardiner, Judith. 1994. "Empathic Ways of Reading: Narcissism, Cultural Politics, and

Russ's 'Female Man'." *Feminist Studies*, Vol. 20, No. 1 (Spring), pp. 87~111 (Print).

Lefanu, Sarah. 1988. *Feminism and Science Fiction*. Bloomington: Indiana UP (Print).

McClenahan, Catherine L. 1982. "Textual Politics: The Uses of Imagination in Joanna Russ's *The Female Man*." *Transactions of the Wisconsin Academy of Sciences, Arts and Letters*, Vol. 70, pp. 114~125 (LRC Web. 15 Oct 2019).

Merrick, Helen. 2009. "The Female 'Atlas' of Science Fiction." Farah Mendelsohn(ed.). *On Joanna Russ*. Middletown, CT: Wesleyan UP. pp. 48~61 (Print).

Perry, Donna. 1993. "Joanna Russ." Donna Perry(ed.). *Backtalk: Women Writers Speak Out*. New Brunswick, NJ: Rutgers UP. pp. 287~311 (Print).

Russ, Joanna. 1972. "When It Changed." Harlan Ellison(ed.). *Again, Dangerous Visions*. New York: Doubleday. pp. 233~239 (Print).

_____. 1986. *The Female Man*. Boston: Beacon (Print).

_____. 2000. "The Images of Women in Science Fiction." *Science Fiction*. New York: Routledge. pp. 3~20 (Print).

Scholes, Robert and Eric S. Rabkin. 1977. *Science Fiction: History, Science, Vision*. New York: Oxford UP.

Spencer, Kathleen L. 1990. "Rescuing the Female Child: The Fiction of Joanna Russ." *Science-Fiction Studies*, Vol. 17, No. 2, pp. 167~187 (Print).

Yaszek, Lisa. 2008. *Galactic Suburbia: Recovering Women's Science Fiction*. The Ohio State: The Ohio State UP.

제12장

코스모폴리탄적 연대를 향한 웨스 앤더슨의 블랙 코미디*

〈그랜드 부다페스트 호텔〉과 슈테판 츠바이크의 이상

김혜진

1. 나치의 부상과 슈테판 츠바이크의 몰락

유대 망명 작가인 슈테판 츠바이크(Stefan Zweig)는 제2차 세계대전 중 1942년 2월 22일 브라질 페트로폴리스(Petrópolis)에서 자살했다. 1952년 츠바이크 사망 10주기에 토마스 만(Thomas Mann)은 독일 문학 작품으로서 그가 떨쳤던 세계적인 명성에 대해 "아마도 에라스무스(Erasmus)의 시대 이래로 슈테판 츠바이크만큼 유명한 작가는 더는 없을 것이다. …"[1]라는 추모사를 남겼고, 현재 츠바이크 센터가 있는 잘츠부르크(Salzburg)에서는 유서에 적시된 날짜에 맞춰 학계 인사와 지역 시민이 모여 그의 여생과 작품을 기

---

* 이 글은 김혜진, 「구 유럽문화를 향한 웨스 앤더슨 감독의 노벨레적 판타지: 〈그랜드 부다페스트 호텔〉에서의 슈테판 츠바이크 수용」, ≪독일어문화권연구≫, 31권(2022)을 일부 수정·보완한 것이다.

1 Thomas Mann, Stefan Zweig, Zum zehnten Todestag 1952, in: Hanns Arens(Hrsg.), *Der große Europäer Stefan Zweig* (Frankfurt a. M., 1981), S. 181.

린다. 1930년대 나치 치하 독일에선 금지 작가였던 그가 국제적으로는 가장 많이 읽힌 독일어권 작가였고, 이러한 대중적 명성은 현재까지도 여전히 유효해 보인다.

1980년대 이후 유고집을 포함해 절판된 책들이 속속 재출간되었고, 『어제의 세계(Die Welt von Gestern)』에 실린 작가의 회고가 역사, 문화, 여행 관련 베스트셀러에 비중 있게 인용되는 사례 또한 드물지 않다. 그러나 가장 주목할 부분은 2022년, 지속적으로 미흡하다고 지적되어 온 문헌학적 고증을 거친 '잘츠부르크 판본'이 완간되었다는 사실이다. 이 책의 발행은 대중성에 비해 루카치(György Lukács)나 아렌트(Hannah Arendt)처럼 신랄한 비판의 대상이 되었던 전기(傳記) 작품과 회고록에 드러난 그의 관점과 행적을 포함해, 제대로 된 평가 대상조차 되지 않았던 츠바이크의 창작물을 현재의 시점에서 다시금 환기하는 계기가 될 것이라는 점에서 학술적 의미가 적지 않다. 영화계에서도 2021년에 동명 소설을 원작으로 한 〈체스 노벨레(Schach-novelle)〉를 비롯해 2016년 츠바이크의 미국 망명을 다룬 〈새벽이 오기 전 (Vor der Morgenröte)〉[2]이 OTT를 통해 방영되는 등 최근의 동향만 보더라도 츠바이크의 영향은 전방위적이고 현재적이다.

한편 국내 유명 출판사에서도 현재 세계 문학 전집으로 츠바이크 작품 발간 작업이 진행 중이다. 그런데 국내의 대중적 인지도는 예컨대 중국과 일본과 비교했을 때도 상당히 낮은 편인데, 이례적으로 2014년 미국 감독인

---

2 이 제목은 츠바이크가 남긴 유서의 마지막 부분에 삽입된 단어로서, "원컨대, 친구 여러분들은 이 길고 어두운 밤 뒤에 아침노을이 마침내 떠오르는 것을 보기를 빕니다! 나는, 이 너무나 성급한 사나이는 먼저 떠나겠습니다(Morgen sie die Morgenröte noch sehen nach der langen Nacht! Ich, allzu Ungeduldiger, gehe ihnen voraus)"라는 작별 인사를 친구들에게 남긴다. 이 문장은 곽복록이 번역한 『어제의 세계』의 차례 전에 실린 유서 원본과 함께 번역된 일부를 그대로 옮겨 적은 것이다. 슈테판 츠바이크, 『어제의 세계』, 곽복록 옮김(지식공작소, 2019) 참조.

웨스 앤더슨(Wes Anderson)의 영화 〈그랜드 부다페스트 호텔(The Grand Buda-pest Hotel)〉의 흥행으로 츠바이크가 대중의 이목을 끌었다. "슈테판 츠바이크 작품에 영감을 받아서(Inspired by the Writings of Stefan Zweig)"라는 엔딩 크레딧에 실린 츠바이크가 그저 감독의 오마주 정도로 간과되지 않았던 이유는 이 영화의 본격적인 이야기가 타이틀과 동명인 책의 첫 장을 넘기면서 시작되기 때문이다. 허구의 내레이터가 그 책의 작가이고 그 작가의 젊은 시절에 들은 이야기가 이 영화의 주요 서사라고 했을 때, 츠바이크라는 작가의 실명이 영화에 있어 중요한 의미로 인지된다. 나치 집권 1년 전인 1932년을 배경으로 한 〈그랜드 부다페스트 호텔〉에 유대 작가인 츠바이크가 약 2000여 명의 망명 작가 중 한 명이라는 역사적 사실을 투영하면, 소위 환상적인 앤더슨 월드에 들어가기 위한 티켓처럼 보였던 오프닝의 동화적인 주브로브카(Zubrowka) 공화국은 그 낭만성을 잃는다. 실상 '앤더슨적인(Andersonian)' 혹은 '앤더슨 효과(Anderson effect)'라는 신조어가 생길 만큼 앤더슨 영화는 이제 하나의 스타일로 인식된다. 스크린에 새겨온 그만의 독특한 시각적 각인은 호불호가 갈릴 수는 있어도 기억에서 쉬이 삭제되지 않는다. 초 단위의 상업 광고에서 앤더슨 효과가 빈번하다거나 ─ 광고 연출 감독이기도 했던 ─ 본인이 유명 패션 브랜드 필름을 찍었다는 소식이 어색하지 않은 이유가 여기에 있다. 그런데, 내러티브상으로도 조숙함과 유치함이 공존하는 "인디 로맨틱 코미디(indie romantic comedy)"[3]에 능했던 할리우드 감독이 〈그랜드 부다페스트 호텔〉 이전부터 공공연히 밝혀온 슈테판 츠바이크에 대한 지속적인 관심은 의외의 측면이 있다. "오스트리아인, 유대인, 작가, 휴머니스트 또 평화주의자"[4]로서 제국의 몰락과 양차 세계대전을 목도한 츠바이크의 궤적이 근본적으로 20세기 유럽을 관통하는 암울한 역사의 대서사와 직결되

---

3   https://artlecture.com/article/1413.
4   Stefan Zweig, *Ungeduld des Herzens* (München, 2021).

어 있기 때문이다.

    2014년 개봉 직후 츠바이크의 전기를 썼던 조지 프로치닉(George Prochnik)과의 인터뷰에서 감독이 "나는 슈테판 츠바이크로부터 훔쳤다"[5]라는 표현으로 영감의 밀도를 내비쳤던 〈그랜드 부다페스트 호텔〉은 그래서 더욱 흥미롭다. 이 글의 목적은 츠바이크로부터 '무엇'을 훔쳐 감독 특유의 시각적 기호와 스토리텔링으로 환원시켰는지에 대해 추적한 뒤, 그 관심과 목적이 갖는 시의성에 대해 논하고자 한다. 최근 국내 논문으로는 츠바이크의 『변신의 도취(Rausch der Verwandlung)』[6]를 장소의 정체성 측면에서 다룬 윤미애의 논문[7]과 츠바이크의 『초조한 마음(Ungeduld des Herzens)』을 심리적 시대 소설로 분석한 이노은의 논문[8]을 들 수 있는데, 이 논문들의 주요 분석 작품이 〈그랜드 부다페스트 호텔〉에도 차용되었다는 점에서 참고문헌으로 활용될 것이다.

2. 웨스 앤더슨의 츠바이크 컬렉션: 〈그랜드 부다페스트 호텔〉

1) 영화의 프롤로그와 노벨레 장르

    이 영화는 익명의 국보급 작가의 동상이 서 있는 공동묘지에서 시작해 공

---

5   *The Telegraph*, "'I stole from Stefan Zweig': Wes Anderson on the author who inspired his latest movie", March 8, 2014, https://www.telegraph.co.uk/culture/film/10684250/I-stole-from-Stefan-Zweig-Wes-Anderson-on-the-author-who-inspired-his-latest-movie.html.

6   국내에서는 '크리스티네 변신에 도취하다'의 제목으로 출간되기도 했으나 이 글에서는 원문 그대로의 제목으로 번역한다.

7   윤미애, 「1920년대 독일어권 문학 속 호텔과 통과장소의 정체성: 슈테판 츠바이크의 『변신의 도취』와 헤르만 헤세의 *요양객*을 중심으로」, ≪독일언어문학≫, 87집(2020).

8   이노은, 「슈테판 츠바이크의 *초조한 마음* 연구: 연민의 심리학을 통해 본 제국의 몰락」, ≪독일언어문학≫, 87집(2020).

동묘지에서 끝난다. 오프닝과 엔딩을 이어주는 매개물은 작가의 책『그랜드 부다페스트 호텔』이다. 작가의 참배객인 소녀의 손에 들린 책이 클로즈업되면 웨스 앤더슨의 인장이 찍힌 듯한, 핑크빛의 화려한 그랜드 부다페스트 호텔의 그림 표지가 스크린을 산뜻하게 채운다. 이어서 책 뒤표지의 작가 사진이 클로즈업되고 화면의 명도가 낮아지면, 인쇄된 흑백 사진이 컬러 영상으로 바뀌면서 사진 속 모습 그대로인 노작가가 카메라의 정면을 보며 본인 입으로 자신의 저작 원리를 설명하는 시퀀스로 전환된다. 이때 시점은 1985년으로 자막 처리되지만, 실제 노작가의 대사는 츠바이크의 1939년 작품『초조한 마음』의 도입부에서 대부분 발췌된 것이다. 작가의 대사가 끝나자마자 본격적인 회상이 시작되면 스크린을 가득 채운 1930년대의 그랜드 부다페스트 호텔의 화려함이 시선을 강탈한다. 도입부에서 인용된『초조한 마음』은 다음과 같다.

> 작가란 언제나 머릿속으로 상상의 나래를 편 채 무궁무진한 소재를 가지고 끊임없이 사건과 이야기를 만들어내는 사람이라고 생각하겠지만, 그것은 잘못된 생각이다! 사실 작가는 직접 이야기를 창조할 필요가 없다. 그저 인물과 사건이 자신을 찾아오게 만들기만 하면 된다. 눈여겨보고 귀 기울이는 능력만 갖추고 있다면 사람들은 이야기보따리를 풀어놓게 마련이다. 이 이야기 또한 뜻하지 않게 누군가가 내게 들려준 이야기를 거의 손대지 않고 있는 그대로 옮겨 적은 것이다. 내가 마지막으로 빈을 방문했을 때의 일이다.[9]

위의 인용에서 실제 지명인 오스트리아 빈(Wien)이 삽입된 마지막 문장을 제외하면『그랜드 부다페스트 호텔』작가를 연기한 톰 윌킨슨(Tom Wilkinson)

---

9 Zweig, *Ungeduld des Herzens*, p. 4.

의 대사와 거의 일치한다. 대부분 머그샷 같은 평면적 쇼트(planimetric shot)에 의해 연출된 이미지는 앞서 언급한 주브로브카 공화국의 작명처럼 비현실적이고, 코믹하며, 때론 관객을 보고 말하는 배우의 각도에서 브레히트(Bertolt Brecht)의 낯설게하기 효과를 내기도 한다. 특히 감독이 의도했던 스노볼 같은 느낌은 가상의 공간인 네벨스바드(Nebelsbad)의 그랜드 부다페스트 호텔에서 환상적으로 구축된다. 그러나 이 영화가 전작을 능가했다고 판단할 만한 근거는 이미 정평이 나 있는 시각적 테크닉보다, 그것에 의해 만들어진 판타지 세계를 관류하는 역사적 맥락과 스토리텔링 방식에 있다. 이것은 단순히 실재했던 츠바이크의 노벨레(Novelle) 일부가 대사에 인용되었다는 차원과는 다르다. 구조적으로 츠바이크의 서술 기법, 그의 시대, 그의 이상까지 포함한다고 볼 수 있다. 실상 작가를 모른다고 해도 그랜드 부다페스트 호텔의 상류 문화나 최대 고객인 마담 D의 살인 사건 등 그 자체로 영화라는 매체가 주는 시각적 유희에 지장을 준다고 보지 않는다. 그러나 츠바이크를 경유하면 허구적인 설정이나 소품 하나도 역사성을 띤 유의미한 기호로 다시 읽힐 뿐 아니라 그 설정의 목적까지 추론해 볼 수 있다.

> 츠바이크의 책들은 금서가 되고 불태워졌습니다. 당시 츠바이크는 세계적으로 인기 있는 작가였고 독일에서는 가장 인기 있는 작가였습니다. 그런데 츠바이크의 존재 자체가 지워졌습니다. 그걸 뭐라고 해야 할지 모르겠습니다만, 제가 스토리와 관련해서 생각한 것, 염두에 둔 것은 바로 그런 면입니다. 물론 영화에서 어떤 식으로든 직접적으로 다뤄지지는 않습니다.[10]

인터뷰에 따르면, 감독은 츠바이크의 소설을 온전히 영화화하기보다 "츠

---

10 Wes Anderson, "The First Interview," Matt Zoller Seitz(Hrsg.), *The Grand Budapest Hotel* (New York, 2015), p. 43.

바이크적인(Zweig-esque)"[11]것을 수집했다는 편이 적절해 보인다. 스토리와 관련해서 그가 염두에 두었던 것은 합스부르크 제국의 부유한 시민이자 저명한 예술가였던 츠바이크의 갑작스러운 증발처럼, 정점에서 갑자기 휘발되어 버린 어떤 것에 대한 일종의 환기다. 이것은 '증류주인 폴란드 보드카 브랜드 주브로브카'가 한때 존재했던 공화국이라는 설정과 그 공화국의 가상 도시 'Lutz(루츠)'가 합스부르크 제국의 동쪽 관문이었던 'Lodz'와 영어로 발음했을 때 흡사하게 들리는 현상이 우연의 반복처럼 보이지 않는 이유이다. 그러나 다른 무엇보다 전작과는 다른 내러티브상의 변화가 전기나 회고록 외에 노벨레를 즐겨 쓴 츠바이크의 작품과의 영향 관계에서 파악된다.

물론 노벨레라는 장르는 츠바이크에서 기원한 것도, 그가 전유(專有)한 장르도 아니다. 보카치오(Giovanni Boccaccio)의 『데카메론』에서 기원한 노벨레가 독일에서 하나의 장르로 정의되었던 때는 1772년 빌란트(Christoph Martin Wieland)에 의해서였고, 본격적인 독일 노벨레의 역사는 약 20년 후인 1795년 최초로 '액자이야기(Rahmenerzählung)' 형식의 노벨레를 쓴 괴테(Johann Wolfgang von Goethe)에 의해서 비로소 시작되었다고 볼 수 있다.[12] 빌란트가 장편과 비교하면서 정의했던 노벨레의 "구상의 단순성(Simplizität des Plans)"[13]과 더불어 노벨레를 '액자식 구성'으로 처음 썼던 괴테, 그리고 그로부터 30년 후 에커만(Johann Peter Eckermann)과의 대화에서 괴테가 최종적으로 내렸던 노벨레의 정의는 19, 20세기에 활성화된 다양한 노벨레의 근간이 되었고, 츠바이크의 노벨레 또한 이러한 계보 안에 위치한다.

---

11 Arikan Ali, "Worlds of Yesterday," Matt Zoller Seitz(Hrsg.), *The Grand Budapest Hotel* (New York, 2015), p. 209.
12 신태호, 「노벨레 작가로서의 괴테」, ≪인문논총≫, 35집(1996), 83~84쪽 참조.
13 Josef Kunze, *Novellen* (Darmstadt, 1968), S. 27 재인용.

우리는 이것을 노벨레라고 불러야 할 것입니다. 노벨레가 하나의 전례 없는 사건의 발생을 다룬 것이 아니고 무엇이겠습니까. 이것이 최종 개념입니다. …[14]

빌란트의 "구성의 단순성"과 괴테의 "전례 없는 사건(unerhörte Begebenheit)"을 종합하면 장편 소설에 비해 '노벨레가 사건 중심의 단순한 구성'으로 이루어진 장르라고 우선 이해될 수 있겠다. 생전 마지막 작품이었던 『체스 노벨레』를 포함해 츠바이크는 대부분 액자 구조의 노벨레를 선보였고, "영혼의 문제, 꿈과 무의식의 힘, 의식과 무의식 사이에 경계와 긴장"[15] 등 감정과 심리가 주된 정조를 이루는 사건의 고백을 다뤘다. 이러한 특징은 세기 전환기 도시 빈의 격랑과 집단적 천재성의 발현과 직결되는데, 그 중심에 정신 분석학을 탄생시킨 프로이트(Sigmund Freud)와의 우정과 영향은 이미 알려진 사실이다. 영화의 도입부에 한때는 '연민'으로 번역되기도 했던 『초조한 마음』의 인용을 비롯해 노작가의 회상 신에 언급된 "신경쇠약증(neurasthenia)", 집과 고향 같은 정주 장소가 아닌 카페, 부둣가, 기차역, 선상과 같은 일종의 "통과장소"[16]인 호텔을 주 무대로 삼은 점은 츠바이크 노벨레에서 반복되는 설정이다.

2) 사라진 제국의 환유로서의 그랜드 부다페스트 호텔

내러티브와 관련해서 앤더슨 감독은 영화의 주인공인 1930년대 '무슈 구스타프(Monsieur Gustav)'가 등장하기까지 액자 속의 이야기를 반복해서 끼워

---

14 Johann Peter Eckermann, *Die Gesrpräche mit Goethe in den letzten Jahren seines Lebens* (Zürich, 1948), S. 225.

15 이노은, 「슈테판 츠바이크의 *초조한 마음* 연구」, 160쪽.

16 Lars Wilhelmer, *Transit-Ort in der Literatur. Eisenbahn - Hotel - Flughafen* (Bielefeld, 2015), S. 9.

넣는 방식으로 21세기부터 20세기를 수직적으로 꿰뚫는다. 작가를 참배하는 현재의 소녀, 소녀의 책에서 튀어나온 1985년의 노작가, 그의 회상 속에 등장하는 1968년의 젊은 자신, 당시 투숙했던 그랜드 부다페스트 호텔 주인 '제로 무스타파(Zero Moustafa)'와의 대화를 거쳐 그의 회상과 동시에 비로소 랠프 파인즈(Ralph Fiennes)가 분한 1932년의 무슈 구스타프가 처음 등장하는 것이다. 요컨대 소설로 치면 액자의 틀 이야기의 화자가 네 명이나 등장하는 셈이다. 다수의 화자의 기억에 의존한 이러한 전략은 역사적 사실조차 옛날이야기나 구전 동화처럼 들리게 하는 효과를 낳는데, 게다가 감독은 시대가 바뀔 때마다 당대의 영화 스크린 비율에 맞춰 보여주는 식으로 시간의 흐름을 시각화해서 레트로 감성을 자극한다. 예컨대 서사적 현재에서는 화면 비율이 2.39 : 1이라면 액자 속 이야기의 1932년을 보여줄 때는 1.37 : 1의 화면 비율로 바꾸는 식이다.

츠바이크의 노벨레 속 화자는 대체로 한 명이고 액자 속 내부 이야기를 듣는 우연한 청자일 뿐 보통 과거 사건과 무관하다. 그러나 늙은 제로 무스타파는 액자 속 내부 이야기의 화자이면서 동시에 또 다른 내부의 과거 사건에 깊숙이 개입된 소년 제로의 모습으로 출연한다. 앤더슨 감독은 무슈 구스타프의 첫 등장과 관련해 독일 낭만주의의 대표 화가인 카스파 다비드 프리드리히(Caspar David Friedrich)의 그림 속 인물처럼, 카메라를 등진 뒷모습으로 연출함으로써 액자 속 내부 이야기임을 구조적 디테일로 보여줌과 동시에, 역광에서 촬영한 구스타프의 검은 실루엣과 대조를 이루는 배경의 화려한 색감을 통해 1968년과는 다른 시대적 분위기를 암시한다. 실제 피사체가 움직이듯 구스타프가 뒤돌아 움직이기 시작하면 역광에서 검은색으로 보이던 프록코트가 실은 화려한 보라색이었고, 호텔 매니저로서 그의 모습은 츠바이크의 『변신의 도취』에서의 성수기 그랜드 호텔 프런트 맨과 마찬가지로 "흡사 거대한 호화 유람선의 선장처럼" 위세가 당당하다.

자신의 의지대로 항로를 유지하면서, 흐트러짐 없이 지시를 내리는 그의 앞에는 10여 명의 손님이 나란히 초조하게 기다리고 있었다. 그는 오른손으로 무언가를 열심히 적으면서, 기계처럼 빠르게 좌우를 둘러보고, 고개를 끄덕이며 벨보이들을 내보내고, 좌우로 자료들을 제공하면서, 귀에는 여전히 수화기를 대고 있었다.[17]

제1차 세계대전 패전 직후 1926년을 배경으로 한 이 미완의 작품은 앤더슨 감독이 츠바이크에게 빚을 졌다고 표현한 작품 중 하나다. 알프스 산자락의 '팰리스 호텔(Palace Hotel)'의 전경과 내부, 호텔리어의 외양과 태도, 그것에 도취된 여주인공의 '영혼을 뒤흔들어놓는 여행의 위력' 등이 영화의 공간과 인물의 분위기에 영향을 미친 것으로 보인다. 하지만 무엇보다 이 우체국 여직원의 뜻밖의 여행이 25년 전 오스트리아 제국 시절에 도미한 친척, 즉 스스로 뼛속까지 미국인이라고 생각했던 한 인물의 향수병에서 비롯된 점은 미국 감독으로서 놓칠 수 없는 관점이었을 것이다. 몇십 년 만에 부유한 미국인이 되어 유럽을 여행하던 중 제1차 세계대전 이후 "이 한 땀 정도의 땅이 유럽이었다는 사실(die Tatsache, daß dieser Strich Land Europa war)"[18]에 갑자기 우울감을 느끼는 인물의 심리 변화는 미국에서는 역사적으로 전승되기 어려운 상실감이기 때문이다.

여기서 향수의 대상인 유럽이란, 츠바이크의 회고록에 따르면 "안전의 황금시대(das goldene Zeitalter der Sicherheit)",[19] 즉 지금은 존재하지 않는 제1차 세계대전 이전의 오스트리아·헝가리 제국을 가리킨다. 체코어로 모라비아(Moravia)로 불리는 메렌(Mähren)에서 이주한 부모의 성공으로 제국 수도의

17 Stefan Zweig, *Rausch der Verwandlung. Gesammelte Werke in Einzelbänden* (Kindler, 2019), S. 246.

18 Zweig, *Rausch der Verwandlung*, S. 162.

19 Stefan Zweig, *Die Welt von Gestern* (München, 2021), S. 17.

문명적 세례를 일찌감치 받았던 유대 가문 출신으로, 제1차 세계대전으로 제국이 낱낱이 쪼개지는 과정을 목도한 츠바이크의 시각을 경유하면 '한때 존재했었던' 공화국과 그랜드 호텔의 화려함은 독일적이고 슬라브적인 유럽 문화의 모든 물결이 합류했던 세기 전환기 구 유럽의 중심지였던 빈의 전성기를 가리킨다.

> 빈은 알려진 바와 같이 향락의 도시였다. 그러나 문화란 인생의 거친 질료에서 그것의 가장 정교하고 달콤하고 섬세한 것을 예술과 사랑을 통해 뽑아내는 것 이외에 또 무엇을 의미한다는 말인가? 요리의 감각에서는 맛을 잘 알아내고, 좋은 포도주, 쓴맛이 들어 있는 신선한 맥주, 호화스러운 패스트리나 토르테 과자에 유달리 신경을 쓰는 이 도시의 사람들은 그런 것보다 한층 더 섬세한 향락에 관해서도 요구하는 것이 많았다. 음악을 하는 것, 춤을 추는 것, 연극하는 것, 담소하는 것, 취미에 맞고 사람들의 기분에 들도록 세련되게 행동하는 것은 여기에서는 특별한 기술로서 배양되었다. 군사적인 것, 정치적인 것, 상업적인 것은 개인 삶이나 전체 사회에서도 우위를 차지하는 사항은 아니었다.[20]

회고록에서 빈은 포만감을 모르는 문화적인 것에 대한 욕망의 도시로 묘사된다. 정치 시사나 경제 상황보다 포도주의 풍미와 디저트 장식에 유달리 신경 쓰는 도시 사람들이 빈 사람들이고, 쉽게 만족하지 않는 미각의 소유자인 자신을 세련되었다고 느끼며 사교 문화와 예술 향유에 한층 더한 섬세함을 요구하는 곳이 츠바이크가 기억하는 빈이다. 그랜드 부다페스트 호텔에 납품하는 멘들 빵집(MENDLS)의 파스텔 크림 장식의 '쿠르트장 오 쇼콜라(Courtsean au Chocolat)'와 핑크색 빵 상자는 크리스마스 케이크 같은 외관의

---

20 Zweig, 같은 책, S. 34.

그랜드 부다페스트 호텔과 마찬가지로 20세기 전환기 빈의 상류 문화의 환유적 성격을 띤다. 인용된 츠바이크의 맥락을 되짚어보면, 인생 자체가 화려한 것이 아니라 인생이라는 "거친 질료(grobe Materie)"를 세계정세나 경제적 측면에서 직시하기보다 달콤하게 각색하는 것이 예술과 문화로 받아들여 지고 그것을 기꺼이 즐기는 곳이 향유의 도시 빈이다.

이와 관련해 『천재의 지도』(The Geography of Genius, 2016)의 작가 와이너(Eric Weiner)는 "모두가 섹스를 하지만 아무도 그에 대해 말하지 않는 도시, 거짓말을 근사하게 하는 기술이라는 뜻의 비너슈메(Wiennerschmäh)라는 단어를 배양한 도시"[21]가 당시 빈이었다고 묘사한다. 1880년부터 제1차 세계대전 이전까지 네 배 이상의 폭발적인 인구 증가세를 보였던 빈은 200만 명이 북적대는 명실상부한 대도시이자 다양한 문화가 교차하는 국제도시였고, '카페 센트랄(The Café Central)'과 같은 크고 작은 카페에서 — 예술과 학문에서 빈의 모더니즘과 르네상스를 주도했던 — 클림트(Gustav Klimt), 슈니츨러(Arthur Schnitzler), 프로이트, 비트겐슈타인(Ludwig Wittgenstein), 호프만슈탈(Hugo von Hofmann-sthal), 츠바이크, 에른스트 마흐(Ernst Mach), 말러(Gustav Mahler) 등을 마주치는 게 이상하지 않은 그런 곳이었다.

츠바이크의 회고록에서도 확인되지만, 특히 문학과 예술에서 빈 유파는 동시대의 대도시 베를린(Berlin)과 달리 대부분 제국의 귀족처럼 "상류 부르주아 환경(großbürgerlichen Milieu)"[22]에 사로잡혀 있었으며, 이러한 분위기는 당시 호텔의 수습 로비 보이였던 제로의 눈에 비친 호텔 고객의 모습에서 적나라하게 묘사된다. 그들은 하나같이 '부유하고, 늙었으며, 허영심 있고, 금발에, 천박하고, 외로우며, 불안정한' 상류층이었고, 그들을 상대하는 구

---

21   에릭 와이너, 『천재의 지도』(문학동네, 2021), 420쪽.
22   Ralf Thies, *Wiener Großstadt-Dokumente. Erkundungen in der Metropole der k.u.k. Monarchie* (Berlin, 2014), S. 35.

스타프 자신도 그들과의 관계를 즐겼다고 회고한다. 베르가세(Bergasse) 19번지에서 프로이트 의학 박사가 카우치에 앉은 부유한 신경증 환자를 분석하듯이, 그랜드 부다페스트 호텔에서 매니저 무슈 구스타프는 상류 고객의 불안과 욕망을 침대에서 해소시킨다.

구스타프와 일종의 도제 관계였던 제로에게 그는 — 과하다 싶을 정도로 뿌리고 다니는 — '위풍당당'이라는 뜻의 '파나쉬(Panache)' 향수처럼 위엄 있고 완벽한 프로 의식의 소유자로 인식된다. 그러나 향수 냄새로 덮어버린 그의 실체, 즉 상류층의 남창 노릇을 하며 소소한 대가를 챙기는 가식적인 가난한 블론드라는 비밀 아닌 비밀은 최대 고객인 마담 D의 사망 사건을 계기로 폭로될 뿐 아니라 — 19세기 노벨레의 전형적인 패턴처럼 — 제로와의 관계에도 변곡점을 그리다가 결국 제로의 운명에 결정적인 영향을 끼친다. 앤더슨 감독은 마치 괴테가 노벨레와 관련해 언급했던 '진기한 사건'을 '할리우드 버전'으로 화답하듯이 환상적인 코미디로 연출한다.

3) 블랙 코믹 판타지: 구유럽의 유산과 몰락에 대한 페이소스

유산을 둘러싼 음모와 살인은 소재나 줄거리 면에서 진부해 보인다. 그것을 진기한 사건으로 만드는 것이야말로 작가주의 감독의 몫이다. 웨스 앤더슨은 마담 D의 사망을 알리는 신문 부고부터 남다른 위트를 보여준다. '전쟁이 임박했다'라는 헤드라인 뉴스와 마담 D의 추락사를 선정적인 시체 사진까지 끼워 넣어 같은 지면에 비슷한 비율로 배치함으로써, 앞서 인용된 『어제의 세계』의 마지막 문장처럼 당대 빈의 상대적 우위가 어디에 있었는지를 단적으로 보여준다. 구스타프의 시선 또한 신문을 보자마자 자신의 상속 지분을 예감이라도 한 듯 제로를 대동해 서둘러 호텔을 떠나 마담 D의 대저택을 방문해 조문을 마친 후 그에게 상속된 명화를 확인한 뒤 이의 제기에 나선 유가족으로부터 그림을 훔쳐 달아나고 쫓기는 전개 방식은 앤더슨 감독의 영화적 창조의 우위가 어디에 있는지를 확인할 수 있는 과정이기도 하다. 현실을 의도적으로 배제한 듯한 '인공적인' 코믹 판타지의 시각적 연출 장면은 마담 D의 아들 드미트리가 고용한 킬러 조플링과 구스타프와 제로의 스키 추격 장면에서 정점을 이룬다.

동계 올림픽의 스키 종목을 치르듯이 '스타트 라인'에서 수직으로 급강하하다가 갈림길에서 우회로로 틀어 '피니시 라인'까지 이어지는 비현실적인 스피드와 코너링은 레트로 오락 게임이나 마테호른(Matterhorn) 배경의 "옛날 월트 디즈니 만화"[23]같은 분위기로 연출된다. 실제 스키 신과는 거리가 먼 추격 장면은 흰 눈으로 뒤덮인 광활한 산속에서 피사체가 까만 점처럼 빠르게 움직이게 보이도록 하는 버드아이 뷰(bird-eye view)를 활용하거나, 구스타프와 제로의 시점에서 앞서 달리는 킬러를 촬영한 쇼트와 썰매 위에서 고군분투하는 두 인물을 정면에서 찍은 평면 쇼트를 교차 편집하는 방식으로 나름의 긴박감을 고조시키지만, 세트장에서 촬영된 전체적인 분위기는 "스노볼 안에서 가짜 사람이 포즈를 취하는 것과 같은"[24] 인공적인 이미지다. 절벽 끝에 매달린 구스타프와 절벽 위의 킬러를 하이 앵글과 로 앵글로 포착해 절체절명의 순간을 만든 뒤, 갑자기 나타난 제로가 킬러 조플링을 절벽 밖으로 나가떨어지게 만드는 데서 끝낸 이 시퀀스 들에서 감독은 "어떤 앤티크적인 감정(feeling-something antique)"(113)을 가지기를 희망했다고 인터뷰한 바 있다. 이러한 감독의 바람이 비단 옛날식 영화 테크닉의 효과만을 의미하지는 않을 것이다.

영상 미학적으로 스키 추격 장면이 "장치주의자(contraptionist)"[25]라는 감독

---

23 Matt Zoller Seitz, *The Grand Budapest Hotel* (New York, 2015), p. 113.

24 Anderson, "The First Interview," p. 113. 이하 감독의 영화에 대한 언급 부분은 본문에서 쪽수로만 표기함.

25 Seitz, *The Grand Budapest Hotel*, p. 35.

386 제3부 경계 넘기와 연대의 상상력

의 명성에 걸맞은 독창적인 어드벤처라면, 이러한 사건이 거듭되면서 변화를 맞게 되는 구스타프와 제로의 관계는 이 장치들이 궁극적으로 기여하는 영화의 주제와 연결되어 있다. 5부에 걸친 구스타프와 제로의 액자 내부의 이야기는 구스타프가 명화뿐만 아니라 그랜드 부다페스트 호텔까지 상속받게 되는 해피 엔딩으로 끝난다. 킬러에게 쫓기고 교도소에 수감되고 탈출하는 등 연속된 고난 속에서도 기꺼이 조력자를 자처했던 로비 보이 제로와 무슈 구스타프의 관계도 수직적인 도제 관계에서 형제 관계, 종국에는 유산 상속 관계로 귀결된다. 혈맹이라는 그럴듯한 표현을 쓰기는 했으나 그 시작은 ― 이미 무모할 정도로 자신을 돕고 있는 ― 제로에게 도주의 조력자가 될 것을 맹세하라는 구스타프의 초조한 심리에서 비롯된다. 2부에서 훔친 명화를 암시장에 내다 팔고 도망갈 생각으로 제로와 흥정을 하다가 성에 차지 않았는지, 구스타프는 자신이 먼저 죽으면 제로에게 모든 유산을 넘기겠다며 다소 즉흥적인 구두 유언을 제로에게 받아쓰게 시킨다. 자신의 이름과 심신 상태, 그리고 명확한 날짜를 적시하도록 하는 구스타프의 유언 장면은 정황상 과도할 정도의 엄숙함과 형식을 갖춰 진행된다는 점에서 한편으로 실소를 유발하지만, 실상 액자 틀 이야기와 액자 내부 이야기의 연결 고리, 즉 늙은 무스타파의 회상이 '어떻게 그가 호텔의 주인이 되었는가'에 대한 젊은 작가의 호기심에서 시작된 점을 상기하면, 영화의 가장 핵심적인 신이다. 그런데 앤더슨 감독은 프레임 안의 침대칸 상황은 그대로 흘러가게 둔 채로 유언 중인 구스타프의 목소리만 점차 페이드아웃시킨 뒤 제로 무스타파의 내레이션을 이전보다 더 느린 템포로 예상 밖의 내용을 삽입한다. 그것은 뜻밖에 고향에 관한 이야기로서, 단 한 번도 자신의 고향을 언급한 적 없는 구스타프에게 자신도 결코 그의 가족에 대해 캐묻지 않았다는 제로의 회상이다. 이때 감독은 두 문장밖에 안 되는 내레이션 사이에 약간의 휴지부를 두는데, 이 지점에서 전환한 쇼트에는 소등한 열차 침대에 조용히 누워 있는 구스타프의 상반신이 정지 화면처럼 나온다. 여기서 제로의 회고와 함께 프레임에 포착된 것은 처음으로 가면을 벗은 듯한, 왠지 모를 애잔함이 고스란히 담긴 구스타프의 눈빛이다. 내레이션이 끝나고 어둠과 침묵 속에서 그가 눈을 감을 때까지 걸린 시간은 약 10초 남짓이다.

두 문장밖에 안 되는 내레이션 사이에 약간의 휴지부가 주어지는데, 이때 전환된 쇼트에는 소등한 열차 침대에 조용히 누워 있는 구스타프의 상반신이 정지 화면처럼 나온다. 뒤 문장의 내레이션과 함께 프레임에 포착된 것은 처음으로 가면을 벗은 듯한, 왠지 모를 애잔함이 고스란히 담긴 구스타프의 눈빛이다. 내레이션이 끝나고 어둠과 침묵 속에서 그가 눈을 감을 때까지 걸린 시간은 약 10초 남짓이다. '달링'을 남발하며 지었던 작위적인 미소와 "감방 동료분들께 제가 옥수수죽을 드려도 될까요?"라는 식의 몸에 밴 친절함이 지워진 순간에 드러난 민낯은 어떤 상실에 대한 슬픔이다. 그것이 제로처럼 전쟁 통에 불타 죽은 가족이었는지, 혹은 그래서 떠나야만 했던 고향이었는지에 대해 '말하지 않았고 묻지 않았기 때문에' 영화에서는 끝까지 비밀로 남았다. 1시간 40분 러닝타임 중 1시간 20분이 할애된 구스타프 이야기 중에서 몇 초라는 시간은 찰나와 같다. 그러나 〈그랜드 부다페스트 호텔〉에 관한 세이츠(Matt Zoller Seitz)의 비평에 따르면, 여간해서 알아챌 수 없는 이러한 디테일들, 예컨대 압축되고 생략되고 회피된 것, 그리고 말하지 않아 비밀이 된 것들이 앤더슨 영화 스토리의 핵심이다.

> 영화가 입고 있는 가벼움의 베일이 들춰지면 달랠 수 없는 슬픈 현실이 드러난다. … 많은 웨스 앤더슨 영화들처럼 이 영화는 상실을, 우리가 상실에 어떻게 적응하는가를, 혹은 어떻게 절대로 적응하지 못하는가를 다룬다. 어떤 스토리든, 말하는 사람이 생략하는 것이 그 스토리에서 가장 중요한 부분이다.[26]

---

26 Seitz, *The Grand Budapest Hotel*, p. 20.

뉴욕(New York) 출신의 드라마·영화 평론가인 세이츠는 앤더슨의 영화 모두가 코미디이면서 코미디가 아니라고 정의한다. 그의 미학적 장치에 묻힌 "우울한 정서(melancholic undertone)"[27]와 비극적 현실이 서사의 핵심이라는 것이다. 그런데 츠바이크 전기를 비롯해 하이네(Heinrich Heine), 숄렘(Gershom Scholem) 등 박해당한 유대 작가와 사상가에 대해 집중적으로 에세이를 써온 프로치닉은 츠바이크의 실제 삶을 "드림 라이프"[28]로 옮겨놓은 아름다운 작업이었다고 언급한다. 영화의 작품성에 대해서는 이견이 없지만, 이들이 어디에 방점을 찍느냐를 보면 미묘한 이질감이 느껴진다. 반은 유대인이기도 한 프로치닉이 오히려 세이츠와는 반대로 긍정적 의견을 표명하기 때문이다.

그런데 감독과 직접 대담을 나눴던 두 사람의 질문을 보면, 세이츠가 앤더슨의 전작들과의 비교 맥락에서 〈그랜드 부다페스트 호텔〉을 봤다면, 프로치닉의 인터뷰는 츠바이크의 문학과 회고록이 감독에게 준 영감에 초점이 맞춰져 있음을 알 수 있다. 특히 인터뷰 당시 프로치닉이 츠바이크의 전기인 『불가능한 망명: 세상 끝에서의 슈테판 츠바이크(Das unmögliche Exil: Stefan Zweig am Ende der Welt)』의 출간을 앞둔 상황이었기 때문에 감독과의 대담도 츠바이크에 대한 작가 자신의 관점, 예컨대 미국 망명 당시의 츠바이크가 미친 영향사와 같은 시각이 어느 정도 투영되어 있다고 볼 수 있다.[29]

문학 토론 같은 이 인터뷰에서 앤더슨 감독은 츠바이크의 액자 형식의 노벨레가 일종의 '고백'과 관련된 점과 안나 제거스(Anna Sehgers)가 "구역질이 났다"[30]라고까지 표현했던 통과 비자에 대한 이야기, 그리고 낯설고 이국적이며 동시에 자신이 연결되어 있다고 느끼게 하는 당시 빈의 분위기가 인

---

27 Seitz, 같은 책, p. 19.

28 *The Telegragh*, "'I stole from Stefan Zweig'".

29 Vgl. George Prochnik, *Das unmögliche Exil: Stefan Zweig am Ende der Welt* (Frankfurt a. M., 2016), S. 8f.

30 Anna Sehgers, *Transit* (Berlin/Weimar, 1991), S. 122.

상적이었음을 언급한다. 말하자면 감독은 누군가의 비밀과 관련된 고백을 전달하는 식의 츠바이크의 문학적 특징과 "초국가적이고 코스모폴리탄적인 (übernational und kosmopolitisch)"[31] 세계에 대한 츠바이크의 이상에 대해 이야기하고 있는 셈이다. 처음에는 전혀 츠바이크에 대해 전혀 몰랐다고 밝히면서, 〈그랜드 부다페스트 호텔〉을 구상할 당시 구유럽의 상징과도 같은 츠바이크의 문학과 실패한 그의 이상을 염두에 두고 있었음을 시사한다.

실제로 구스타프의 종말은 통과 비자로 인해 갑자기 발생한다. 재판을 통해 실제 호텔 소유주로 드러난 마담 D의 진짜 유언에 따라 호텔을 비롯한 전 재산을 상속받은 구스타프는 점령지라는 상황 속에서도 제로의 눈에 비쳤던 호텔 상류층처럼 '불안하고 허영적이며 천박하고 외로운 블론드'로 나름의 향락을 즐겼다. 그러나 늙은 제로의 내레이션에 따르면 그는 "결국에는 부자가 되었지만, 노인은 되지 못했다". 눈 덮인 겨울 산자락에서 구스타프 주례로 제로의 결혼식이 치러진 뒤, 흑백으로 전환된 루츠로 돌아가는 기차 신에서, 검문 중인 군인이 여권이 없는 이민자인 제로를 총대로 폭행하자마자 "파시스트 놈들!"이라고 외치며 구스타프가 무장한 군인들에게 달려드는 장면에서 제로 무스타파의 회상이 끝난다.

1968년 시점으로 돌아온 쇼트에서 늙은 제로와 젊은 작가는 회상이 시작되었을 때 모습 그대로 서로를 마주 보고 앉아 있다. 그 후 어떻게 되었냐는 작가의 질문에 제로는 구스타프가 총살당했고, 그래서 결국 자신이 이 호텔을 상속받았다고 대답한다. 약간의 침묵 후 할 말을 다한 듯 자리를 뜨는 제로 무스타파에게 작가가 조심스럽게 적자투성이의 호텔을 지키는 이유가 "사라진 세계, 즉 그의 세계(vanished world, his world)"와 이어주는 장소이기 때문이냐고 묻자, 제로는 자신의 아내인 아가사와의 추억 때문이라고 짧게

---

31 Zweig, *Die Welt der Gestern*, S. 32.

대답한다. 구스타프와 관련해 작가에게 언급한 무스타파의 마지막 첨언은 정신사적으로, 문화적으로 그랜드 부다페스트 호텔로 상징되는 유럽 문명의 황금기는 이미 사라진 지 오래지만 그러한 몰락을 인정하지 않는 구스타프의 '은혜로운 환상'이 호텔을 지탱했던 유일한 동력이라는 것이다. 이것은 내레이션에서 단 한 번도 언급하지 않았던 구스타프라는 인물에 대한 무스타파의 견해이자, 구스타프라는 환상적인 〈그랜드 부다페스트 호텔〉의 주인공에게 감독이 투영한 츠바이크 혹은 그의 시대에 대한 최종적인 이해로 해석될 수 있다.

3. 츠바이크의 코스모폴리탄적 연대에 대한 비판과 비전

비현실적인 그랜드 부다페스트 호텔은 실상 지도상에서 사라진 몰락한 제국의 잔여물 같은 것이다. 그 위에서 제국 시민인 양 파나쉬 향수를 뿌리며 위풍당당하게 호텔을 진두지휘하는 구스타프는 그래서 희극적이면서도 애잔하다. 이전 작품보다 "좀 더 슬픈 코미디(more of the sad comedy)"(46)가 되기를 희망했다는 언급 뒤에 "그러나 스키 추격 신과 함께(but with a ski chase)"(46)라는 말을 잊지 않는 앤더슨 감독의 〈그랜드 부다페스트 호텔〉은 자신의 역사적 계보에서는 전승되기 어려운 구유럽 문화와 역사에 대해 오스트리아·헝가리 제국의 유대계 출신인 슈테판 츠바이크를 경유해 자신만의 스타일로 재건한 것이다.

"유럽의 정신문명이 영원할 것이라는 전 세대의 낙관이 단지 망상이었다 하더라도 그것은 경탄할 만하며 고귀한 망상이었다"[32]라고 기술한 츠바이크

---

32 Zweig, *Die Welt der Gestern*, S. 22.

의 기억을 소환하는 데 있어, 앤더슨 감독은 소멸한 시대에 대한 막연한 향수나 그리움, 혹은 타향에서 자살한 작가에 대한 감정적 연민이 아닌, 츠바이크의 그 기억과 이상을 후대에 전승되어야 할 가치로서 부활시킨다. 이것을 증명하는 이들이 바로 한때 존재했었던 거대한 매머드 그림이 걸린 1983년의 거실 소파에 함께 앉아 있던 노작가와 손자 그리고 영화 오프닝과 엔딩을 장식한 공동묘지에서 그 노작가가 쓴 『그랜드 부다페스트 호텔』을 끝까지 읽고 있는 현재의 소녀다.

　1968년 젊은 시절에 들었던 제로 구스타프의 회고가 시간이 지나 어떠한 노벨레로 각색되었는지 구체적으로는 알 수 없다. 다만, 소녀가 이미 고인이 된 노작가의 동상 앞에 경배하며 바쳤던 유일한 것이 '열쇠'임을 상기해 보면, 곤경에 빠진 구스타프와 제로를 돕기 위해 범세계적인 연대를 보여줬던 '십자 열쇠 협회(The Society of Crossed Keys)'가 노벨레의 핵심일 것으로 추정된다. 실상 이 부분은 코스모폴리탄적 세계관과 내면의 자유 의지에 대한 츠바이크의 이상을 보여주는 듯하지만, 감독은 슈테판 츠바이크보다 훨씬 더 수평적이고 혁신적이며 실천적일 뿐만 아니라 ─ 다분히 자국인 미국의 현실을 포함해 서구 세계를 겨냥한 ─ 정치적인 함의를 보인다. 무엇보다 주인공인 구스타프와 제로가 실상 부르주아 계급이 아닌 이민자라는 사회적 타자와 동류였던 점을 포함해, 수직적 상하 관계에서 수평적인 연대로 공생하다가, 제로를 위해 폭력에 맞서 싸운 구스타프의 죽음으로 결국 그랜드 부다페스트 호텔 주인이 ─ 원래 감독의 설정상 ─ "무슬림과 유대인의 피가 반반 섞인(half-Arab, half-Jew)"(35) 제로로 바뀌는 지점은 다분히 유럽 중심적인 츠바이크의 이상과는 분명 결이 다르다. 그러나 서구와 무슬림 간의 대치, 인종적 혐오가 여전한 현재의 맥락에서도 알 수 있듯이 그러한 연대는 그때도 불가능했고 절망적이었으며 지금도 요원하다.

　역사적 사실과 관련된 질문에 대해 웨스 앤더슨 감독은 답변 끝에 예외 없이 코미디이자 허구라는 점을 상기시킨다. 마담 D의 살인 사건과 유산

쟁탈전이 전쟁보다 더 잔인하고, 세계 대전은 은유적 맥락에서만 압축적으로 처리한다. 이러한 전복이 오히려 앤더슨의 코미디가 킬링 타임으로 소비되지 않는 이유 중 하나로 분류될 수 있을 것이다. 허구에 의도적으로 현실감을 입히지 않는 만화경 같은 앤더슨 영화는 창의적인 시각성으로 관객을 압도하지만, 그 세계에 온전히 몰입시키지 않는다. 『그랜드 부다페스트 호텔』이라는 책에서 출발한 이 영화는 아름다운 표지가 곧 책의 주제라고 말할 수 없듯이, 문장과 문장 사이에서 숨은 뜻을 찾아야 할 듯한 노고를 관객에게 요구한다. 그것은 소멸한 유럽 문화의 영광에 대한 기억과 환상, 그리고 그 영광을 소멸시킨 모국어로 살아갈 수 없다는 절망감이 공명했던 작가 츠바이크에게 영감을 받았기 때문일 것이다.

참고문헌

츠바이크, 슈테판(Stefan Zweig). 2019. 『어제의 세계』. 곽복록 옮김. 지식공작소.

신태호. 1996. 「노벨레 작가로서의 괴테」. ≪인문논총≫, 35집.

와이너, 에릭(Eric Weiner). 2021. 『천재의 지도』. 문학동네.

윤미애. 2020. 「1920년대 독일어권 문학 속 호텔과 통과장소의 정체성: 슈테판 츠바이크의
『변신의 도취』와 헤르만 헤세의 *요양객*을 중심으로」. ≪독일언어문학≫, 87집, 185~
208쪽.

이노은. 2020. 「슈테판 츠바이크의 *초조한 마음* 연구: 연민의 심리학을 통해 본 제국의 몰락」.
≪독일언어문학≫, 87집, 83~101쪽.

Anderson, Wes. 2015a. "The First Interview." Matt Zoller Seitz(Hrsg.). *The Grand Budapest
Hotel*. New York.

_____. 2015b. "The Second Interview." Matt Zoller Seitz(Hrsg.). *The Grand Budapest
Hotel*. New York.

_____. 2015c. "The Third Interview." Matt Zoller Seitz(Hrsg.). *The Grand Budapest Hotel*.
New York.

Arikan, Ali. 2015. "Worlds of Yesterday." Matt Zoller Seitz(Hrsg.). *The Grand Budapest
Hotel*. New York.

Eckermann, Johann Peter. 1948. *Die Gesrpräche mit Goethe in den letzten Jahren seines
Lebens*. Zürich.

Kunz, Josef. 1968. *Novellen*. Darmstadt.

Prochnik, George. 2016. *Das unmögliche Exil: Stefan Zweig am Ende der Welt*. Frankfurt
a. M..

Sehgers, Anna. 1991. *Transit*. Berlin/Weimar.

Mann, Thomas. 1981. Stefan Zweig, Zum zehnten Todestag 1952. Hanns Arens(Hrsg.).
Der große Europäer Stefan Zweig. Frankfurt a. M.

Ralf, Thies. 2014. *Wiener Großstadt-Dokumente. Erkundungen in der Metropole der
k.u.k. Monarchie*. Berlin.

Seitz, Matt Zoller. 2015. *The Grand Budapest Hotel*. New York.

The Telegraph. 2014.3.8. "'I stole from Stefan Zweig': Wes Anderson on the author who inspired his latest movie." https://www.telegraph.co.uk/culture/film/10684-250/I-stole-from-Stefan-Zweig-Wes-Andersson-on-the-author-who-inspired-his-latest-movie.html(검색일: 2022.11.15).

Wilhelmer, Lars. 2015. *Transit-Ort in der Literatur. Eisenbahn - Hotel - Flughafen*. Bielefeld.

Zweig, Stefan. 2019. *Rausch der Verwandlung. Gesammelte Werke in Einzelbänden*. Kindler.

_____. 2021a. *Die Welt von Gestern*. München.

_____. 2021b. *Ungeduld des Herzens*. München.

https://artlecture.com/article/1413(검색일: 2022.11.15).

지은이(가나다순)

김경옥

숙명여자대학교 인문학연구소 HK연구교수. 현대 영미 소설 전공으로 영미 SF와 판타지 문학을 중심으로 인종과 여성, 소수자에 대한 차별과 혐오의 문제에 대해 고민하며 문학적 재현의 과정에서 발견되는 저항 및 치유의 가능성을 연구하고 있다. 주요 저서로『반영과 굴절 사이: 혐오 정동과 문화재현』(공저, 2022),『다시 쓰는 여성학』(공저, 2021)이 있고 주요 논문으로「"별들 사이에 뿌리내리기": 『씨앗을 뿌리는 사람의 우화』에 나타난 포스트아포칼립스 세계와 공동체 회복」(2023),「콜슨 화이트헤드의『제1구역』에 나타난 포스트-인종 담론과 좀비서사」(2022),「옥타비아 버틀러의『어린 새』에 나타난 인종혐오와 아브젝트-되기」(2021) 등이 있다.

김지영

숙명여자대학교 인문학연구소 HK교수. 일본 근현대 문학, 비교 문학 전공. 일본 전후 문학과 GHQ 점령 및 문화 냉전을 고찰해 왔으며, 현재는 일본의 혐오 현상을 중심 주제로 연구하고 있다. 주요 저서로는『日本文学の〈戦後〉と変奏される〈アメリカ〉 ― 占領から文化冷戦の時代へ』(2019),『한국전쟁은 어떻게 기억되는가: 경험, 기억, 포스트기억 사이에서』(공저, 2023),『동북아 냉전 체제의 고착과 문화적 재현』(공저, 2022),『냉전 아시아와 오키나와라는 물음』(공저, 2022),『反米 ― 共生の代償か, 闘争の胎動か』(공저, 2021), Multiple Translation Communities in Contemporary Japan (공저, 2015) 등이 있다.

김혜윤

숙명여자대학교 영문학부, 한성대학교 크리에이티브인문학부 강사. 19세기 미국 소설, 현대 영미 소설을 전공했다. 현재 영미 문학 텍스트를 통해 신유물론과 인류세 논의를 확장시키는 데 관심을 쏟고 있다. 주요 논문으로「재현하지 않고 재현하는' 백인성의 자장과 한흑갈등:『식료품점』과『너의 집이 대가를 치를 것이다』를 중심으로」(2022),「표류하는 여자들: 자본주의적 가부장제에 대한 비판으로 읽는『오릭스와 크레이크』」(2021), 저서로『반영과 굴절 사이: 혐오 정동과 문화 재현』(공저, 2022)이 있다.

김혜진

숙명여자대학교 인문학연구소 HK연구교수. 카프카 전공자로서 인종적·지정학적 소수 집단 개념에 기반한 세기 전환기 유럽 문학과 유럽 문화에 관한 연구를 수행해 왔으며, 최근 지역학 관련 디지털 인문학을 비롯해 공간과 미디어의 관점에서 계급 관계, 인종 혐오, 기억 문화의 위기 등 연구 방법과 범위를 확장하고 있다. 주요 논문으로는 「21세기 혐오사회와 기억문화 위기 및 전환 프로젝트 분석」(2023), 「이민자의 정체성과 마르크 오제의 '비장소 non-place'의 역설: 카프카의 『실종자』를 중심으로」(2023), 「지역학 강의와 디지털 인문학: 퍼블릭 르네상스 Public Renaissance 프로젝트 중심으로」(2022) 등이 있다.

안지나

오키나와국제대학교 일본문화학과 준교수. 한일 근현대 문학, 만주 이민 문학, 노년 문학, 한센병 문학, 웹 소설 등을 통해 문학과 사회의 관계를 주제로 폭넓게 연구하고 있다. 주요 저서로 『帝国の文学とイデオロギー満洲移民の国策文学』(2017), 『만주이민의 국책문학과 이데올로기』(2018), 『어느 날 로맨스 판타지를 읽기 시작했다』(2021), 주요 역서로 『장녀들』(2020), 『개척지대』(2022), 『돌봄 살인』(2023) 등이 있다.

예지숙

숙명여자대학교 인문학연구소 HK연구교수. 한국 근현대사 전공으로 18세기 후반에서 20세기 한국사에 나타난 구휼과 사회 복지에 관심을 두고 연구하고 있다. 대표 업적으로 「일제시기 행려병인 제도의 형성과 전개」(2021), 「일제시기 사회사업 외곽단체의 설립과 활동」(2021) 등이 있다.

육성희

숙명여자대학교 영어영문학부 부교수. 현대 미국 소설 전공으로 아시아계 미국문학, 미국 소수자 문학, 영미 여성 문학에 나타난 인종, 계급, 젠더 및 섹슈얼리티, 초국가적 이동과 디아스포라, 신자유주의 자본주의와 가부장제 등을 연구하고 있다. 대표 업적으로는 "Bonded Slavery and Gender in Mahasweta Devi's 'Douloti the Bountiful'"(2018), "Decolonizing Adoption Narratives for Transnational Reproductive Justice"(2018, 공저), "Mapping Korean American Literary Studies in Korea, 1994-2016"(2018, 공저)가 있다.

윤수민

서울대학교 과학학과 석사 과정에 재학 중이다. 과학기술학을 전공하고 있으며, 퀴어 및 트랜스 연구와 과학기술학의 접점에 관심을 두고 있다.

이승훈

숙명여자대학교 기초교양학부 교수. 한국의 시민 사회, 사회 운동을 전공했다. 최근에는 사회적 가치, 연대, 혐오 등의 문제에 관심을 가지고 연구하고 있다. 저서로는 『한국의 시민과 시민사회』(공저, 2010), 『기층 리더십과 시민공동체』(공저, 2010) 등이 있고, 주요 논문으로 「동일성의 폭력, 차이의 동감」(2012), 「동감의 사회적 구성」(2017), 「예술로서의 삶 — 다원주의 시대의 '시민됨'」(2018), 「'미적 경험'과 가치 생성」(2019), 「'혐오 시대' 넘어서기」(2021) 등이 있다.

이진아

숙명여자대학교 한국어문학부 교수, 연극 평론가. 한국 연극사, 한국 희곡사를 가르치고 연구하고 있으며, 비평을 필요로 하지 않는 시대에 비평이 무엇을 할 수 있는지를 고민하면서 한국 연극 비평에 대한 메타 연구를 진행하고 있다. 주요 저서로는 『반영과 굴절 사이: 혐오 정동과 문화 재현』(2022, 공저), 『종합교양잡지와 연극비평지의 탄생』(2020, 공저), 『국립극단 70+아카이빙』(2020, 공저), 『유치진과 드라마센터: 친일과 냉전의 유산』(2019, 공저), 『연극과 젠더』(2019, 공저) 외 다수가 있다.

이행미

숙명여자대학교 인문학연구소 HK연구교수. 한국 사회에 나타난 혐오 문제를 문학과 대중 서사를 통해 살펴보고 있다. 한국 문학에 나타난 가족 및 가족법, 문학에 나타난 소수자 재현과 윤리 등에 관심을 두고 연구하고 있다. 주요 저서로 『반영과 굴절 사이: 혐오 정동과 문화 재현』(공저, 2022), 『상처 입은 몸: 노인, 질병, 장애와 혐오 담론들』(공저, 2023), 『요동치는 가족: 가족법의 탄생과 한국 근대문학의 상상력』(2023)이 있고, 주요 논문으로 「『무정』에 나타난 근대법과 '정(情)'의 의미」(2018), 「웹툰 〈웰캄 투 실버라이프〉의 노년 재현과 스토리텔링 연구」(2022), 「전혜린의 일기에 나타난 '모성'이라는 문제」(2023) 등이 있다.

임소연

과학기술학 연구자. 동아대학교 기초교양대학에 재직 중이다. 과학 기술과 젠더, 몸과 테크놀로지, 신유물론 페미니즘 등에 관심이 있으며 『나는 어떻게 성형미인이 되었나』(2022)와 『신비롭지 않은 여자들』(2022), 『겸손한 목격자들: 철새·경락·자폐증·성형의 현장에 연루되다』(2021, 공저) 등을 썼다.

전유정

전남대학교 독일언어문학과 조교수. 독일 근현대 소설을 전공했으며, 카프카, 독일 이민자 문학, 퀴어 문학 등을 연구하고 있다. 대표 업적으로는 「'퀴어' 베를린: 클라우스 만의 경건한 춤과 크리스토퍼 이서우드의 베를린 이야기에 나타나는 바이마르 공화국 시기 퀴어문화 연구」(2021), 「'박탈'된 자아를 위한 건축술: 카프카의 「굴」에 나타난 타자에 대한 공포, 또는 의존성의 윤리」(2021)가 있다.

한울아카데미 2497

숙명여자대학교 인문학연구소 HK + 사업단 학술연구총서 10
경계 짓기와 경계 넘기
인종, 젠더 혐오와 대항의 담론들

ⓒ 김혜진·이진아, 2024

기　획 ┃ 김혜진·이진아
지은이 ┃ 김경옥·김지영·김혜윤·김혜진·안지나·예지숙·
　　　　　육성희·윤수민·이승훈·이진아·이행미·임소연·전유정
펴낸이 ┃ 김종수
펴낸곳 ┃ 한울엠플러스(주)
편　집 ┃ 김우영

초판 1쇄 인쇄 ┃ 2024년 1월 19일
초판 1쇄 발행 ┃ 2024년 2월 15일

주소 ┃ 10881 경기도 파주시 광인사길 153 한울시소빌딩 3층
전화 ┃ 031-955-0655
팩스 ┃ 031-955-0656
홈페이지 ┃ www.hanulmplus.kr
등록번호 ┃ 제406-2015-000143호

Printed in Korea.
ISBN 978-89-460-7498-9 93330

※ 책값은 겉표지에 표시되어 있습니다.

※ 이 저서는 2020년 대한민국 교육부와 한국연구재단의 지원을 받아 수행된 연구임
　(NRF-2020S1A6A3A03063902).